눈먼 기독교

위기에 처한 현대 기독교 영성의 실체 보고서

C. S. 루이스, 톨스토이, 슈바이처, 헨리 나우웬, 마틴 루터 킹 등
한국 교회가 존경하는 인물 80인의 비성경적 사상을 파헤친다!

박태양 지음

국제제자훈련원

추천사

기독교의 성경적 정체성을 찾아 떠나는 여행!

최근 세속적 가치와 혼재된 기독교는 성경적 정체성을 잃고 고유한 색채가 흐려져 그 능력마저 급속한 쇠락의 징후를 보이고 있습니다. 그 근본적 이유는 불건전한 철학이 교묘하고 다양한 형식으로 침투해 들어와 교회의 존재 이유와 사역 방식에 독종처럼 달라붙어 병리현상을 일으켰기 때문입니다. 본서 『눈먼 기독교』는 바로 이 병리현상을 분석하여 그 뿌리와 열매를 한국 교회 앞에 고발합니다. 편협한 시각이라는 비판이 있을 수 있지만, 저자가 보이는 바른 기독교에 대한 애착만큼은 절대 부인될 수 없습니다. 또한, 광범위한 인용은 신학정보에 접근이 용이하지 않은 평신도들에게 매우 유용할 것으로 보입니다. 바른 기독교에 대한 열정과 정보를 소망하는 성도와 목회자에게 본서는 매우 도전적인 저작이 되리라 확신합니다.

송태근(삼일교회 담임목사)

교회를 향한 경고 메시지, "그들은 눈먼 영웅들이다!"

『눈먼 기독교』는 이 시대의 혼잡한 영적인 상황을 날카롭게 지적하고 그 잘못을 솔직하게 드러내는 비평서입니다. 기독교 인과 비기독교인 모두 최고의 기독교적 인물로 받들고 있는 슈바이처, 마더 테레사, 톨스토이, 헨리 나우웬, 오프라 윈프리, C. S. 루이스, 마틴 루터 킹 등이 실상은 성경적 기준으로 볼 때 진짜 '기독교적'이라고 말하기 곤란함을 저자는 증명하고 있습 니다. 저자는 또한 성경을 자기 마음에 맞는 것만을 골라 믿는 자들이 세상 기준에 의해 기독교적 영웅으로 추앙되는 현실에 대해 개탄의 목소리를 냅니다. 이 책은 논쟁적입니다. 그러나 이 책은 설득적입니다. 나름대로 명확한 근거와 논리가 저자의 주장을 뒷받침하고 있기 때문입니다. 이 책을 특별히 각 교회 의 리더에게 권합니다. 동의하지 않는 내용이 혹 있을지 모르 지만, 그보다는 새롭게 인식하는 내용이 더 많을 것입니다.

이찬수(분당우리교회 담임목사)

목차

신학대학원 재학 시절 아프리카 수단을 수차례 방문한 바가 있다. 지금은 좀 나아졌지만, 1990년대 후반 수단은 글자 그대로 지구 상 최빈국 중 하나였다. 한번은 심한 갈증으로 물을 마시고 싶었는데, 생수를 구할 수 없어 콜라 한 병을 샀다. 그런데, 그 콜라가 참 희한한 상태였다. 병 모양은 틀림없이 코카콜라였는데 병뚜껑은 세븐업이었고, 내용물은 누런색이었다. 찜찜한 마음에 콜라가 왜 이러냐고 가게 주인에게 물었다. 그랬더니 자기 나라는 워낙 가난해서 모든 것을 재활용하기 때문인데 내용물은 정상이라고 했다. 그래서 병을 따고 마셨더니, 그것은 오렌지 맛 환타였다! 주인에게 따졌더니 자기 나라에서는 병모양이 콜라면 다 콜라라고 부른다는 대답이 돌아왔다. 말이 안 되는 일이었지만 그냥 넘어갔다.

요즘 들어 이 시대의 기독교를 살펴보면, 기독교가 마치 그런 모습을 하고 있는 듯하다. 겉모양은 기독교이고 타이틀은 교회인데, 실제 내용물은 인본주의(휴머니즘)인 예배와 가르침이 점점 더 늘어가고 있으며, 이런 추세는 현대 교회의 위기를 점점 증폭시키고 있다. 세상에서 인정받고 이미지가 좋은 (즉, 인기가 높은) 어떤 위인이나 유명인이 기독교의 모범으로 제시되는데, 실상 적지 않은 경우, 그 사람은 하나님의 나라를 위한 것보다는 그 반대의 모습으로 존재했다는 사실이 간과되고 있다. 톨스토이, 링컨, 헬렌 켈러, 마더 테레사, C. S. 루이스, 마틴 루터 킹, 오프라 윈프리 같은 인물들이 사실은 성경적 뿌리가 아닌 인본주의적 뿌리에서 비롯된 열매를 맺었음에도, 많은 사람들이 이것에 대해 제대로 알지 못하고 있다. 비록 긍정적인 면이 없는 것은 아니지만, 이것은 실상 하나님의 나라와는 별 상관이 없는 일이다. 아니, 어떤 면으로는, 그들이 만들어놓은 유사품(짝퉁)에 속아 수많은 사람들이 그것이 하나님 나라의 진품인 것으로 착각하는 부작용도 있는 것이 솔직한 현실이다.

이 글이 근본주의(원리주의)를 바탕으로 탄생한 작품이라는 비판이 있을 것으로 필자는 생각하고 있다. 원래 좋은 의미였던 근본주의가 현재는 잘못된 보수꼴통 신앙을 지칭하는 의미로 변질된 것은 안타까운 일이 아닐 수 없다. 이 글은 물론 근본주의를 넘어선 개혁주의를 지향하고 있다. 그러나 성경적 근본주의를 부정하는 개혁주의가 과연 존재할 수 있겠는가?[1]

2012년 4월, 장신대, 감신대, 서울신대, 한신대 등 네 개 신학대학교 도서관장이 소위 『신학생 필독서 100권』을 발간하고 독서운동을 전개하겠다고 밝혔다. 장차 목회자가 될 신학생들에게 교리적 차이를 넘어 양서(良書)를 통해 연합과 일치의 정신을 제시해주겠다는 것이 그 목적이라 한다. 여기에 포함된 '양서'의 목록 일부를 보면 다음과 같다. 『융과 그리스도교』, 『폴 틸리히』, 『간디 자서전』, 『나의 생애와 사상』, 『뜻으로 본 한국역사』, 『사랑의 기술』, 『상처 입은 치유자』, 『소유냐 존재냐』, 『신화의 힘』. 그런데, 여기서 긍정적으로 제시되는 인물들인 융, 틸리히, 간디, 슈바이처, 함석헌, 에리히 프롬, 헨리 나우웬, 조지프 캠벨은 한 결 같이 뉴에이지, 자유주의, 합리주의, 이교사상 등에 함몰됐던 사람들이다. 이들은 기독교적 관점에서 하나님 나라를 확장시킨 사람들이 아니라 오히려 하나님 나라를 저해하고 왜곡시킨 인물들이다. 그런데 이런 사람들(과 그의 사상들)을 배우는 것이 마치 바람직하고 필수적인 요소인 양 예비 목회자들에게 제시되고 있는 현실이 필자의 입장에서는 참으로 안타깝기 그지없다.

목회차가 정신 차리지 않으면 성경이 아닌 세상 가르침, 하나님 말씀이 아닌 인본주의를 청중에게 전하게 된다. 그리

---

1   신학의 관점에서 볼 때, 근본주의는 19세기 자유주의 신학과 현대 과학사상과 해방운동에 대한 일종의 반동 운동으로 이해된다. 따라서 근본주의자들이 가장 경계하는 신학의 입장은 자유주의라고 할 수 있는데, 자유주의는 기독교 신앙 속에 담겨 있는 미신적 요소를 거부하고 맹목적이며 비이성적인 주장을 넘어서 인문학적 해석을 통하여 기독교 신앙을 증거하려는 입장이다. 이에 대해 근본주의는 자유주의 신학은 사탄적이며 적그리스도적인 것으로 거부하고 있다. – 정재영, 『한국교회, 10년의 미래』, SFC, 215-216쪽

고 사실 그러한 모습이 한국 교회 안에 이미 많이 퍼져있다. 지금의 기독교는 점점 더 인간의 생각을 많이 가미(加味)해서 새로운 영성을 만들어내는 중이다. 이 새로운 영성은 혼합된 영성이며 잡탕 영성이지만, 세상에서는 점점 더 세력을 확장하고 있다. 이 시대의 기독교는 마치 예수가 경고한 바처럼 "눈먼 사람이 눈먼 사람을 인도하여 둘이 다 구덩이에 빠지고 있는" 형국이다(누가복음 6장 39절, 새번역). 대중은 기독교 자체가 '눈먼' 종교인 것처럼 오해하기도 한다. 눈먼 자의 눈을 뜨게 해주신 예수 그리스도를 믿는 기독교가 어찌 이 지경이 되었는가!

　미국에서 하나님 중심의 기독교 신앙을 바닥으로 끌어내리고, 인간 중심의 인본주의를 종교의 경지로 올려놓는 데 절대적인 역할을 한 존 듀이는[2] '인본주의 선언(Humanist Manifesto)'에서 "인간을 신(神)으로부터 해방시키자"고 역설했다. 그는 또한 "진정한 철학이라면 어떠한 절대적 원인이나 궁극성을 찾는 임무를 이제는 내던져야 할 것이다"라며 상대주의적 가치관을 강조했다. 지금은 바야흐로, 듀이와 그의 추종자들이 기대한 대로, 인간이 하나님을 대신하며 또한 인간이 교회의 머리가 되어야 한다는 가치관이 인정을 받는 시대가

2　미국의 철학자, 심리학자, 교육운동가다. 기능심리학을 주창하였으며 미국의 학교 제도에 막대한 영향을 준 진보주의를 이끌었다.

돼버렸다. 이러한 영적 위기의 시대를 살고 있는 우리 기독교인들이 깨어서 기름과 등불을 준비하고 신랑 되신 예수를 기다리는 현명한 다섯 처녀들이 되는데 이 책이 조금이나마 도움이 되기를 바란다.

2013년 여름
박태양

제
1
장

행위의 바벨탑

박애주의

종교나 윤리보다도 높은 위상

다음의 모든 질문에 알맞은 답은 무엇일까? (1) 종교가 아니면서 종교의 자리를 차지하고 있다. (2) 어떤 면으로는 종교보다 더 폭넓은 지지와 호응을 얻고 있다. (3) 시공을 초월하고 빈부귀천을 망라하는 인류 보편적 가치관이다. 정답은 바로 박애주의(博愛主義)다. 박애주의는 인류 역사상 가장 강력한 가치관으로 자리 잡아왔는데, 그것은 쉽게 말해서, 사랑과 선행보다 높은 가치는 없다는 것이다. 개인을 대상으로 한 사랑이 아니라 더 넓은 대상을 향한 사랑이기에 그 가치는 훨씬 더 높게 여겨진다. 다음의 글이 바로 이 가치관을 잘 드러내고 있다.

> 참된 종교의 진리는 무엇보다 모든 것을 함께 살리는 공생(共生)의 원리여야 한다. 이러한 원리는 모든 것을 함께 살리는 것이므로, 모든 것들의 순수한 본심, 즉 양심이 기뻐하는 것이 아니면 안 된다. 모든 것들의 양심이 모두 기뻐하는 것, 모든 것들을 함께 살리는 것, 그런 것이란 구체적으로 과연 어떤 것인가? 그것은 곧, '밝음'·'바름'·'착함'이다. 이것들은 우주만물을 살리는 법칙이며, 모든 생물이 함께 살아가는 기본 윤리인 것이다.[1]

---

1   한길로, 『무가애』, 예지각, 140쪽

이 글은 불교학자가 쓴 것이지만 실상은 이 시대 많은 사람들의 가치관과 사상을 보여주는 글이다. 양심대로, 착하게, 모든 이들을 위해 사는 것이 진짜 종교가 갖는 진리란 주장이다. 이 사상은 현 시대를 사는 평범한 한국 사람의 생각일 뿐만 아니라 또한 오랜 옛적에 영화롭게 살았던 서양 사람의 생각이기도 하다.

꾸준히 바른 길을 가라. 항상 올바른 생각과 행동을 한다면 행복의 조용한 여울목 가운데서 일생을 보낼 수 있을 것이다.[2]

이 글은 로마 황제이자 스토아 철학자였던 마르쿠스 아우렐리우스가 한 말이다. 두 개의 인용 글들이 보여주는 사상은 시공을 초월해 서로 통하고 있다. 우리는 결국 이렇게 말할 수 있을 것이다. 인간은 착함을 추구하는 본성(즉, 도덕성)이 있고 그것의 가치를 최상위에 두는 본성이 또한 있다, 라고. 그런데 이런 생각과 달리, 도덕과 차원을 달리하는 신앙의 세계가 또한 있음을 발견한 사람들도 있다.

도덕의 길이 개선(改善)과 수선의 길이라면, 신앙의 길은 거듭남의 길이다. 도덕의 길이 자신을 고치고 수선하는 길이라

---

2 마르쿠스 아우렐리우스, 『황제의 명상록』, 청목서적, 52쪽

면, 신앙의 길은 자아의 파산을 인정하는 길이다.[3]

이 시대 기독교가 참 기독교답지 못하게 된 커다란 원인 가운데 하나가 바로 기독교와 박애주의(선행, 도덕, 윤리)가 뒤죽박죽 섞여버렸기 때문이다. 이러한 이유 때문에 수많은 사람들이 예수를 구원자가 아닌 윤리 교사나 박애주의자로 인식하고 있다. 박애주의는 좋은 것이지만 그것은 가치관일 뿐 신앙이 아니다. 그것은 고차원의 도덕일 뿐 진리가 아니다. 기독교는 가치관이나 도덕이 아니라 거듭나는 것이다. 그 거듭남은 예수 그리스도를 영접함으로써만 가능하다. 이것을 인정하지 않고 거듭남의 신비를 알지도 못한 채 자신만의 기독교를 만들어 온 세상에 퍼뜨려온 위인들을 한번 살펴보자.

알버트 슈바이처, 역사상 가장 엄청난 짝퉁 기독교인

아프리카의 성자(聖者) 또는 20세기의 성자로 불리는 알버트 슈바이처는 마하트마 간디 그리고 마더 테레사와 더불어 20세기가 낳은 가장 위대한 박애주의자로 손꼽히는 인물이다. '인

---

3   장경철,『믿는다는 것의 행복』, 두란노, 210-211쪽―여기서 신앙의 길은 예수를 믿는 것을 말한다.

류를 향한 형제애'에 이바지한 공로를 인정받아 1952년에 노벨평화상을 수상했다. 한 평생 아프리카의 오지에서 봉사했던 의사로서 널리 알려졌지만, 슈바이처는 또한 철학박사이자 신학박사였으며 오르간 연주자이기도 했다.

특히 그는 소위 '역사적 예수'에 대해 연구를 깊이 하여 성경에서 나타내는 예수를 문자 그대로 믿지 아니하고, 자신만의 상상력을 사용하여 '진짜' 예수를 찾는 시도를 하였다. 그래서 소위 '자유주의' 신학이 온 세상에 널리 퍼지고 '성경의' 예수가 아니라 '신학자의' 예수를 창조해 내는 데 엄청나게 이바지했다. 그의 사상은 한마디로, "나는 하나님의 아들이자 구원자인 예수를 믿지 않는다. 그러나, 모든 인류 가운데 최고의 자비와 희생을 보여준 선각자로서의 예수를 믿기에, 그를 본받아 나도 헌신과 섬김의 삶을 살기로 결심했다"는 것이다.

슈바이처는 예수를 따라갔지만 성경이 말하고 선포하는 예수가 아니라 그냥 자기가 존경하는 사람으로서의 예수를 따라갔다. 그런데 세상은 이러한 슈바이처를 역사상 가장 위대한 기독교인으로 대접을 한다. 그의 진짜 사상은 기독교인으로서 만들어진 것이 아니고 박애주의자로서 만들어진 것임을 반드시 알아야 한다. 그의 선행은 매우 위대한 것이나 그의 신앙은 절대 진품이 아니다. 슈바이처가 짝퉁 기독교인이라는 점을 그의 자서전을 통해 확인해 보자.

19세기 후반에 행하여진 과학적 연구에 의하면, 예수는 그가 지상에 건설하려고 한 순수한 윤리적인 하느님의 나라를 신자들에게 알려 주어 그들이 바라고 있는 초자연적 메시아의 나라를 다시는 기대하지 않도록 하려고 했다는 것이다. 이 설에 의하면, 민중은 예수를 메시아라고 생각했지만, 예수는 자신을 메시아라고 생각하지 않았다는 이야기가 된다. 오히려 예수는 민중에게 정신적·윤리적 메시아에 대한 신앙을 가르치고, 그 신앙에 의하여 그를 그러한 메시아라고 인정하게 하려 했다.[4]

슈바이처는 19세기에 급속도로 퍼져간 과학 만능주의를 따랐다. 과학으로 정신과 마음과 종교까지도 살필 수 있다고 믿었다. 그래서 자기가 생각할 때 꽤 '과학적'인 방법으로[5] 예수를 재해석했다. 예수가 윤리적인 의미로서의 하나님 나라를 가르쳤다고 슈바이처는 생각한 것이다. 이것이 바로 기독교인이 아닌 박애주의자가 갖는 예수 인식의 한계다. 예수는 자신을 메시아 곧 구원자라고 생각하지 않았다고 슈바이처는 주장하는데, 그는 신학자임에도 성경을 제대로 읽어보지도 못한 것 같다. 아니, 실상은 그가 그 구절을 읽지 못한 게 아니라 읽었어

---

4   슈바이처, 『나의 생활과 사색에서』(= 나의 생애와 사상), 일신서적공사, 39쪽
5   예를 들어 편집 비평, 문서 비평, 역사 비평 같은 방법들이다.

도 그것을 예수가 말씀하신 것으로 믿지 않았다. 성경이 선포하는 것을 그대로 믿지 않고 자신이 추구하는 관념에 맞는 구절만 골라서 수용하는 것이 자유주의 기독교의 특징이다. 그는 성경의 온전함을 믿지 않았는데, 그것은 예수의 참 모습이 초대 교회 성도들 특히 제자들에 의해서 왜곡되고 변질됐을 것이라는 확신에 찬 가정(假定)을 했기 때문이다. 다시 말하면, 베드로, 마태, 요한, 바울 같은 사도들까지도 진실성을 결여한 인물이라고 보거나 아예 예수 추종자들이 사도들의 이름으로 거짓 문서를 작성했다고 생각한 것이다. 사도들이 성령으로 성경을 기록한 것을 믿지 않았으니 구약 선지자들이 성령으로 성경을 기록한 것을 인정할 리 만무했다. 성경을 사람이 쓴 저작물로 확신하는 것이 결국 슈바이처 사상의 시작이고 끝인 것이다.[6]

우리로서는 예수가 그렇게도 혐오감마저 드는 후기 유대교의 메시아관(觀)을 가지고 있었다는 사실은 매우 이해하기

---

6 물론 성경의 영감(inspiration)을 인정하지 않는 것은 슈바이처 같은 자유주의자는 물론 김용옥 같은 무신론자들이 공통적으로 가지고 있는 생각이다. 김용옥은 이렇게 말한다. "모든 성경은, 지구상의 · 문명의 · 문자의 산물인 이상 철저히 인간의 창작물에 속하는 것이다. 비록 신의 영광을 드러내기 위하여 써진 것이라 할지라도 인간의 손을 빌린 이상, 그것은 인간의 창작물에 속하는 것이다. 성경을 집필한 손의 신성을 이야기한다면 그것은 바로 인간의 신성을 말하고 있을 뿐이다. 따라서 모든 성경은 인간의 지혜의 소산으로서 철저히 분석되어야 한다." – 김용옥, '도올의 도마복음 이야기' 마지막 회, 「중앙SUNDAY」

곤란할 뿐만 아니라 불쾌하게까지 느껴진다. 그래서 예수전 (傳) 연구는 차라리 두 개의 가장 오래된 복음서의 신빙성을 어느 정도 의심하고 거기에 기재되어 있는 예수의 말씀의 내용 일부분의 진실성을 부정하려 한 것이다.[7]

슈바이처는 복음서의 진실성을 부정하는 자유주의 신학이 독일에서 꽃을 피운 것에 대해 커다란 자부심을 갖고 있었다. 예수의 진짜 모습을 찾아내는 데 맨 앞에서 애쓴 독일 신학의 영적 위대함과 독창성을 장차 후대의 사람들이 알아줄 것이라 그는 확신했다. 그러나 그의 확신과 달리 독일의 자유주의 신학이 들어간 곳은 모두 영적인 퇴락을 맞았음을 역사가 증명하고 있다.

슈바이처의 확신, 산상수훈이 곧 예수 가르침의 핵심

예수를 하나님으로 인정할 수 없었던 슈바이처는 예수의 윤리적 가르침에 최고의 가치를 두었다. 그가 예수의 가르침 가운데 최고봉으로 산상수훈을 꼽았던 것은 당연한 귀결이었다. 산상수훈은 기독교인이 아닌 그 누구라도 탄복할 수밖에 없

---

7   슈바이처, 『나의 생활과 사색에서』(= 나의 생애와 사상), 일신서적공사, 51쪽

는 최고의 윤리 기준을 제시하는 것이 사실이다. 그러나 예수가 제시한 이 높은 수준의 윤리는 보통 사람이 실천할 수 있는 것이 아님을 슈바이처 자신이 더 잘 알고 있었다. 그래서 그는 예수의 산상수훈은 내일 당장 세상이 끝난다는 종말관을 가진 사람만이 실행에 옮길 수 있는 극단적 윤리관이라고 주장했다. 그러면서 오직 예수만이 산상수훈을 그대로 실천에 옮긴 위대한 인물이라고 인정했다.

> 산상수훈은 자유사상적 기독교의 이론의 여지가 없는 헌장(憲章)이다. 윤리적인 것이 종교의 본질을 이룬다는 진리가 예수의 권위로 확립된 것이다. (중략) 만일 교회에 예수의 정신이 있다면, 자유사상의 신앙을 포함한 모든 형태의 기독교 신앙을 받아들일 것이다.[8]

윤리가 종교의 본질이라고 주장하는 것이 바로 슈바이처가 인간적 관점으로 기독교를 해석하고 있다는 증거다. 윤리 교사로서의 예수라면 그 어떤 종교도 예수를 거부할 이유가 없다. 그래서 슈바이처는 교회가 이러한 (윤리 교사로서의) 예수를 믿고 있다면, 모든 형태의 기독교 신앙을 받아들일 수 있을 것이라고(즉, 모든 이단 종파와 자유주의까지도 다 수용할 수 있다고)

---

8   앞의 책 64 - 65쪽

말한 것이다. 그에게 있어 산상수훈은 기독교 헌장이며 그 중에서도 마태복음 7장 12절은 황금률(黃金律)로 손색이 없는 것이다.

그러므로 무엇이든지 남에게 대접을 받고자 하는 대로 너희도 남을 대접하라 이것이 율법이요 선지자니라

이 구절은 매우 위대한 가르침임에 틀림없다. 그러나 이 구절이 성경의 핵심 구절은 아니다. 이 구절이 기독교를 기독교 되게 하는 결정적 가르침이 아닌 것은 다음의 글을 보아도 알 수가 있다.

종교는 욕망의 절제를 가르칩니다. 나의 욕망을 앞세우지 말고, 오히려 타인의 욕망으로 입은 피해를 감수하고 용서할 것을 가르칩니다. 바로 여기에서 궁극적인 평화가 실현되는 것을 말하는데, 각 종교에서 말하는 황금률이 모두 여기에 닿아있습니다. 공자는 "자신이 원하지 않는 바를 남에게 베풀지 말라"[9] 하였고, 붓다는 "내게 해로운 것으로 남에게 상처주지 말라"[10] 하였으며, 예수는 산상수훈에서 "남이 너희에게 해 주기를 바라는 그대로 너희도 남에게 해 주어라"고

9 『논어』위령공(衛靈公)편 23장
10 『법구경』

말씀하셨습니다. 힌두교에서도 "내게 고통스러운 것을 남에게 강요하지 말라"고 하였고, 이슬람교에서도 "나를 위하는 만큼 남을 위하지 않는 자는 신앙인이 아니다"라고 강조합니다.[11]

기독교가 아닌 다른 종교에서도 이렇게 유사한 가르침을 말한다는 사실을 인정한다면, 더 이상 이 구절을 기독교의 황금률이라고 말하면 안 된다. 이 구절은 세상적인 시각에서 그렇게 불릴 수는 있지만 기독교적인 시각에서 결코 황금률이 아니다. 이 구절보다 오히려 다음의 성구(聖句)가 기독교의 사상을 더욱 제대로 보여주고 있다.

좁은 문으로 들어가라 멸망으로 인도하는 문은 크고 그 길이 넓어 그리로 들어가는 자가 많고 생명으로 인도하는 문은 좁고 길이 협착하여 찾는 자가 적음이라[12]

슈바이처는 좁은 문이 아닌 넓은 문을 선택한 자다. 비록 한 평생 헌신과 봉사의 삶을 살았지만, 예수를 거부하고 자기 나름의 의(義)를 추구한 그의 생애는 안타깝게도 넓은 길이었

---

11 김희중 대주교(대표회장), 2012 이웃종교화합주간 심포지엄 강연
12 마태복음 7장 13-14절

다. 지금 세상의 수많은 사람들이 그와 같은 길을 선택하고 있다. 그리고 기독교인 가운데도 그런 길을 선택하는 자가 참으로 많다.

다음의 글은 국내에서 꽤 유명한 한 목회자가 슈바이처에 대해 우호적으로 쓴 글이다.

20세기에 들어와서 알버트 슈바이처는 『문화와 철학』에서 저 유명한 '생명외경' 사상을 주창합니다. 슈바이처는 "선이란 생명을 보호하고 증진시키는 것이고, 악이란 생명을 부정하고 저해하는 것"이라고 했습니다. 그는 의사요, 음악가였지만 유명한 신학자이기도 했습니다. 그가 주창한 '생명외경' 사상은, 유럽 문명사회가 제1차 세계대전을 겪으면서 수많은 인명피해를 냈고 강대국들의 국가주의가 서로 전쟁을 일으켜 생명을 경시하는 가치관의 혼돈 시기에 큰 공감을 불러일으켰습니다.[13]

슈바이처가 말하는 생명 외경은 도대체 무엇을 근거로 한 생명 외경인가? 생명은 존엄하다는 일반적 가치관에 근거한 주장 아닌가? 이 정도의 가치관은 누구라도 말할 수 있고 수용할 수 있는 것 아닌가? 물론 대단히 존귀한 사상이지만 생

---

13 강원용, 『내가 믿는 그리스도』, 대한기독교서회, 298-299쪽

명 외경은 기독교의 핵심이 아니며, 그렇기에 슈바이처는 지금 기독교의 핵심을 말하는 것이 아니다. 슈바이처가 말하는 '선'과 '악'도 마찬가지다. 그의 선악 개념은 지극히 일반론적이다. 그러나 성경적 가르침은 아니다. 그의 선악 인식은 어떤 종교, 어떤 사상, 어떤 윤리도 동의할 수 있는 것이다. 반면, 성경이 말하는 선악에는 하나님이 반드시 포함되어야 한다. 즉, 하나님이 인정하고 기뻐하는 것은 선이고, 하나님이 인정하지 않고 싫어하는 것은 악이다. 이것이 성경적 세계관을 가진 사람이 고백하는 선악의 개념이다.

현재 기독교에서는 슈바이처를 최고의 기독교 신앙인으로 여기는 경향이 워낙 짙기 때문에 이를 비판하는 것은 쉽지 않다. 보통의 기독교인은 물론 목사들마저도 그렇게 여기고 있기에 이 상황은 매우 심각하다. 그뿐 아니라 나름 똑똑하다고 하는 인물들이 너도나도 슈바이처를 인용해서 기독교를 왜곡시키고 있으니 가수 조영남 같은 이도 여기에 한몫하고 있다.

이런 때에 슈바이처와 바이스는[14] 우리더러 빨리 미련에서 벗어나 요한의 오판과 예수의 실패를 인정하자고 노골적으로 주장했다. 하늘나라의 왕림은 나태한 민중에게 경각심을 일깨우기 위해서 한번 써 본 문학적인 가설이었다고 부추겼

---

14 Peter Ulrich Weiss, 독일의 극작가이자 소설가

다. 요한의 오판과 예수의 실패를 인정한다고 해서 예수의 체면이 손상되는 것은 아니라는 것이다. 오히려 예수의 품성은 우리가 평생 믿고도 남을 만큼 영원히 돋보인다는 것이다. 굴러가지도 않던 무의미한 역사의 수레바퀴를 하나님의 수레바퀴로 바꿔 낀 예수의 공로, 이제 서서히 구르기 시작한 수레바퀴에 깔려 죽은 예수의 행적 하나만으로도 예수는 충분히 인정받을 만한 존재라는 것이다.[15]

예수가 본래 부여받은 사명이 있었는데 그만 그것을 성취하지 못하고 죽었다는 것이 슈바이처의 시각이다. 한마디로, 예수는 실패했다는 것이다. 그런데, 세례 요한은 그것을 잘못 판단해서 예수를 메시아 곧 구원자로 믿고 대중에게 그것을 선포했다는 것이다. 이것은 완전히 성경을 짓밟는 것이다. 예수가 십자가에서 죽으실 때 마지막 순간 "다 이루었다"고 선포한 것을 비웃는 것이다.

슈바이처 외에 통일교의 문선명 같은 이도 이같이 주장한다. 예수가 실패했지만 슈바이처는 그래도 그를 존경하기에 그를 따른다고 했다. 그런데 문선명은 예수가 실패했기에 자기가 그 일을 완성했다고 한다. 전자는 박애주의자이기에 존경의 대상이 되고 후자는 기독교 이단이기에 비웃음의 대상이

---

15 조영남, 『예수의 샅바를 잡다』, 나무의숲, 88쪽

될지는 모르지만, 예수를 실패자로 규정한다는 점에서 그들은 실상 예수와 아무 상관이 없는 자들이다. 그들은 모두 불신앙의 죄에서 벗어나지 못했다.

슈바이처에게는 커다란 덕(德)이 있었지만 그것이 예수를 향한 참 신앙을 대신할 수 없기에 그는 죄 가운데서 인생을 마친 것이다. 이 점이 불편하게 느껴지더라도 할 수 없다. 이것이 기독교의 핵심 내용 중에 하나이기 때문이다. 그런 의미에서 키에르케고르가[16] 다음과 같이 말한 것은 매우 정당하다.

죄의 반대가 덕이 아니라 신앙(믿음)이라 함은 그리스도교 전체에 있어 가장 결정적인 규정의 하나인 것이다.[17]

믿지 않는 것이 선택의 문제나 취향의 문제로 끝나는 것이 아니라 바로 죄의 문제로 귀결된다는 것을 케에르케고르는 정확히 파악하고 있다. 슈바이처가 예수 그리스도를 잘못 알고, 성경을 잘못 믿고, 진리를 잘못 선택한 것은 명백한 죄인 것이다.

---

16 쇠렌 키에르케고르, 합리주의를 비판한 덴마크의 종교철학자, 실존주의 철학의 창시자
17 키에르케고르, 『죽음에 이르는 병』, 일신서적공사, 122쪽

마더 테레사, 예수를 말하지 않았던 성녀(聖女)

인도는 물론이고 전 세계적인 자비의 대명사가 바로 마더 테레사[18] 수녀다. 테레사 수녀는 1950년 인도 캘커타에서 사랑의선교회를[19] 설립한 후 45년간 빈민, 병자, 고아, 그리고 죽어가는 이들을 위해 헌신하였고, 1979년에는 노벨평화상을 수상하였다. 테레사 수녀에게 있어 인간은 모두 동등하고 소중한 대상이었다. UN(국제연합)에서 연설할 기회가 있었을 때 테레사 수녀는 이렇게 말했다. "아무런 피부색도, 아무 종교도, 아무 국적도 우리들 사이에 끼어들어선 안 됩니다. 우리는 다 하느님의 자녀들입니다." 모든 인류를 아무 차별 없이 진심으로 대했다는 점에서 테레사 수녀는 확실히 평범한 인물은 아니었다. 그런데, 그녀가 그렇게 귀한 선행을 하면서 예수를 얼마나 드러냈을까?

테레사 수녀는 제대로 치료를 받지 못하고 사람대우를 받지 못하며 죽어가는 병자들을 임종 순간까지 보살펴 주었다. 그런데 그들이 마지막 숨을 거둘 때까지 그들에게 예수에 대해서 말하지 않았다. 예수가 하나님의 아들이며 구원자라는 사실을 죽어가는 자들에게 말할 필요를 인정하지 않았다. 테

18　본명 아그네스 곤자 보야지우, 알바니아계의 로마 가톨릭 수녀

19　사랑의선교회는 '마더 하우스'라는 이름으로 운영되고 있는데, 현재 전 세계적으로 4,800명의 수녀가 750개의 시설에서 봉사하고 있다.

레사 수녀는 대부분 힌두 신(神)을 믿는 그들이 병 치료를 받는다는 이유로 다른 종교인 기독교의 신에 대해 들어야 하는 부담을 갖지 않도록 그들을 배려했다. 그리고 오히려 그들이 죽어갈 때에는 그들이 붙잡는 신의 이름을 불러주며 임종을 지켜주었다.

마더 테레사는 항상 사람들이 자신이 믿는 종교의 전례에 따라 평화롭고 아름답게 죽어야 한다고 주장하면서 특별히 신경을 썼다. 그래서 힌두교도들에게는 갠지스 강의 물로 입술을 축여주었고, 회교도들(무슬림들)에게는 코란을 읽어주었으며, 그리스도인들에게는 병자성사를 해주었다.[20]

물론 개종을 전제로 구제와 봉사를 하는 것은 잘못된 것이며 기독교적인 정신도 아니다. 그러나 평생 예수를 믿을 기회를 가져보지 못한 그들에게 병 치료받는 기간 동안 예수를 전하는 것이 그렇게 어리석은 일이었을까? 테레사 수녀의 이러한 모습은 결국 그녀의 사상이 어떤 것인지를 보여준다. 그녀는 평소에 더 나은 힌두, 더 나은 무슬림, 더 나은 가톨릭, 더 나은 무엇이 되기 위해 각자의 마음속에 있는 그 신을 받아들여야 한다고 가르쳤다.

---

20 T.T. 문다켈, 『소박한 기적』, 위즈덤하우스, 84쪽

테레사 수녀가 사랑의선교회를 처음 시작한 곳은 인도 캘커타에서 가장 중요한 힌두교 성지인 칼리 사원 경내의 허름한 방이었다.[21] 그녀는 우상을 섬기는 그곳이 죽어가는 자들에게 적합한 장소라고 여겼는데, 그 이유는 대다수가 힌두교도인 그 사람들이 마지막 임종 순간에 칼리 여신의 품 안에 안겨 죽기를 원한다는 것을 잘 알고 있었기 때문이다.

그녀는 모든 종교를 사랑하며, 만물이 곧 하나님이며, 모든 사람에게 각자의 신은 결국 동일한 신이라고 공개적으로 표명해왔다. 마더 테레사에게 있어 개종(改宗)이란 이방 신을 버리고 참 신이신 하나님을 믿는 것이 아니었다. 그녀에게 있어 개종은 자기 신을 더 열심히 믿어 더 신실한 종교인이 되는 것이었다. 그것이 어느 종교이건 어느 신이건 상관없이 자기 신을 잘 믿어 개선(改善)되고 개량(改良)되는 것이 테레사 수녀가 생각하는 개종이었다.

나는 우리와 함께 있다가 죽은 사람들은 모두 천국에 있을 것이라고 확신한다. 그들은 진정한 성인들이다. 그들은 이미 모두 하느님 앞에 있을 것이다.[22]

---

21 칼리 사원의 그 숙소를 테레사 수녀는 '니르말 흐리다이'라고 이름 지었다. 이는 '원죄 없는 성모 성심'이란 뜻이다. 성모 마리아가 원죄가 없는 신적 존재임을 믿는 가톨릭 신앙을 따른 것이다.
22 호세 루이스 곤살레스 발라도, 『마더 테레사 자서전』, 민음인, 168쪽

테레사 수녀는 사랑의선교회에서 죽음을 맞이한 모든 사람들이 천국행 입장권을 갖고 세상을 떠났다고 자신의 자서전에서 말한다. 그들의 모든 죄가 이미 용서됐기 때문이란다. 예수 그리스도의 대속의 은총이 이방 신을 믿다가 죽은 자들에게도 적용된다고 그녀는 믿었다.

힌두교인이 80퍼센트가 넘는 인도 땅에서 한 평생을 살았기 때문인지 모르겠지만, 이것은 명백히 범신론(汎神論)이며[23] 종교다원주의(宗敎多元主義)다.[24] 다른 종교도 결국 기독교의 신과 같은 신에게로 나아가는 길이라고 테레사 수녀는 말하고 있는 것이다. 물론 그녀의 사상은 수많은 사람들이 가지고 있는 생각이기도 하다. 예를 들면 마하트마 간디 역시 그런 생각을 가지고 있었다. 간디의 말을 살펴보자.

만약 우리가 힌두라면 기독교인이 힌두교로 개종하기를 기도해서는 안 됩니다. 그리고 우리가 무슬림이라면 힌두나 기독교인이 무슬림으로 개종하기를 기도해서도 안 됩니다. 뿐만 아니라 누구라도 개종해야 한다고 남몰래 기도해서도 안

---

23 pantheism, 우주를 하나의 전체로 보고 그것을 신으로 보는 교리. 즉 신이란 없고 그 대신 현존하는 우주 안에 나타나 있는 실재·힘·이법(理法)들의 총합이 있을 뿐이라는 교리다. 만유내재신론(萬有內在神論 panentheism)과 비슷하다.
24 religious pluralism, 절대 진리를 가진 종교는 없다는 상대주의적 종교관이다. 모든 종교가 결국 통한다는 사상으로 일종의 종교혼합주의다.

됩니다. 오로지 우리가 해야 할 일은 힌두는 더 나은 힌두가 되고, 무슬림은 더 나은 무슬림이 되고, 기독교인은 더 나은 기독교인이 되게 해달라고 간절히 기도하는 것입니다. 이러한 것이야 말로 연대감의 가장 근본이 되는 진리입니다.[25]

간디의 말은 테레사 수녀의 말과 완전히 일치하고 있다. 가장 존경받는 박애주의자들이 같은 말을 하고 있으니 세상 모든 사람들의 마음이 동조하는 것은 어찌 보면 당연할 수도 있다. 그러나 이들은 오직 예수 그리스도만이 영원한 생명이라는 기독교의 정수(精髓)를 망각하고 있다는 것을 알아야 한다.

예수의 구원자 되심을 전하지는 않지만 대신 예수의 사랑을 전하였으므로 테레사의 행적이 별 문제가 되지 않는다고 생각하는 사람도 있을 것이다. 그러나 주님은 사랑으로써 생명이신 예수를 증거 하라고 교회에게 명령하신 것이다. 사랑의 행위 자체가 아니라 예수가 목적이어야 한다. 예수를 전하기 위해 기독교인은 목숨까지도 던지는 사랑으로 모든 사람을 섬겨야 한다. 그런데 테레사는 예수가 어떤 존재인지에 대해 말로써 증거 하기를 거부했으니 이는 틀림없이 아쉬움을 넘어 문제가 있는 태도다. 무조건적인 선행을 향한 테레사 수녀의 태도는 존귀한 것이지만 이러한 선의지(善意志)는 예수를 모

---

25 비네이 랄,『힌두교』, 김영사, 129쪽

르는 사람도 가질 수 있는 것이다. 장차 있을 죽음을 위해 미리 유서를 쓰는 마음으로 작성한 다음의 글을 보면, 법정 스님 역시 비슷한 마음을 가지고 있었음을 알 수 있다.

누구를 부를까? (유서에는 흔히 누구를 부르던데) 아무도 없다. 철저하게 혼자였으니까. 설사 지금껏 귀의(歸依)해 섬겨온 부처님이라 할지라도 그는 결국 타인. 이 세상에 올 때에도 혼자서 왔고 갈 때에도 나 혼자서 갈 수밖에 없으니까. (중략) 고뇌를 뚫고 환희의 세계로 지향한 베토벤의 음성을 빌지 않더라도, 나는 인간의 선의지(善意志) 이것밖에는 인간의 우월성을 인정하고 싶지 않다. 온갖 모순과 갈등과 증오와 살육으로 뒤범벅이 된 이 어두운 인간의 촌락에 오늘도 해가 떠오르는 것은 오로지 그 선의지 때문이 아니겠는가. 그러므로 세상을 하직하기 전에 내가 할 일은 먼저 인간의 선의지를 저버린 일에 대한 참회. 이웃의 선의지에 대해서 내가 어리석은 탓으로 저지른 허물을 참회하지 않고는 눈을 감을 수 없을 것 같다.[26]

결국 이것이다. 법정 스님, 마하트마 간디, 마더 테레사 그리고 슈바이처는 모두 박애주의자였다. 그들은 모두 인간의 선행을 최고의 가치로 두었다. 세상 종교가 추구하는 바가 같다고 믿었다. 그리고 그들은 모두 성경이 가르치는 예수와 상관이 없었다.

레프 톨스토이, 기독교가 아닌 톨스토이교를 주창한 대문호

레프 톨스토이는 세계적인 대문호며[27] 자신의 신념을 종교의 경지로까지 끌어올린 특이한 인물이다. 그는 당시에 정교(政敎)연합으로 타락했던 러시아 정교회를[28] 비판하고, 자신만의 독특한 신념체계를 만들어 실천에 옮겼다. 그런데, 수많은 사람들이 그를 기독교인으로 생각하고 있는데 이는 커다란 오해며 착각이다. 톨스토이가 가졌던 기독교와 성경에 대한 생각을 다음의 글을 통해 확인해 보자.

나는 복음서에 담긴 모든 것을 하나도 빼놓지 않으려 애썼다. 그러나 세례 요한의 수태와 탄생, 세례 요한의 투옥과 죽음, 예수의 탄생, 예수의 가계도, 예수가 가나와 가버나움에서 보여 주었던 기적, 악마와의 싸움, 바다 위를 걸었던 기적, 말라 죽은 무화과나무, 병자의 치유, 죽은 자를 살린 기적, 그

---

26 법정, 『무소유』, 범우사, 81-82쪽
27 『안나 카레리나』, 『부활』, 『전쟁과 평화』와 같은 대작으로 유명한 러시아 작가
28 러시아 정교회는 로마 가톨릭, 개신교와 더불어 세계 3대 정통 기독교인 정교회(正敎會, Orthodox Church)의 러시아 분파다. 러시아 정교회는 톨스토이의 비기독교적 사상을 문제 삼아 그를 파문(破門)했다.

리고 그리스도의 부활과 그리스도로서 성취되었던 예언들은 생략했다. 이와 같은 내용들을 생략한 이유는 분명하다. 이런 내용들은 예수가 우리에게 주었던 가르침과는 아무런 관계가 없을 뿐 아니라, 예수가 살았던 동안의 사건들을 기술하고 있을 따름이기 때문이다. (중략) 나는 기독교 정신을 포괄적인 신의 계시로 해석하지도 않으며, 역사적 현상으로 생각지도 않는다. 다만 우리에게 삶의 의미를 주었던 가르침으로 해석할 따름이다. 내가 기독교에 관심을 가졌던 것도 바로 이런 해석 때문이었다. (중략) 그의 가르침을 짜깁기하여 만들어낸 괴물 같은 전통을 기독교 교리라고 내세우는 현재의 기독교에 대해 그리스도가 책임져야 할 이유는 없다. 또한 편견에 찬 기독교 교리도 그리스도의 진정한 가르침에는 모순되는 것이다.[29]

톨스토이는 성경에 나오는 기적을 믿지 않았다. 그리고 성경을 하나님의 계시로 인정하지 않았다. 그에게 있어 성경은, 특히 복음서는 '가르침을 주는 글' 이상의 어떤 것이 아니었다. 윤리적으로 마음에 드는 것만 골라서 자신만의 성경을 만들어낸 톨스토이는 이단적이며 반(反)기독교적인 인물이다. 이렇게 성경을 삭제하거나 추가시키는 것은 이 시대의 유행이

---

29 레프 톨스토이, 『톨스토이 성경』, 작가정신, 7-10쪽

기도 했는데, 그것을 이미 한 세기 전에 톨스토이가 앞장섰던 것이다. 미국의 3대 대통령이었던 토마스 제퍼슨 역시 성경을 짜깁기해서 자신만의 성경을 만들어서 사용했다. 물론 그것은 성경이 아니라 그냥 도덕책일 뿐이다.

톨스토이가 기독교적 가치관을 가진 것이 아니었다는 것은 그의 다른 모습을 통해서도 잘 증명된다. 그는 당시 러시아 귀족 남자들이 흔히 그랬듯이 십대 시절부터 색욕(色慾)을 즐겼다. 그런데 그의 이러한 모습이 결혼 후에까지 영향을 미쳐서 아내 소피아와[30] 48년이나 같이 살면서 그는 문자 그대로 불행한 결혼생활을 영위했다. 톨스토이는 50세에 회심했다고[31] 알려져 있는데, 그 전이나 후에나 동일하게 결혼에 대해 매우 부정적이었다. 그는 절대로 결혼하지 말 것을 역설하고 다녔으며 결혼은 합법적인 매춘일 뿐이라고 말하기를 주저하지 않았다. 이것은 그가 성경적 결혼관이나 가정관을 전혀 갖지 못했음을 말해주는 것이다.

톨스토이는 성경을 읽으면서도 예수에 대해 온전히 알지 못하고 자기 생각대로 성경을 해석하기도 했다. 예를 들면, 그는 "(예수가) 오히려 자기를 비워 종의 형체를 가지사 사람들과 같이 되셨고"라는 구절을[32] '물질의 비소유화'라고 주장했다. 예수의 성육신을 믿지 않았던 그로서는 당연한 것이다. 그러나 이는 모든 성경 구절을 윤리적으로만 해석하려는 한계를 보여주는 것이다. 톨스토이가 가진 종교관에 대해서는 그의 작품과 편지를 살펴보면 자세히 알 수 있는데, 다음의 글들을 보라.

> (안나 카레리나의 주인공인) 레빈은 계속 사색한다. "만일 하느님이 존재한다는 첫 번째 증거가 선의 존재에 대한 주님의 계시라고 한다면 어째서 이 계시는 단순히 기독교에만 국한되어 있는가? 마찬가지로 선을 역설하고 선을 실천하고 있는 불교도나 마호메트교도의 신앙은 이 계시에 대해 어떤 관계를 가지고 있는가?" 그러다가 마침내 레빈은 결론에 도달한다. "그렇다. 하느님의 존재에 관한 명백하고 의심할 여지없이 유일한 표시는 …… 전 세계에 계시되어 있는 선의 율법이다. 나는 그것을 내 마음속에서 느끼고 있다."[33]

레빈은 계속 '사색'하였다 그리고 마침내 '결론'에 이르렀다. 사색의 결론은 선의 율법이야말로 하나님 존재의 증거라는 것이다. 여기서의 레빈은 톨스토이 자신이다. 자신이 깨달은 것에 대해 그는 구체적으로 이렇게 말한다.

---

30 18세에 34세이던 톨스토이와 결혼하여 아홉 명의 자녀를 낳았다.
31 톨스토이의 회심은 예수 그리스도에게 돌아오는 회심이 아니라 남은 인생을 타인을 위해 살겠다고 다짐한 것을 말한다. 그의 이러한 윤리적 회심이 기독교적 회심으로 오해되고 있다.
32 빌립보서 2장 7절
33 석영중, 『톨스토이, 도덕에 미치다』, 예담, 277쪽

(1859년에 쓴 편지 중) 저는 불멸이 무엇이고 사랑이 무엇인지, 그리고 영원히 행복하기 위해 타인을 위해 사는 삶이 어떤 것인지 깨달았습니다. 그런데 이런 깨달음이 그리스도교와 유사하다는 것에 저는 놀랐고, 그리하여 스스로 알아내기보다는 복음서를 통해 알아내고자 했습니다만, 거기서 발견한 것은 별로 없습니다. 신도, 인류의 속죄자도, 신비도 저는 발견하지 못했습니다.[34]

쇼펜하우어가 자신의 철학이 불교와 유사함을 인식했다고 하는데, 톨스토이는 자신의 깨달음이 기독교와 유사하다는 것을 알았다고 한다. 그런데 그것은 대단한 착각이었다. 선행이 기독교의 한 부분이기는 하지만 기독교의 핵심은 아니란 것을 그는 몰랐다. 톨스토이는 하나님도 모르고 속죄자도 몰랐다. 그는 정말로 중요한 것을 깨닫지 못했고 발견하지도 못했다. 그것이 어찌 기독교를 아는 자의 모습이겠는가.

롭 벨, 하나님보다 자신이 더 의롭다 주장하는 인본주의자

미국과 전 세계 기독교계를 떠들썩하게 만들었던 롭 벨 목사

34　앞의 책 279쪽

의[35] 'Love Wins'라는 책이 2011년 『사랑이 이긴다』라는 제목으로 국내에 소개됐다. 그런데 이 책을 발간한 출판사가 기독교 서적을 전문으로 출판하는 곳이 아닌 김영사다.[36] 미국에서 기독교 베스트셀러인데 국내의 기독교 출판사가 먼저 판권을 사지 못한 것인지 아니면 그 내용이 반(反)기독교적이라서 거부한 결과 김영사까지 간 것인지 모르겠지만, 아무튼 이 책의 내용은 수많은 사람들을 현혹하고 호도하고 있기에 여기서 좀 특별히 다루고자 한다.

먼저 이 책이 센세이션을 일으킨 것은 시대의 흐름을 정확히 파악해서 주제를 잡았기 때문이다. 박애주의를 종교의 자리로 올려놓는 시대가 된 것을 잘 알고 있던 젊은 목회자 랍 벨은 대다수 사람들의 마음에 쏙 드는 주장을 함으로써 단번에 인기를 얻는 데 성공했다. "성경에서 말하는 많은 것들이 사실 해석을 잘못해서 그렇지 하나님은 그렇게 무서운 분이 아니다. 사랑이 무한하신 하나님이 영원한 고통을 주는 지옥

---

35 미국 미시간 마스 힐 바이블 교회의 담임목사

36 정확히 말하자면, 포이에마라고 하는 김영사의 기독교 서적 전문 자회사다. 우리나라 최대의 출판사인 김영사는 기독교와 아무 상관이 없는 회사다. 이것은 통일교 문선명의 자서전 『평화를 사랑하는 세계인으로』나 기독교를 대적하는 책인 리처드 도킨스의 『만들어진 신』을 출간한 것만 봐도 명백하다. 기독교 출판 시장까지 넘보는 대형 출판사의 마케팅이 씁쓸하지만, 한편으로 김영사(포이에마)가 제대로 된 기독교 서적을 출판해서 기존의 기독교 출판사들이 하지 못한 역할을 해줄 수 있기를 기대한다.

을 만들어서 사람들을 보낸다는 믿음은 어리석은 보수 기독교인이나 따르는 허구다." 이것이 랍 벨이 이 책을 통해 주장하는 핵심이다. 그의 글에 나타나는 신학적 오류와 잘못을 살펴보면 다음과 같다.[37]

제한적 멸절론

우선, 랍 벨은 제한적 (또는 조건적) 영혼 멸절론을[38] 주장하고 있다. 멸절론은 죽은 후 천국에 가지 못하는 (즉 자격이 없는) 자들을 하나님께서 지옥에 보내는 것이 아니라 존재를 없애버린다는 이론이다. 이것은 하나님이 지옥을 만들지 않았다는 것을 전제로 하고 있다. 멸절론 가운데 제한적 멸절론이 또한 있는데, 이것은 지옥이 있고 거기에 가는 사람들이 있기는 있는데, 그곳에서 영원토록 고통 받는 것이 아니라 지옥에서 일정 기간 (즉, 잘못한 정도만큼만) 고통을 받은 후에는 (즉, 형벌을 다 마친 후에는) 하나님이 그 존재를 없애버린다는 이론이다. 랍 벨의 경우, 후자에 해당하는 제한적 멸절론을 주장한다. 사실 그는 매우 영리하기 때문에 결코 멸절(론)이라는 용어를 사용하

---

37 『사랑이 이긴다』를 논박하는 마크 갤리의 『하나님이 이긴다』라는 책을 포이에마가 또한 출간했다.

38 靈魂 滅絶論, annihilationism

지 않는다. 그러나 그가 주장하는 문장 하나하나가 명백히 그
것을 주장하고 있기 때문에 그가 멸절론자라는 것을 파악하는
것은 어렵지 않다.

얼마나 고통스럽고, 잔혹하고, 억압적이건, 사람들이 죄와 무
관심과 거절로 인해 얼마나 본향에서 멀어졌건, 이런 식으로
영원히 가지는 않을 것이라고 선지자들은 단언한다. 예레미
야애가 3장에 보면 시인은 이렇게 선언한다. "주님께서는 우
리를 언제까지나 버려두지는 않으신다. 주님께서 우리를 근
심하게 하셔도, 그 크신 사랑으로 우리를 불쌍히 여기신다."
호세아 14장에서 하나님은 이렇게 말씀하신다. "내가 그들의
반역하는 병을 고쳐주고, 기꺼이 그들을 사랑하겠다. 그들에
게 품었던 나의 분노가 이제는 다 풀렸다."[39]

랍 벨은 하나님이 영원히 진노하는 분이 아니라고, 구약
의 선지자들이 그렇게 선포한다고 말한다. 랍 벨은 의도적이
든 아니든 성경을 왜곡하고 있다. 하나님이 분노하셨지만 다
시 용서하고 사랑하시는 것은 우리가 이 땅에서 사는 동안 해
당되는 것이다. 틀림없이 하나님은 이스라엘의 역사를 통해
우리에게 자기를 계시하셨는데, 하나님은 자비의 하나님이시

---

39 랍 벨, 『사랑이 이긴다』, 포이에마, 133쪽

라는 것이다. 그러나 하나님은 또한 공의의 하나님이시므로 반드시 죄의 대가를 치르도록 하신다는 것을 우리는 성경을 통해 잘 알고 있다. 하나님의 최고의 사랑의 표현인 예수를 거부하는 자는 하나님의 최고의 공의의 표현인 영원한 지옥에 들어가게 되는 것이다. 이것을 믿는 것이 기독교이고 믿지 않으면 기독교가 아니다. 그런데 롭 벨은 이것을 믿는 것을 비난하고 조롱하고 있다.

믿지 않으면, 올바른 방법으로 받아들이지 않으면, 그러니까 이 복음을 전하는 사람이 말하는 방식대로 하지 않으면, 그러다가 그날 자동차에 치여 죽으면, 하나님은 지옥에서 영원히 의식적인 고통을 받는 형벌을 내리실 수밖에 없다는 말도 수많은 사람들이 들었다. 말하자면, 죽음의 순간에 하나님은 완전히 다른 존재가 되신다. 그들에게는 영원히 다른 존재가 되신다. 그들과 관계를 맺기 위해서 그렇게 애를 쓰시는 사랑 많은 하늘 아버지가 눈 깜짝할 사이에, 꼼짝없이 갇혀 영원히 고통 받으며 살게 하는, 잔인하고 야비하고 사악한 존재가 된다. 이 땅에 그런 아버지가 있다면 우리는 당국에 신고할 것이다. 그렇게 변덕스러운 인간 아버지가 실제로 있다면 우리는 곧바로 아동 보호 담당국을 부를 것이다. 하나님이 그런 식으로 기어를 바꾸실 수 있다면, 그렇게 순식간에 존재 방식을 완전히 바꾸실 수 있다면, 그런 존재가 선한 것은 둘째 치고, 과연 믿을 만하기나 한 것인지에 대해서 숱한 의문이 일 것이다. (중략) 왜냐하면 당신의 하나님에게 문제가 있다면, 당신의 하나님이 사랑이 많다가도 순식간에 잔인해진다면, 당신의 하나님이 짧은 몇 년 동안의 인생에서 지은 죄에 대해 영원한 형벌을 내리신다면, 아무리 똑똑하게 마케팅을 하고, 설득력 있게 말하고, 좋은 음악을 들려주고, 맛있는 커피를 대접해도, 그 단 하나의, 진실하고, 확연하고, 옹호할 수 없고, 용납할 수 없는 끔찍한 실재를 가릴 수는 없을 것이기 때문이다.[40]

랍 벨은 사랑 많은 하나님이 지옥으로 사람들을 보내는 것은 잔인하고 무자비한 일이기에 말이 안 된다고 주장하고 있다. 그는 성경이 말하는 하나님은 잘못 묘사된 것이 틀림없다는 식으로 말하고 있는 것이다. 이는 자신의 의와 자비가 성경이 선포하는 그 하나님의 의와 자비보다 더 높다고 말하는 것과 같다. 진짜 하나님이라면 그렇게 사랑이 많다가 사람이 죽는 순간 그렇게 잔인해질 수는 없다는 것이다. 글쎄, 하나님이 잔인하다고? 자신의 외아들을 보내어 십자가에 죽게 하시기까지 우리를 사랑하시는 그분을 변덕 많고 잔인한 자라고 묘사하는 랍 벨은 도대체 어떤 자이기에 그런 말을 서슴없이

---

40 앞의 책 240-243쪽

떠들고 있는 것일까?

랍 벨이 궁극적으로 하고 싶은 말은 이 한 문장에 잘 나타난다. "당신의 하나님이 짧은 몇 년 동안의 인생에서 지은 죄에 대해 영원한 형벌을 내리신다면 …… 끔찍한 실재를 가릴 수는 없을 것(이다)." 랍 벨은 지옥의 필요성은 인정하지만 그 지옥의 영원성은 인정하지 않고 있다. 세상에서 흔히 말하는 것처럼, 유한한 죄를 지은 자가 어찌 무한한 형벌을 받을 수 있느냐고 말하는 것이다.[41] 심지어 그런 하나님이라면 그것은 '끔찍한' 존재라고 말한다. 랍 벨은 자신이 생각하는 하나님 이미지가 성경과 다르기 때문에 성경 속의 하나님이 잘못된 것이라는 생각을 드러내고 있다.

얼핏 보면, 하나님을 더 높이는 듯한 이러한 멸절론은 공교롭게도 기독교 이단들이 즐겨 주장하는 교리다. 여호와의 증인과[42] 제칠일안식일예수재림교가[43] 미국에서 자리매김하는 데 큰 역할을 한 것이 바로 지옥은 없고, 악한 존재는 사라질 뿐이라는 교리다. 이것은 인간의 죄성을 만족시키는 참 대단한 거짓말이 아닐 수 없다. 물론 랍 벨은 지옥을 인정하기는

---

41 나는 여기서 신학적 논쟁을 하고 싶지는 않다. 다만, 한 가지만 말하겠다. 하나님의 아들 예수 그리스도를 거부하는 것은 영원히 고통 받고, 후회할 만한 어마어마한 죄다. 우리가 인정하든, 안 하든 그렇다.

42 Witness of Jehovah, 삼위일체를 부정하고 여호와 하나님만을 섬기는 이단

43 Seventh-Day Adventist Church, 삼위일체를 부정하고 안식일인 토요일을 지킬 것을 주장하는 이단, 흔히 제칠일안식교라고 부른다.

하지만 그 영원성을 인정하지 않는 것이 문제다.

랍 벨처럼 제한적 멸절론을 주장하는 사람 가운데 뜻밖에도 존 스토트 목사가 있다. 스토트 목사는 20세기 복음주의 진영의 거두(巨頭)로서 신학과 목회 양면에서 균형 잡힌 기독교 지도자로 이름을 높였다. 그런데 그가 말년에 이르러 갑자기 조건적(제한적) 멸절론을 슬며시 제시함으로써 전 세계 교계에 큰 충격을 주었다. 물론 그는 랍 벨처럼 반드시 그렇다고 주장하지는 않았다. 다만 그렇게 생각해 볼 수도 있다는 식으로 조심스러운 제시를 한 것이다. 아무튼 이렇게 존 스토트 같은 거인이 멸절론을 제안했기 때문에 이 이론을 주장하는 사람들이 큰 자신감을 갖게 된 것은 틀림없다. 스토트 목사는 오랜 기간 성경적 시각으로 교회를 섬겨온 귀한 일꾼임에 확실하지만 그가 조심스럽게 말했던 멸절론은 명백히 반성경적이고 인본주의적이다.[44] 랍 벨은 지금 존 스토트의 주장을 이어받은 것이다.

만인구원론

랍 벨은 『사랑이 이긴다』를 통해 만인구원론(萬人救援論)을[45] 주

---

44 내가 신학교 시절 들은 이야기로는, 스토트 목사가 사랑했던 그의 누이는 예수를 모른 채로 죽었는데 그 후부터 스토트 목사가 멸절론을 내세웠다고 한다.

45 universalism, 사후구원론, 보편구원론이라고도 한다.

48
49

장하고 있다. 만인구원론은 하나님이 결국 모든 사람을 다 구원하여 천국으로 이끄신다는 주장이다. 당연히 성경에 없는 내용이고 오히려 성경과 반대되는 주장이다. 그런데 그는 비논리적이고 비약적인 이론으로 자신의 주장을 내세우고 있다.

또 어떤 사람들은 죽음 이후에 두 개의 목적지, 두 개의 실재가 있다는 것은 받아들이지만, 이생에서 예수를 믿지 않은 사람들에게 '또 한 번의 기회' 같은 것이 주어져야 한다고 주장한다. 개신교 종교개혁의 지도자 중 한 사람인 마르틴 루터는 1522년에 한스 폰 레헨베르크에게 쓴 편지에서 사람이 죽은 후에 하나님께로 돌아설 수 있는 가능성에 대해 이야기하면서 이렇게 묻는다. "그렇게 하실 수 있는 하나님의 능력을 누가 의심하겠습니까?" 이것 또한 좋은 질문이다. "그렇게 하실 수 있는 하나님의 능력을 누가 의심하겠습니까?"라는 이 관점은 온갖 부류의 사람이 설 자리를 마련해준다. 열다섯 살에 죽은 무신론자, 다른 종교를 믿는 사람, 자신이 본 예수가 하나님의 사랑은 하나도 보여주지 않고 억압하기만 했기 때문에 예수를 거절한 사람 등등에게도 설 자리가 생긴다. 또 어떤 사람들은 이렇게 묻는다. 죽은 후에 또 한 번의 기회가 있다면, 그 기회를 죽음 직후의 단 한 번으로만 제한할 이유가 있는가? 그래서 그들은 그 가능성을 확장해 사람들이 하나님을 받아들일 수 있는 기회는 끝도 없이 주어질

것이라고 생각한다. 다시 말해서, 받아들일 때까지 계속 주어질 것이라고 생각하는 것이다.[46]

다른 주장도 그러하지만, 만인구원론에 대한 주장에 대해 랍 벨은 성경적 근거를 전혀 제시하지 못한다. 한 두 구절을 얼핏 내세우지만 전혀 논거(論據)가 되지 못하는 구절일 뿐이다. 오히려 그는 만인구원설을 주장하는 다른 많은 사람들의 의견을 제시하고 있다. 그리고 루터의 편지를 가장 강력한 논거로 제시한다. 루터의 편지를 그렇게 해석하는 것도 억지이지만, 이렇게 중요한 신학적 주장을 하면서 목사가 성경적 근거를 전혀 제시하지 않는다는 점이 가장 큰 잘못이 아닐 수 없다.

이생에서 예수를 믿지 않은 사람들에게 죽은 후에도 기회를 또 줘야 한다는 생각, 그것도 거듭해서 끝까지 결국 예수를 받아들일 때까지 계속 줘야 한다는 생각은 도대체 무엇을 근거로 하는 것인가? 결국 성경을 믿지 않는다는 말이 아닌가? 랍 벨은 성경을 아예 무시하고 자기 생각을 성경 보다 위에, 하나님 보다 위에 놓으면서 큰소리치고 있다. "한번 죽는 것은 사람에게 정해진 것이요 그 후에는 심판이 있다"는[47] 성경 말씀을 도대체 어떻게 받아들이는 것인가? 죽어서 아브라

---

46 랍 벨, 『사랑이 이긴다』, 포이에마, 158-159쪽
47 히브리서 9장 27절

함의 품에 안긴 거지 나사로와 지옥에 내려간 부자 이야기를[48] 도대체 어떻게 받아들이고 있는 것인가? 만약 그 부자가 지옥에 일정 기간 있다가 결국 거듭되는 하나님의 기회 제공을 받아들여 천국으로 갈 것이라면, 예수가 이런 이야기를 굳이 해 줄 필요가 있었겠는가? 이런 말도 안 되는 주장을 하면서 롭 벨은 자신이 '믿음'을 가지고 있다고 말한다.

> 이러한 관점은, 시간만 충분히 준다면 모든 사람이 하나님께로 돌아설 것이고, 하나님의 임재 가운데 기쁨과 평화를 누릴 것이라는 믿음에서 비롯된다. 하나님의 사랑이 모든 굳은 마음을 녹일 것이고, 극도로 '타락한 죄인'도 결국에는 저항을 그만두고 하나님께로 돌아올 것이라고 본다. (중략) 최초의 교회 이후로 기독교 전통의 중심에는, 역사는 비극이 아니며, 지옥은 영원하지 않고, 사랑이 결국에는 승리할 것이며, 모든 것이 하나님과 화해할 것이라고 주장한 사람들이 있었다.[49]

롭 벨은 지옥이 영원하지 않다는 생각이 매우 확고부동하다. 그래서 악인은 지옥에서 일정 고통을 받은 후 멸절되든지

---

48 누가복음 16장 19-31절, 예수의 비유
49 롭 벨, 『사랑이 이긴다』, 포이에마, 159-161쪽

아니면 뒤늦게라도 구원받는다고 말하고 있다. 비록 남들이 그렇게 말하고 있다고 말하지만,[50] 결국은 자기 생각을 돌려서 표현한 것에 불과하다. 랍 벨은 신학적으로 논쟁이 될 수 있다는 것을 잘 알기에 자기 확신을 정확하게 묘사하지 않는 꼼수를 쓴 것이다.

예수 그리스도의 육적 부활 불인정

랍 벨의 사상은 여러 개의 문제점을 가지고 있지만, 그 가운데 압권은 역시 예수의 부활에 대한 그의 생각이다. 그는 예수의 육적 부활을 인정하지 않는다. 그가 인식하는 예수의 죽음과 부활은 그냥 자연의 순환 같은 것이다. 봄, 여름, 가을, 겨울이 바로 부활이라는 것이다. 그는 사실 부활을 전혀 믿지 못하고 알지도 못한다. 다음의 글을 보라.

역사적 사건의 발단은 예수가 죽으신 후에 그분을 만났다고 하는 추종자들의 주장이었다. 그러한 만남 때문에 그들은 전 세계에 영향을 미치는 엄청난 일이 벌어졌다고 믿게 되었다.

---

50 신정통주의자 칼 바르트는 하나님이 지옥을 궁극적으로는 비워두실 것이라고 말한 바 있다.

그들의 주장을 이해하려면 죽음 이후의 부활이 그들에게는 새로운 사상이 아니라는 사실을 기억하는 것이 중요하다. 가을이 되면 곳곳에서 낙엽이 지고 식물은 죽는다. 색은 갈색으로 변하고, 시들고, 생명을 잃는다. 겨울 내내 그렇게 잠든 상태로, 생명 없이, 죽어 있다. 그러다가 봄이 오면 다시 살아난다. 자라고, 움트고, 새잎과 봉오리를 낸다. 봄이 있으려면 가을과 겨울이 있어야 한다. 죽음, 그다음에 부활이다. 생태계, 먹이사슬, 계절이 다 그렇다. 환경 전체가 그렇다. 죽음은 생명으로 들어가는 길이다.[51]

랍 벨은 예수 당시의 사람들에게 부활은 새로운 사상이 아니라는 황당한 주장을 하고 있다. 죽은 사람이 살아나는 것을 그 당시의 사람들이 자연스럽게 여겼다고 말하는데, 그는 근거가 없는 말을 하고 있다. 부활은 예나 지금이나 결코 자연스러운 일이 아니다. 그래서 제자들이 놀랐고 변화된 것이다. 랍 벨은 부활을 기독교적으로 말하고 있지 않다. 자연의 사계절이 순환하는 것이 성경이 말하는 부활인가? 먹이사슬로 먹고 먹히는 것이 부활인가? 그는 불교와 도교적 관점에서 부활을 말하고 있다. 그는 예수의 육체적 부활을 절대로 믿지 않는 자다. 부활 신앙이 없으니 기독교의 핵심 교리인 부활을 자연

---

51 앞의 책 187쪽

계의 순환으로 설명하는 것이다. 랍 벨은 부인할 수 없는 자유주의자다.

9·11 사건 때[52] 사람들을 구조하느라 자기 생명을 잃은 소방대원들을 생각해보라. 그토록 이타적인 영웅주의에 대해 듣고서도 감동하지 않을 사람이 어디에 있겠는가? 남을 위해서 자신을 희생하는 사람의 이야기는 우리를 고쳐시킨다. 고쳐시킨다는 것은 생명을 준다는 것이다. 그들의 죽음은 다른 사람의 생명을 위한 것이었다. 따라서 성경의 저자들이 예수의 부활이 이 세상에 새로운 생명을 가져다주었다고 말할 때는, 새로운 개념에 대해서 말한 것이 아니다. 그들은 언제나 사실로 존재했던 것에 대해서, 이 세상이 돌아가는 원리에 대해서 이야기하는 것이다.[53]

랍 벨은 예수의 부활을 9·11 사건 때 희생한 사람들에 의한 정신 고쳐 같은 것이라고 말한다. 도대체 이 사람이 목사인지 의심하지 않을 수가 없다. 정신을 고쳐시키는 것은 곧 생명

---

52 9·11 테러(September 11 Attacks), 2001년 9월 11일 항공기 납치 동시다발 자살 테러로 미국 뉴욕의 110층짜리 세계무역센터(WTC) 쌍둥이 빌딩이 무너지고, 워싱턴 D.C.의 국방부 펜타곤이 공격을 받은 대참사로 3천 명 이상의 사망자가 발생했다.

53 랍 벨, 『사랑이 이긴다』, 포이에마, 188쪽

을 주는 것이고 이것이 부활의 본뜻이라는 것이다. 이렇게 말하면, 예수의 부활은 아무 것도 아니다. 이런 식의 부활은 예수 전에 이미 소크라테스와 부처와 공자가 충분히 했고, 그 후 이순신 장군과 안중근 의사(義士)와 김연아 선수도 해낸 것이니 말이다. 랍 벨은 지금 기독교가 아닌 불교를 말하고 있다. 그는 정직하지 못하다. 자기는 예수의 육적 부활을 믿지 못한다고 솔직히 말하지 않고 말도 안 되는 궤변을 늘어놓고 있다.

다른 구원의 길?

랍 벨은 한마디로 기독교인이 아니다. 그는 성경을 자기 마음대로 해석하고 인간 본위로 기독교를 변질시키면서 대중의 인기를 구가(謳歌)하는 자 일뿐이다. 요한복음 14장 6절에[54] 대한 그의 주장을 살펴보자.

이 본문은 하나님께로 가는 길로 오직 예수만을 주장한다는 점에서 매우 배타적이다. 그러나 이 배타성은 포괄성의 이면이다. 우선 배타성이 있다. 예수만이 길이다. 정해진 방식대로 예수를 믿고 따르지 않는 사람은 누구나 구원받지 못하거나,

---

54 예수께서 이르시되 내가 곧 길이요 진리요 생명이니 나로 말미암지 않고는 아버지께로 올 자가 없느니라

구속받지 못하거나, 천국에 가지 못한다. 그 표현은 다양하겠지만, 어쨌든 이러한 배타성이 있다. 여기에 속했거나 아니면 지옥에 가거나 둘 중 하나다. 두 가지 밖에 없다. 그리고 포괄성이 있다. 이 포괄성은 모든 종교에 문을 열어놓는다. 착한 사람은 누구나 들어갈 것이고, 산은 하나이지만 길은 여러 갈래라고 하는 포괄성이다. 이러한 포괄성은 마음만 바르다면 혹은 행동만 기준에 맞는다면 괜찮을 것이라고 말한다. 그 다음에는 포괄성 이면의 배타성이 있다. 이러한 배타성은 예수가 길이라고 주장하지만, 모든 것을 포괄하시는 예수 그리스도의 구원하시는 사랑은 당연히 다양한 문화에 속한 온갖 부류의 예상치 못한 사람들도 포함시킬 것이라고 하는 가정 또한 단단히 붙잡는다. 무슬림, 힌두교도, 불교도, 그리고 극보수의 기독교도 등 모두에게 문이 열리는 순간 많은 그리스도인들은 매우 불편해하면서 그러면 예수는 아무런 상관이 없는 것 아니냐, 십자가도 쓸모없고, 아무거나 믿어도 되고 그런 거 아니냐의 식의 반응을 보인다. 그렇지 않다. 절대로, 분명하게, 확고하게 그렇지 않다. 예수는 자신이, 오직 자신만이, 모든 사람을 구원한다고 선언하셨다. 그 다음에 예수는 문을 활짝 열어놓으신다. 온갖 가능성들을 생각하신다. 예수는 자신만큼 좁으시고 우주만큼 넓으시다.[55]

랍 벨은 지금 조잡한 말장난을 하고 있다. 같은 본문이 배타성과 포괄성을 다 가지고 있다고 말한다. 이 구절이 말하는 바는 명백하다. 예수 외에는 하나님께로 가는 길이 없다는 것이다. 그런데 이렇게 말하면 세상 사람들이 싫어한다. 그러니까 랍 벨은 이것은 겉으로 보기에는 배타적이지만 사실은 그 이면에 포괄성이 있다고 말함으로써 사람들에게 다가가고자 한다. 도대체 이 구절이 어떻게 산은 하나이지만 길은 여러 개라는 의미로 해석될 수 있는가? 이것이 어떻게 예수만이 천국 가는 길이지만, 동시에 모든 착한 사람들과 다른 종교인들도 천국 갈 수 있음을 말하는 것인가? 랍 벨의 주장은 참으로 조악(粗惡)하다. 정통 기독교로부터 비난받기는 싫고, 그렇다고 일반 대중의 인기를 포기하기도 싫으니까 결국 이런 식으로 억지 주장을 하는 것이다.[56]

랍 벨의 이러한 종교다원적 사상은 종교혼합의 기수(旗手)인 세계교회협의회(WCC)의 주장과도 매우 유사하다. 1998년 짐바브웨의 하라레에서 열린 WCC 제8차 총회는 다음과 같은 문구를 공식적으로 채택하였다. "우리는 예수 그리스도 이외에 다른 구원의 길을 제시할 수 없다. 동시에 우리는 하나님

---

55   랍 벨, 『사랑이 이긴다』, 포이에마, 216-217쪽
56   요한복음 14장 6절을 이렇게 자기 편한 대로 해석하는 것은 랍 벨만의 경우는 아니다. 불교의 숭산 스님이나 기독교의 한완상 장로 같은 이들 역시 비슷한 주장을 한다.

의 구원하시는 능력을 제한할 수 없다." 도대체 이게 무슨 의미인가? 예수 그리스도만이 구원의 길이지만, 하나님은 세상 다른 종교까지도 예수 그리스도처럼 인정해주는 분이라고 말하고 있는 것이다. 이것은 명백히 반성경적 주장이다. 랍 벨은 지금 이와 다를 바 없는 주장을 하고 있는 것이다.

거듭 말하지만, 랍 벨은 예수를 믿는 사람이 결코 아니다. 『사랑이 이긴다』는 기독교 신앙 서적이 아니라 기독교를 훼손하는 악서(惡書)다. 한때 전 세계적으로 큰 영향을 끼쳤던 『만들어진 신』의 리처드 도킨스는 스스로 무신론자임을 드러내며 자기주장을 하니까 차라리 정직하기라도 하다. 그런데 랍 벨은 자기가 성경을 잘 알고 믿는 것처럼 말하면서 실상은 완전히 그 반대로 일하고 있으니 이것은 완전히 내부의 적과 다를 바 없다. 그런데 이 책의 추천사를 써준 이름들이 쟁쟁하다. 국내외에서 기독교 지도자로서 자리매김을 명확히 하고 있는 분들이 이런 책을 추천해준 것에 대해 솔직히 이해할 수가 없다. 그들은 진정 랍 벨의 신학과 사상에 동의하고 있다는 말인가?[57]

---

57 이 책의 추천사를 써준 유명인들로는 유진 피터슨 교수(리젠트 칼리지), 김민웅 교수(성공회대 기독교윤리학), 권연경 교수(숭실대 기독교학과), 양희송 대표(청어람 아카데미) 등이 있다.

구원, 박애주의자 고넬료에게 필요했던 것

세계적인 철학자이자 수학자인 화이트헤드는 만일 현대 세계가 신(神)을 찾으려면 바울의 도움이 아니라 요한의 도움으로, 공포를 통해서가 아니라 사랑을 통해서 찾아야만 한다고 말했다.[58] 그에게 있어 교리적인 바울의 가르침은 거북했지만 사랑의 사도였던 요한의 가르침은 마음 편했던 것이다. 아마도 그는 요한복음 3장 16절을[59] 생각했는지 모르겠다. 그런데 그는 바울이 하나님의 사랑에 대해서도 정통한 사도였다는 것을 간과하고 있다. 고린도전서 13장은[60] 차치하더라도, 로마서 5장 8절이 그것을 잘 말해주고 있다.

> 우리가 아직 죄인 되었을 때에 그리스도께서 우리를 위해 죽으심으로 하나님께서 우리에게 대한 자기의 사랑을 확증하셨느니라

> 비록 깨어졌지만 인간에게는 아직 하나님의 형상이 남아

58　A. N. 화이트헤드, 『종교론』, 종로서적, 57쪽

59　하나님이 세상을 이처럼 사랑하사 독생자를 주셨으니 이는 그를 믿는 자마다 멸망하지 않고 영생을 얻게 하심이라

60　소위 '사랑장'으로서 "사랑은 오래 참고 사랑은 온유하며 시기하지 아니하며 … "로 유명하다.

있다. 그래서 인간은 죄성을 가지고 악을 행하기도 하지만 착한 마음을 가지고 선행을 하고자 하는 본성도 가지고 있다. 그 선한 양심을 따라 봉사하고 구제하고 남을 돕는 박애주의는 참으로 아름답고 귀한 것이다. 그러나 아무리 고귀한 가치를 가진 것이라도 선행이 영생을 주는 것은 아니다.

선행으로 구원받지 못함에 대해서 성경은 명확히 가르쳐 주고 있다. 예를 들어 사도행전 10장과 11장에는, 고넬료처럼 비록 인정받을 만큼 구제를 많이 하는 사람이라도 아직 구원을 얻은 것은 아니라는 점이 부각되어 있다.[61] 박애주의자 고넬료에게 필요한 것은 예수의 구원이었다. 그의 박애주의가 그에게 저절로 구원을 준 것은 아니었다. 기독교는 선행과 윤리와 박애주의를 존중하는 종교지만 그 자체가 곧 기독교라고 여기지는 않는다. 기독교는 그 이상이다.

---

61 고넬료는 이달리야 부대(Italian Regiment)의 백부장(centurion, 백 명의 부하를 둔 장교 계급)으로서 식민지인 이스라엘의 가이사랴에 거주하고 있었다. 그는 이방인이었지만 하나님을 경외했고 백성을 많이 구제했다. 그런데 어느 날 하나님의 천사가 나타나 그에게 베드로를 데려오라고 말한다. 베드로가 그와 온 집이 구원 받을 말씀을 전해줄 것이라는 것이다(사도행전 11장 14절). 그래서 고넬료는 그대로 순종했고 그와 온 집안이 성령 받고 구원을 얻었다는 이야기다.

제 2 장

세속주의

자본에의 굴종

진리와 기복신앙 사이에서 방황하는 교회

중미 멕시코에 수백 만 명의 신도를 거느리고 있는 종교가 있다. '산타 무에르떼'라고 불리는 이 종교의 신(神)은 해골바가지 형상에 한 손에 낫을 든 흉측한 모습이다. 중남미에서는 이미 오래 전부터 로마 가톨릭이 변질되어 성모 마리아가 신의 자리에서 추앙을 받고 있는데, 멕시코에서는 여기서 한 발 더 나아가 자생 토착신이 마리아의 자리를 대신해서 보좌에 앉아 있는 것이다.[1] 이 종교를 받드는 현지인들은 자신들의 신에게 간구했더니 부자가 되고, 감옥에서 일찍 나오고, 병이 나았다고 열렬하게 자랑한다. 혹시 이들이 후진적 사고를 가졌기에 그런 유치한 신앙심을 가진 것이라고 무시하는 사람이 있을지 모르겠다. 그럼, 우리나라는 어떠한가?

삼중큰스님 정해년 마지막 강연회 "황금돼지해 어떻게 운(運)을 받을 것인가?!" 대충 해도 되는 사람이 있고 해도 해도 안 되는 사람이 있습니다. 삼중큰스님 강연회에 오시면 길이 있고 희망이 보입니다. 참석하시는 모든 분께 영험한 황금돼지부적(지갑소지용)을 드립니다. 그동안 삼중원을 도와주신 감사의 보답으로 재물, 사업, 혼사, 이사, 매매, 취직, 승

---

1   남미 페루에는 돈다발이나 주택, 승용차 같은 것의 미니어처를 마리아 상 앞에 놓고 기도하면 자신들이 원하는 돈, 집, 차가 생긴다고 믿는 가톨릭 신앙이 퍼져있다.

진, 시험, 건강 운 등 종합운세를 전문분야별 유명한 스님 세 분께서 무료로 봐 드립니다.

이 문구는 일간신문에 게재된 어느 유명 스님의 강연 광고다. 부처의 도(道)를 따르는 중이 중생들 돈 잘 벌고, 건강하고, 운수대통(運數大通)하는 길을 알려주겠으니 기회를 놓치지 말라는 것이다. 불교가 우리나라에서 생활밀착형 종교로 자리잡는 데는 이런 기복성향의 포교가 큰 역할을 했다.

물론 기복 종교의 대명사는 무속신앙이다. 현재 우리나라의 역술(易術)산업 규모는 연 4조여 원, 역술인이 45만여 명, 인터넷 역술 사이트가 200여 개에 이른다. 로봇이 커피를 타주고 스마트폰으로 TV를 보는 시대가 되었지만, 점(占)치고 굿하는 모습은 음지에서 오히려 더 확장되고 있는 것이다. 그렇다면 현재 우리나라의 기독교는 이런 기복 신앙에서 자유로운 상태인가?

좀 극단적인 사례지만, 우리나라 목사 가운데 '억만장자 협회'를 만들어 그 협회의 장(長)을 하고 있는 김아무개 목사가 있다. 이 목사가 쓴 책 가운데 『억만장자가 되는 12가지 비법』이라는 책이 있는데 그 핵심 내용은 '당신의 가정과 기업, 교회의 재정이 두 배로 풍성해질 것이며 평생 돈 걱정 없이 살게 될 것이다'이다. 이 책은 구체적으로 다음과 같은 목차로 구성돼 있는데, '우주의 재벌 총수 하나님 아버지', '기름 부음이 넘치는 억만장자가 되라', '역경을 초월하는 억만장자가 되라' 등이다. 게다가 이 책을 읽고 소위 '억만장자세미나'에 참석한 사람들이 소감문이라고 올려놓은 글을 보면 어이가 없어 실소(失笑)하지 않을 수 없는데, "이 책대로 실천하여 1년에 140억을 벌었습니다", "수만 평의 땅과 여러 채 빌딩을 사게 되었어요", "모든 성도들이 십일조가 아닌 오분의 일을 냅니다" 등의 내용이다.

이 시대는 악화(惡貨)가 양화(良貨)를 몰아내듯 비진리가 진리를 몰아내는 시대가 된지 오래다. 성경을 오해하고, 왜곡하고, 이용해서 탐욕을 채우고, 죄성을 만족시키는, 무늬만 기독교인 가짜 기독교가 진짜 기독교를 몰아내고 있는 현상이 날로 확장되고 있다. 세속과 교회를 칼로 무 베듯 나누는 이원론이 썩 바람직한 가치관은 아니지만, 이 시대는 오히려 세속주의(secularism)가 교회를 집어삼키는 것을 조심해야하는 처지가 됐다. 세속주의의 중심에는 역시 돈과 성공이 자리 잡고 있다. 탐욕이라는 우상숭배는 결국 돈을 섬기는 배금주의와[2] 다를 바 없고, 성공이라는 신화는 기독 신앙의 수단화와 다르지 않다.

게리 토마스라는 영성 신학자는 "참된 믿음의 잣대는 얼마나 성공했느냐가 아니라 얼마나 내어 맡겨졌느냐"라고

2 　拜金主義, mammonism, 맘몬주의

말했다. 이것은 흔히 말하는 대로 내려놓음과 자기 비움 그리고 전적 의탁이라는 모습으로 참 기독교 신앙을 검증해야 함을 말하는 것이다. 그러나 언제부터인지 우리나라는 재물의 다소(多少)와 지위의 고저(高低) 그리고 명성의 유무(有無)가 영성의 기준이 돼버렸다. 세상에서 잘 먹고 잘 살고 유명한 기독교인은 영성(믿음)이 좋아서 그런 것이고, 그 반대는 영성이 부족하기 때문이라고 여겨지는 풍조가 은근히 조성되어 있는 것이 사실이다.

사회학자인 로버트 벨라는 "성직자들 사이에, 죄나 속죄와 같은 성경 언어를 희석시킨 나머지, 예수를 자신의 행복과 자아 완성의 수단으로 간주하는 경향이 있다"고 날카롭게 지적한 바가 있다. 이 시대의 성직자마저도 예수 이름을 복 받기 위한 수단으로 여기고 있다면, 과연 이 시대에 희망이 어디 있겠는가? 진리와 기복신앙 사이에서 이리저리 방황하는 교회의 모습이 처량하고 안쓰럽다.

세속주의, 복음주의의 최대 위협

2011년 6월 22일 '미국의 종교 및 공공생활에 대한 퓨 연구센터 포럼'은 제3차 로잔회의에 참석했던 복음주의 지도자를 포함해 전 세계 190여 개국의 2,196명의 복음주의 지도자들을 대상으로 실시한 설문조사 결과를 인터넷 홈페이지(pewforum. org)에 발표했다.

전 세계 복음주의 지도자들의 71퍼센트가 복음주의를 위협하는 가장 큰 요인으로 세속주의를 꼽았다. 나라별로는 북반구에 위치한 나라들의 복음주의 지도자들의 경우 86퍼센트가 세속주의를 복음주의의 최대 위협으로 꼽았다. 이 중 북미의 경우는 90퍼센트를 상회하는 지도자들이 세속주의를 최대 위협으로 꼽았는데, 미국의 경우는 92퍼센트의 복음주의 지도자들이 세속주의의 악영향에 우려를 표명했다. 반면, 남반구 국가들에서는 59퍼센트의 지도자들이 세속주의가 복음주의 기독교에 위협이 된다고 응답했다. 세속주의의 악영향에 대해 가장 낮은 비율로 응답한 곳은 중동과 북아프리카로 나타났다. 이 지역은 상대적으로 이슬람의 영향을 더 큰 위협으로 인식하고 있기 때문인 것으로 분석된다.[3]

복음주의를 위협하는 다양한 요소가 있지만, 잘 사는 국가에서는 무엇보다도 세속주의가 가장 커다란 요소가 된다는 것을 기독교 지도자들 스스로가 잘 인식하고 있다. 이것을 달리 말하자면, 지금 부요를 누리고 있는 국가에서는 목회자들이 성도들로 하여금 부유함을 정당화하고, 부러워하고, 성취하는 데 적합한 방식의 목회를 하는 경우가 적지 않다는 것이다. 목회자가 앞장서서 성공의 쟁취를 축복의 증거라고 외치는 사례는 얼마든지 찾을 수 있다. 특별히 최근 한 세대 동안에 이러한 현상이 두드러지고 있는데, 여기에는 나날이 확장되고 있는 초대형교회 목사들의 왜곡된 성경 이해와 변질된 메시지 선포가 그 중심에 서 있다.

조엘 오스틴의『긍정의 힘』과『행복의 힘』

현재 미국 최대의 교회는 휴스턴에 위치한 레이크우드 교회다. 이 교회의 담임목사인 조엘 오스틴은 아버지 존 오스틴의 뒤를 이어서 같은 교회에서 목회를 하고 있다. 오스틴 목사가 목회를 계승했을 당시 약 6천명의 성도가 레이크우드 교회에 출석하고 있었는데, 현재는 3만 명이 매 주일 그 교회를 찾고 있다. 오스틴 목사가 유명해진 것은 단순히 그 교회의 규모 때

---

3   2011년 6월 29일자「기독신문」에서 인용했다. 이 설문조사는 전년 10월 남아프리카공화국 케이프타운에서 열렸던 로잔회의 기간을 전후한 8월부터 12월까지 조사된 것으로, 전 세계 복음주의 지도자들이 바라보는 복음주의 신앙관과 각 국가의 복음주의 기독교 실태 및 정책 등을 조사하기 위해 진행됐다. 세속주의에 이어 '과도한 소비주의'가 67퍼센트로 2위를 차지했으며, '팝 문화 속 과도한 섹스와 폭력'이 59퍼센트, '이슬람'은 47퍼센트, '복음주의 지도자들의 사치스러운 생활 스타일'이 30퍼센트, '복음주의 지도자들의 부도덕한 성윤리'가 26퍼센트, '정부의 종교 규제'가 22퍼센트, '가톨릭교'가 10퍼센트 등의 순으로 나타났다.

문만이 아니라 그가 출간한 전 세계적인 베스트셀러 『긍정의 힘』 때문이다. 한국어판 『긍정의 힘』의 부제는 '믿는 대로 된다'인데 이 타이틀이 바로 이 책의 주요 내용을 핵심적으로 잘 말해 준다.

저자 오스틴 목사에 대해서 이 책은 이렇게 묘사하고 있다. "그는 죄인더러 회개하라고 닦달하거나 소리치지 않는다. 정치와 주요 정책 이슈보다 철저히 성경 중심으로 돌아가, 희망과 자기계발에 관한 참신하고도 설득력 있는 복음을 전하고 있다." 지금까지 수백 만부가 팔린 이 책이 말하는 것처럼 과연 오스틴 목사가 '철저히 성경 중심'으로 복음을 전하는 설교자일까? 청중을 닦달하지 않는 것은 바람직할 수 있지만 '죄인의 회개'를 소리쳐 외치지 않는 것이 과연 올바른 일일까?

필라델피아에서 조엘 오스틴의 사인을 받기 위해 줄을 서 있던 여인이 이렇게 말했다. "대부분의 설교는 듣고 나면 기분이 나빠져요. 저 자신의 나쁜 점만 이야기하죠. 하지만 조엘 오스틴 목사님은 저의 좋은 점을 이야기하세요."[4] 이 이야기는 오스틴 목사의 강점과 한계를 정확히 보여주고 있다. 오스틴 목사는 청중이 듣기에 거북한 말을 절대로 하지 않는 것으로 유명하다. 오스틴 목사는 하나님이 주시는 메시지를 회중에게 전하는 것이 아니라 회중이 듣고 싶은 메시지를 전하는 목회 방식을 고수하고 있다. 이것은 우선 그가 신학이나 목회학을 공부하지 않은 것에서 그 이유를 찾을 수 있다.

조엘 오스틴은 자기가 돌아가신 아버지 뒤를 이어 교회를 담임하겠다고 결심했고, 이 내용은 (실질적으로 그 교회를 경영하고 있는) 가문 회의에서 받아들여져, 교회 공동체에 통보됨으로써 최단시간에 실현되었다. 그는 공동체에 의해 목사로 임명 받은 후에도 신학을 공부하지 않았으며 앞으로도 그럴 태세다. 그에게 있어 중요한 것은 회중의 호응 여부지 메시지의 내용이 아니기 때문이다. 물론 그가 영향력이 컸던 아버지의 후계자가 되었으므로 교회를 반드시 부흥시켜야 한다는 부담 때문에 더욱 그렇게 양적 성장에 최우선 순위를 두었을 것이라는 추측도 가능하다. 아무튼 오스틴 목사가 신학을 하지 않은 것은 단순히 성향의 문제가 아니라 그의 영성이 하나님 중심이 아닌 인간 중심이라는 것을 보여주는 신앙의 문제와 깊이 연관된다.

2005년 6월에 있었던 미국 CNN의 유명한 토크쇼 래리 킹 라이브(Larry King Live)에서 오스틴 목사는 인터뷰 중 자신의 속내를 여실히 드러냈다.[5]

(사회자) 킹: 만약 당신이 유태인이나 이슬람교도라면 어떻게

---

4   리처드 영, 『조엘 오스틴과 레이크우드 교회 이야기』, 긍정의힘, 219-220쪽
5   옥성호, 『심리학에 물든 부족한 기독교』, 부흥과개혁사, 209-226쪽에서 수정, 발췌, 인용

되는 겁니까? 당신이 예수 그리스도를 받아들이지 않는 사람이라면요?

오스틴: 글쎄요. 나는 그런 부분에 대해 얘기할 때는 아주 조심하려고 노력합니다. 예수를 안 믿으면 천국에 가지 않는다는 부분에 대해서는 아주 조심해야 돼요. 글쎄요, 잘 모르겠어요.

킹: 당신이 믿는다고 하면 그것은 예수 그리스도를 믿는 것이지요? 그러니까 안 믿는 사람들은 틀린 것이지요? 아닙니까?

오스틴: 글쎄요, 안 믿기 때문에 그들이 틀렸다라고 내가 말할 수 있는지 잘 모르겠는데요. (중략)

킹: 당신은 그런 사람들(낙태나 동성애를 하는 자들)을 죄인이라고 부르지 않나요?

오스틴: 죄인이라고 부르지 않습니다.

킹: 죄인이라는 단어는 당신이 쓰지 않는 단어인가요?

오스틴: 저는 그 단어 안 써요. 저는 그 부분에 대해서는 아예 생각을 하지 않습니다. 아마 앞으로도 그럴 것 같아요.

(2006년 12월 2차 인터뷰)

킹: 당신은 죄에 대해 별로 설교하지 않지요? 또 사탄에 대해서도 얘기하지 않지요? 왜 그렇지요?

오스틴: 글쎄요. 가끔 하기도 하는데 나는 그냥 어떤 사항들에 대해 말 그대로 죄라고 불러야 할 필요까지 있는가 하는

점에 대해 확신이 없어요. 그러나 나는 관계에 있어서 신뢰를 지키는 것, 또 겉과 속이 일치하는 삶을 살아야 하는 것, 그런 것들에 대해 설교를 많이 하지요.

과연 이러한 세계관을 가진 목사를 '철저히 성경 중심'으로 복음을 전하는 설교자라고 말해도 되는 것인지 『긍정의 힘』 발행인에게 묻고 싶다. 물론 이 책의 내용 자체가 악한 것은 아니다. 그러나 문제는 이 책이 기독교의 핵심 가치와 복음의 진수를 보여주는 듯이 홍보된다는 점이다. 이 책은 겉으로는 복음이지만 그 내용은 그냥 인생 성공 가이드일 뿐이다. 성경은 결코 성공 가이드북이 아니며, 복음은 결코 성공을 위한 주술이 아니다. 그래서 이 『긍정의 힘』은 성경과 나란히 둘 수 있는 책이 아니다. 비단 이 책만이 아니라 오스틴 목사의 책들은[6] 예외 없이 모두 그런 성향의 책들이다.

내는 책마다 베스트셀러가 됨으로써 이제는 명실상부(名實相符) 세계에서 가장 영향력 있는 기독교 작가의 반열에 오른 오스틴 목사는 인간 중심의 목회가 성공을 위해 얼마나 유용한지를 잘 보여주고 있다. 그런데 정작 그 자신은 하나님 중심의 목회를 하겠다고 확언한다.

---

6   『잘되는 나』, 『최고의 삶』, 『나를 응원하라』, 『자녀를 위한 화살기도』, 『행복의 힘』 등

내 문제 중 하나는 모든 사람을 행복하게 해주려 애쓴다는 점이었다. 누구도 잃고 싶지 않았다. 그러다가 어느 날 굳게 결심을 했다. '이제 나는 본연의 내가 될 거야. 하나님이 이끄시는 대로 할 거야.' 회중의 99퍼센트는 뒤에서 나에게 지지를 보냈다. 그러나 나를 지지하지 않는 사람도 더러 있었다. 일부는 내 목회 방식을 좋아하지 않았고 또 일부는 내 운영 방식을 못 마땅히 여겼다.[7]

근작 『행복의 힘』에서 그는 사람을 의식하지 않고 하나님의 인도하심을 따라 목회를 하기 때문에 사람의 비판은 신경쓰지 않는다고 말한다. 그가 지금 자신의 목회 철학과 방침을 확고히 붙잡고 있는 것이 하나님이 주신 확신 때문이라고 말하지만, 실제로 그 확신은 하나님이 아닌 자신을 절대적으로 따르고 있는 회중으로부터 비롯된 것이 아닐까? 99퍼센트의 지지면 더 이상 바랄게 무엇이겠는가! 나머지 1퍼센트의 비판 세력을 포기하는 것이 과연 그렇게 대단한 일인가? 오스틴 목사는 지금 자신이 그 99퍼센트의 사람들을 기쁘게 하는 데 최고의 관심을 둔 목회를 하고 있음을 인식하지 못하며 또 인정하지도 않고 있다.

---

7   조엘 오스틴, 『행복의 힘』, 생각연구소, 132-133쪽

아버지는 '믿음의 말', 아들은 '긍정의 힘'

조엘 오스틴 목사의 성공 지향적 목회는 그의 아버지 존 오스틴 목사의 목회 스타일을 이어받고 한층 업그레이드 시킨 모습이다. 아버지 존 오스틴 목사는 미국에서 상당한 영향을 끼치고 있는 소위 '믿음의 말'(Word of Faith) 운동의 주창자 가운데 한 명이다. 이 운동은 자신이 선포한 말의 내용이 그대로 실현된다는 믿음을 강조하는 기독교 분파로서 오순절 계통의 영향을 받은 것이다. 조엘의 아버지 존이 살아있을 때에는 예배 중에 온 회중이 다함께 큰 소리로 선포하는 시간이 있었다.

> (나는) 주택 대출금을 다 갚았어. 자동차 할부금을 다 갚았어. 청구서를 다 처리했어. 나는 빚이 한 푼도 없어. 내 은행 계좌에 돈이 있어. 나는 구두쇠가 아니야. 나는 탐욕스럽지 않아. 나는 세계를 복음화할 거야.[8]

'믿음의 말' 운동은 하나님이 인간에게 바라시는 가장 큰 기대가 바로 인생의 형통과 성공과 부요이므로 그것을 추구하는 것은 아무 문제가 없을 뿐만 아니라 오히려 하나님의 뜻을 성취하는 것이라고 가르친다.

---

8 리처드 영, 『조엘 오스틴과 레이크우드 교회 이야기』, 긍정의힘, 61-62쪽

'믿음의 말'의 가장 핵심적인 교리가 바로 '인간이 신으로 창조되었다'는 주장이다. 믿음의 말 추종자들은 하나님이 인간에게 정복하고 다스리라고 한 것을 하나님이 인간을 신으로 창조한 것이라고 해석한다. 예수 그리스도의 성육신 목적이 인간의 구원이 아니라, 인간을 본래의 위치인 신으로 회복시키는 것이라는 황당한 주장이다. '믿음의 말'은 이렇게 명백히 성경적 믿음의 개념을 왜곡한다. 믿음의 대상이신 하나님을 믿는 것이 아니라, 믿음이라는 힘을 믿는다. 또한 하나님을 주권자로 보는 것이 아니라 우주 법칙에 종속된 존재로 본다. 이들에게 있어 신은 하나님과 같은 종으로 창조된 인간 자신이다. 조엘 오스틴의 『긍정의 힘』은 이런 교리를 배후에 깔고 있는 책이다. 조엘 오스틴의 책은 성경적인 용어로 포장된 비성경적인 책이다.[9]

조엘 오스틴 목사나 그의 아버지 존 오스틴 목사에게 있어 주된 관심은 성도들이 자신들이 전하는 메시지를 듣고 인생이 잘 풀리고 교회가 성장하는 것이다. 그들은 성경 말씀을 구원과 회복을 위해 하나님이 죄인에게 주시는 말씀으로 받는 것이 아니라, 단지 패배감에 젖어 있는 인간에게 자신감과 성공 의지를 불어넣어 주기 위한 세상의 좋은 말들 가운데 하나일 뿐이다.

물론 조엘 오스틴 목사의 메시지가 세대와 계층을 모두 포괄해서 어필되는 강력한 힘이 있다는 점은 인정할 수밖에 없다. 그의 첫 번째 책은 뉴욕타임스 베스트셀러 자리에 8개월이나 머물렀고 다른 책들도 상당한 성공을 거두었다. 현존하는 최고의 기독교 베스트셀러 작가로서 조엘은 책을 쓰기도 전에 먼저 출판사로부터 인세를 받는 정도에 이르렀다. 무슨 책을 어떤 주제로 쓰던 간에 출판사는 그 글을 받아서 판매하는 것이다. 그가 쓰는 책이 한 결 같이 자기 계발서나 인생 성공 지침서 같은 성격을 지향하고 있는 것은 모두가 아는 바인데, 그럼에도 기독교 출판 시장에서 그의 책이 차지하는 비중은 크다. 그뿐 아니라 조엘은 텔레비전 설교와 라이브 순회 설교 행사에도 결코 실패하지 않는 이 시대 최고의 흥행 챔피언이다. 그의 이러한 대박 신화가 언제까지 갈지 아무도 알지 못하지만 적어도 그를 흠모하고 추종하는 조엘 키즈(kids)가 향후 지속적으로 등장할 것은 명백하다.

『시크릿』과 『적극적 사고방식』

세계 최대의 인터넷 서점인 '아마존닷컴'에서 수년 동안 베스트셀러 목록에서 군림한 책이 바로 『시크릿』이다. 이 책의 저자인 론다 번은 타임지가 선정한 '세계에서 가장 영향력 있는

9　김태한, 『뉴에이지 신비주의』, 라이트 하우스, 51-52쪽

100인'에 뽑힐 정도로 세계적인 성공을 거둔 여류 명사다. 이 책이 반복해서 강조하는 내용은 '수 세기 동안 전 세계 1퍼센트의 사람들만 알고 있던 비밀이 있다', '이 비밀은 당신이 원하는 것은 무엇이든 얻게 해준다', '행복이든 건강이든 금전이든, 무조건 된다고 믿어라', '끌어당김의 법칙이 있다. 당신은 인간 송신탑이다', '죄책감을 없애라. 오직 좋은 감정만 유지해라' 등과 같은 것이다.

전 세계의 사람들이 열광적으로 반응하는 이 책이 주장하는 바가 조엘이 말하는 '긍정의 힘'이나 그의 부친 존이 전한 '믿음의 말'과 실질적으로 다른 것은 없다. 조엘과 존은 세상이 좋아하는 배금사상을 성경의 옷을 입혀서 장식했고, 론다 번은 성경을 장식품으로 사용한 것만 차이가 날 뿐이다.

영화 "캐러비안의 해적"을 보면, 주인공 잭 스패로우가 가진 신비한 나침반이 있다. 이것은 자신이 갖고 싶은 것이 어디에 있는지를 알려주는 마법의 나침반이다. 그 나침반을 가진 사람은 당연히 욕망의 노예가 된다. 지금 이 세상은 그러한 나침반을 자처하는 온갖 주장들이 난무하고 있다. 『시크릿』이 바로 그 한 예이지만, 그러한 나침반은 적어도 한 세대 전부터 이 땅에 퍼져 있었다. 그것도 기독교의 가면을 쓰고서 말이다. 예를 들면, 『적극적 사고방식』이 바로 그러하다.

노만 빈센트 필이라는 미국 목사가 쓴 이 책은 그 부제가 이미 책의 지향점을 잘 말해주고 있는데, '성공을 원하는 당신에게 주는 입신 비결!'이다. 또한 이 책의 제1장 제목은 놀라울 정도로 시크릿과 유사한데, '당신이 기대하는 것은 당신의 손에 넣을 수 있다'이다. 자신의 주장에 대해 엄청난 확신이 있었던 필 목사는 "이렇게 생각하고, 이렇게 살아간다면, 당신은 이 세상에서 가장 강력한 법칙, 심리학 그리고 종교에 의해 같이 인정되고 있는 법칙을 사용하고 있는 것이 된다"라고 독자들을 설득한다.[10] 이 세상의 법칙과 심리학과 종교가 공통적으로 말하는 것이 바로 적극적 사고방식이라고 강조함으로써 필 목사는 수많은 대중의 관심을 얻는 데 성공했다. 대중은 열광했지만 하나님 나라에는 오히려 장애물 역할을 한 이 적극적 사고방식은 일종의 유사 기독교가 되고 말았다. 그리고 그 결실이 바로 '믿음의 말', '긍정의 힘', 그리고 '시크릿' 같은 것이다. 적극적 사고방식이 기독교의 유사품이라는 것은 그 책 내용의 일부만 살펴봐도 쉽게 알 수 있다.

이 방법을 정말 시험해 보면 당신의 모든 상황은 달라질 것이다. 첫째, 신약성서를 읽어보면 신념에 대해 기술한 곳이 몇 개나 되는지 주의해보라. 신념에 관해서 가장 힘 있게 기술된 곳, 당신이 가장 좋아하는 곳을 한두 개 골라내라. 그리고는 그것을 발췌하라. 그것을 반복해서, 특히 밤에 잠들기 전에 읽

---

10   노만 빈센트 필, 『적극적 사고방식』, 청목서적, 11쪽

으라. 그 말들은 당신의 의식에서 잠재의식으로 가라앉아, 얼마 후에는 당신의 기본적인 사고방식의 유형을 변하게 한다. 이 같은 과정을 거쳐, 당신은 신념 있는 사람으로 변하게 되며, 신념 있는 사람이 되면, 다음으로 목적을 달성하는 사람이 될 것이다. 당신은 신과 더불어 그야말로 이 세상에서 정말 원하는 것을 손에 넣는 새로운 힘을 갖게 된다.[11]

원하는 것을 손에 넣는 새로운 힘! 이것이 바로 필 목사가 지난 반세기 동안 열정을 다해 전파해온 '복음'이다. 그의 동료 로버트 슐러 목사 역시 동일한 주장을 했는데, 슐러 목사의 책 『미래를 여는 힘』에는[12] 다음과 같은 구절이 나온다.

이치에 맞는 비관론도 있다. "고통과 문제에 전염된 이 세상을 어찌 낙관할 수 있단 말입니까?" 그래도 내 대답은 똑같다. "나는 낙관론에 중독되었거든요. 긍정으로 똘똘 뭉친 사람이라고나 할까요. 나는 기억 저장 창고에 좋은 기억만 꽉꽉 눌러 채워요. (하략)" 우리 삶을 향하신 하나님의 꿈을 이루려면 낙관적 태도가 필수다. (중략) 성공하려면 긍정적 사고와 가능성 사고를 합친 낙관론이 필요하다.[13]

---

11 앞의 책 14쪽

12 로버트 슐러, 『*Don't Throw Away Tomorrow*』, 두란노

13 앞의 책 29쪽

슐러 목사는 성공을 위해서 오직 낙관론적인 삶의 태도만 가져야 한다고 주장한다. 그의 관심은 온통 '성공'이고 그것을 위해 붙잡은 방법론이 바로 '철저한 낙관론'이다. 이러한 변질된 복음을 먹고 자란 필 앤 슐러 키즈(Phil & Schuller kids)들이 이제 장성해서 한층 강화된 '유사 복음'을 퍼뜨리고 세상은 그들을 차세대 교회 리더들이라고 추켜세우고 있으니, 앞서 말한 조엘 오스틴 목사가 그러하고 또한 릭 워렌 목사가[14] 그러하다.

번영신학, 꿩 먹고 알 먹는 양다리 신학

비록 최근에 재정적으로 파산하기는 했지만, 로버트 슐러 목사가 설립한 수정 교회는[15] 지난 20세기 후반기 번영신학의[16] 상징으로 손색이 없었다. 교회 건물 외관 전체를 유리로 감싸는 과감한 디자인으로 유명한 수정 교회는[17] 담임 슐러 목사의 탁월한 마케팅 능력으로 메가 처치[18] 시대를 연 주인공이 됐다. 슐러 목사는 나이 70세가 넘어서까지 담임을 하다가 그 자리를 아들에게 넘겨주었고, 그 아들이 아버지와 갈등을 빚고 떠나자 다음에는 딸에게 담임 자리를 물려주었다. 그런데

---

14 캘리포니아 소재 새들백교회의 담임목사이자 『목적이 이끄는 삶』의 저자
15 Crystal Cathedral, 2011년 로마 가톨릭에 5,750만 달러(한화 약 690억 원)에 매각됐다. 2014년까지만 교회로 사용 허락을 받았다.

그 딸마저 교회 운영과 재정 문제로 아버지와 갈등을 빚다가 2012년 봄 결국 갈라서고 말았다.

수정 교회와 로버트 슐러 목사의 몰락을 보면서 혹자는 세계 최대의 메가 처치인 여의도순복음교회와 조용기 목사를 떠올리기도 한다. 물론 두 교회는 영성에 있어 기본적인 차이가 있기에 유사한 일이 벌어질 것으로 생각하지는 않는다.[19] 그러나 적어도 번영신학을 바탕으로 했다는 점에서는 두 교회가 차이가 없고, 절대 카리스마를 가진 창립자가 은퇴한 후 교회 안에서 재정과 자녀 문제로 인해 심각한 갈등이 발생했다는 점에서는 매우 비슷한 행태가 나타나고 있는 것은 부인할 수 없다. 이런 점에 대해서 기독교 진보 진영에서 한국 교회의 모습을 지켜보고 있는 한 전문가는 이렇게 말한다.

조용기의 삼박자 구원론은 미국 번영신학의 적극적 사고론과 담론의 형식상 유사성을 띤다. 그런데 실은 양자는 결정적 차이가 있다. 조용기의 적극적 사고는 빈곤이 전제돼 있

---

16 쉽게 말해, 예수 믿고 복 받아 잘 먹고 잘 살자는 것이 핵심인 신학

17 지금은 어떤지 모르지만, 수년 전에 필자가 방문했을 때는 교회를 구경하러 온 관광객이 매우 많았다. 그들은 예배당 안과 곳곳에 있는 조형물 앞에서 사진을 찍고, 심지어 화장실에서도 사진을 찍었다. 그만큼 건물이 화려하고 멋졌기 때문이다. 한 주 내내 끊이지 않는 방문객들을 안내하는 자원봉사자들이 또한 많았다.

18 mega church, 성도 수, 재정, 영향력이 일반 대형 교회를 넘어서는 초대형 교회

19 로버트 슐러 목사는 예수만이 구원이라는 것을 믿지 않는다.

었다. 반면에 미국적인 적극적 사고론은 압도적으로 백인 남성·중산층 중심의 가치를 반영한다. 형식은 닮았으나, 내용은 달랐다. 그럼에도 차이를 인식했든 아니든, 빈약한 논리의 축복론을 편 조용기는 빠르게 슐러 류의 적극적 가치론을 채용했다. 그 결과 조용기의 순복음교회는 빠르게 중산층적 가치로 재무장되었다. 적극적 사고론은 비단 순복음교회만의 특징이 아니다. 적어도 1970-80년대에는 조용기식 적극적 사고론에 반신반의하던 교회들이 하나둘 미국적 번영신학을 수용했다.[20]

우리나라에서 장로교와 다른 교파에 비해 상대적으로 열악했던 오순절 계통의 순복음교회가 비약적으로 부흥하며 지금까지 한국 교회에 크게 이바지한 것은 두말 할 필요가 없다. 그러나 나무가 크면 그림자가 크듯이 순복음교회가 끼친 부정적인 면이 또한 있는데 그것이 바로 지나치게 기복적이었다는 점이다. 기본적으로 장로교 신앙을 가졌던 조 목사는 목회 초기에 겪었던 어려움과 고민을 이렇게 고백한다.

목회 초기에 내 설교는 대부분 기독교의 윤리와 도덕, 천국과 지옥에 관한 것이었습니다. 또한 나는 영적 축복과 은혜

---

20 「한겨레21」, 2011년 6월 13일, '자본이 된 신, 신이 된 자본' 김진호(제3시대그리스도교연구소 연구실장), 68쪽

에 대해서만 이야기했습니다. 그러나 교인들과 전도를 받은 사람들은 한결같이 이러한 것들에 대해 냉담하기만 했습니다. 그들은 너무나 가난하고 병들고 생활에 찌들려 살아가고 있었기 때문에 윤리와 도덕은 물론이고 천국과 지옥 같은 것은 하등의 흥미가 없는 문제였습니다. 그들은 그러한 이야기는 배부르고 속 편한 사람들에게나 어울리는 장식품이며 사치품에 불과하다고 생각했습니다. 그들에게 가장 절실하고 필요한 것은 당장 허기를 채울 따뜻한 밥 한 공기, 약 한 봉지였습니다. 그것이 바로 그들에겐 복음이었습니다.[21]

한국전쟁이 끝난 후 나라 전체가 폐허와 가난 속에서 허우적거릴 때였으므로 시대적 상황을 무시할 수 없었던 조 목사의 고뇌는 정당했다고 할 것이다. 그래서 조 목사는 복음을 받아들이면 현세에서 축복을 누릴 수 있음을 의도적으로 강조함으로써 신자들의 마음에 용기를 불어넣어준 것이다. 그런데 나라 경제와 국민의 재정 형편이 급격히 개선되고 더 이상 극단적 가난으로 고민하지 않는 상황이 되었을 때도 조 목사의 설교와 목회 양상은 달라지지 않았다. 앞의 글에서 언급된 것처럼, 목회 타깃이 전후(戰後) 빈곤층에서 90년대 형성된 중산층으로 바뀌었을 뿐이다. 그리고 그 모습은 은퇴할 때까지 지

---

21 조용기, 『설교는 나의 인생』, 서울말씀사, 30쪽

속되었고, 결국 조 목사와 순복음교회 하면 떠오르는 것이 '삼중축복'[22], '세계 최대 교회', '방언' 그리고 '돈 문제 잡음'이 되고 말았다.

먹고 사는 문제는 중요하다. 질병 치유와 염려로부터의 해방도 물론 중요하다. 그러나 복음이 우리에게 주어진 근본 목적은 이런 인생고(人生苦)를 해결하기 위함이 아니다. 그런 것은 다른 종교들도 지향하는 것 아니겠는가. 복음은 개인의 전인 구원과 이 땅에서의 하나님의 통치를 위한 것이다. 사람의 '필요'를 채워주는 정도를 넘어서 사람의 '욕망'을 채워주는 번영신학은 그래서 꿩 먹고 알 먹고자 하는 영적인 양다리인 것이다.

급진적 비동조자, 성경적인 그리스도인의 정체성

사도 바울이 2천 년 전에 선포한 다음의 구절은[23] 이 시대를 사는 우리에게도 틀림없이 들어맞는 예지(銳智)다.

---

22 "사랑하는 자여 네 영혼이 잘됨 같이 네가 범사에 잘되고 강건하기를 내가 간구하노라"(요한삼서 1장 2절) ─삼중축복은 성경적으로 옳다. 다만, 이것이 최고로 부각되는 것이 문제다.

23 로마서 12장 2절

너희는 이 세대를 본받지 말고 오직 마음을 새롭게 함으로
변화를 받아 하나님의 선하시고 기뻐하시고 온전하신 뜻이
무엇인지 분별하도록 하라

Do not conform any longer to the pattern of this world, but
be transformed by the renewing of your mind. Then you will
be able to test and approve what God's will is—his good,
pleasing and perfect will. (NIV)

그리스도인은 더 이상 이 세상의 패턴(pattern, 유형)에 맞춰
사는(conform: form에 con(合)하는) 존재가 아니다. 그리스도인은
그 대신 마인드를 새롭게 해서 모양(form)을 바꾸는(trans) 존재
다. 이미 이 세상에 굳게 자리 잡고 있는 부요, 성공, 이익이라
는 가치 체계를 따라가지 않으려면 그리스도인은 대충 마음을
먹어서는 안 된다. 이 세상에 동조하지 않는 성경적 급진성을
가질 때에 비로소 그리스도인은 그 정체성을 유지할 수 있다.
즉, 진정한 그리스도인은 세상에 대한 급진적 비동조자(radical
non-conformist)다.

노벨문학상 수상자인 조지 버나드 쇼는 돈의 부재야 말로
모든 악의 근원이라고 말했다. 그가 염세주의적으로 세상을
보아서 이렇게 말한 것인지 아니면 정말로 그렇게 믿고서 말
을 한 것인지 모르겠지만, 돈이 그만큼 이 세상에서 중요한 위

상을 차지하고 있다는 것은 부인하기 힘들다. 그래서 그리스도인마저도 돈을 위해 신앙적 가치까지도 희석시키는 일들이 삶 가운데 자꾸 발생하는 것이다. 그러나 자신의 삶 전체를, 생명까지도 아끼지 않고, 성공과는 아무 상관이 없는 것 같은 인생 목적을 향해 내던진 짐 엘리엇의[24] 고백은 우리를 숙연케 만든다.

영원한 것을 얻기 위해 없어질 것을 포기하는 것은 어리석은 것이 아니다.

솜사탕 같은 기복신앙은 기독교가 인본주의에 물든 증거며, 그 현상은 무엇보다도 돈과 성공을 향한 맹목적 추종으로 나타난다. 이런 시대에 우리는 사도 바울의 권면을 기억해야 할 것이다.

돈을 사랑함이 일만 악의 뿌리가 되나니 이것을 탐내는 자들은 미혹을 받아 믿음에서 떠나 많은 근심으로써 자기를 찔렀도다[25]

---

24 29세이던 1956년 중미 과테말라의 아우카 부족에게 복음을 전하다 네 명의 동료들과 함께 순교한 선교사

25 디모데전서 6장 10절

제 3 장

잡탕 영성의 향연

종교다원주의

욕탕의 종교

2000년도에 방글라데시 최고의 대학교인 다카국립대학을 방문한 적이 있다. 이슬람교가 국교인 나라답게 드넓은 캠퍼스 곳곳에 모스크가 위치하고 있었다. 이 대학에는 소수 종교를 가진 학생들을 위한 종교관이 따로 있었는데, 나는 그곳을 들러본 후에 마음이 심히 상했다. 종교관은 대학 후미진 어느 건물 조그만 방 하나에 위치하고 있었는데, 그 방 한쪽 면에는 온갖 종교의 아이콘(icon, 상징물)들이 아무렇게나 방치되고 있었다. 닫혀있는 철문 틈으로 보이는 공간에는 힌두상(像), 불상, 성모 마리아상이 거미줄에 뒤엉켜 있었고, 그 틈바구니에 어디서 구해왔는지 모를 예수 그림 액자와 십자가가 먼지가 뿌옇게 쌓인 채 놓여 있었다. 이슬람을 믿는 절대 다수 무슬림들을 위해서는 최고급 대리석으로 지은 모스크를 몇 개나 만들어놓고, 소수 종교인 힌두교, 불교, 로마 가톨릭, 개신교는 그냥 뒤섞어 놓은 채 그곳에 와서 자기 신(神)에게 예배를 드리려면 드리고 말려면 말라는 듯 했다.

그런데 그 무질서하고 전혀 영적이지 않은 그 '짬뽕' 종교관의 모습이 마치 이 시대 우리 인간의 내면을 보여주는 것이 아닌가 하는 생각이 든다. 영지주의와[1] 이교(異敎)를 전문으로 연구한 미국 웨스트민스터 신학교의 피터 존스 교수는 "문제는 신이 '없는'(no God) 것이 아니라 '너무 많은'(too many) 것이며, 영성의 결핍이 아니라 영적 혼합주의다. 사회의 해체를 비난하는 사람 중에서도 새로운 영성의 종교적 위협을 간파하는 사람은 거의 없다. 우아하게 늘어뜨린 관용의 의복 아래에는 '이교의 일신론'이라는 해골이 감추어져 있다"라며 이 시대의 종교혼합에 대해 우려를 나타냈다.[2]

존스 교수의 우려는 타당한 우려다. 실제로 현실 속에서 모든 종교가 점차 혼합되고 있으며, 한 세기 전까지는 거의 드러나지 않던 '뒤섞인' 영성이 높이 추앙받는 시대가 이미 됐다. 포스트모더니즘의[3] 핵심이 절대적 가치를 '절대로' 인정하지 않는, 다시 말하자면 모든 것은 상대적 가치만을 가질 뿐이라는 주장인데, 이미 이것은 종교 분야에서 절대 지지를 얻는 데 성공한 듯하다. 기독교의 절대 가치가 오래전부터 외면당하고 있는 것이 그 증거 가운데 하나다. 피터 존스는 종교혼합 시대에 나타나는 현상을 이렇게 진단한다.

"비록 정상에 오르는 길은 다양할지라도, 산꼭대기에서는 같은 달을 본다." 이 일본 속담은 현대의 신학적 자유주의의 협약의 상당 부분을 간결하게 표현한다. 고전적인 자유주의

---

1   靈智主義, gnosticism, 하늘로부터 오는 신비한 지식을 자신들이 부여받았다고 주장하는 고대 기독교 이단

2   피터 존스, 『교회와 사탄의 마지막 영적 전쟁』, 진흥, 37쪽

3   postmodernism, 현대주의 이후의 사조(思潮)를 일컫는 말

는[4] 기독교 정통주의가 주장하는 진리를 부인하였다. 오늘날의 자유주의는 단지 기독교를 세상의 많은 종교 중에서 하나의 종교적 선택으로 상대화시키며, 그러므로 기독교는 다가오는 종교적 통일에 참여하게 되고, 인류를 진보의 도상(途上)으로 나아가게 한다.[5]

이 시대의 종교는 스스로를 성장시키고 대중을 효과적으로 납득시키기 위해서 서로 다른 종교들과 상호 결합(통합, 혼합)해야만 한다는 새로운 도그마를 공유하고 있다. 그래서 기독교마저도 그러한 시대적 요청을 받아들여 잡탕 종교 시대에 동참하는 지경에 이르렀다.

이러한 거대한 흐름을 100년 전에 일찌감치 감지한 윌리엄 부스는[6] 기독교의 변절(變節)을 다음과 같이 예고한 바가 있다. "내가 믿기에 앞으로 닥쳐올 가장 큰 위험은 성령 없는 종교, 그리스도 없는 기독교, 중생 없는 용서, 하나님 없는 덕행, 지옥 없는 천국이다." 성령, 그리스도, 중생, 하나님, 지옥 없는 기독교는 한마디로, 인간의 입맛에 꼭 맞는 종교다. 이러한 종

---

4   성경을 하나님이 주신 말씀이 아닌 사람이 만들어낸 기록물로 여기며 전통적인 기독교의 도그마(dogma, 핵심 교리)를 부인하는 반(反)기독교 종파로서 슈바이처가 대표적 인물 중 하나다.

5   피터 존스, 『교회와 사탄의 마지막 영적 전쟁』, 진흥, 80쪽

6   영국의 감리교 목사이자 구세군 창시자

교를 제임스 패커는[7] "욕탕의 종교"라고 지칭하였다. 즉 이 시대의 종교는 사람들을 편안하게 해주는 게 최고 목적인 종교라고 규정한 것이다. 참으로 꼭 맞는 말이 아닌가?

WCC의 위험성

2013년 10월 부산에서 개최될 세계교회협의회(WCC)[8] 제10차 총회를 앞두고 한국 교계는 커다란 진통을 겪었다. 1959년 대한예수교장로회가 합동측과 통합측으로 분열될 당시 WCC 탈퇴 찬반 여부가 그 핵심 이슈였는데,[9] 이제 50여년이 지난 후 다시 보수의 반대와 진보의 찬성이 한 치의 양보도 없이 거친 논쟁을 하고 있다. 논쟁의 핵심은 WCC가 과연 종교다원주의인가[10] 하는 점이다. 보수 측은 그렇다는 입장이고 진보 측은 그렇지 않다는 입장이다. 그런데 진보 측 입장에서 아무

---

7 성공회 사제이자 복음주의 신학자

8 WCC(World Council of Churches)는 1948년 암스테르담 1차 총회 이후 지금까지 매 7년마다 총회를 개최하고 있다. 전 세계 110여 개국 정교회, 성공회, 장로교, 감리교, 루터교, 개혁교회, 오순절교회 등 340여개의 교회 교파 교단들이 가입해 있으며 5억 6천만 기독교인들의 연합기관이지만, 좌경화(폭력 정당화)와 다원주의적 색채로 인해 끊임없이 논란의 대상이 되고 있다.

9 탈퇴 찬성이 합동측, 반대가 통합측이 됐다.

10 多元主義, pluralism

리 옹호를 하여도 WCC가 종교다원주의를 지향한다는 점은 결코 부인할 수 없다는 것이 필자의 판단이다. 이미 많은 사람들이 알고 있는 소위 WCC '초혼제(招魂祭)' 사건을 예로 들어 보자.

1991년 호주 캔버라에서 열린 WCC 7차 총회에서 한국 이화여대의 조직신학 교수 정현경이[11] "성령이여 오소서! 온 누리를 새롭게 하소서!"라는 주제 강연을 했다. 정 교수는 강연 중 한(恨)을 안고 죽어간 영혼들의 이름이 적힌 창호지에 불을 붙여 하늘에 재로 날리는 퍼포먼스를 했다. "아브라함과 사라에게 착취당하고 버림받은 애굽인 하갈의 영혼이여 오소서." "2차 대전시 일본군의 정신대로 끌려가 죽은 한국인의 영혼이여 오소서." "광주, 천안문, 리쿠니아에서 탱크에 떠밀려 죽은 자들의 영혼이여 오소서." 정 교수는 무당 살풀이를 통해서 성령을 불러내는 신성모독을 범했다. 정 교수의 연설에 총회 참가자 대다수가 기립박수를 보냈다는데 우리는 경악을 금치 못한다.[12]

당시에 참가했던 우리나라 기독교 대표들도 기립박수를

---

11 현재, 미국 유니온 신학교 교수
12 권성수, 「기독신문」, '기독논단', 2009년 10월 13일

했는지가 궁금하다. 이 일은 강신(降神, 신내림)을 성령강림과 구분하지 않는 정 교수의 신학과 그것에 박수를 보내준 참가자들의 영성이 드러난 사건이었다. 어떤 사람은 '초혼제' 사건은 우발적인 해프닝일 뿐이라고 생각할지 모르겠다. 그러나 WCC가 혼합주의 영성으로 변질된 것을 증명하는 사례들은 더 많이 있다.

WCC 제5차 나이로비 총회는 불교, 힌두교, 이슬람교, 유대교 지도자들이 옵저버(observer, 참관인) 자격으로 참가하도록 했고, 다음 6차 총회부터는 아예 불교, 힌두교, 이슬람교, 유대교, 시크교 지도자들이 정회원으로 참가하도록 했다. 그뿐 아니라 인디언 토템(totem) 주상을 총회 중에 세워놓고, 총회 임원진이 이교(異敎) 예배에 참가하기도 하였다.

WCC의 신학적 위험성은 단순히 행사 내용을 통해서만 드러나는 것이 아니다. WCC가 공식적으로 발표한 선언문을 살펴보면 그들의 신학과 사상이 잘 드러나는데, 예를 들어 1990년 바르선언문(Baar Statement)의 내용 일부를 살펴보자.[13]

우리는 모든 나라와 민족들 가운데 하나님의 구원하시는 임재가 항상 있었다는 것을 인정한다. 그리스도인들로서 언제

---

13 2010년 4월 3일 한국복음주의역사신학회가 주최한 정기학술발표회에서 황대우 박사가 발표한 내용 중 발췌

나 우리의 증언이 예수 그리스도를 통해 경험한 그 구원에 대한 것임에도 불구하고, 동시에 우리가 '하나님의 구원하시는 능력을 제한할 수는 없다.'

만물의 창조주로서 하나님께서 종교들의 다원성 속에 임재하시고 활동하신다는 확신은 우리로 하여금 하나님의 구원하시는 활동이 어떤 하나의 대륙이나 문화적 유형, 혹은 민족들의 집단들에 제한될 수 있다는 가능성조차 생각하지 못하도록 한다.

하나님을 믿는 우리의 기독교적인 신앙은 우리로 하여금 종교적인 다원성의 전 영역을 진지하게 취급하도록 요청한다.

우리는 '우리가 예수 그리스도를 통해 아는 하나님을 다른 신앙을 가진 우리 이웃의 인생 가운데서도 만날 수 있다는 가능성에 대한 개방'을 천명해야 한다.

양식(良識)이 있는 사람이라면 이 선언 문구가 무엇을 의미하는지 쉽게 이해할 수 있다. 길게 말했을 뿐이지 실제로는 '하나님이 예수 그리스도를 통하지 않고도 온 인류를 구원하신다'라는 것이다. WCC는 드러나는 양상으로나 자신들의 선언으로나 한결같이 종교다원주의를 지지하고 있다. 이것은 사

람의 생각으로 하나님을 각색하며 자신들의 입맛에 맞는 신을 만들려는 인본주의의 한 모습이다.[14]

1989년에 발표된 산 안토니오 선교대회에서도 앞의 바르 선언문 첫 번째 항목과 유사한 내용이 발표됐다. "우리는 예수님 외에 구원에 이르는 다른 길을 가리키지 않는다. 동시에 우리는 하나님의 구원의 능력을 제한할 수 없다." 이 문구에 대해서 장로회신학대학교 한국일 교수는 다음과 같이 우호적으로 말한다.

이 둘 사이에 아직 해결되지 않은 긴장이 있음을 알고 있다. 그러나 이 두 진술은 서로 모순되는 것 같이 보이지만 그 의미를 주목해 보면 구원의 계시를 하나님의 주권의 맥락에서 표현하고 있다는 점을 가리킨다. (중략) 논리적으로 말하면 후자의 진술은 전자의 진술을 부정하지 않으면서 그것을 포괄하는 관계다.[15]

결국 하나님의 능력은 예수 외에 구원의 길을 내실 수도 있다는 것을 암시하는 이 문구를 보수 신앙에 위배되지 않는 듯이 해석하는 것은 솔직히 억지다. 마치 종교다원주의를 인

---

14 물론 종교다원주의를 반대하는 것이 곧 종교 간의 대화를 반대하는 것은 아니다. 그러나 대화의 필요성이 곧 통합의 필요성을 말하는 것은 아니다.

15 「목회와신학」, 2010년 4월호, 64쪽

정하면서도 그렇지 않다는 듯이 궤변을 늘어놓는 랍 벨 목사와[16] 비슷한 인상을 풍긴다. 물론 WCC에도 긍정적인 요소가 있는 것은 사실이지만, 기본적으로 신학적인 왜곡과 오류가 매우 심한 것을 알면서도 그것을 지지하고 거기에 동참하는 것은 현명한 판단이 아니다.

이와 관련해, 총신대학교 신학대학원 교수 일동은 다음과 같이 WCC의 신학적 오류와 위험성에 대해서 성명서를 발표한 바가 있다.[17]

1. WCC는 성경이 하나님의 말씀이라는 사실을 부인한다.
2. WCC는 정통 삼위일체론, 기독론, 구원론, 교회론 교리를 거부한다.
3. WCC는 성경에 계시된 유일신론을 이탈하고 있다.
4. WCC는 예수 그리스도를 유일한 구원의 중보자로 여기지 않는다.
5. WCC는 성령을 타 종교의 영적 현상과 혼동하고 있다. (하략)

---

16 랍 벨은 『사랑이 이긴다』에서 종교다원주의 외에 제한적 멸절론과 만인구원론을 교묘하게 주장하고, 예수 그리스도의 육적인 부활을 제대로 인정하지 않는 신앙을 드러냈다.

17 「기독신문」 2010년 5월 4일―성명서의 각 항에 대한 구체적인 증명은 다음의 책에 잘 나타나 있다. 문병호, 『교회의 '하나됨'과 교리의 '하나임'』, 지평서원

그런데 세계적인 행사인 WCC 총회가 우리나라에서 개최되는 것을 무작정 반대하기에는 좀 꺼림칙했는지, 2013년 1월, 보수 교계 연합체인 한기총은[18] 조건부로 WCC 총회를 찬성하고 나섰다. 그 조건이란, WCC가 '종교다원주의 배격, 공산주의 · 인본주의 반대, 개종 · 전도금지주의 반대, 성경이 신앙 · 행위의 절대 표준'이라는 신앙고백을 분명히 밝히는 것이다. WCC가 정말로 이렇게 탈바꿈한다면 당연히 모든 교회는 연합의 기치를 높이 올려야 한다. 그런데 진보 진영과 보수 진영의 이 공동 선언문을 두고 진보 진영 내에서 극심한 반대가 일어나 결국은 진보 측에 의해 선언문이 파기되는 사태가 벌어졌다. 이것은 충분히 예견됐던 일인데, 혼합 신앙을 배척하는 보수 진영의 입장을 진보 진영이 수용할 수는 없기 때문이다.

국내외로 퍼지고 있는 혼합 신앙

종교다원주의와 혼합 영성의 발흥은 비단 국외적 차원에서만이 아니라 국내에서도 뚜렷하게 나타나고 있다. 현재 진보적인 기독교 연합기관의 대표로 자리매김한 한국기독교교회협

---

18 한국기독교총연합회, 2012년 한기총에서 한교연(한국교회연합)이 분리됐다.

의회(NCCK)의 경우 타종교와의 연합이란 명목 하에 기독교의 정체성을 내려놓는 현상이 뚜렷이 나타나고 있다.

2009년, 4대 종교(개신교, 천주교, 불교, 원불교) 여성 성직자 대표들이 공동 선언문을 다음과 같이 낭독한 바가 있다. "하늘에 계신 하느님, 부처님, 성모 마리아님과 소태산 대종사님의 마음에 연하여 오늘 4대 종단의 종교 여성이 일심으로 간구하오니, 부디 이 땅에서 죽임의 굿판 대신에 신명 나는 살림의 굿판이 벌어지도록 인도해 주십시오. (중략) 받들어 비옵나니, 당신의 뜻이 이루어지이다. 나무아미타불, 아멘."[19]

어디 이뿐인가? 2008년에는 각 종교의 대표들이 모여 소위 "국토수호대장정"이라는 연합 행사를 가졌는데, 여기에 참가한 종교인들은 십자가, 부처상, 단군상을 각각 등에 지고 행진을 벌였다. 그들에게 예수와 부처와 단군은 서로 통하는 것이므로 상호 존중하고 인정하면 되는 것이지, 자기 종교만이 진리라고 말하는 것은 어리석은 모습인 것이다. 이것이 요즘 많은 종교인들의 인식이며 확신이다.

세계종교회의란 것이 있다. 1893년 미국 상원과 하원의 결의로 처음 열렸던 세계종교회의는 정확히 백년 만인 1993년 8월과 9월에 인도 벵골과 미국 시카고에서 연이어 열렸다.

---

19 「국민일보」 2009년 11월 2일―문득 앞에서 나온 WCC 살풀이 초혼제가 떠오르지 않는가?

개신교, 로마 가톨릭, 불교, 힌두교 등 세계의 종교 지도자들이 모여 종교 간의 벽을 허물고 인류 대화합을 논의했다. 종교 간 대화는 아무 문제없고 또 필요한 것이다. 그러나 그 방향이 종교통합으로 흘러가는 것이 문제다. 벵골대회에서 발표된 '지구 윤리' 선언문은 기존의 기독교 중심의 가치관을 수정하고 동양 종교의 가치관을 포함시켜 작성된 것이다.[20] 종교통합의 거대한 흐름은 종교 지도자들이 앞장서서 조성하고 있지만, 이미 대다수 종교인들 특히 기독인들도 그 흐름에 동참하는 추세다.

기독교리서치기관인 바나그룹이[21] 2011년 실시한 설문조사가 그 증거가 될 수 있다.[22] 설문 내용 중 "모든 종교 신앙은 동일한 가르침을 가르치고 있기 때문에 당신이 따르고 있는 종교 신념이 (구원 여부에) 중요하지 않다"는 항목에 43퍼센트의 응답자가 '동의 한다'고 응답했으며, 54퍼센트가 '동의하지 않는다'고 답변했다. 또 "모든 사람들이 종교 신념과 관계없이 사후에 동일한 결과를 경험할 것이다(즉, 구원받는다)"라는 항목에 40퍼센트의 응답자가 '그렇다'고 답했으며, 55퍼센트가 '그렇지 않다'고 응답했다. "모든 사람은 자신이 무슨 일을 했든,

---

20 이 선언문은 스위스의 로마 가톨릭 신학자 한스 큉 박사가 기초한 것이다. 큉은 종교간 대화를 주창했다.

21 바나그룹은 2005년부터 매 년 미국 전역의 18세 이상 성인 천 명 이상을 대상으로 무작위 전화(휴대전화) 인터뷰 조사를 통해 동일한 내용의 설문조사를 진행하고 있다.

22 「기독신문」 2011년 4월 27일 "미국 기독교인 4명 중 1명 '종교 상관없이 천국 간다'"에서 글 전체 인용

인류를 창조하고 모든 이를 (차별 없이) 사랑하시는 하나님의 구원을 받을 것이다"라는 항목에는 40퍼센트가 긍정했으며 50 퍼센트가 부정했다. 이 설문 내용은 결국 한 가지 결론을 보여 주고 있는데, 그것은 곧 응답자의 40퍼센트 이상이 종교다원론과 보편구원론(universalism)을[23] 지지한다는 것이다.

특히, 이 설문조사가 눈길을 끄는 것은 비종교인이나 비기독교인과는 별도로 기독교인을 대상으로도 설문 조사가 이뤄졌기 때문이다. 스스로를 '회심한 기독교인'이라고[24] 밝힌 응답자 중 25퍼센트가 "모든 사람이 하나님께 구원 받는다"고 응답했으며, "모든 종교가 동일한 가르침을 가르치고 있다"는 질문에 26퍼센트가 긍정했다. "기독교인과 무슬림은 각자 다른 이름으로 칭하고 종교적 신념에도 차이가 있지만 결국 같은 신을 섬기는 것이다"라는 항목에 회심한 기독교인은 40퍼센트, 전체적으로는 59퍼센트의 응답자가 동의하였다. 전체 세대 가운데, 18-39세의 젊은 층이 그 윗세대보다 보편구원론과 종교다원주의에 더 긍정적인 응답을 한 것으로 나타났다. 물론 비기독교인 보다는 낮지만, 구원의 확신이 있는 기독교

---

23 신(神)은 사랑이기 때문에 어떤 조건과 상관 없이 모든 사람에게 영생과 구원을 준다는 반(反)성경적 주장

24 설문조사에서 정의된 회심한 기독교인은 자기 스스로를 "오늘 자신의 삶에서 예수 그리스도가 중요하다고 믿고 그에 헌신하고 있다"고 믿으며, 동시에 "예수 그리스도가 구원자임을 받아들이고 자신의 죄를 고백했기 때문에 죽은 후 천국에 간다"고 응답한 기독교인을 뜻한다.

인 가운데도 예수 그리스도와 기독교의 절대 구원관이 명확하지 않은 비율이 최소 25퍼센트 이상이 됨을 이 조사는 보여주고 있다. 거듭난 기독교인이 이럴 정도면 다른 사람들의 인식은 과연 어떠하겠는가? 세계 최대의 기독교 국가라고 인정되고 있는 미국이 이럴 정도면 과연 다른 나라는 어떠하겠는가? 바야흐로 세계는 온통 뒤죽박죽 영성으로 통일되고 있는 중이다.

혼합 영성은 기독교의 자업자득(自業自得)

포켓북으로 유명한 미국의 펭귄 서적(Penguin Books)이 수년 전 휴대용 '성경'을 출판하였는데, 그 '성경'은 힌두교, 불교, 유교, 도교, 조로아스터교, 유대교, 기독교의 모든 경전들로부터 발췌된 내용으로 구성돼 있다. 문자 그대로, 퓨전 시대(fusion age)에 걸맞는 퓨전 성경이 등장한 것이다. 이 성경책은 당연히 상업적으로 판매에 유리할 것으로 판단한 출판사의 마케팅 전략으로 탄생한 창조물이다. 그 출판사는 시대의 흐름을 제대로 간파한 것이다. 이미 하나님의 말씀인 성경을 가르치고 목회자를 양성한다는 신학교 교수까지도 그렇게 퓨전 신학에 마음의 문을 활짝 열었기 때문이다.

교회성장학과 리더십으로 세계 기독교에 이바지해온 미

국 풀러 신학교(Fuller Theological Seminary)가 지금 보수주의의 울타리 밖으로 넘어가려는 움직임을 보이고 있다. 대표적인 예로, 최근까지 20년 동안 총장을 지낸 리처드 마우 교수는[25] 힌두교도도 천국에 갈수 있다는 의견을 개진(開陳)해서 전 세계적인 이슈 메이커로 떠올랐다. 물론 이 의견은 모든 힌두교 신자들이 천국에 간다는 의미가 아니고 12세 이하의 어린 아이들에게 해당되는 주장이다. 마우 총장이 그렇게 주장하는 근거는 바로 미국 남침례교의 신앙고백 때문이다. 세계 최대 침례교단인 남침례교는 12세까지의 어린 아이들은 예수를 몰라도 구원받는다는 교리를 가지고 있는데, 그렇다면 힌두교 아이들도 거기에 포함될 수 있는 것이라고 그는 주장하는 것이다.

일견 마우 총장의 의견은 그럴듯해 보인다. 그런데 그는 자기가 논거(論據)로 삼고 있는 남침례교의 교리 자체가 불완전하다는 것을 간과하고 있다. 남침례교는 도대체 무엇을 근거로 예수를 몰라도 어린 아이들은, 특히 12세 이하의 아이들은 천국에 간다고 믿고 있는가? 어른보다 순수한 아이들이 예수 모르고 천국가지 못한다고 하면 왠지 마음이 불편해서 그런 것 아닌가? 그렇다면 예수의 이름도 들어보지 못했지만 착하고 선량하게 살았던 옛날 사람들과 오늘날의 오지(娛地)에

---

25 마우 교수는 기독교 윤리학이 전공인 학자인데 목사가 아닌 사람으로 1993년부터 2013년까지 총장을 역임한 특이한 존재다.

살고 있는 사람들은 어찌 되는가? 사실 이런 질문과 주장에 대한 답을 주고자 하는 노력으로서 나온 것이 위와 같은 남침 례교의 교리이고, 또 로마 가톨릭의 '유아 · 조상 림보(limbo)' 교리다.[26] 성경은 우리에게 구원을 위해 충분한 특별 계시를 전해주고 있지만, 영적 세계에 대한 우리의 궁금증을 모두 답해주지는 않는다. 어린 아이가, 옛날 사람이, 오지의 사람이 어찌되는지는 오직 하나님만이 확실히 알고 계신다.[27] 그것을 왜 사람이 답하려고 하는가? 남침례교와 마우 총장의 '오버'는 모두 인본주의적 욕심에 기인한 결과물이다.

인본주의에 입각한 신학 하면,[28] 적어도 우리나라에서는 변선환 교수가 먼저 떠오른다. 이는 감리교단 안에서 신학적 갈등이 표출되어 매스컴을 탔기 때문이다. 감리교신학대학교 재직 당시 변 교수는 한국 선교 100주년을 기념하여 발표한 '타종교와의 신학'에서 종교적 다원사회 속에서 기독교는 과거 개종을 강조하는 입장을 깨끗이 버리고 타 종교와 동등한 입장을 가지고 타 종교가 신학의 주체가 되도록 해야 한다는 취지의 주장을 했다. 이와 비슷하게, 한국신학대학교의 김경

---

26 유아림보는 영세 받지 못하고 죽은 아기들이 가는 곳으로 지옥이나 연옥이 아닌 별도의 회색지대다. 비슷한 이유로 조상림보가 있으며, 이 유아 · 조상 림보 교리는 로마 가톨릭이 인본주의적으로 만들어낸 교리다.
27 물론 나는 내가 속한 교단의 신앙 고백을 따른다. 그러나 정답은 하나님만 아신다.
28 인본주의 신학은 다른 말로 자유주의 신학이다. 자유주의는 성경을 인간의 잣대로 재구성한다.

재 교수는 『이름 없는 하느님』이라는 책에서 종교다원론을 적대시하거나 비 진리로 규정하는 신학이야말로 하나님을 욕되게 하고 하나님을 아주 편협하고 공격적이고 무자비하고 인정사정없는 신으로 소개하는 것이라고 주장했다. 이 책은 기독교의 유일신 신앙을 본격적으로 반박하는 주장으로 잘 알려져 있는데, 하나님의 유일성을 인정하지 않는 사람이 신학교 교수로 목회자 후보생을 가르치는 것이 이 시대의 영성이다.

비단 신학교 교수만이 아니라 대중적으로 유명한 목회자 역시 종교다원주의적 발언으로 물의를 일으키기도 하는데, 예를 들어, 세계 최대의 교회인 여의도순복음교회 조용기 목사는 2004년 5월 12일 동국대학교 불교대학원에서 70여 명의 스님 및 불자 청중 앞에서 다음과 같은 강연을 했다.

종교 간의 대화라는 위치에 서서 볼 때 굉장히 좋은 일이라고 생각해서 이곳에 왔습니다. (중략) '남녀노유 빈부귀천 할 것 없이 예수를 믿기만 하면 구원을 얻습니다'라는 원리가 우리 아버님이 저 어릴 때 원효대사에 대해 얘기한 것과 너무나 일치하더라고요. 원효대사님이 '불교에 너무 계율이 많은데 그 계율을 다 지켜서 구원을 받을 수 없는데 나무아미타불만 하면 구원을 얻는다.' 원효대사의 외침이 그거 아닙니까? (중략) 종교는 불교나 기독교나 마호메트교나 평등합니다. 저는 불교 집안에서 태어나 기독교 목사로 있으니까 선불교랑 같은 것이 많아요. (중략) 저는 불교TV를 굉장히 좋아해요. 왜냐하면 불교가 내 친정집같이 생각이 되기 때문에 그 강의를 들으면 굉장히 마음속에 유익을 많이 얻어요. (중략) 제가 왜 불교 강의를 열심히 듣느냐면 불교 강의를 들음으로 내가 믿는 기독교 신앙의 깊이를 더 깨달을 수 있어요. 그런 점에서 종교 간의 대화가 필요하구나 생각했습니다. 감사합니다.[29]

물론 조용기 목사가 자유주의자나 종교다원주의자는 아니다. 그런데 왜 불교도들 앞에서 그렇게 말을 했을까? 그는 정말 기독교의 구원과 원효대사의 구원을 동일하게 보는 걸까? 그는 정말 기독교, 불교, 이슬람교가 동등하다고 믿는 걸까? 그는 정말 불교 강의를 듣고 기독교 진리를 더 깊이 깨닫는 걸까? 가장 힘 있는 목회자가 그렇게 말을 했으니 그냥 넘어갔지 만약 다른 평범한 목사가 대외적으로 그렇게 말을 했으면 그냥 넘어갈 수 있었을까? 타 종교인들에게도 인정받고자 하는 욕심이 그 자리에서 그렇게 말하도록 조 목사를 유혹받게 만든 것이 아닐까 생각해본다.

자신이 종교다원주의자인 것처럼 오해를 받고 있다는 것

---

29 조영엽, 『교회를 타락시키는 베스트셀러 "목적이 이끄는 삶" "목적이 이끄는 교회"』, 성광문화사, 40-41쪽

을 조용기 목사 자신이 인식하고 있었는지 2012년 9월 26일자 주요 일간지에 다음과 같은 제목의 광고가 실렸다. "저의 신앙관을 공개합니다" 그는 이 광고에서 WCC가 종교다원주의, 동성결혼, 공산주의를 포용하며 다양성을 위장하는 혼합종교 성향이지만, 자신은 예수 그리스도를 통한 구원을 강조하는 성서적 삼위일체 신앙을 전한다고 밝혔다. 또한 그동안 자신의 이러한 소견을 밝히지 못한 것은 전 세계에 있는 친구들과 동역자들에게 미치는 영향을 고민했기 때문이라고 솔직하게 고백하였다.

대화와 협력 이상의 혼합과 타락

2008년 10월과 12월 미국 최대 장로교단인 PCUSA가 5천 명 이상의 소속 목회자 및 평신도를 대상으로 우편 설문조사를 했다.[30] 그 결과, 전체 응답자 중 39퍼센트의 응답자가 '오직 예수 그리스도를 믿는 자만이 구원받을 수 있다'라는 항목에 동의를 한 것으로 나타났다. 목회자의 경우는 35퍼센트만이 동의했다.[31] 보수적인 교파인 PCUSA 소속 기독교인 가운

---

30 설문조사 제목은 '장로교의 종교성과 민주성 프로파일'이다.
31 「기독신문」 2010년 1월 20일

데 '예수만이 구원자'라는 믿음을 가진 사람이 절반에도 훨씬 미치지 못한다는 점도 충격적이지만, 목회자가 일반 신도보다도 더 믿음이 없다는 보고는 참으로 충격적이다.

이 시대 기독교 신앙의 변질은 기독교 지도자들의 배교(背敎)로부터 시작되고 있음을 이 보고서는 말하고 있다. 그럼, 목회자들은 왜 절대 진리로서의 기독교 복음과 예수 신앙을 저버리고, 타 종교와의 혼합과 다원주의를 수용하는 것일까? 그 주요 이유 중 하나가 바로 사람들의 기대를 충족시키고자 하는 태도 때문이다. 즉, 인기영합주의가 그 밑바탕에 깔려있는 것이다. 종교다원주의를 바라보는 세상의 시각을 다음의 주간지 기사가 잘 보여준다.

"종교다원주의 복직 판결" 21세기 한국에서 벌어진 변태적 '종교재판'은 결국 상식의 승리로 끝났다. 대법원은 지난 10월 23일 강남대의 상고를 기각하고 학교 쪽이 지난 2006년 이찬수 교수의 재임용을 거부한 것은 부당하다는 하급심의 판결을 확정했다. 이 교수는 10월 31일 전화 통화에서 "기독교적 정의에 어울리는 판결이 내려져 다행이다"라고 말했다. 목사이기도 한 이 교수는 종교다원주의를 설파하고 불상에 절을 했다는 이유로 이뤄진 기독교 재단 쪽의 재임용 거부 이후 2년 하고도 아홉 달 동안 많은 마음고생을 해야 했다.[32]

이 사건의 당사자인 이찬수 교수는 신학을 가르치는 교수이자 목사다. 이 목사는 주일에는 자신이 개척한 교회에서 예배를 드린 후 동네 불교 사찰을 찾아가 부처 앞에서 절을 하고 예불을 드렸다. 그것도 자신이 목회하는 교회의 신도들과 함께 말이다. 이런 모습이 이 시대의 바람직한 종교의 모습이라는 취지로 텔레비전을 통해 방송됐다. 그 후 대학 측이 이 교수의 신학을 문제 삼아 교수 재임용을 거부했는데, 세상 재판에서는 그것이 불법이라고 판결을 한 것이다. 그것에 대해서 기사를 쓴 기자는 '종교 재판', '상식의 승리'라고 표현했고, 당사자인 이 목사는 '기독교적 정의'라고 말한 것이다.

보수신학을 견지하는 대학 측으로서는 그런 인본주의 사상을 가진 목사가 신학을 가르치는 교수로 들어왔으니 두통거리로 여길 만하다. 그러나 그것은 대학 측이 처음에 교수 임용을 할 때 철저하게 이 목사의 신학을 점검하지 않은 탓이다. 세상은 보수 교회가 기대하는 것처럼 성경적 가치관대로만 판결하지 않는다. 세상의 판결 기준은 상식적 가치와 보편적 관념이다. 지금 이 시대는 진리의 혼합이 상식적 가치이고 다원주의가 보편적 관념이다. 세상에서는 종교다원주의를 따르는 사람이 인기를 얻고 인정을 받는다.

---

32 「한겨레21」, 2008년 11월 7일, 95쪽

집권 여당의 윤리위원장을 지낸 인명진 목사는[33] 2011년 성탄절에 요즘 인기 상한가를 달리고 있는 법륜 스님을 초빙해 설교단에 세웠다. 그 예배에는 정토회 불자들이 함께 자리를 했다. 법륜 스님은 특유의 설득력 있는 담화로 한 공간에 모인 기독교도와 불교도를 감화시켰다. 당연히 일반인의 시각에서는 이 일이 매우 바람직하게 여겨졌고 매스컴을 통해 널리 알려졌다. 이에 법륜 스님이 화답했다. 2012년 석가탄신일을 맞이해서 인 목사를 봉축법회에 초대해서 축하 법문을 하도록 한 것이다. 이날에는 인 목사를 비롯해서 천주교 신부, 성공회 사제 그리고 동학 대표 등 100여 명의 종교계와 사회 인사들이 참여해서 부처님오신날을 축하했다.

천주교는 이미 오래 전부터 타 종교와 손잡는 데 인색하지 않았지만, 개신교 목사가 도대체 언제부터 타 종교 지도자와 대화와 협력 이상의 혼합을 추구하게 된 것인지 참으로 궁금하기 그지없다. 2012년 성탄절에는 법륜 스님이 경동교회와 갈릴리교회에서 연이어 성탄 메시지를 전했다. 경동교회와 박종화 목사가 우리나라 교계에서 차지하고 있는 비중은 꽤 크고 지금까지 이바지한 바도 역시 크다.[34] 그러나 아무리 공(功)이 커도 과(過)는 과다. 지킬 것을 지키지 않는 신학은 혼탁한

33 서울 구로동 소재 갈릴리교회 담임
34 경동교회는 전임(前任) 강원용 목사 시절부터 우리나라 민주화운동과 종교간 소통에 앞장선 교회다.

영성의 세속주의며 인본주의일 뿐이다.

함석헌, 자기만의 기독교 신앙을 창조한 사람

함석헌은 일제하에서는 독립운동가로, 근대 민주화 시절에는 재야 민주인사로 역사에 이바지한 인물이다. 그는 생애 초기에 기독교에 입문하였으나 후에 다른 사상들을 받아들여 자기 나름대로의 새로운 기독교를 만들어서 믿었다. 함석헌은 평생 기독교인으로 자처하며 그것을 대외적으로도 밝혔다. 88세 생일상을 받은 자리에서 함석헌은 "내 주님이라면 예수님밖에 더 있나요?"라고 말한 것으로 알려진다.[35] 그가 말하는 '주 예수' 신앙이 과연 어떠한 것인지에 대해서는 그가 지은 대표적인 저서 『뜻으로 읽는 한국역사』를 통해 파악할 수 있다.

> 내가 내 사랑하는 사람에 대한 것을 말하면 그것이 사랑의 원리인 줄 믿듯이, 나는 내 믿는 바를 말하면 그것이 보편적 종교적인 것인 줄 믿는다. 그러므로 나는 비교적 나와 관계가 깊은 기독교의 성경에 나타나 있는 사관을 간단히 말해

---

35 『함석헌 평전』을 지은 김성수의 말

보기로 한다. 그러나 그것은 기독교가 홀로 참 종교라는 생각에서도 아니요, 기독교에만 참 사관이 있다 해서도 아니다. 전날에는 내가 그렇게 생각한 때가 있었다. 그러나 그것은 이제 와서 보면 역시 종파심을 면치 못한 생각이었다. 기독교가 결코 유일의 진리도 아니요, 참 사관이 성경에만 있는 것이 아니다. 같은 진리가 기독교에서는 기독교식으로 나타났을 뿐이다.[36]

함석헌은 자신의 개인적이고 주관적인 믿음이 곧 보편적인 종교성과 다름이 아니라는 전제를 달고서 말을 한다. 이것은 논리적으로 틀린 것이다. 내가 생각하는 것이 곧 모두가 생각하는 것이라는 주장은 일반화의 오류다. 그는 기독교가 홀로 참 종교도 아니고 유일의 진리도 결코 아니라고 말한다. 기독교는 기독교식 진리일 뿐이라는 것이다. 이런 사고를 가진 사람이 자신이 기독교인이라고 말할 때의 기독교란, 자기 나름대로의 기독교를 지칭하는 것이다. 상대주의적 가치관으로 말하고 있는 함석헌은 다분히 종교다원주의적 사고를 가진 자다. 그는 또한 불교와 기독교를 혼동하고 있음을 보여준다. 그가 말하는 바 '나'로부터 '전체'에 이르는 진리는 불교에서 말하는 진리이지 결코 기독교에서 말하는 진리가 아니다. 기독

---

36   함석헌, 『뜻으로 본 한국역사』, 한길사, 50쪽

교는 그 출발점이 '나'가 아니라 '하나님'이기 때문이다.

한국의 간디라고도 불렸던 함석헌이 진짜 간디를 존경하고 따랐음은 두말할 필요가 없다. 그는 간디의 신앙과 영성을 어떻게 파악했을까?

> 그(간디)는 확실히 하나님의 섭리를 믿었습니다. 그의 자서전을 읽는 사람은 곳곳에서 "그러나 하나님의 뜻은 그렇지 않았다", "하나님의 원하시는 것은 그것이 아니었다"라는 구절을 볼 수 있을 것입니다. 그러므로 그 의미로 하면 그의 그 파란 많은 일생은 하나님의 경륜이라 할 수 있습니다.[37]

간디는 평생 기독교인이었던 적이 없다. 유학시절 유럽의 기독교를 접하고 관심을 갖기도 했지만, 기독교인들과 기독교 국가들의 악행을 보고 "나는 예수는 존경하지만 기독교는 싫다"라고 말한 것으로 알려져 있다. 그는 한평생 힌두교도로서 살았으므로 당연히 그에게는 유일신 관념이 없다. 그런데 함석헌은 간디가 자기의 신이라고 언급한 것을 모두 하나님으로 해석하고 있다. 그러나 간디는 절대로 하나님을 말한 것이 아니라 자신의 힌두 신들 가운데 하나를 말한 것이었다. 함석헌에게 간디의 신은 곧 자신의 하나님과 동일한 것이었다. 간디

---

37 함석헌, 『영원히 사는 길』, 대경출판사, 141쪽

가 암살을 당해 마지막 숨을 거둘 때 한 말도 함석헌은 "오! 하나님"으로 해석한다. 그러나 거듭 말하지만, 간디가 죽으면서 찾았던 신은 하나님(God)이 아니라 자신의 힌두 신(god)이었다. 함석헌의 이런 신앙이 어찌 진짜 기독교 신앙이란 말인가?

물론 어떤 이들은 함석헌이 평생 약자들과 함께하고 사회운동에 앞장섰으므로 그의 삶의 족적을 통해 그를 기독교인으로 인정해야 한다고 말한다. 그러나 기독교 신앙은 삶과 더불어 성경적 신앙고백이 함께 있어야 하는 것이다. 아무리 삶이 숭고했어도 예수 그리스도와 하나님을 성경적으로 받아들이지 않은 것은 기독교 신앙이 없었다는 증거다. 간디가 아무리 존경받아도 기독교인이 아니었듯이 함석헌 역시 기독교인이 아니다. 그는 단지 위대한 재야 민주 인사이며 탁월한 종교 사상가일 뿐이다.

신학 없는 목사의 초대형 성공

흔히 조엘 오스틴 목사하면 성공주의 신학을 떠올리는데, 사실 그는 무(無)신학의 목사라는 말이 더 어울린다. 그는 신학적인 이슈에 대해 '묻지도 따지지도 않는' 황당한 신학을 가지고 있다. 그는 2007년 12월 23일 "폭스뉴스선데이"(Fox News Sunday)에 출연해서 다음과 같이 자신의 신념을 드러냈다.

사회자: 몰몬교가 진정한 기독교라고 볼 수 있는가?

오스틴 목사: 나는 자질구레한 것까지 따지고 싶지 않다. 그래서 몰몬교도 진정한 기독교라고 생각한다. 그리고 미트 롬니 의원은[38] 품성도 좋고 청렴해 보인다.

사회자: 몰몬 교주 조셉 스미스나 몰몬교의 이단성을 대표하는 황금판(즉, 몰몬경), 하나님과 사람은 같은 형상이라는 등의 신학적 문제에 대해 어떻게 생각하는가?

오스틴 목사: (신학적 문제는) 깊이 공부한 적이 없고 생각해본 적이 없기 때문에 개의치 않는다. 심판은 하나님의 몫이라고 생각한다. 미트 롬니 의원이 예수 그리스도를 구주로 시인한 것을 들었을 때 공감대를 느꼈다.[39]

몰몬교의 이단성은 한두 가지가 아니다. 예를 들면, 성부 하나님도 원래는 사람이었는데 신이 된 것이라고 믿는다. 성자 예수 그리스도의 신성을 부인하고, 성령을 인격이 아닌 영향력으로만 믿는다. 즉, 삼위일체 하나님을 거부하는 것이다. 몰몬교도만 최상위층 천국에 가며 다른 종교인과 선한 사람은 하층 천국에 간다. 또한 지옥을 믿지 않는다. 이것은 당연히 기독교라고 할 수 없다. 그런데 조엘 오스틴 목사는 그런

---

38 2012년 미국 공화당의 대선 주자로 현직 버락 오바마 대통령과 차기 집권을 놓고 경쟁 후 패배했는데, 몰몬교도라는 점이 걸림돌로 작용했다.

39 「기독신문」, 2008년 1월 16일

건 알지도 못하고 신경도 안 쓰고 그냥 좋은 게 좋다는 식이다. 그에게 있어 성경적 가르침은 아무 상관이 없다. 이단이건 자유주의건 심지어 타 종교라도 자기가 새롭게 만든 '성공복음' 아래에서 서로 소통하고 하나가 되면 되는 것이다. 그런데 이런 신학 없는 사상은 조엘 오스틴에게만 나타나는 모습이 아니다.

이단인 크리스천 사이언스의 가르침인 '적극적(긍정적) 사고'를 교회 안에 도입한 장본인인 노먼 빈센트 필 목사는 빌 하이벨스,[40] 조엘 오스틴, 브루스 윌킨스,[41] 릭 워렌 등에 지대한 영향을 끼쳤으며, 그로 인하여 교회들은 더욱 급속도로 세속화되었다. 필은 1984년 한 신문 기자와의 인터뷰에서 예수의 동정녀 탄생 여부가 구원과 직접적 관계가 없다고 하였다. 또한 그는 "필 도나휴 쇼"(Phil Donahue Show)에서 "나는 개인적으로 일본의 신도 신전(Shinto temple)을 집에 모시고 있다. 그리고 그 신도 신전에서 매일 나는 영원한 평화를 주는 마음의 안식을 누리고 있다. (중략) 그리스도는 여러 길 중의 하나다. 거듭나는 것은 필요치 않다. 여러분은 하나님께로 가는 여러분의 길을 가고, 나는 나의 길을 가지고 있다"라고 하였다.[42] 스스로 밝힌 것처럼, 필 목사의 영성은 성경적 진리에 바탕을 둔

---

40 시카고 소재 윌로우크릭 교회 담임목사
41 베스트셀러인『야베스의 기도』저자

영성이 아니라 심리학과 일본 신도(神道)에[43] 바탕을 둔 영성인 것이다.

필 목사의 혼합 영성은 로버트 슐러 목사와도 그대로 직결된다. 2001년에 쓴 자서전 『나의 여정: 아이오와 시골 농장에서 꿈의 성전까지』에서 슐러 목사는 다음과 같이 자신의 다원주의적 신앙관을 피력했다.[44]

나는 점점 더 '종교적 포괄성'이 중요하다는 생각으로 옮겨지고 있다. (중략) 그리고 나는 이제 불가능해 보이는 하나의 대단한 꿈을 꾸고 있다. 그것은 하나님을 믿는 긍정적 생각을 가진 사람들이 중심이 되어 기존의 분파적인 종교들이 세상을 지배하고 있는 이 환상에서 벗어나도록 해야 한다는 생각이다. 그리고 이 주요 종교들의 지도자들은 각각의 종교가 주는 교리적 특징을 벗어 던질 수 있어야 한다. 그리고 이제 서로 다른 것들에 초점을 맞추지 말고, 서로를 분열시키는 이 분파적인 교리들을 초월할 수 있어야 한다. 그렇게 함으로 우리는 함께 힘을 모아 평화와 번영 그리고 희망을 이 세

---

42 조영엽, 『교회를 타락시키는 베스트셀러 "목적이 이끄는 삶" "목적이 이끄는 교회"』, 성광문화사, 30-32쪽에서 수정, 발췌, 인용

43 일본 고유의 민족 신앙으로 대륙에서 건너간 불법(佛法) 외에 일본에 본래부터 있던 신앙·의례(儀禮)를 가리키며, 유신도(惟神道)·신교(神敎)·덕교(德敎)·대도(大道) 등으로 부르기도 한다.

44 원제 *My Journey: From an Iowa Farm to a Cathedral of Dreams*

상에 전하도록 해야 한다.[45]

슐러 목사가 말하는 '종교적 포괄성'은 명백히 종교 통합을 의미한다. 그는 평화와 번영 그리고 희망을 위해서라면 모든 종교가 하나가 되어야 함을 말한다. 각 종교의 차이와 특징을 포기하고서라도 말이다. 다음의 글을 보면 좀 더 정확하게 그의 종교관을 파악할 수가 있다.

미국의 「밴티지 포인트」는 "(로버트 슐러는) 문선명과 함께 통일교 교회 행사에서, 그리고 몰몬교 교회 종교인 조찬 기도회에서 주 강사로 나타났다. 뉴에이지[46] 운동가들, 몰몬교인들, 그리고 천주교인들은 그의 수정교회 강단에서 연설했다. 그의 가르침과 행동들의 일부는 자유주의적이고 포스트모더니즘적이고 이단적이다"라고 했다. 또한 「크리스천뉴스」는 "슐러는 오래 전에 죄에 대한 바울의 교훈과 이별했고, '그리스도인'이라는 말이 자신을 힌두교도나 이슬람교도와 단절시키기 때문에 더 이상 그리스도인으로 불리기를 원치 않는다. 그는 그리스도께서 천국 가는 유일한 길이요, 기독교가

---

45 조영엽, 『교회를 타락시키는 베스트셀러 "목적이 이끄는 삶" "목적이 이끄는 교회"』, 성광문화사, 26쪽

46 뉴에이지(New Age)는 인간 스스로가 신(神)이라 믿으며, 절대 존재와 절대 가치를 부인하는 인본주의 세계관이다.

유일한 구원 신앙이라고 설교하지 않는다"라고 했다.[47]

이쯤 되면 필 목사는 슐러 목사에 비해 양반인 셈이다. 슐러 목사는 대표적 이단인 통일교나 몰몬교는 물론 뉴에이지나 로마 가톨릭과도 아무 거리낌 없이 강단을 주고받았다. 그는 그리스도인이라는 이름이 아닌 '모든 종교와 하나가 되는 비범하고 존경스런 인물'이라는 명예를 추구했던 것이다.

조엘 오스틴, 노먼 빈센트 필, 로버트 슐러는 모두 성공주의와 종교다원주의라는 세속적 가치의 양대 바퀴를 매달고 목회의 수레를 신나게 굴림으로써 소위 '대박'을 치는 목사들이 되었다. 초대형 교회를 목회하는 목사들이 종교 통합적 가치관으로 이 땅의 교회에 이루 말할 수 없는 해악(害惡)을 끼친 것은 두말할 필요가 없다.

그렇다면 20세기 지구 최고의 복음전도자로 칭송받는 빌리 그레이엄 목사는 어떠할까? 그레이엄 목사는 한평생 재물을 추구하지 않으면서 살아온 목회자로 존경받고 있다. 그는 적어도 성공을 위한 목회를 지향하지는 않았다. 그러나 그 역시 세상의 모든 종교인들로부터 인정받고 존경받는 인물이 되고자 하는 욕망으로부터는 벗어나지 못하였다. 이미 베스트셀러인 『마케팅에 물든 부족한 기독교』를 통해 널리 알려진 이

---

47 앞의 책 39-40쪽에서 수정, 발췌, 인용

야기를 그대로 발췌, 인용해서 살펴보자.

웨스트민스터(신학교)에 반발해서 나온 풀러 신학교와 빌리
그레이엄으로 상징되는 미국의 복음주의는 이미 교리를 수
호하는데 가장 큰 가치를 두던 근본주의에서[48] 점점 멀어지게
됩니다. (중략) 이와 같은 포용성으로 세상을 향해 복음을 외
치는 빌리 그레이엄이 가톨릭을 수용하는 것은 너무 당연합
니다. 그러나 빌리 그레이엄은 여기서 한 걸음이 아니라 수
백 걸음 나아가 더 놀라운 주장을 합니다. 1978년 빌리 그레
이엄은 캐나다의 한 기독교 잡지와의 인터뷰에서 기독교가
아닌 이방 종교들을 통해서도 하나님은 인간을 구원하신다
는 요지의 발언을 했다가 나중에 BGEA가[49] 서둘러 그 발언
을 취소하는 등 큰 소동을 일으킨 적이 있습니다.

그러나 1997년 로버트 슐러와의 인터뷰에서 빌리 그레이엄
은 다시금 자신의 구원관을 다음과 같이 밝힙니다. (중략) "이
그리스도의 몸은 기존의 크리스천 그룹이 아닌 이 세상의 다
른 모든 크리스천을 통해 완성될 것입니다. 나는 그리스도를
사랑하고 아는 사람들은 자신들이 그 사실을 알든 모르든 관
계없이 그들은 그리스도의 몸이라고 생각합니다. (중략) 하나

---

48 자유주의 기독교에 반발하여 20세기에 미국에서 일어난 보수주의 기독교 운동으
    로서 성경 무오(無誤, 잘못이 없음) 사상이 그 핵심이다.
49 1950년에 세워진 빌리그레이엄전도협회(Billy Graham Evangelistic Association)

님은 지금 이 세상으로부터 자신의 이름을 위해 그의 민족을 부르고 있습니다. 그들이 무슬림이든지, 불교에 속해 있든지 아니면 아예 무교에 속해 있든지 관계없습니다. 그들은 다 그리스도의 몸입니다. 왜냐하면 그들은 하나님의 부름을 이미 받았기 때문입니다. 그들은 어쩌면 예수라는 이름은 모르고 있을지도 모릅니다. 그러나 그들은 자신의 내면을 통해 자신들에게는 없는 뭔가가 필요하다는 점을 인식하고 있습니다. 나는 그런 사람들은 구원받고 우리와 함께 천국을 간다고 생각합니다."

그레이엄의 이 말에 놀란 슐러는 자신이 이해한 바를 확인하려고 다음과 같이 물었습니다. "내가 지금 당신한테 들은 것은, 그러니까 다시 말하자면, 예수 그리스도가 그러니까 어, 그러니까 비록 어둠 속에서 태어났고 성경은 한 번도 본적이 없는 사람이라도 예수 그리스도가 그 인간의 마음에 들어오셔서 생명을 주실 수 있다는 그 말입니까? 이게 당신이 지금 한 말을 제대로 표현한 것입니까?" 그 질문에 그레이엄은 단호한 어조로 다음과 같이 대답했습니다. "그렇습니다." 이 말을 듣자마자 슐러는 너무 흥분한 나머지 다음과 같이 소리쳤습니다. "아, 당신에게서 이런 말을 듣다니 너무 황홀합니다. 하나님의 자비하심의 문은 더 넓은 것이군요." 그러자 그레이엄은 단호한 어조로 대답했습니다. "그럼요, 그렇고말고요."[50]

물론 슐러 목사와의 대담 이후에 그레이엄 목사가 정신을 차렸을 것으로 기대할 수도 있다. 그러나 안타깝게도, 2006년 4월 미국의 시사주간지 「뉴스위크」와의 인터뷰에서도 빌리 그레이엄 목사는 변함없는 자신의 다원주의적 구원관을 피력했다고 알려져 있다. 정말 안타까운 일이 아닐 수가 없다. 그레이엄 목사 같은 인물이 종교다원주의의 미혹(迷惑)에서 헤어나오지 못하는 것을 보면 이 사상은 어떠한 그리스도인이라도 흔들만한 엄청난 마력(魔力)임에 틀림없다. 지금 이 엄청난 세력이 우리나라에서도 꿈틀거리고 있다. 그리고 그 현상의 맨 앞에 뜻밖에도 통일교가 자리 잡고 있다.

통일교의 야망, 전 세계 종교의 통합

우리나라 사람으로서 전 세계에서 가장 유명하고 또 영향력도 있는 인물 열 사람을 뽑으라면 아마도 통일교 교주인 문선명이 빠지지 않을 것이다. 우리나라에서는 통일교가 이단이라고 워낙 널리 알려졌기에 포교 상태나 영향력이 상대적으로 미약하지만 일본이나 미국 또는 아프리카 곳곳에서 활동하는 통일교는 그야말로 엄청나다.[51] 통일교는 기독교 이단이지만 동시에 하나의 거대한 기업이며 국제연합(UN)의 큰 손이기도 하다.

50　옥성호, 『마케팅에 물든 부족한 기독교』, 부흥과개혁사, 146-148쪽

문선명은 한국전쟁 직후인 1954년부터 통일교를 시작했다. 그는 자신이 지은 "원리강론(原理講論)"의 '피 가름' 교리를[52] 바탕으로 이단으로 빠졌고, 후에는 세계평화를 내세우며 종교 통합에 앞장서게 되었다. 현재 그는 모든 종교와 사상을 다 섞어버리고 오직 하나 정통 기독교를 배제할 것을 주장하고 있다. 문 교주는 영적인 과대망상증(誇大妄想症)을 가진 자인데 그의 망언(妄言)들을 한번 살펴보자.

만일 예수님이 메시아이고 자기가 죽어서 뜻이 이루어지게 되어 있었다면, 가룟 유다에 대해 "너는 차라리 나지 않았으면 좋을 뻔했다"고 한 말은 메시아로서의 자격이 없는 것으로 보이게 합니다. (중략) 예수님이 겟세마네동산에서 기도할 때 세 번씩이나 피땀을 흘리며 "아버지여 할 수만 있으면 이

---

51 문선명이 2012년 9월 3일 향년 92세로 죽을 당시, 통일교는 국내 약 600개 교회와 50만 명의 신도를, 전 세계적으로는 400만 명의 신도를 둔 것으로 알려졌다. 문선명 사망 4개월 후 통일교는 그 공식 명칭을 세계평화통일가정연합으로 (재)변경했다.

52 문선명의 초기 교리 가운데 핵심이 바로 '피 가름'이다. 통일교는 창세기 3장에 나오는 선악을 알게 하는 나무를 실재했던 나무로 보지 않는다. 하와가 들짐승이었던 뱀과 섹스를 해서 그 피가 더러워졌는데 성경이 그 사건을 하와가 선악과를 따먹은 것으로 비유적으로 묘사한다고 말한다. 그렇게 더러워진 인류의 피를 다시 순결하게 갈라내어야 하는데 그것이 문선명 교주를 통해서 이루어진다는 주장이 피 가름 교리다. 이 교리에 근거하여 문 교주와 통일교가 초기에는 혼음(混淫)을 행한 것으로 알려졌지만, 현재는 그 이미지를 상쇄하기 위해 가정과 순결을 강조하고 있다.

잔을 나에게서 지나가게 하옵소서. 그러나 내 뜻대로 말고 아버지의 뜻대로 하시옵소서"라고 했는데, 이게 엇갈리지 않습니까? 엇갈렸기 때문에 죽었습니다. 죽는 것을 본의로 해서 왔다면 이런 기도를 한다는 것은 메시아 자격이 없는 것입니다. 세상에서도 하나의 나라와 백성을 위해 한번 약속하게 되면 죽을 자리에도 당당히 나가는데, 하나님의 뜻을 위해 죽으러 와서 그러한 기도를 한다면 무슨 메시아 자격이 있느냐는 것입니다. (중략) 본인이 이런 말씀 드린다고 이단이라고 할지 모르지만 나는 이단이 아닙니다. (중략) 제가 지금 사탄의 이야기를 합니까? 아닙니다. 성경의 말씀을 하고 있습니다.[53]

문선명은 자신이 재림주로서 세계평화의 왕이요 천국의 황제라고 말했다. 그는 예수가 십자가에 달려 죽었기 때문에 인간 구원은 실패한 것이라고 주장한다. 1998년 6월 13일에는 미국 메디슨스퀘어 가든에서 다음과 같이 헛소리를 하기도 했다. "예수님과 장정순, 석가모니와 최원복, 공자와 이경준, 마호메트와 이정옥, 소크라테스와 김영희 등을 각각 맺어 영혼결혼식을 주례하였다. 예수, 석가, 공자, 마호메트는 다 내 부

---

53 「중앙일보」 2003년 4월 18일자 "지구촌 평화를 위한 새천년 부활절 메시지" 통일교 광고로서, 1973년 10월 23일 미국 워싱턴 리스너 강당에서 '기독교의 새로운 장래'라는 제목으로 문선명 교주가 강연한 내용

하다."

이 정도면 아무리 좋게 봐도 정신이 온전한 사람이라고 보기 힘들다. 그는 이제 기독교 사상은 아예 내던져 버리고 뉴에이지 영성을 추구하며 주장하는데 이 역시 궤변과 억지 수준일 뿐이다. 자신이 예수의 실패를 극복하고 구원을 완성하는 최후의 구원자라고 주장함으로써 기독교 이단으로 정죄된 문선명은 이제 아예 그런 주장 대신에 범신론적 신관과 혼합주의적 영성으로 전 세계 종교를 통일시키는데 모든 관심을 집중하고 있다. 이 시대의 통일교는 하나님이 곧 우주이고, 부처이며, 마음이라 주장하면서 자신들의 교리마저도 부정하는 황당한 변신을 꾀하는 중이다.

이것은 선(禪)불교와 다르지 않다. 마음을 우주적 신으로 삼는다는 점에서는 뉴에이지와도 통하고, 신 의식을 찾는다는 점에서는 영지주의 기운(氣運)도 들어가 있다. 통일교는 시작부터 기독교의 핵심인 예수 구원을 부정하였고, 이제는 기독교 자체를 부인하며 모든 종교를 한데 뒤섞는 데 앞장서고 있다. 통일교의 궁극적 지향점은 잡탕 종교, 잡탕 영성이다. 이것은 문선명 교주의 자서전 『평화를 사랑하는 세계인으로』의 내용 일부만 보더라도 잘 알 수 있다.

구세주로 오신 예수님이 십자가에 달려 죽음을 당하신 것은 하나님의 예정된 뜻이 아닙니다. 그런데 예수님을 처형함으로 말미암아 인류를 평화세계에서 살게 하려던 하나님의 계획은 어긋나고 말았습니다. 만일 그때 이스라엘이 예수님을 메시아로 받아들였다면 동서양의 문화와 종교가 하나가 되는 평화세계를 이루었을 것입니다. 그렇지만 예수님은 십자가에 매달려 돌아가셨고 하나님의 구원 사업은 결국 예수님의 재림 이후로 미뤄지게 되었다는 십자가에 대한 나의 새로운 해석이 많은 반대를 불러왔습니다. 기성교회는 물론 유대인들도 모두 나를 적으로 몰아세웠습니다.[54]

1994년 우리는 전 세계 종교학자 40여 명을 모아 『세계경전』을 편찬했습니다. 『세계경전』은 기독교와 이슬람교, 불교를 비롯한 세계 주요 종교의 경전에 등장하는 단어들을 비교 연구한 결과물입니다. 그런데 작업을 끝내고 보니 그 많은 종교의 가르침 중에서 73퍼센트는 모두 같은 말을 사용하고 있었습니다. 나머지 27퍼센트만이 각 종교의 특징을 나타내는 말들이었습니다. 이것은 전 세계 종교의 73퍼센트는 동일한 가르침을 전하고 있다는 것을 의미합니다. 터번을 두르고 염주를 목에 걸고 십자가를 앞세우는 겉모습은 다르지만 우주의 근본을 찾고 창조주의 뜻을 헤아리는 것은 모두 같습니다.[55]

---

54 문선명, 『평화를 사랑하는 세계인으로』, 김영사, 211쪽
55 앞의 책 268쪽

문선명 교주에게 이슬람교와 불교와 기독교는 결국 같은 것이며 이것은 통일교가 지향하는 것이 세계 종교의 통합임을 보여주는 것이다. 문 교주의 종교통합 사상은 이제 대를 이어 계승되고 있는데 그 주자는 바로 그의 셋째 아들 문현진이다.

문현진은 UN 산하 기구인 글로벌피스페스티벌(Global Peace Festival; GPF)재단 이사장이다. 2007년 발족한 GPF재단은 해마다 평화축제라는 명목으로 전 세계 곳곳에서 각종 종교연합 행사를 개최하고 있다. GPF재단 한국지사는 다음과 같이 재단 설립 목적을 밝히고 있다.

> GPF재단은 각 종교의 교리 간 차이에 집중하기보다 각 종교의 대표적인 믿음의 유산을 공유하고 공통의 원리에 집중한다. 진정한 초종교적인 경험은 모든 인류를 한 가족으로 묶을 수 있는 보편적인 원리와 가치와 염원에 비롯된다.[56]

위의 두 형이 모두 사망했기에 문선명의 장남 역할을 하고 있는 문현진이 통일교의 교주 자리가 아닌 또 통일그룹의 회장 자리도[57] 아닌 비교적 생소한 GPF재단 이사장을 하고 있는 것은 문선명이 실질적 장남인 문현진을 통해 자신의 원

대한 야망을 성취하겠다는 뜻을 보여주는 것이다. 혹자는 문현진이 막내 동생과의 경쟁에서 밀린 것으로 파악하기도 하지만, 통일교의 2인자가 바로 문현진의 장인이라는 점에서 그렇게 보는 것은 무리다. 통일교는 막대한 자금을 동원해서 GPF 재단을 통해 세계 종교 통합을 꿈꾸고 있으며, UN은 그것을 적극적으로 후원하고 있는 것이 객관적인 사실이다.

2010년 11월 13일, UN은 '세계 종교간 화합을 위한 행사 총회' 선포문을 발표했는데, 그 핵심 내용은 매년 2월 첫째 주를 '세계종교화합주간'으로 선포하여 각 종교의 전통이나 신념에 따라 각각의 성소(성당, 교회, 모스크, 회당, 사찰 등)에서 종교간 화합과 친선의 메시지를 전파할 것을 권장한다는 것이다. 이렇게 전 세계 차원에서 종교 연합 행사를 주관하는 기관이 바로 GPF재단인 것은 결코 우연이 아니다.

---

57 통일교 교주는 7남6녀 중 막내아들 문형진이 이어받았으며, 통일그룹 회장은 4남 문국진이 이어받았다. 그런데 2013년 3월 문국진이 통일그룹 회장에서 해임됐다. 이는 문선명의 부인 한학자와 아들들 간의 알력 때문인 것으로 전문가들은 보고 있다.

불교, 종교다원주의 최고 수혜자

경북 김해에 있는 사찰인 선지사에는 500개의 나한상이[58] 안치돼 있다. 그런데 그 나한상 중에 예수 상(像)이 있어 화제가 된 적이 있다. 그 사실이 TV에 나왔는데 그때 그 사찰의 주지스님이 예수를 위대한 성인으로 존경하고 받들기에 그렇게 다른 불교 성인(聖人)들과 함께 모시고 있다는 취지의 말을 했다. 이것은 현대 불교의 포용성과 개념 없음을 동시에 보여주는 모습이 아닐 수가 없다. 물론 이런 현상은 예수 신앙이 아예 없거나 왜곡돼 있는 자들에게는 바람직한 모습으로 보일 것이다. 다음의 글을 보라.

불교는 '나만의 진리'를 고집하지 않으며 불교에만 진리가 있다고 주장하지 않습니다. 불교는 이웃종교에도 진리가 있음을 인정합니다. 진리에 대한 표현은 다양할 수 있습니다. 열린 진리관은 이웃종교를 대하는 기본 원칙이며 대화와 소통을 위한 출발입니다. 진리란 특정 종교나 믿음의 전유물이 아닙니다. 진리는 모두에게, 모든 믿음에 다 열려 있습니다. 종교가 다른 것은 서로의 진리가 달라서가 아니라 진리를 표현하는 언어와 문법이 다를 뿐입니다.

---

58 羅漢像, 불교 성자 형상

이 글은 2011년 8월 23일 불교계에서 발표한 "종교평화 실현을 위한 불교인 선언(초안)"이다. 종교 간의 평화를 위해 불교계가 나름 고심해서 제안한 이 선언문은 상식적이고 설득적이다. 그러나 안타깝게도 그리고 미안하게도, 모든 종교가 다 진리는 아니다. 모든 믿음이 다 진리는 아닌 것이다. 오직 예수만이, 하나님만이, 성경만이 진리다. 그들이 그렇게 싫어하는 '나만의 진리'를 고집하는 기독교에만 진리가 있다. 아무리 소통과 연합이 중요해도 진리가 아닌 것을 진리라고 할 수는 없다. 열린 진리관은 틀린 것이다.

이 선언은 또한 '무엇을' 믿느냐가 중요한 것이 아니라 '어떻게' 믿느냐가 중요하다고 말한다. 모든 믿음의 대상이 다 진리라고 여기는 자들에게는 당연한 생각이다. 그러나 과연 그럴까? 믿음의 '대상' 보다 믿음의 '방법과 자세와 마음가짐'이 더 중요한 것일까? 어떤 사람이 약도 없는 중한 병에 걸려서 사경(死境)을 헤매고 있었는데, 마침 특효약이 개발되어 시판하게 됐다. 그 때 이 환자에게 정말로 필요한 것은 무엇일까? 시급하게 그 신약을 구해서 먹이는 것이 아닐까? 이런 상태에서 아무 약이나 정성껏 온 마음을 다해 먹으면 그 환자가 나을까? 당연히 그렇지 않다. 혹시 배탈 환자라면 플라시보 효과를[59] 좀 볼 수도 있겠지만, 중환자에게 그게 과연 통할까? 보다 중요한 것은 '무엇을' 먹느냐이지 '어떻게' 먹느냐가 아니다. 약이라고 다 같은 약이 아니듯이 이 세상의 모든 종교가

다 진리는 아니다.

인류에게 꼭 필요한 것은 아무 종교, 아무 가르침, 아무 이름이 아니고, 구원을 주는 예수라는 이름이다. 이것을 모르는 자들이 모든 종교가 다 약발이 좋다고 생각하는 것이다. 이 시대의 불교야말로 아무 약이든 다 마음먹기에 달린 것이라고 가르치는 대표적인 종교다. 숭산 스님의 다음 가르침을 보라.

도교, 유교, 기독교, 불교, 어느 종교의 경전을 독송하느냐는 중요치 않아. 청정한 마음을 지닐 수 있으면 '코카콜라, 코카콜라, 코카콜라, 코카콜라…….' 이렇게 코카콜라를 외우더라도 상관없어.[60]

과연 그럴까? 어떤 경전이든지 상관없고, 심지어 아무 의미 없는 단어를 정성껏 암송하기만 하더라도 진짜 영성이 만들어지는 걸까? 이에 비해 오직 참 신은 하나님 한 분뿐이며, 진리는 오직 성경의 가르침뿐이며, 생명은 오직 예수뿐이라는 기독교의 절대적 신앙관은 불교의 입장에서는 불편하고, 독단적이고, 한심해 보일 수밖에 없는 것이다. 그래서 한국 불교의 거목인 성철 스님이 기독교를 비판하며 이런 말을 한 적이 있다.

---

59 placebo effect, 가짜 약을 진짜라고 속여 환자에게 투여했을 때 효능이 나타나는 심리효과

60 현각, 『부처를 쏴라』, 김영사, 61쪽

이렇게 말하는 사람도 있습니다. "예수 믿으면 천당에 가고 안 믿으면 모두 지옥 간다." 이렇게 되면 참 곤란합니다. 우리 불교는, 부처님은 안 그렇습니다. 누구든지 착하게 살면 다 좋은 데 간다. 부처님 믿고 안 믿고 할 것이 없습니다. 착한 일을 하기만 하면 좋은 데 간다고 하지 우리 부처님 믿어야만 극락세계 간다는 소리는 안한다 말입니다. 그건 신사가 아닙니다.[61]

자기(自己)를 바로 봅시다. 자기는 원래 구원되어 있습니다. 자기가 본래 부처입니다. 자기는 항상 행복과 영광에 넘쳐 있습니다. 극락과 천당은 꿈속의 잠꼬대입니다. 자기를 바로 봅시다. 자기는 시간과 공간을 초월하여 영원하고 무한합니다. (중략) 자기를 바로 봅시다. 자기는 영원하므로 종말(終末)이 없습니다.[62]

과연 성철 스님이 말한 것처럼 '자기'가 영원하고 무한할까? 자기는 종말이 없을까? 기독교는 '마음'을 다스리는 이가 '자기'가 아니라 '하나님'이다. 기독교는 철저히 자기를 부인하고 하나님의 통치와 예수 그리스도의 인도하심을 따르는 종교다. 이것이 바로 불교가 현대인들에게 통하고 기독교는 통

---

61 성철, 『성철스님법어』, 고려문학사, 63쪽
62 앞의 책 75쪽

하지 않는 이유 가운데 하나다. 절대적 가치관을 싫어하고 자기중심주의가 팽배한 현대인들에게 자신이 주인이 아니라 하나님이 주인이라고 말하는 기독교는 비호감일 수밖에 없다. 그래서 이 시대 종교다원주의는 마음을 강조하는 불교를 중심으로 형성되고 있다.

숭산 스님의 "부처님을 쏴라!"

국내보다도 오히려 해외에서 더 유명하고 인정받은 숭산 스님이 있다. 숭산은 살아생전 티벳의 달라이 라마, 베트남의 틱낫한과 더불어 세계3대 생불(生佛)로 존경받기도 했다. 이 스님이 미국에서 포교를 할 때 어떤 여성에게 이런 가르침을 준 적이 있다.

부처님이 나타나면 부처님을 쏴라! 하느님이 나타나면 하느님을 쏴라! 하나님이 나타나면 하나님을 쏴라! 스승이 나타나면 스승을 쏴라! 조사(祖師)가[63] 나타나면 조사를 쏴라! 마구니가[64] 나타나면 마구니를 쏴라! 마음속에 무엇인가가 나타나면 그걸 쏴야 한다는 말입니다. 알겠습니까? 그렇게 되

---

63 종파를 처음으로 세운 승려 또는 존경받는 승려
64 악령 또는 악한 생각

면 당신은 부처가 됩니다![65]

부처가 되기 위해 부처님마저도 마음에서 지워버려야 한다는 가르침이 불자(佛子)에게는 위대하게 들릴지 모르지만 기독교인의 입장에서는 도저히 이해할 수가 없다. 참된 기독교인은 마음을 비우는 것이 아니라 마음 안에 예수를 가득 채우는 것이기 때문이다. 기독교인의 성화(聖化) 정도는 '마음 비움' 정도가 아니라 '예수 채움' 정도다. 그런데 요즘 희한하게도 불교를 본받아 예수 채움이 아닌 마음 비움이 기독교의 정수(精髓)인 듯이 여기고 있는 변종 기독교 성직자들이 있다.

숭산 스님은 가끔씩 미국 켄터키 주에 있는 겟세마네 수도원에서 법회를 가졌다. 그곳에서 수사(修士)들은 불교식으로 염불하고 승려들은 로마 가톨릭식으로 독송을 했다. 가톨릭 수사들과 불교 승려들이 상대방의 수행(修行) 방식을 따르는 것을 숭산은 자랑스러워했다. 가톨릭 수사가 불교식으로 깨달음을 추구하는 모습이 어떻게 느껴지는가? 기독교는 내면의 깨달음을 추구하는 것보다 이미 주어진 하나님 말씀을 믿고 순종하는 것이 우선인 종교다. 기독교를 깨달음의 종교로 바꾸려는 시도는 어리석고 교만한 인본주의일 뿐이다.

숭산은 과거 전두환 대통령에게 편지를 보낸 적이 있다.

65 현각, 『부처를 쏴라』, 김영사, 55-56쪽

여기서 그는 예수의 말씀을 자기 나름대로 해석하며 기독교를 비판한다.

기독교 성경 말씀에 "나는 길이요, 진리요, 생명이로다"[66] 하시었습니다. 우리 불교에서도 '나'를 깨달으면 대도를 알아 대우주의 진리를 증득(證得)하여 일일 올바른 생활을 한다 하였으니, 기독교나 불교나 목적은 같으니 기독교는 객관적 종교요, 불교는 주관적 종교이므로 방법이 다를 따름이옵니다. 그럼 보시오. 요사이 기독교가 너무 날치는 꼴 그것은 기독교 문턱에도 못 간 인간들이 기독교인이라고 하고 있습니다. 저는 미국에서 나를 깨닫는 참선을 가르치며 많은 신부님과 목사님이 찾아와 같이 참선하고, 도담을 하고, 중생을 위하여 같이 손잡고 일하고 있습니다.[67]

숭산은, 안타깝게도, 기본 어법을 무시하고 있다. 예수가 말씀하신 '나'는 오직 예수 '당신'을 가리킨 것이지 흔히 말하는 '자기', '자아', '자신'이 아니다. 예수 한 분만이 길이요, 진리요, 생명이지 '나 스스로'가 그렇다는 말이 아닌 것이다. 불교에서 '자기'를 강조하는 것은 이해되지만 그렇다고 해서 이렇게

---

66 "예수께서 이르시되 내가 곧 길이요 진리요 생명이니 나로 말미암지 않고는 아버지께로 올 자가 없느니라"(요한복음 14장 6절)

67 앞의 책 273-274쪽

견강부회로[68] 남의 경전을 해석하면 안 될 것이다.

아무튼 그가 말하는 것처럼 지금 미국에서는 기독교와 불교가 밀착해서 교류하는 현상이 점점 더 심해지고 있는데, 그것을 불교 입장에서는 엄청 자랑스럽게 여기고 있는 것이 사실이다. 숭산 스님의 제자들 가운데는 외국인 특히 미국인이 많은데 그것은 그가 일찌감치 미국에서 성공적으로 한국식 불교를 뿌리내렸기 때문이다.

숭산의 미국인 제자 가운데는 현각 스님이 유명하다. 현각은 학부는 예일 대학에서, 대학원은 하버드 대학에서, 그 후에는 유럽에 유학도 다녀온 엘리트다. 로마 가톨릭 집안에서 성장한 현각은 본래 이름이 폴(Paul, 바울)이다. 폴은 로마 가톨릭에서 진리를 찾고자 했지만 선생들의 경직된 종교관에 실망하여 스스로 진리를 찾던 중 쇼펜하우어를 만났고, 불교를 만났고, 숭산 스님을 만났다. 그리고는 불가에 귀의하였다. 그는 현재 숭산 스님을 전 세계에 알리는 데 앞장서고 있다. 이 현각 스님이 미국에서 주지스님으로 있을 때, 기독교와의 교류와 연합에 대단한 성공을 거두었음을 다음 글을 통해 알 수 있다.

내가 주지로 있기도 했었던 프라비던스 젠센터[69] 홍법원 옆 도시에는 아주 큰 교회가[70] 하나 있다. (중략) 그런데 그 교회

68 　牽强附會, 맞지 않는 말을 억지로 끌어 붙여 자기에게 유리하게 함

담임인 톰 목사님은 항상 불교 경전 가르침과 참선수행을 정규 과목으로 개설해놓고 있다. 나중에 알게 된 사실이지만 톰 목사님 역시 20여 년을 젠센터에서 참선수행을 해오셨다는 것이 아닌가. (중략) 어느 날 톰 목사님은 농반진반(弄半眞半)으로 나에게 이런 이야기를 했다. "요즘 같으면 내가 도대체 기독교 신자인지 불교 신자인지 구분이 안 갈 때가 있답니다. 교회에 살긴 하지만 매일 불경을 읽고 참선수행을 하고 시간 날 때마다 현각 스님이나 티벳 승려들을 만나 부처님의 말씀을 얘기하고 심지어 주일날 설교 때도 불법을 전하니 이것 참 어찌된 일인지 모르겠어요. 하하하."[71]

물론 여기에 나오는 교회는 유니테리언 교회이므로 비성경적인 목사가 있을 수도 있다. 이 교회는 예수가 피조물이라고 믿고 삼위일체 교리를 거부하는 신학을 가지고 있기 때문이다. 그러나 비단 이 교회만이 아니라, 이 시대는 교회 설교단에 승려가 올라가 설법을 전하고, 목사가 불경으로 설교를 하는 시대다. 한국이나 미국은 물론 유럽의 많은 나라들이 이미 이렇게 혼합된 기독교 영성으로 물들어 버렸다.

---

69 Zen Center, 선(禪)센터
70 The First Unitarian Universalist Church
71 현각, 『만행 하버드에서 화계사까지 2』, 열림원, 162쪽

혜민 스님이 말하는 포용성

기독교는 원래 사랑의 종교다. 예수 그리스도가 바로 죄인을 위한 사랑 때문에 죽으신 분이 아닌가! 참된 기독교인이라면 당연히 사랑을 최고의 실천 덕목으로 삼아야 한다. 그런데 이 사랑이란 것이 모든 것을 다 받아들이는 의미로서의 사랑은 아니란 것을 사람들이 알지 못한다. 예수만이 진리이고 생명이라는 것에 대해서는 절대로 타협하지 않는 종교가 기독교이기에 이 혼합의 시대에 기독교는 타 종교에 비해 배타적으로 보일 수밖에 없다. 불교를 보라. 마음을 다스리는 것을 주제로하고 있는 불교는 모든 종교를 흡수하는 데 탁월하다. 그래서 불교는 포용력 있는 종교라는 이미지가 강하다.

최근 불교 신도들은 물론 일반 대중에게도 최고의 멘토이자 조언자로 인정받고 있는 혜민 스님이 있다. 미국의 UC 버클리 대학 학사, 하버드 대학 석사, 프린스턴 대학 박사라는 화려한 학력을 가졌고, 현재 종교학 교수이기도 한 혜민 스님은 이런 글을 썼다.

상대방이 종교에 대해 편협한 태도로 나오면 이번엔 당당히 말하십시오. 당신 종교의 큰 어른들은 그렇게 행동하지 않으셨다고. 김수환 추기경님과 강원용 목사님이 얼마나 서로 존경하셨고 법정 스님과 이해인 수녀님이 글을 통해 서로 얼마나 교감하셨는지, 달라이 라마 존자와 토마스 머튼 수사가 얼마나 절친이셨는지 알고 계시냐고. 종교의 본질을 보고 그것을 실천하는 사람들끼리는 서로 다 통합니다. 영성이 깊지 않은, 말만 배운 초보 신앙인들만 모양과 형식이 다인 줄 알고 세뇌되어 자기 식만 옳다고 싸우는 것입니다.[72]

이렇듯 포용력 있는 모습으로 모든 종교가 다 진리라는 듯이 말하니 세상에서는 당연히 인정받고 존경받지 않겠는가? 우리는 다종교사회에 살면서 당연히 다른 종교를 존중할 줄 알아야 한다. 그러나 예수 밖에는 구원과 천국이 없다는 확고한 진리를 내려놓아서는 안 된다. 이것을 포기하면 그것은 더 이상 기독교가 아닌 것이다. 혜민 스님이 인용한 종교계 인사들은 한결같이 종교혼합적 성향을 지닌 인물들이다. 이들이 사회에서 존경받는 이유는 여러 가지가 있지만, 바로 이러한 혼합적 영성도 한몫했다는 것은 엄연한 사실이다. 그런데 혜민 스님은 이런 것을 추앙(推仰)하며 기독교의 배타성을 논박하고 있다.

사실 혜민 스님은 어린 시절 기독교인으로 지내기도 했다. 또한 첫사랑 여인이 기독교인이었다고 한다. 그러나 기독교와의 설익은 접촉은 그에게 아무런 감동과 변화를 일으키지 못했다. 오히려 그는 청년 시절, 신비사상가인 크리슈나무르티가 지

---

72 혜민, 『멈추면 비로소 보이는 것들』, 쌤앤파커스, 254-255쪽

은 『자기로부터의 혁명』을 읽고 큰 감명을 받았다고 한다. 그 책은 한 마디로, '인간은 스스로가 신(神)이다'라는 것이다. 혜민 스님이 24세라는 젊은 나이에 출가를 한 것도 결국 그 책의 뉴에이지 사상에 심취했기 때문이다. 그의 다른 말을 살펴보자.

예수님, 부처님, 공자님이 같이 살아 계시다면 서로 자신 말이 옳다고 싸울 것 같은가요, 아니면 서로를 지극히 존경하며 사랑할 것 같은가요? 성인을 따르는 광신도가 문제이지 성인들 사이에는 아무런 문제가 없습니다.[73]

혹시 기독교인이라고 하면서도 지금 이 주장에 동조하는 자들이 있는가? 그렇다면 그 사람은 아직 예수를 알지 못하는 기독교인이다. 정말로 부처와 공자가 지금 예수와 함께 차 한 잔 하면서 저 세계에 있을 것 같은가? 이 분들이 서로를 존경하며 껄껄껄 웃으며 친구처럼 지내고 있을 것 같은가? 이렇게 생각하는 자들은 예수를 하나님으로 인정하지 않는 자들이다. 이렇게 생각하는 자들은 부처와 공자가 죄인임을 인정하지 않는 자들이다. 잊지 말라. 인생 가운데 의인은 단 한 사람도 없다는 것을. 그리고 예수는 구원자이자 심판자이신 하나님이시라는 것을. 이것이 기독교의 기본적 믿음이지만 지금 이 시대

73　앞의 책 259쪽

는 기독교가 앞장서서 그러한 믿음을 희석시키고 있는 것이 현실이다. 특히 천주교가 바로 그러한 일에 앞장서고 있다.

천주교, 종교혼합의 선구자

개신교 NGO인[74] 월드비전의[75] 해외구호팀장으로 수년간 활약했던 한비야는 전 국민적으로 인정받는 구호전문가이자 여행전문가다. 그녀는 천주교인이면서도[76] 개신교 성향의 단체에서 탁월하게 일한 것으로 평가받는데 그 이유 가운데 하나가 바로 그녀의 포용력 있는 종교관 때문이다. 그녀의 다음 글이 그것을 잘 보여주고 있다.

> 나는 불교와 천주교의 하이브리드다.[77] 외가가 독실한 불교 집안이고 엄마 역시 불자였기 때문에 어렸을 때 외가 식구들을 따라 절에 다녔다. 법당에서 절도 수없이 했고 절 밥도 수없이 먹었다. 우리 형제들은 외할머니에게 옛날 얘기 대신

---

74 Non-Government Organization, 비정부기구
75 전 세계 100개 나라에서 1억 명의 지구촌 이웃들을 위해 구호, 개발 및 옹호사업을 진행하는 국제적 NGO
76 로마 가톨릭 신자를 우리나라에서 일컫는 말
77 hybrid, 잡종

재미있는 불교 법문을 듣고 자랐다. 외할머니는 막내 외삼촌을 결혼시키신 후 아예 출가하셔서 계를 받고 스님이 되셨는데 그 늦은 나이에도 무문관에서[78] 면벽 3년 묵언 수행을 하시는 등 불심이 지극하셨다. 그런데도 우리 부모님이 서울 식구 모두가 천주교로 개종하겠다고 했을 때 할머니는 무엇을 믿든 온 마음을 다해 믿으면 된다고 하신 멋진 분이셨다. 그 후 우리 식구들은 모두 영세를 받고 천주교 신자가 되었는데 불교 신자인 큰형부가 우리 가족으로 합류하면서 또다시 불교의 영향을 받고 있다.[79]

한비야는 대외적으로 천주교인임을 밝힌다. 그러나 불교와 개신교 그리고 다른 어떤 종교도 수용하며 존중하는 마음을 가지고 있다. 이것은 그녀가 독특한 가정 종교사(宗敎史)를 가졌기 때문이기도 하지만 무엇보다도 종교 간의 차이점보다 공통점을 받아들이는 세계관을 가지고 있기 때문이다. 그녀의 외할머니가 말씀하신 것처럼 무엇을 믿든 온 마음을 다해 믿으면 된다고 한비야는 생각하며 그것이 멋진 모습이라고 확신한다. 개신교도 가운데도 이런 스타일의 신앙을 가진 자들이 많지만 천주교인 가운데는 이런 신앙인들이 훨씬 더 많다. 그

---

78 無門館, 명상하기 위해 만들어진 문 없는 방
79 한비야, 『그건 사랑이었네』, 푸른숲, 80쪽

래서 천주교인과 불교도는 비교적 세상 속에서 잘 어울리는데 개신교도는 상대적으로 잘 섞이지 못하는 모습을 보이기도 하는 것이다.

나를 위해 기도해주는 사람들, 그중에는 한국 사람도 있고 외국 사람도 있다. 내가 현장 파견 근무를 떠날 때마다 나의 무사 귀환을 위해 108배를 올리는 불자 친구, 아침마다 묵주신공을 바치는 성당 친구, 매일 새벽기도 때 중보기도 한다는 개신교 친구도 있다. 뿐만 아니라 중동과 인도네시아에 살고 있는 모슬렘 친구도 있고, 아무 신도 믿지 않는 사람도 있고 만 가지 신을 믿는 무속 신앙인도 있다. 이들은 종교도 다르고, 믿는 방법도 기도하는 방법도 다르지만 날 위해서 한마음으로 각자의 신에게 기도해주는 친구이자 나를 온갖 위험에서 구해주는 생명의 은인이다.[80]

한비야의 이러한 종교관은 당연히 세상에서 존중받고 칭찬받는다. 종교로써 차별하지 않고 모든 사람을 동등하게 대하는 태도는 누구에게나 필요한 것이다. 그런데 한 가지 조심할 것이 있다. 한비야는 박애주의자고 휴머니스트지만 아직 기독교 신앙의 핵심을 알지는 못한다는 점이다. 기독교는 모든 신

---

80 앞의 책 101쪽

제3장
종교다원주의

앙이 동등한 가치를 갖는다고 말하지 않는다. 기독교 밖에는 천국과 영생이 없다는 것을 한비야는 과연 인정할 것인가? 아마 그렇지 않을 것이다. 한비야는 기독교의 배타적 구원관을 인정하기 힘들어할 것이다.

한비야의 이러한 종교 스타일이 사실 천주교인들의 보편적 종교관이라 해도 과언이 아니다. 물론 개신교도 가운데에도 종교다원주의적 성향을 가진 이들이 점점 많아지고 있지만, 종교혼합적 영성을 주도하는 것은 역시 천주교다. 몇 가지 예를 들어 보자.

헨리 나우웬 영성의 실체

하버드 대학교에서 교수로 있다가 낮은 자들을 섬기기 위해 모든 것을 내려놓은 것으로 유명한 헨리 나우웬이라는 예수회 사제가 있다.『상처 입은 치유자』,『예수님의 이름으로』같은 책으로 개신교에서 널리 알려진 이 사람은 21세기 최고의 영성가로 인정받고 있다. 그렇다면 과연 그의 진짜 영성은 어떤 것인지 살펴보자. 다음의 글은 그의 일기(日記)로 엮어진 생애 마지막 작품에서 인용한 것이다.

Today I personally believe that while Jesus came to open

the door to God's house, all human beings can walk through that door, whether they know about Jesus or not. Today I see it as my call to help every person claim his or her own way to God.[81]

위의 글에서 나타나듯이,[82] 헨리 나우웬은 종교다원주의와 뉴에이지의 영성을 가진 사람이다. 예수를 아는 것과 상관없이 모든 사람이 구원을 받을 수 있도록 하는 것이 자신의 소명이라고 그는 자신의 유작(遺作)에서 말하고 있다. 결국 헨리 나우웬의 영성은 반성경적 보편구원론에 기초한 것이다. 그런데 지금 교계에서 팔리는 그의 책은 수십 종에 이른다.

그의 영성에 문제가 있는 것은 그의 잘못된 구원관에 의해서만이 아니다. 그는 평생 동성애적 성향으로 갈등하며 살았고 죽는 순간까지 그것을 극복하지 못한 것으로 그의 생애를 연구한 사람들이 지적한다.[83] 깊은 묵상으로 잘 알려진 가톨릭 사제였으나 그의 사상에는 어쩔 수 없이 이렇게 성경과 어울리지 않는 모습이 강하게 자리 잡고 있을 수밖에 없었다.

81　오늘 나는 예수가 하나님의 집으로 향하는 문을 열어주기 위해 오셨기에 모든 인류는 예수에 대해 알든 모르든 그 문을 통해 걸어갈 수 있다는 것을 개인적으로 믿는다. 오늘 나는 모든 사람이 자기 나름대로의 하나님을 향한 길을 주장할 수 있게 도와주는 것이 나의 소명이라는 것을 안다. (필자 번역) ― 헨리 나우웬, *Sabbatical Journey*, crossroad, 51쪽

82 위 인용문을 번역본이 아닌 영어 원본에서 끌어온 이유가 있다. 헨리 나우웬의 이 책은 『안식의 여정』이라는 제목으로 '복있는사람'이라는 출판사가 번역, 출간했다. 그런데 문제가 되는 이 두 문장의 49개 단어를 포함한 총 여덟 문장의 213개 단어가 누락돼 번역됐다. 이것은 실수가 아닌 고의적 누락이다. 단락의 마지막 부분이 없어진 것이 아니라 중간 부분이 없어졌기 때문이다. 이것이 역자의 의도인지 아니면 출판사 편집부의 의도인지는 모르지만, 그 목적은 명백하다. 헨리 나우웬의 신학적 잘못을 드러내고 싶지 않았기 때문이다. 만약 전혀 그런 의도가 없이 삭제된 것이라 해도 출판사는 책임을 면할 수 없다. 번역본이 원본과 동일하지 않다는 것을 밝히지 않았기 때문이다. 문장 몇 개 빠진 것이 무슨 문제냐고 말하는 사람이 있을지 모르겠지만, 이 내용이 빠짐으로 그 앞뒤 내용은 완전히 다른 사상으로 나타난다. 즉, 삭제된 부분 전까지 내용에는 예수 믿지 않고는 구원받지 못한다는 믿음을 가진 어떤 이들을 헨리 나우웬이 긍정하는 듯 하는 언급이 나오기 때문이다. 그러니까 한마디로, 헨리 나우웬의 핵심 사상이 한국어 번역본에는 영어 원본과 정반대의 것으로 나타난다. 이것은 참으로 심각한 거짓을 행한 것이다. 원문에서 생략된 문장들은 다음과 같다. ─ Still... I felt somewhat uncomfortable, even though this belief was present in my own upbringing. My conviction as a young man was that there is no salvation outside the Catholic Church and that it was my task to bring all "nonbelievers" into the one true church. But much has happened to me over the years. My own psychological training, my exposure to people from the most different religious backgrounds, the Second Vatican Council, the new theology of mission, and my life in L'Arche have all deepened and broadened my views on Jesus' saving work. Today I personally believe that while Jesus came to open the door to God's house, all human beings can walk through that door, whether they know about Jesus or not. Today I see it as my call to help every person claim his or her own way to God. I feel deeply called to witness for Jesus as the one who is the source of my own spiritual journey and thus create the possibility for other people to know Jesus and commit themselves to him. I am so truly convinced that the Spirit of God is present in our midst and that each person can be touched by God's Spirit in ways far beyond my own comprehension and intention.

최근 몇 년 동안, 특히 한국 개신교 내에서 그는 관상기도의 대가(大家)로 수많은 신자들에게 영향을 끼치고 있는데, 이는 정말 위험한 모습이 아닐 수 없다. 헨리 나우웬과 그의 스승 토머스 머튼의 관상 기도는 성경적 기도가 아니라 불교의 참선(參禪)을 바탕으로 해서 행해지는 기도이기 때문이다. 헨리 나우웬과 토머스 머튼의 영성은 종교혼합적 영성이다.

천주교가 종교혼합의 선구자라고 지칭되는 것은, 무엇보다도 교황이 그것을 주창하고 있기 때문이다. 27년간 교황으로서 전 세계 로마 가톨릭 신자들을 다스렸던 요한 바오로 2세는[84] "예수 그리스도를 인정하지 않는 다른 종교인들도 구원받을 수 있다"라는 충격적인 말을 했다.[85] 교황이 반(反)성경적인 언급을 했지만 천주교는 그것을 수정할 수가 없다. 왜냐하면 천주교는 교황 무오설(無誤說)을 믿기 때문이다. 즉, 교황이 종교적으로 발언한 것에는 잘못이나 실수가 있을 수 없다

---

83 그의 책 『예수님의 이름으로』에서 헨리 나우웬은 동성애, 낙태, 안락사 같은 이슈들을 도덕적 측면이 아닌 하나님의 사랑으로 판단해야 한다고 말한다. 이것은 다분히 논쟁이 될 수 있는 주장이다. 또한 그는 실제로 네이션 볼이라는 남성에 대해 우정 이상의 애착을 가졌는데 그의 이러한 지나친 의존성으로 인해 네이션은 나우웬과 결별하였다. 이후 충격을 받은 나우웬은 심각한 우울증에 시달렸고, 수개월 간의 치료 기간 중 매일 침대에서 남성 치료자의 품에 안겨 울면서 위로를 받았다. 그 치료자는 나우웬을 안아주고 쓰다듬어 주었다고 마이클 포드가 지은 『헨리 나우웬』이라는 책에서 말하고 있다.

84 Johannes Paulus II (재위: 1978년 10월 16일 ~ 2005년 4월 2일)

85 「중앙일보」, 1998년 9월 24일

는 것이다. 이러한 종교관 덕분에 요한 바오로 2세는 전 세계 가톨릭교도들은 물론 일반인들까지 좋아했던 인기 많은 교황이었다.

인기 많은 천주교 지도자로서 우리나라에서는 김수환 추기경을 빼놓을 수 없다. 사실 김 추기경은 단순한 인기가 아니라 진심어린 존경을 받은 나라의 어른이었다. 평생 청렴과 겸손으로 본을 보였고, 민주화 과정에서 정의를 대변했던 분이기에 그의 인격과 성품을 온 국민이 인정하는 것이다. 그런데 한 번은 김 추기경이 성균관 유생들과 함께 죽은 조상에게 절하는 장면이 텔레비전에 나온 적이 있다. 천주교의 수장이 제사를 드린 것이다.[86] 이것은 제사가 더 이상 우상숭배가 아니라는 것을 보여주기 위한 일종의 퍼포먼스였다.

제사는 조상 '공경'의 모습일 뿐 '숭배'는 아니라고 주장하는 자들이 있다. 그러나 제사는 이미 현대인들에게 종교적 위치를 차지하고 있음은 주지의 사실이다. 목사 아버지를 두었음에도 불구하고 평생 기독교를 비방하며 살았던 린위탕은[87] 제사를 옹호하는 다음의 글을 통해 제사가 틀림없이 조상을 숭배하는 종교적 행위임을 나타내고 있다.

---

86 김수환 추기경은 성균관대학교를 설립한 유학자인 심산 김창숙 선생을 기리는 상을 2000년에 수상했다. 이 상과 관련하여 고인의 묘소 앞에서 절을 올린 것이다.

87 Lin Yutang, 林語堂, 대만 출신의 세계적인 소설가, 중국 고전 번역가, 산문가, 문예비평가, 언어학자

중국인의 선조 숭배는 이미 몇몇 논자(論者)들에 의해서 종교로 불리고 있다. 우선 나 자신도 이 설이 거의 옳다고 믿고 있다. (중략) 초자연적인 것을 거의 제외하고 생각한다면, 중국의 조상 숭배는 그리스도교, 불교, 마호메트교에 있어서의 신불(神佛)의 신앙과 병존시킬 수 있다.[88]

물론 천주교가 제사를 허용하는 것은 지방(紙榜)을[89] 붙이지 않고 절한다는 조건이 수반된다. 지방 없이 조상신에게 절하면 아무 문제없다는 것이 천주교의 공식 입장이다. 과연 그럴까? 종이에 이름을 쓴 것이 없으면 우상 숭배가 아니고, 있으면 우상 숭배가 되는 건가? 이런 것을 일컬어 '눈 가리고 아웅'이라고[90] 하는 것 아닌가? 그런데, 천주교의 제사 허용이 일반인들에게는 참으로 바람직하고, 화합 지향적으로 보이고, 융통성 있게 보이는 게 사실이다. 그래서 상대적으로 제사를 우상숭배라 보고 있는 개신교가 더 비난을 받고 있는 것이다. 천주교의 종교혼합 사례를 한 가지만 더 보자.

2012년 석가탄신일을 맞이하여 명동성당은 '부처님오신날 함께 기뻐합니다'라는 현수막을 달고, 주일 미사(예배)에 성악가출신 승려를 초청해 특송을 들었는데, 곡은 '아베 마리아'

---

88 임어당, 『생활의 발견』, 학원사, 145쪽
89 죽은 사람의 이름이 적혀 있는 종이로 된 신위(神位)
90 속이 뻔히 보이는 것을 가지고 남을 속이려 하는 짓

였다. 물론 종교간 화해와 우의를 다지겠다는 의도는 이해하지만, 우리나라 천주교회의 대표인 명동성당이 이러한 행태를 보여준 것은 우리나라 천주교와 그 지도자들이 이미 종교혼합적 신앙관을 가지고 있다는 것을 보여준 상징적 사건이 아닐 수 없다. 천주교는 앞으로도 모든 종교가 통합되는 데 맨 앞에서 그 역할을 감당할 소지가 다분하다.

순결과 연합

우리나라에서 자생한 종교 가운데 증산도가 있다. 이 증산도는 종교가 어느 정도까지 잡탕이 될 수 있는지를 제대로 보여주고 있다. 아래에서 보여주는 것처럼, 이것저것을 다 섞어서 정체성 없는 종교를 만들어 믿는 것은 이 시대에 흔히 일어나는 일이다.

> 예수를 믿는 사람은 예수의 재림을 기다리고 불교도는 미륵의 출세를 기다리고 동학 신도는 최수운의 갱생을 기다리나니 '누구든지 한 사람만 오면 각기 저의 스승이라' 하여 따르리라. '예수가 재림한다' 하나 곧 나를 두고 한 말이니라. 공자, 석가, 예수는 내가 쓰기 위해 내려 보냈느니라.[91]

우리나라 전통의 유불선(儒佛禪) 사상과 신흥 기독교 사상

을 섞어서 만든 증산도와 같은 종교는 이미 그 전부터 세계 곳
곳에 존재해왔다. 예를 들면, 베트남의 까오다이교는[92] 유교
불교, 도교, 이슬람교, 기독교 등을 절충해서 만든 혼합적 유
일신교다. 또한, 이스라엘 하이파에 본부를 둔 바하이교는 바
하 울라라고[93] 하는 창시자를 조로아스터, 석가모니, 마호메
트, 예수 등을 포함하는 일련의 현신(賢神) 가운데 가장 최근
의 신이라고 믿는다. 이 종교의 핵심은 종교의 통일과 인류의
통일이다.

　　이 시대는 모든 영성을 뒤섞어 하나로 만드는 데 동참해
야 지성적이고 상식적이라고 인정해주는 시대다. 물론 그들은
혼합이라고 하지 않고 연합이라고 말한다. 연합(unity)은 기본
적으로 좋은 것이고 중요한 것이다. 그러나 기독교가 순결(pu-
rity)을 잃으면서까지 타종교나 사상과 연합하는 것이 과연 바
람직한 일이겠는가? 순결을 지키면서 연합하는 것이라면 적
극 참여해야 하지만, 순결을 잃으면서까지 합해지는 것은 연
합을 넘어선 혼합이라는 것을 우리는 알아야 한다. 거룩한 영
인 성령은 결코 다른 영과 섞일 수 없다.

91　『증산도 도전』 중통인의와 무극대도 40장 1-6절
92　1926년 베트남에서 응오 반 쩨우에 의해 창시됐다. 까오다이란 높은 곳이라는 의
　　미이며 곧 천국을 뜻한다.
93　Baha Ullah, 아랍어로 '신의 영광'이라는 의미로서 본명은 미르자 호세인 알리누
　　리다.

말세가 되면 성령 없는 자들이 성령으로 구원받은 자들을 조롱할 것이라고 말한 유다 사도의[94] 예언은 참으로 이 시대에 맞아 떨어지고 있다.

사랑하는 자들아 너희는 우리 주 예수 그리스도의 사도들이 미리 한 말을 기억하라 그들이 너희에게 말하기를 마지막 때에 자기의 경건하지 않은 정욕대로 행하며 조롱하는 자들이 있으리라 하였나니 이 사람들은 분열을 일으키는 자며 육에 속한 자며 성령이 없는 자니라[95]

사도 바울 역시 초대교회 당시 이미 잡탕 영성으로 혼탁해지고 있던 고린도교회에게 보낸 서신에서 다음과 같이 강하게 경고하고 있다.

너희는 믿지 않는 자와 멍에를 함께 메지 말라 의와 불법이 어찌 함께 하며 빛과 어둠이 어찌 사귀며 그리스도와 벨리알이 어찌 조화되며 믿는 자와 믿지 않는 자가 어찌 상관하며 하나님의 성전과 우상이 어찌 일치가 되리요 우리는 살아 계신 하나님의 성전이라 이와 같이 하나님께서 이르시되 내가 그들 가운데 거하며 두루 행하여 나는 그들의 하나님이 되고

94 예수의 동생 유다로 여겨진다. 배신자 가룟 유다가 아니다.
95 유다서 1장 17-19절

그들은 나의 백성이 되리라[96]

거스를 수 없을 것 같은 종교 통합의 시대에 빅토르 위고는[97] 이렇게 말한다. "종교는 사라지지만 하나님은 영원하다." 정말로 모든 종교는 반드시 사라질 것이다. 물론 기독교마저도 사라질 것이다. 그러나 다른 모든 종교는 아무것도 이루지못한 채 허무하게 다 없어질 것이지만, 오직 기독교는 성경의 그 약속들이 다 성취된 후에 사라질 것이다. 이 종교 저 종교를 죄다 섞어서 사람의 입맛에 맞는 새로운 종교, 잡탕 기독교를 만들어내는 자들에게 지존파 김현양의[98] 다음과 같은 고백이 어떻게 와 닿을지 궁금하다.

참회합니다. 저 같은 사람도 예수 그리스도를 믿음으로 구원받는다는 이 신비를 온 천하에 전하고 싶습니다. 그동안 저를 위해 수고하신 직원들과 사랑을 아끼지 않은 자매, 목사님 모두에게 감사합니다. 그리고 … 하늘나라 갈 것을 확신합니다. 그래서 여러분을 만나고 싶습니다.

---

96 고린도후서 6장 14-16절
97 『레미제라블』로 유명한 프랑스의 대문호
98 지존파는 1993년 7월부터 1994년 9월까지 부유층에 대한 적개심으로 다섯 명을 연쇄 살해했던 일당 일곱 명이 스스로 붙인 이름이다. 모두 예수를 영접하고 사형 집행 당했는데 특히 김현양은 죽기 전까지 장기수 200명을 주님께로 인도했다.

제 4 장

은밀한 영적 유혹

동양사상

세상을 뒤덮는 동양사상

세계적인 역사학자인 아놀드 토인비는 세계 역사와 더불어 세계의 종교에 대해서도 해박한 지식을 가지고 있었다. 그가 언젠가 "20세기는 동양 종교들과 기독교를 혼합한, 제3의 천년기의 거대한 보편 종교가 처음으로 등장한 세기로 기억될 것"이라고 말한 적이 있는데, 이것은 앞날을 내다본 탁월한 식견(識見)이 아닐 수가 없다. 지금 이 시대는 그의 말처럼 동양 종교가 기독교를 잠식하고 서양으로 점점 더 퍼져나가고 있다. 사실 잠식이라기보다는 혼합이라는 표현이 더 맞는 것이지만, 어쨌거나 기독교가 지금 세상에서 뿌리를 잃고 있는 이유 가운데 하나가 바로 동양 종교의 침투다. 토인비는 성경을 하나님의 말씀으로 믿지는 않으면서도, 교회야말로 세상의 마지막 희망이라고 선포했던 사람이다. 이런 그가 '서양 사상의 동양화'라는 시대적 흐름을 파악하고 선포했는데, 그의 예견은 무서우리만치 정확했다.

세계적인 비교신화학자인 조셉 캠벨도 불교가 미래의 종교가 될 것임을 내다본 바가 있다. 그뿐 아니라 알버트 슈바이처 역시 불교에 대해 매혹된 인물인데 그의 사상에 대해 에리히 프롬은[1] 이렇게 말한다.

---

1   유태인, 독일계 미국인, 사회심리학자이면서 정신분석학자

슈바이처는 기독교의 형이상학적 낙관주의와는 대조적인 형이상학적 회의론자(懷疑論者)였다. 그가 "인생은 어떤 지고(至高)의 존재에 의해 주어지고 보증된 아무런 의미도 갖고 있지 않다"고 하는 불교사상에 크게 매혹된 이유의 하나다. (중략) 부처, 에크하르트, 마르크스, 슈바이처의 사상에는 뚜렷한 유사점(類似點)이 있다. 소유 지향의 포기에 대한 철저한 주장, 완전한 독립의 주장, 형이상학적인 회의론, 신이 없는 종교성, 사랑과 인간적 연대의식 속에서의 사회적 활동의 주장 등이 그것이다.[2]

흔히 기독교 사상가로 알려져 있는 슈바이처가 실은 신(神)이 없는 종교성을 가진 인물이었다는 것을 프롬은 잘 파악하고 있다. 신이 없는 종교의 대표는 역시 불교이고 그래서 슈바이처는 불교에 크게 매혹을 느낀 것이다.

비단 불교뿐만이 아니라 도교나 힌두교 같은 동양 종교에 대해서 관심 이상의 감동을 소유한 사상가는 그 밖에도 많으나 특히 쇼펜하우어가 그러하다. 염세주의 철학자로 유명한 쇼펜하우어는 힌두교의 우파니샤드를 읽은 후 "아, 이렇게 내 마음에 붙어있던 유대인의 미신을 깨끗이 씻어버릴 수 있는가!"라고 외쳤다. 그가 말하는 유대인의 미신은 물론 기독교

---

2   에리히 프롬, 『소유냐 존재냐』, 청목문화사, 209-210쪽

다. 평생을 거의 하숙집에서 보내고, 유일한 자식을 사생아로 버려두고, 정상적인 생활을 거부하던 쇼펜하우어는 죽음의 공포를 종교의 궁극적 원인으로 보았던 인물이다. 그는 여자와 결혼해서 자녀를 낳고 어버이가 되는 것을 최대의 악으로 생각하던 철학자인데 그것은 그의 불행한 가정사에 기인하는 것으로 추측된다.[3] 그는 말년에 불교에 심취해서 불상을 집 안에 들여놓기까지 했다. 그는 불교를 서양에 본격적으로 전파한 인물 중의 하나였다.

서양이 동양에 의해 사상의 전복(顚覆)이 일어나고 있는 이런 현상을 가히 혁명이라고 여길 수도 있을 정도인데, 이러한 모습은 특히 기독교 국가라고 하는 미국에서 1세기 이전부터 시작되어 현재는 더욱 가속화되고 있다.

그들(동양 및 서양 신비주의자들)의 사상은 특히 미국 초절주의자들과[4] 비트족에게는[5] '일용할 양식'이 되었다. 그러나 그런 외국의 사상들은 미국적 생활 방식과 미국의 정신을 통해

---

3 그는 평생 어머니와 사이가 안 좋았고, 아버지는 자살한 것으로 추정되며, 할머니는 정신병으로 사망했다.

4 超絶主義者, 19세기 중기 미국에서 일어난 관념론적 입장의 철학 운동에 동참했던 사람

5 Beat Generation, 1950년대 중반 미국에서 현대의 산업 사회를 부정하고 기존의 질서와 도덕을 거부하며 문학의 아카데미즘을 반대한, 방랑자적인 문학가 및 예술가 세대를 이르는 말

여과되고 독자적으로 응용되었다. 이를테면, 미국에서의 선 (禪),[6] 스베덴보리주의, 신지학(神智學), 베단타[7] 등은 일본이나 18세기 영국, 또는 19세기 인도의 것들과 다르다는 말이다. (중략) 헤세는 "'동쪽'을 향한, '본향'을 향한, 인간의 영혼의 영원한 노력"이라고 말했다. 동양은 하나의 문화나 종교보다는, 보다 폭넓고 자유로운 시각을 구하기 위한 방법론을 뜻한다. 그런 점에서, 서양의 신비주의 전통에 '동양'이 있었다고 할 수 있겠다.[8]

헤르만 헤세, 하나님 신앙에서 자아의 신앙으로 떠나간 천재

앞의 글에서 '동쪽'을 '본향'이라고 표현한 헤르만 헤세는 아버지와 외할아버지가 모두 인도 선교사였다. 헤세 자신도 어렸을 때 인도에서 살면서 일찍이 동양적 감수성을 익혔는데, 이것은 평생 동안 그의 사상과 문학성에[9] 커다란 영향을 끼쳤

---

6 참선(參禪)을 통한 내적 관찰과 자기 성찰에 의하여 자기 심성의 본원을 깨달을 것을 주창한 불교 종파

7 Vedanta, 베단타라는 용어는 산스크리트어로 베다(가장 오래된 인도의 경전)의 결론 (anta)을 뜻하며, 베다 문헌의 마지막 부분을 이루는 '우파니샤드 Upanisad'를 가리키기도 하고, '우파니샤드'에 대한 연구를 통해서 생겨난 학파를 가리키는 경우도 있다.

8 매릴린 퍼거슨, 『뉴에이지 혁명』, 정신세계사, 466-467쪽

다. 그는 스스로 '동방의 순례자'로 자처했는데, 그가 동방에서 얻은 사상은 한마디로 '자아(自我)가 곧 신(神)'이라는 것이다. 그가 쓴 글을 읽어보자.

짜라투스트라는[10] 이렇게 말했다. 인간은 신에게서 한 가지 능력을 받았네. 그 능력으로 인간은 신이 되었고, 자신이 신이라는 점을 기억할 수 있었네. 그 능력이란 바로 자신의 운명을 인식할 수 있는 힘이네. 바로 짜라투스트라의 운명을 깨달았다는 점 때문에 나는 짜라투스트라일 수 있는 것일세. 내가 그의 인생을 살았기 때문에 짜라투스트라인 것이네. 소수의 사람들만이 자신의 운명을 깨닫는다네. 소수의 사람들만이 자신의 삶을 산다네. (중략) 운명이 우상으로부터 나오는 것이 아니라는 사실을 깨달으면 결국 이 세상에는 숭배의 대상으로서의 신이나 우상은 없다는 사실 또한 알게 되네. 어머니의 몸속에서 아이가 자라듯 운명은 모든 인간의 몸속에서, 달리 말하면 모든 인간의 정신이나 영혼 속에서 자라는 것이네. (중략) 운명은 자네들의 신이어야 하네. 왜냐하면 자네들이 숭배

---

9 『데미안』, 『수레바퀴 밑』, 『싯다르타』, 『짜라투스트라의 귀환』 등으로 유명하며, 1946년 『유리알 유희』로 노벨문학상을 수상했다.

10 고대 페르시아(이란)의 조로아스터교(배화교)의 창시자인 조로아스터의 독일식 발음이다. 여기서는 프리드리히 니체의 4부작 산문시인 『짜라투스트라는 이렇게 말했다』의 주인공 이름이다.

해야 할 대상은 바로 자네들 자신이기 때문일세.[11]

혜세가 쓴 이 에세이는 그의 사상을 정확히 보여주고 있다. 『짜라투스트라는 이렇게 말했다』를 지은 니체의 절대 추종자답게 그는 절대 자아(自我)이자 새로운 신으로서 짜라투스트라를 환영했다. 그는 자기가 짜라투스트라인 것을 깨달았으며, 다른 사람들도 스스로가 이미 그렇게 짜라투스트라인 것을 인식해야 한다고 말한다. 우상이나 신 같은 것은 처음부터 존재하지 않는 것이며, 인간이 인간을 신으로 만든 것에 불과하다고, 그러니까 자기 자신이 신임을 깨달아야 한다고 혜세는 말한다.

그는 뉴에이지(New Age)라는 단어가 세상 속으로 들어가기 시작할 무렵 이미 최고의 뉴에이저(New Ager)가 돼 있었다. 뉴에이지의 핵심 사상이 바로 '인간이 곧 신' 아니던가! 그는 존재하지도 않는 신을 숭배할 것이 아니라 인간 자신을 숭배하라고 짜라투스트라의 입을 빌어 말한다. 그의 가르침은 마치 인도 고승이나 중국 지혜자의 설법(說法)처럼 들린다. 혜세

---

11 헤르만 혜세, 『혜세로부터의 편지』, 황금가지, 130-131쪽 ─ 전쟁에서 패배한 후 절망감에 빠져 있던 독일 국민에게 가장 필요한 것은 짜라투스트라 사상의 회복이라고 혜세는 이 글에서 주장한다. 그는 위대한 독일 정신을 역사상 마지막으로 보여 준 사람은 짜라투스트라의 창시자 니체였다고 같은 책에서 언급한다. (원래는 '자라투스트라'로 표기됐으나 여기서는 '짜라투스트라'로 통일했다.)

자신의 신앙에 대해 언급한 다음의 글에서 그는 자신의 글과 사상이 동양인들에 의해서 친근하게 받아들여지고 있음을 밝히고 있다.

나는 종교를 두 가지 형태로 체험했다. 하나는 신앙심 깊고 성실한 프로테스탄트교도의[12] 아들과 손자로서, 또 하나는 인도의 계시(啓示)의 독자로서 이다. 그 계시 중에서도 나는 우파니샤드와[13] 바가바드기타[14] 그리고 부처의 설법을 가장 위대한 것이라고 생각한다. (중략) 실제로 나는 기독교신자였던 소년 시절을 통해서 교회로부터 아무런 종교적 체험도 경험하지 못했다. (중략) 이렇게 몹시 갑갑하고 옹졸한 기독교와, 약간은 달콤한 시구(詩句)와, 그리고 대개는 너무나 지루한 목사의 설교 등에 비하면 인도의 종교와 문학세계는 훨씬 더 유혹적이었다. (중략) 나는 또 인도의 정신세계보다도 좀 뒤늦게 중국의 정신세계를 알게 되었다. 그리고 새로운 발전이 이루어졌다. 공자(孔子)와 소크라테스를 형제로 생각하게 한 고대 중국의 도덕적 개념과, 신비적인 탄력(彈力)을 지닌 노자(老子)의 은밀한 영지(靈智)는 나의 마음을 강렬하게 매혹

---

12 protestant, 로마 가톨릭(구교)에 저항하는 자라는 의미로서 개혁주의 기독교(신교)를 의미한다.
13 Upanisad, 가장 오래된 힌두 경전인 베다를 운문과 산문으로 설명한 철학적 문헌들
14 Bhagavadgita, 고대 인도의 힌두교 경전의 하나, 거룩한 신의 노래라는 뜻

시켰다.[15]

혜세는 평생 종교 없이 산적이 없다. 그러나 그는 교회 없이 살아왔다. 혜세에게 있어서 정통적인 기독교는 '갑갑하고' '옹졸한' 종교였다. 그러한 기독교 속의 예수가 부처, 공자, 소크라테스나 노자에 비해 별로 매력이 없어 보인 것은 당연하다. 그는 '교회적인' 기독교가 아닌 '신비적인' 즉 동양 종교적인 기독교의 영향을 평생 동안 지배적으로 받아왔다고 솔직하게 말한다. 그가 붙잡고 있는 기독교는 성경적 기독교가 아니다. 그리고 이러한 그의 어긋난 기독교관은 그의 아버지와 외조부 시절부터 이미 시작된 것이었다.[16] 어린 시절 교회로부터 아무 종교적 체험도 하지 못했던 자신의 모습에 대해 혜세는 이렇게 묘사한다.

"그대는…할 지어다"라는 말만 들어도, 나의 마음은 완전히 딴전을 부리게 되고, 나는 완고해졌다.[17]

---

15 헤르만 헤세,『헤르만 헤세』, 을지출판사, 212-215쪽

16 인도에 선교사로 갔지만 혜세의 부친과 외조부는 성경에서 말하는 예수와 참된 기독교를 전하지 않았던 것 같다. 선교사이면서도 비성경적인 가르침을 전하는 선교사는 특이한 것이 아니다. 중국에서 선교사로 살았던 대지(大地)의 작가 펄 벽 역시 예수와 기독교에 대해 비성경적인 가르침을 현지인들에게 전했다.

17 장석주,『헤르만헤세 잠언록』, 청하, 161쪽

어린 시절, 예민한 감수성을 가졌던 천재 소년은 성경이 아닌 힌두경전과 불경에서 영적 감흥을 찾았다. 여러 가지 규칙을 좋아하는 청소년은 없겠지만, 헤세는 유달리 규칙에 반감이 컸다. 특히 성경이 말하는 '의무(must)' 규정은 더더욱 반발심이 일어났다. 그래서 그는 인격적인 하나님을 제대로 체험하기 전에 먼저 하나님에 대한 거리감부터 갖게 됐고, 하나님을 만나기 전에 자기 자신을 먼저 만났다. 하나님을 모르는 자아 발견은 온전하거나 궁극적인 것이 될 수 없음을 알지 못한 채 헤세는 결국 하나님 신앙을 떠나 자아의 신앙으로 삶을 마감했다. 선교사 가문의 비극이 어찌 이보다 더 클 수 있겠는가?

토마스 머튼, 동양 종교의 영성으로 가득 찬 가톨릭 신부

20세기 미국의 가톨릭 교회가 배출한 가장 유명한 수도사이자 영성 작가인 토마스 머튼은 한 평생 동양 종교를 바탕으로 한 뉴에이지 영성을 기독교 내에 확장시키는데 앞장 선 인물이다. 미국의 명문 컬럼비아 대학을 졸업한 후 수도사가 된 머튼은 중년에 이르러 노자, 장자, 부처 같은 동양사상에 깊이 몰입했다. 특별히 참선 수행에 심취한 그는 자신이 머물렀던 겟세마네 수도원을 비롯한 미국 곳곳의 수도원에 불교식 참선을 퍼뜨렸고, 미국의 젊은이들과 지성인들이 동양사상에 마음을 열도록 만든 일등공신으로 인정받는다.

　　그는 말한다. "우리가 (단지 기독교인들만이 아닌) 사람들이 하느님과의 연합을 달성하도록 어떻게 가장 잘 도울 수 있을까? 그들이 이미 하느님과 연합돼있음을 말해주기만 하면 된다."[18] 스스로 말하듯 머튼은 범신론자였고, 그의 사상은 뉴에이지 그 자체다. 진보적 가톨릭이자 종교혼합주의자이고 신비주의자인 토머스 머튼의 책과 사상을 헨리 나우웬은 적극 추천했다. 머튼 신부는 동서양 종교의 합일을 지향했다. 나우웬은 머튼을 단 한 번 만났지만 '영적 아버지'라 해도 과언이 아닐 만큼 추종했다. 1995년 12월 10일에 기록한 자신의 일기에서 나우웬은 머튼에 대한 존경과 애정을 이렇게 드러냈다.

　　27년 전 오늘 토마스 머튼과 칼 바르트가 세상을 떠났다. 그들을 위해 기도하면서 그들이 기독교 영성과 신학에 미친 지대한 영향을 인해 하나님께 감사드린다.[19]

　　루이 신부라는 애칭을 가진 머튼은 20세기 가톨릭 에큐메니컬리즘의[20] 선구자다. 그는 당대에 종교다원주의, 혼합주의

18　머튼에 관한 글은 전체적으로 truthnlove.tistory.com/30 김삼 목사의 글을 수정, 발췌, 인용하고, 거기에 일부 내용을 추가한 것이다.

19　헨리 나우웬, 『안식의 여정』, 복있는사람, 106쪽

20　ecumenicalism, 교회일치주의

에 누구보다 앞장선 사람이다. 도교, 선불교 등이 추구하는 깨달음이 결국 기독교와 같다고 이해함으로써 20세기 뉴에이지 사상 발전에 크게 기여했다.

나우웬은 1970년대에 쓴 『살기 위한 기도』(*Prayer to Live*)에서 머튼이 힌두교 현자들에게 깊은 영향을 받았다고 말했다. 힌두교의 「요가저널」에[21] 따르면, 머튼은 아시아 여행을 하기 오래 전에, 이미 선불교, 수피즘,[22] 도교, 힌두 베단타 등과 접하고 동양철학과 지혜를 직접 수련을 통해 자신의 것으로 받아들였다. 머튼은 평소 "가능하다면 훌륭한 불교도가 될 수 있기를 원한다"고 말했다. 그는 진정한 자신의 모습을 찾기 위해 끊임없이 관조했으며, 이 관조를 통해 '신'과 '자아'와 '세상'이 점점 하나가 되어가고 있음을 느낄 수 있었다. 그는 자신 안에 있는 참 자아가 신과 다름이 아님을 깨닫고 그것을 알리는데 노력했다. 물론 이것은 동양사상에 함몰된 인간의 한 모습일 뿐이다. 머튼은 반평생 도교, 불교와의 대화를 추구했다.

그는 또 5년에 걸쳐 장자와 도교에 관한 다양한 글들을 번역하면서 노자의 도덕경에 매료돼 『장자의 길』(*The Way of Chuang Tzu*, 은행나무)을 써냈다. 단순히 동양 종교를 참조한 정도가 아니라 그 속에 깊이 몰입해 자기 것으로 만들어 나간 것이다.

---

21 요가는 불교와 마찬가지로 힌두교의 한 분파다.
22 Sufism, 이슬람 신비주의 종파

머튼은 장자로부터 다이세츠 스즈키가 선(禪)에 대해 말한 바와 같은 것을 배웠다. "선은 아무것도 가르치지 않는다. 그것은 우리가 깨어나게 해주며 자각할 수 있게 해준다. 선은 가르치지 않는다. 다만 가리킬 뿐이다." 머튼은 여기에 덧붙여 이렇게 말했다. "선사의 행동과 몸짓이 경종을 울리는 것이 아닌 것처럼 그것은 어떤 '진술'이 아니다." 이런 의미에서 장자는 머튼의 진짜 스승이다.[23]

머튼의 글을 보면 뉴에이지 영성이 극명하게 나타난다. "인류의 일원이 되는 것은 영광스런 운명이다." "만일 사람들이 자신들의 실제 모습을 모두 볼 수 있기만 한다면 엎드려 서로를 경배하는 큰 문제가 일어날 줄로 나는 추측한다." "우리 존재의 중심엔 죄와 환멸에 때 묻지 않은 '무'(nothingness)의 점, 순수진리의 점이 있다." "이 작은 점은 우리 속에 있는 신(神)의 순수한 영광이다. 그것은 우리 모두 속에 있다."

위의 글에서 이미 우리는 성선설, 무원죄설, 보편구원론(만인구원론), 인간숭배론, 인간신론, 종교혼합, 다원주의, 그리스도 구속의 '불필요성' 등, 뉴에이지 사상의 핵심요소들을 한꺼번에 볼 수 있다. 웨인 티즈데일은 『세계 속의 한 수사』(A Monk in the World)에서 머튼을 선불교, 힌두 베단타, 요가 텍스트 등을 한데 뭉뚱그린 '국제 초종교영성의 비저너리'로[24] 소개했

23 헨리 나우웬, 『기도의 사람 토머스 머튼』, 청림출판, 149-150쪽

다. 머튼의 말년의 책『참선과 탐욕의 새들』(*Zen and the Birds of Ap-petite*)에서는 기독교계 신비철학자 마이스터 에크하르트와 일본의 선불교를 비교하면서 제2부 전체를 선승(禪僧) 다이세츠 스즈키에 몽땅 할애하기도 했다.

　토마스 머튼을 20세기 영성의 대가라고 추켜세우는 자들은 그의 동양사상과 뉴에이지를 결국 수용하는 자들이다. 머튼은 명백히 가톨릭 수도사 복장을 한 승려였다. 그가 달라이 라마와 친밀하게 지내고 다이세츠 스즈키를 멘토로 여긴 것은 단순한 교제 차원이 아니라 영성의 교류 차원이었다. 그는 특히 스즈키를 마하트마 간디나 알버트 아인슈타인과 맞먹는 존재로 생각했는데, 어떤 면에서 그의 생각은 맞는 것이었다. 왜냐하면, 간디와 아인슈타인은 둘 다 유일신 하나님을 절대 부정했고 일종의 범신론을 수용했기 때문이다. 스즈키 역시 만물에 내재된 신, 특히 신적 존재로서의 인간 자신을 전파한 사람이었기에 토마스 머튼에게 있어 스즈키와 간디와 아인슈타인은 모두 한 형제처럼 여겨질 수 있는 인류의 위대한 스승들인 셈이다.

24　visionary, 비전을 전하는 자 또는 현실 감각이 부족한 사람

기독교의 안방까지 쳐들어온 머튼의 사상

창간 이후 지금까지 한 결 같이 건전한 신학적 관점과 목회적 방법론을 제공하고 있는 「목회와신학」은 우리나라 목회자들에게는 없어서는 안 될 소중한 매거진이다. 특히 부록으로 제공되는 「그말씀」의 도움을 받아 설교와 가르침을 행하는 목회자들이 매우 많을 것으로 생각된다. 이 「그말씀」이 1996년 5월호에 '동양사상과 설교'를 특집으로 다룬 적이 있다. 그런데 이 특집은 동양사상이 기독교의 설교와 가르침에 침투하는 것을 비판적으로 다룬 것이 아니라 어떻게 하면 동양사상을 기독교에 잘 접목시킬 수 있는지에 대한 방안을 다루었다. 다음 글은 당시 미션스쿨의 교목이었던 사람이 토마스 머튼의 『장자 연구』를 전문 인용하여 기고한 글이다.[25]

사람을 어떻게 보아야 할 것인가? 설교자는 성경이 말하는 사람의 모습을 정확하게 이해할 수 있어야 한다. 사람이 문제다. 그런데 동양의 영성은 기독교 전통—특히 바울 신학적 관점—에서 보기 어려운 낙관론 인간관을 보여주고 있다. 필자의 견해는 구약의 풍성한 인간 이해가 신약의 신학화 및 경전화 과정에서 상당히 왜곡된 부분이 있을 수 있다는 입장

---

25 제목은 '설교자에게 필요한 동양적 인간 이해'다.

이다. 따라서 구약성경을 깊이 있고 넓이 있게 관찰하면 동양의 영성과 많은 유사성을 찾을 수도 있다. 특히 인도의 고전인 우파니샤드의 문헌에 보면 구약성경의 인간관과 상당히 유사한 인간 이해를 찾아 볼 수 있다. 물론 다른 비교에 있어서와 마찬가지로, 비교에 다른 도식화와 비약의 위험이 있다. 그러나 우파니샤드가 말하는 인간관을 전체적으로 보면서, 그동안 기독교의 설교가들이 너무 편협한 신약―특히 바울적―인간 이해에만 매달리지 않았는가 돌이켜볼 수 있기를 기대한다.[26]

기독교 사상의 절대 기준이어야 할 성경이 힌두교의 우파니샤드에 의해서 비평되고 있다. 「그말씀」이라는 책 제목은 엄연히 하나님의 살아 있는 말씀인 성경을 지칭하는 것이다. 그냥 '말씀'이 아니라 '그' 말씀이다. 그런데 어이없게도 이방 경전을 기준으로 삼아서 기독교 성경을 비교함으로써 교회가 스스로 성경을 사람의 책 수준으로 폄하해서 취급하고 있다. 저자는 구약적 인간 이해가 왜곡됐을 수 있으니 힌두 경전으로 교정하라고 조언한다. 신약의 인간 이해를 바울의 가르침을 중심으로 하는 것은 편협하니 우파니샤드를 통해 균형을 잡으라고 말해준다. 머튼의 사상이 얼마나 비성경적인지 이

---

26 「그말씀」, 1996년 5월호, 116-117쪽

글은 잘 보여주고 있다.

우파니샤드의 인간관은 성경과 같이 그 논의 자체가 신적인 것과 연결되고 있는 특성이 있다. 즉, 인간 존재를 궁극적이며 영원한 것, 실체적이며 절대적인 것과 연관시켜 파악하는 유사성이 있다. 우파니샤드의 범아일여론은[27] 인간론인 동시에 신론이라고 볼 수 있다. 성경도 인간을 신과의 관계성에서 논의하고 있다.[28]

우파니샤드가 말하는 신론 및 인간론이 성경이 말하는 것과 같은 것인 양 이 글은 말하고 있는데, 도대체 타 종교의 경전이 어찌 성경과 어깨를 나란히 할 수 있다고 생각하는지 토마스 머튼과 그의 추종자들의 생각이 이해가 안 된다. 성경은 모든 경전 가운데 가장 위대한 책이라고 생각을 하든, 아니면 그냥 다른 경전과 비슷한 위상의 책일 뿐이라고 생각을 하든, 이것은 성경이 책으로 기록된 유일한 하나님의 계시라는 기독교의 전제 조건을 무시하는 것이 아닐 수 없다. 이렇게 힌두 사상으로 성경을 덮어버리는 사례를 한번 살펴보자.

---

27 梵我一如論, 우주의 최고 원리인 범(梵, brahman)과 개인의 본질인 아(我, atman)는 같다는 우파니샤드의 중심 내용

28 앞의 책 123쪽

주님 자신 안에서는 성부는 영혼이고 성자는 육신으로 비유할 수 있지만 주님과 우리의 관계에서는 주님이 영혼이고 우리가 육신이 됩니다. 사실적으로 주님은 부활하신 이후에 즉 승천하신 이후에 아들로서가 아니라 아버지로서 계십니다. (요한16:28) "내가 아버지에게서 나왔다가 세상에 있고 다시 세상을 떠나 아버지에게로 가노라"와 같이 지금은 아버지로 계십니다. 그러므로 이제 주님은 영혼이고, 우리는 육체입니다. (중략) 주님 자신 안에서는 브라만과 아트만으로 구분이 되지만 주님과 우리와의 관계에서는 그 브라만과 아트만은 범아일여로 주님으로 있으며 우리는 그 주님의 형상과 모양으로서의 아트만으로 있습니다. 즉, 주님은 영혼이고 우리는 육신인 것입니다.[29]

이 글은 이방 영성으로 기독교 영성을 짓밟아 놓은 한 사례다. 우파니샤드로 복음을 해석하려는 시도 자체도 어리석지만, 복음을 이해하는 것 자체가 이미 완전히 잘못돼 있음을 알 수 있다. 이것은 자유주의 기독교와 범신론적 힌두교를 뒤섞어 놓은 것이다. 이렇게 기독교를 잡탕으로 만들어서 보급하는 교회 아닌 교회가 점점 더 늘어나고 있다.[30]

---

29 cafe.daum.net/ConjugialLove/D9rV/23에서 인용

함석헌, 동양 종교와 기독교를 융합한 사상가

함석헌은 전 생애를 실천적 사상가로 살았던 인물이다. 그는 일본에서 김교신 등과 함께 우치무라 간조로부터[31] 기독교 정신을 배웠고, 귀국 후 「성서조선」을 발행했으나 158호를 마지막으로 폐간당했다. 1942년 5월, 「성서조선」의 발행에 관계하던 열 세 명의 동료들과 함께 체포, 투옥되어 그곳에서 자신의 기독교 사상을 다양한 동양사상과 융합하는 계기를 얻게 된다. 불교와 도교에 관련된 폭넓은 독서는 그를 더 이상 기독교인이 아닌 사상가로 거듭나게 만들었다. 다음 글을 보라.

함석헌은 감옥 안에서 『반야경』, 『법화경』, 『무량수경』, 『금강경』 등 다양한 불경을 읽었다. (중략) 그리고는 기독교와 불

---

30 물론 이 같은 현상을 보며 그 잘못을 제대로 인식하고 지적하는 흐름도 있음은 사실이며 다행이 아닐 수 없다. 앞서 인용한 「그말씀」에서도 다음의 글을 게재함으로써 일방적으로 치우친 동양사상 접목 현상을 조금이나마 바로잡고자 시도했다. "어떤 사람들은 설교의 논증을 강화하기 위하여 여러 가지 권위를 빌려온다. 유명한 철학자나 대학자의 말을 인용하기를 좋아한다. 소크라테스가 어쨌고, 공자가 어쨌고, 석가모니가 어쨌다고 말한다. 예수에 대해서만 말하는 것도 시간이 부족할 텐데 '동양의 현자'들에 대해서 말할 시간이 있는지 이해가 가지 않는다. 예수가 하신 말씀이 공자에 의해서 지지를 받아야 권위가 생긴다는 것인지 도대체 알 수가 없다." 제목은 '동양적 사유를 통한 설교의 가능성과 위험성'이다. ―「그말씀」, 1996년 5월호, 169쪽

31 근대 일본의 기독교 사상가로서 복음주의자였으나 무교회주의를 주창함으로써 비판을 받기도 한다.

교의 이치가 같다는 깨달음에 도달한다. (중략) 함석헌은 또한 『도덕경』과 『장자』를 읽으면서 도가(道家)의 평화주의 사상에 많은 감명을 받았다. 그는 '감방 대학'의 폭넓은 독서를 통해 기독교와 불교, 도교를 포함한 모든 종교가 그 근본에서 하나라는 확신을 갖게 되었다.[32]

「성서조선」 발행을 통해 식민지 조국에 민족정기와 기독교적 사상을 고취시키고자 했던 함석헌은 그 일로 말미암아 1년 동안 옥고를 치렀는데, 아이러니하게도 그 곳에서 기독교를 버리게 된다. 『함석헌 평전』의 지은이는 함석헌이 기독교와 불교의 이치가 같다는 깨달음을 얻었다고 표현하지만 그것은 엄연히 기독교를 버린 것이다. 뿐만 아니라, 그는 모든 종교의 근본이 하나라는 확신을 갖게 됐다고 하니 함석헌은 이미 젊은 시절부터 종교혼합의 길을 스스로 선택했던 셈이다. 그는 성경을 더 잘 이해하기 위해 노자, 공자, 부처의 경전도 보아야 한다는 말을 종종 했다. 그에게 있어 예수와 다른 성현들은 같은 인생 목적을 지향하는 스승들이었다.

농사짓는 사람이나 장사하는 사람이나 고기 잡는 사람이나 공장 직공 · 정치인 · 학자 · 종교인, 심지어는 석가 · 공자 ·

---

32 김성수, 『함석헌 평전』, 삼인, 164-166쪽

예수에 물어 볼지라도 잘 살려는 마음 즉, 이 한 생각만은 똑같이 가지고 있으리라.[33]

일반적으로 이 말은 틀리지 않다. 잘 살려는 마음, 틀림없이, 부자로 사는 것을 말하는 게 아니고 사람답고 존귀하게 사는 것을 말할 터인데, 이는 동서고금을 막론하고 인간의 기본 성심(誠心)이기 때문이다. 그러나 또한 이 말은 정확히 틀렸는데, 그것은 예수의 궁극적인 관심은 '인간답게 사는 것'이 아니기 때문이다. 예수의 관심은 '거듭남을 통한 새로운 피조물'에 있는 것이지 인간성의 실현이 아니다. 물론 거듭남을 통해 새로운 피조물이 되면 그 결과로 인간성의 실현도 이뤄지는 것이다. 하지만 예수를 다른 성인(聖人)과 같은 존재로 여겼다는 것이 바로 그가 참 예수를 몰랐다는 증거다. 실제로 함석헌에게 있어 가장 큰 위안을 주는 존재는 예수가 아닌 바로 노자와 장자였다.

안팎으로 답답한 가운데에서도 함석헌의 숨을 틔워 준 영적 생활의 동반자가 있기는 있었다. 그 하나는 노장 사상이었다. "이 몇십 년의 더러운 정치 속에서도 내가 살아올 수 있는 것은 날마다 노자·장자와 대화를 할 수 있었기 때문이다."[34]

---

33 함석헌 외,『영원히 사는 길』, 대경출판사, 81쪽
34 김성수,『함석헌 평전』, 삼인, 242쪽

다석 류영모, 동양적 사상을 추구한 재야 영성 학자

함석헌이 동서양 융합 사상을 가지게 된 데에는 그의 스승 다석 류영모의 영향이 컸다. 일제 식민지 시절, 남강 이승훈이 세운 기독교 민족 학교인 오산학교의 교사와 제자로 처음 만난 류영모와 함석헌은 이후 오랜 세월 사제(師弟)로서 함께했다.[35] 비록 미션 스쿨에서 교편을 잡았지만 류영모는 오산학교 시절 이미 정통 기독교를 떠났다. 그 무렵 독서를 통해 알게 된 불교와 노장[36] 사상 그리고 공맹[37] 사상에 이르는 동양사상이 그에게는 크게 와 닿았고, 거기에다 톨스토이 사상까지 더해서 그는 자신만의 독특한 사상 체계를 구현하게 되었다.

　　류영모는 "예수를 신앙의 대상으로 삼지 말고, 예수의 신앙을 배우라"고 제자들에게 말하곤 했다. 이것은 그가 인격적으로 예수를 만난 것이 아님을 증명하는 것이다. 기독교는 예수의 신앙을 따르는 종교가 아니라 예수 자체를 신앙하는 종교인 것을 그는 몰랐다. 류영모는 예수와 부처의 사상이 다를

35　그러나 류영모는 1960년 이후 함석헌을 만나지 않았다. 그것은 함석헌이 60세가 넘은 나이에 자식뻘 되는 젊은 여자와 심각한 스캔들을 일으켰기 때문이었다. 그 당시 아내와 자녀를 두고 있던 함석헌은 그것을 후에 공개적으로 고백하고 용서를 구했으나, 류영모는 1981년 죽을 때까지 제자를 용서하지 않은 것으로 알려진다.

36　老莊, 노자와 장자

37　孔孟, 공자와 맹자

것이 없다고 주장한다. 예수가 말한 성령이 노자에게는 도(道)였고 부처에게는 다르마일 뿐이라고 말한다. 그 뿐 아니라 예수의 길, 진리, 생명 역시 맹자의 호연지기와[38] 같은 것이라고 말하기도 한다.

> 맹자의 호연지기는 예수가 말한 길이요 진리요 생명인 얼나를 두고 일컫는 것이다. 얼나로는 하느님과 내가 하나다. 전체인 하느님을 부정하는 것은 자신을 부정하는 것보다 어리석은 생각이다. 하느님은 바로 참나다. 나약해서 나온 말이 아닌 것이다. 참나의 깨달음이다.[39]

류영모의 사상은 기독교와 동양사상을 융합했으면서도 한국적 심성을 그 누구보다도 잘 드러내는 독특한 면이 있다. 그는 자신의 사상을 자신이 만들어낸 독특한 언어로 표현하고자 했으며 또한 자신이 독특하게 깨달은 바를 종교적 신심을 가지고 실천하고자 하는 모습도 가졌다. 그래서 그의 이러한 독창적인 사상과 삶을 흠모해 그를 예수, 부처, 공자나 맹자 같은 성현으로 받들고자 하는 제자들도 있을 정도다. 그의 독

---

38 浩然之氣, 맹자의 『공손추』 상편에 나오는 말로, 사람의 마음에 차 있는 크고 올바른 기운이나 하늘과 땅 사이를 가득 채울 만큼 넓고 커서 어떠한 일에도 굴하지 않고 맞설 수 있는 당당한 기상을 말한다.

39 박영호, 『다석 류영모』, 두레, 164쪽

특한 삶의 모습 가운데 그가 50대가 되어서 온 가족 앞에서 선포한 소위 '해혼(解婚) 선언'이 있다. 이혼이 아닌 해혼은 혼인을 푼다는 의미다. 류영모는 그 후 성생활을 하지 않고, 방 한 가운데에 긴 책상 두 개로 담을 쌓고 아내와 한방에서 별거를 하였다.

이것은 독특한 모습을 넘어 이상한 모습이 아닐 수 없다. 기독교적 시각에서는 하나님이 부부를 한 몸이라 부르셨는데 그것을 일부러 외면한 것이다. 마하트마 간디가 서른일곱 살부터 성생활을 하지 않고 아내와 오누이처럼 지낸 것을 알고 류영모는 그것을 본받은 것이었다. 그런데 이는 엄청난 착각이 아닐 수 없다. 어느 시점부터 자기 아내와 동침하지 않는 것은 사실이지만, 간디는 그보다 훨씬 더 어린 십대 소녀들과 평생 동침했다.[40]

류영모를 일컬어 재야 기독교 학자라고는 하지만 그의 사상이 성경의 가르침과 같지 않다는 점은 여러 면에서 잘 나타나고 있다. 특히 육체에 대한 그의 생각은 금욕주의를 넘어 영혼만이 영원하고 소중하다는 영지주의의[41] 한 모습을 보이고 있다.

사람이 짐승과 다른 것은 하느님을 사랑하는데 있다. 인류 역사 가운데 하느님을 사랑한 예수, 석가가 나타나지 않았다면 인류 역사는 아무런 의미도 가치도 없을 것이다. (중략) 그런데 사람들이 하느님의 뜻이요, 대자연의 이치인 멸망의 생명인 제나(自己)에서 영원한 생명인 얼나로 옮기지 못하는 것은 모두가 맘의 제나를 포기하지 못하기 때문이다. 몸을 버리지 못해 몸의 부활을 꿈꾸고 나라는 마음(意識)을 버리지 못하여 사후의 윤회까지 바란다. 얼마나 끈질긴 집착인가. 한 마디로 이런 생각은 기독교이든 불교이든 미혹이요 망상일 뿐이다. 짐승인 제나의 의식을 가지고 하늘나라에까지 가서 살겠다는 생각을 한다.[42]

---

40 간디는 힌두교의 풍습에 따라 열세 살에 결혼했지만, 술과 여자, 육식을 금한다는 '브라마차리아 서약'을 한 다음부터 부인과 잠자리를 같이 하지 않았다. (중략) 간디는 여자를 끌어 모으는데 묘한 마력을 지닌 인물이었다. 남아프리카의 열일곱 살 난 소녀 소니아 슈레딘을 비롯하여 수많은 여인들이 그의 비서 겸 간호원으로 일하기를 자청했다. 해를 거듭할수록 여자들의 숫자는 더욱 늘어나 비서 업무 외에 마사지나 목욕, 심지어 잠자리까지 함께 하는 경우가 허다했다. (중략) 간디는 나이가 들면서 자신의 금욕 결심을 '시험'해 보기 위해 발가벗은 알몸의 여인들과 침실에 들어가기도 했다. 그럴 때마다 여인들은 노환으로 밤이 되면 오한이 나는 간디를 온몸으로 껴안고 자신의 체온으로 간디의 몸을 따뜻하게 해주기 일쑤였다. 이 같은 일에 종사한 대표적인 여자가 아슈람에서 온 열다섯 살의 처녀 스시라 나얄이다. 그녀는 비서 업무 외에 간디와 동침하는 일에 대해 "어머니와 함께 자는 것과 별반 다르지 않다"고 생각했다고 한다. 또 다른 여자는 간디의 생질부로, 열여섯 살 난 아바 간디다. 어느 날 간디가 침실에서 그녀에게 옷을 전부 벗으라고 하자 문밖에서 그 말을 엿들은 그녀의 남편이 침실 안으로 쫓아 들어가, 자신이 대신 간디의 몸을 따뜻하게 해주겠다고 나섰다. 하지만 간디의 대답은 간단했다. "보온을 해주는 것만이 전부는 아니다. '브라마차리아'도 시험하기 위해 아바가 필요하다!" — 김삼웅, 『역사를 움직인 위선자들』 사람과사람, 24-27쪽

41 靈地主義, gnosticism, 선택받은 자에게만 주어지는 영적인 지식 또는 그 지식 위에 형성된 종교 체계를 주장하는 초기 기독교 이단

성경을 믿지 않는 자이기에 육체의 부활을 그는 믿지 않는다. 예수의 성육신은[43] 물론 그의 십자가 죽음과 부활 역시 류영모에게는 넌센스일 뿐이다. 기독교의 핵심 교리를 인정하지 않는 것은 일부를 부인하는 것이 아니라 곧 전체를 부인하는 것이다.[44] 예수와 석가의 사상이 완전히 일치한다고 보았고, 공자가 중생한 사람이라고 믿은 류영모는 사상의 폭은 넓을지 모르나 참된 기독교를 알지 못했다. 그의 사상은 동양사상을 포함하는 기독교가 아니라 전혀 기독교와 다른 것이다.

가수 조영남, 예수와 씨름 한판 하고픈 영적 방랑자

우리나라에서 모르는 사람이 없을 정도의 실력파 가수 조영남은 철학자나 사상가 또는 종교인도 아니면서 사상에 대해 꽤

---

42 박영호, 『다석 류영모』, 두레, 200-201쪽

43 聖肉身, incarnation, 하나님이 인간으로 이 땅에 오심, 곧 예수가 성육신한 하나님이라는 믿음으로서 기독교의 가장 핵심적인 교리

44 예를 들어, 이슬람에서 믿는 예수 신앙이 여기에 해당한다. 이슬람은 예수를 마호메트 다음 가는 위대한 선지자로 인정한다. 그들은 예수의 동정녀 탄생, 기적 행함, 승천, 재림까지도 믿는다. 놀랍지 않은가! 그러나 이슬람은 예수의 십자가 죽음과 부활은 절대로 인정하지 않는다. 이것은 곧 예수의 일부가 아닌 예수의 전부를 부정하는 것과 다름 아니다. 그들이 부정하는 그것이 예수 신앙의 핵심 중 핵심이기 때문이다.

박식(博識)하고 자기 소신도 뚜렷한 괴짜 인물이다. 그는 전문가가 아니더라도 자신의 종교성을 남들에게 자신 있게 드러낼 수 있음을 보여주는 일례가 되고 있다. 물론 그가 미국의 유력한 신학교에서[45] 공부를 한 것이 그 자신감의 커다란 토대가 되고 있으나, 그의 당당함은 단순히 학식의 문제가 아닌 기질의 문제. 그는 비록 보수적인 신학을 배웠으나 결코 보수적인 신앙을 얻지 못했다. 그는 지금 기독교와는 전혀 상관없는 삶을 살고 있는데 신앙 없이 신학을 공부한 부작용을 매우 확실히 누리고 있다. 기독교에서 말하는 '거듭남'에 대해서 조영남은 이렇게 주장한다.

통상적으로 풀이하자면 예수의 거듭남은 곧 새사람이 되었다는 얘기다. 새사람이 되기 위해서는, 그리고 하늘나라에 들어가기 위해서는 잘못된 마음을 고쳐먹고 똑바로 살아가야 하는 것이다. 이런 교리는 이미 예수가 니고데모한테 말하기 수백 년 전부터 그리스에도, 중국에도, 인도에도 있었던 얘기다. (중략) 동서고금을 다 뒤져 봐도 결국은 그게 그 소리다.[46]

---

45 조영남은 미국 플로리다 소재 트리니티 신학교에서 신학학사를 취득하고 1982년 귀국했다.

46 조영남, 『예수의 샅바를 잡다』, 나무의숲, 118-119쪽

조영남 자신이 깨달았다고 하는 거듭남은 결국 마음 새롭게 먹고 새로운 삶을 살아가는 것을 말한다. 그래서 그는 소크라테스를 말하고, 공자를 말한다. 노자를 말하고, 석가와 원효를 말한다. 이들 모두가 결국 대동소이(大同小異)한 거듭남을 말했다는 것이다.

만약 이것이 예수가 유대교 선생인 니고데모에게[47] 말씀하신 거듭남의 진정한 뜻이라면, 기독교는 그냥 마음의 종교고 사람의 종교다. 그러므로 시대와 장소를 불문하고 비슷한 가르침은 늘 있어왔다고 하는 조영남의 깨달음은 맞다. 이것은 바로 앞서 함석헌이 말한 것이고, 토마스 머튼이 주장한 것이고, 그 앞서 슈바이처가 믿은 것이고, 톨스토이가 확신한 것이다. 그러나 우리는 알고 있다. 거듭남은 각오, 다짐, 마음의 문제가 아니고, 영(靈)과 성령(聖靈)의 문제란 것을.[48] 조영남은 영의 거듭남을 체험한 바가 없다. 그와 비슷한 다른 사람들처럼 말이다. 그래서 그는 지금 세상의 말을 하고 있는 것이다.

세상에서 잘 먹히는 말을 그가 하고 있는 것은 이미 그러한 주장이 유행을 타고 서양에서 동양으로 넘어왔기 때문이다. 예수를 하나님이 아닌 인간으로만 보는 왜곡된 기독교 신

---

47 요한복음 3장 1-21절
48 "예수께서 대답하시되 진실로 진실로 네게 이르노니 사람이 물과 성령으로 나지 아니하면 하나님의 나라에 들어갈 수 없느니라"(요한복음 3장 5절).

앙이 유럽과 미국을 한바탕 휩쓴 결과, 예수는 이제 더 이상 하나님이 아니었다. 그냥 존경스런 인간일 뿐이었다. 그러니까 존경스런 인간을 찾는데 굳이 서양에만 머물러 있을 필요가 없었다. 그래서 반세기 전부터 동양의 현자(賢者)와 성자(聖者)가 각광받게 된 것이다. 이것을 조영남도 익히 잘 알기에 이렇게 말하고 있다.

막다른 골목에서 서성대는 현대인에게 알타이저나[49] 하버드 대학의 콕스[50] 같은 이는 전혀 엉뚱한 방향을 제시한다. "동양으로 가보라!" 그래서 많은 서양 청년들이 조용히 동양으로 발길을 돌리고 있다. 비틀즈도, 엘비스 프레슬리도 발길을 돌렸었다. 동양에 가면 적어도 하늘나라에 관한 이해만은 쉽게 터득할 수 있을 것이라는 알타이저나 콕스의 권유는 전적으로 타당했다. 동양에서 새롭게 배울 수 있는 것이 무엇인가? 멀리 부처나 노자까지 끌어델 필요도 없다. 가까이에 원효가 있다. 원효는 선지자 아모스였으며 호세아였으며 세례 요한이었다.[51]

하늘나라에 관한 이해는 동서양의 문제가 아니다. 고금(古

---

49 토마스 알타이저, 신의 죽음을 선포한 미국의 진보적 신학자
50 하비 콕스, 흑인 민권운동과 남미 해방신학에 영향을 끼친 사회윤리학자 겸 신학자
51 앞의 책 91-92쪽

수)의 문제도 아니다. 이것은 진리에 관한 문제다. 그리고 성령에 관한 문제다. 진리이신 예수를 믿지 못하고, 진리의 영인 성령을 받지 못한 사람인 조영남의 주장은 성경과는 아무 상관이 없는 세상에 속한 주장일 뿐이다. 알타이저 같은 사신신학자와[52] 콕스 같은 해방신학자가 제시하는 방향이 삶의 올바른 지표가 되는 것으로 조영남은 확신한다. 과연 그럴까? 동양에는 서양에 없는 진짜 영성이 있을까? 진짜 진리가 있을까? 하나님을 제대로 알지 못하는 어그러진 영성의 소유자들이 말하는 것은 다른 사람들을 살릴 수 없다. 그가 주장하는 것을 수긍하고 수용하는 사람이 아무리 많아도, 사실 조영남은 그냥 영적인 방랑자일 뿐이다. 동방을 찾았던, 그러나 그들이 기대했던 것을 결국 찾지 못했던, 비틀즈나 엘비스 프레슬리처럼 말이다.

도올 김용옥, 동서양을 넘나드는 반기독교 독설가

그렇게 자신감 넘치는 조영남이 공식적으로 자신의 최후 멘토라고 치켜세워준 사람이 있는데 바로 학자 겸 방송인 도올

(橋杌) 김용옥이다. 화려한 학벌과[53] 거침없는 독설로 대중에게 잘 알려진 김용옥은 천상천하 유아독존의[54] 대명사라 할 수 있다. 국문학자였던 양주동 선생이 스스로 '국보(國寶)'라고 한 것을 빗대어 김용옥은 자신을 '우주보(宇宙寶)'라고 내세웠는데 이러한 자신감은 세상을 향한 그의 철학과 사상의 반영이다. 특히 그는 자신이 철학자이며 한때 신학생이었다는[55] 점을 들어 기독교의 전문가인양 내세우기를 좋아한다. 그리고 매스컴은 김용옥의 상품성 높은 화술을 담보 삼아 공영 방송에서 기독교를 폄훼(貶毁)하는 그의 말을 여과 없이 내보내기도 했다. 예를 들어, 2001년 KBS에서 시리즈로 방영된 '도올의 논어 이야기' 중 그가 언급한 몇 가지만 살펴보자.

복음서에 나오는 예수 이야기는 역사성이 없는 이야기이며, 성경은 허구요 소설이다. 성경에 나오는 기적들은 모두 예수의 제자들이 꾸민 말이다.
모든 위대한 사람은 힘든 환경에서 태어난다. 예수도 사생아일 것이다. 그래서 위대해진 것이다.

임신 중인 마리아와 요셉이 단순히 호구 조사를 한다는 그

---

53 고려대, 대만대, 동경대, 하버드대에서 수학(修學)했다.
54 天上天下 唯我獨尊, 하늘 위에도 하늘 아래에도 오직 나만이 홀로 존귀하다는 뜻
55 한신대학교 신학과에 입학했으나 곧 자퇴했고, 44년 만인 2011년 명예 졸업을 했다.

이유만으로 베들레헴까지 왔을 리가 없다. 이것은 예수가 다윗의 후손이 되려면 베들레헴에서 태어나야 함으로 예수의 추종자들이 꾸며낸 이야기다.

예수의 제자들이 복음서를 거짓으로 기록했다는 주장은 새삼스러운 것이 아니다. 이미 슈바이처나 다른 자유주의 학자들이 오래 전부터 주장해온 케케묵은 억설(臆說)이다. 그런데, 그 주장이 과연 타당한 주장인지 곰곰이 생각해보면 이해가 안 되는 사실이 나타난다. 예수의 제자들이 만약 거짓말을 한 것이라면 그들은 역사상 가장 멍청한 사람들로 손색이 없을 것이다. 자기들이 조작한 거짓말을 지키기 위해 한 평생 핍박받고, 쫓겨 다니고, 고난당하다가 결국 하나같이 목숨을 잃었다? 이게 도대체 말이 되는가? 세상의 시각으로 볼 때, 자기들에게 이익이 되는 것이, 단 한 가지도 없는데, 그 거짓말을 위해 목숨을 내던지는 것은 말이 되지 않는다. 이 세상 그 누가 과연 그런 바보짓을 하겠는가!

복음서를 조작된 기록이라 주장하는 것도 그렇지만, 특별히 기독교의 핵심 교리 가운데 하나인 예수 그리스도의 동정녀(처녀) 탄생을 부인하고 노골적으로 예수를 사생아라고 공중파 방송에서 떠들어댄 그의 무모함에 기독교인들은 커다란 분노를 느꼈다. 물론 그의 말에 기분 좋아라 박수친 사람들도 많을 것이다. 그런데 그는 이미 그 전부터 예수가 사생아라는 주장을 책을 통해 자신 있게 주장한바가 있다.

> 마리아가 '씹'의 행위가 없이[56] 성령이나 하늘에 감하여 애
> 기를 배게 되었다라는 것은 명백한 비생물학적 거짓말이면
> 서도, 이 거짓말이 비단 〈신약성서〉에 뿐만 아니라 세계의
> 모든 고대 탄생설화에 공통으로 나타나고 있다는 사실은 이
> 러한 설화를 꾸밀 수 있는 지능을 가진 고대 지성인들의 음
> 모의 공통성 보편성을 엿보게 하는 것이다.[57]

처녀 탄생이 고대 세계의 공통적 설화일 뿐이라는 허무맹
랑한 이야기를 하는 김용옥에 대해 기독교계가 불쾌한 반응을
보이고 있을 때, 뜻밖에도 그에게 유리한 사건이 발생했다. 천
주교 김수환 추기경이 김용옥의 KBS 강의에 특별 출연한 것
이다. 김 추기경은 천주교의 인간관은 천(天, 하늘)을 인정하고
천명(天命, 하늘의 명령)을 따름으로써 군자가 될 수 있다는 공자
의 가르침과 상통한다고 말했다. 천주교인은 물론 타종교인과
비종교인까지도 존경해 마지않는 추기경이 우호적으로 자신
을 대해주는 모습이 방송을 탔으니 그 일이 김용옥에게 엄청
나게 커다란 격려가 됐을 것은 당연한 일이다.

---

56 지나치게 노골적인 표현이라서 지면에 옮기기가 조심스럽지만, 김용옥은 예수와 기
   독교에 대해서 이보다 더한 글도 쓴 바가 있기에 이 정도는 양호하다고 할 것이다.
57 김용옥, 『여자란 무엇인가』, 통나무, 125쪽

김용옥은 예수 동정녀 탄생 기사가 마가복음에 나오지 않는 것은 그 사건의 신빙성을 의심케 만드는 것이라고 말한다. 사복음서 가운데 가장 먼저 기록된 것으로 여겨지는 마가복음에서 예수 처녀 탄생 이야기가 다뤄지지 않으니까 그것을 믿을 수 없다는 주장은 참으로 어설프다. 그러면 김용옥은 마가복음의 다른 내용은 믿는가? 마가복음에 나오는 예수 십자가 사건과 각종 이적 행하심은 어떠한가? 다 믿는가? 최초의 복음서에 써있으니 믿을 수 있겠는가? 당연히, 김용옥은 믿지 않는다. 전혀 믿지 않는다. 결국은 아무 것도 믿지 않으면서 어설픈 이유를 갖다 붙인다.

마가에게는 예수 탄생 이야기보다 더 중요한 사건들이 많았다. 그 가운데 예수 십자가 고난 예고와 성취는 마가의 시각에서 가장 중요한 사건이었다. 마가는 그 사건을 가장 비중 있게 다루고, 다른 많은 내용은 생략했던 것이다. 마가복음은 예수의 전기(傳記)가 아니다. 예수가 구주되심을 선포하기 위해 만들어진 기록이다. 예수 동정녀 탄생 사건이 비생물학적 사건이라서 김용옥은 믿지 않는다. 예수 동정녀 탄생 사건 같은 이야기가 다른 고대 설화에서도 발견되기에 김용옥은 믿지 않는다. 그가 성경을 판단하는 잣대는 명백하게 과학, 합리성 그리고 자유주다.

교회는 성황당, 예수는 무당?

사실 김용옥은 예수가 사생아였기에 위대한 인물이 되었다는 식으로 말하고 있다. 그렇다면 예수를 위대하게 봐준 것은 도대체 어떤 의미인가? 그는 이렇게 말했다. "예수는 이 세계에서 천국을 실현하고자 한 사회운동가입니다. 그 점에서 예수와 공자는 근원적 차이가 없습니다." 결국 예수의 위상은 그에게 공자 급(級)이다.[58] 그 정도면 나름 많이 봐준 것이겠지만 그것은 사실 예수를 부인한 것이고 기독교를 부정한 것이다. 어쨌거나 김용옥의 반(反)기독교 사상은 그 이전은 물론 그 후에도 자신의 책들을 통해 수차례 반복해서 드러나고 있다. 예수에 대한 그의 또 다른 인식을 살펴보자.

> 한국의 교회는 우리 민족문화사적 입장에서 볼 때 성황당의 근대적 변용으로 보지 않을 수 없다고 나는 본다. (중략) 오늘 한국 기독교의 샤머니즘적 현상을 한국 기독교인의 타락이라고 한국인에게만 책임을 물을 것이 아니라 기독교 자체가

---

58 김용옥은 '도올의 논어 이야기'에서 예수만 사생아라고 한 것이 아니라 공자 역시 사생아라고 말했다. 이 점에 대해 유생들이 역시 비난을 했다. 혹자는 김용옥이 공자의 출생에 대해 오해를 한 것이라 말한다. 즉, 공자는 적장자(嫡長子)가 아닐 뿐 사생아는 아니라는 것이다. 공자의 부친이 대를 이을 정상아를 낳기 위해 일부러 시골의 젊은 여인을 취한 것이지 어쩌다보니 우연히 실수로 공자를 낳은 것이 아니라는 말이다.

책임을 지고 그 문제를 양심적으로 정직하게 해결해 나가야 한다고 본다. 불트만이 말한 대로 예수의 자기 이해가 신화적 구조 속에서 이루어졌다면 예수는 무당이다.[59]

김용옥은 자신의 신학적 토대가 무엇인지를 솔직하게 드러낸다. 불트만이 누구인가? 성경에 있는 비합리적인 요소를 제거하려는 (일명 비신화화) 작업을 통해 인간 예수의 참 모습을 찾아내겠다고 난리를 친 신학자 아닌가! 자신의 이성으로 이해되지 않는 모든 성경 내용을 잘라내어 버리고, 다만 사실이 아닌 것들이라도 그 의미는 중요하다며, 새로운 신학을 창출해낸 사람이 바로 불트만이다. 그에 의하면, 예수의 이적은 진짜가 아니지만, 그것이 기록된 의미가 있다. 예수의 부활은 사실이 아니지만, 그렇다고 믿으면 그것은 믿는 자에게는 진리가 된다. 성경 말씀은 하나님의 말씀이 아니지만, 그렇다고 인정해야 신앙의 능력이 나타난다. 이것이 바로 '진실은 아니지만, 의미는 있다'는 불트만의 신학 방법이다. 완전히 뺨 때리고 얼러주는 격이다. 불트만의 신학은 온전한 신앙을 토대로 한 것이 아닌데, 이 불트만이 바로 김용옥의 사상적 토양을 제공해준 인물 가운데 하나다.

김용옥에게 교회는 현대적으로 업그레이드된 성황당이고,

---

59 김용옥, 『절차탁마대기만성』, 통나무, 145쪽

예수는 업그레이드된 무당일 뿐이다. 예수는 인간의 고통과 번뇌와 슬픔을 덜어주는 역할을 하는 서양 무당일 뿐이라는 것이 그의 생각이다. 예수가 무당이기에 기독교는 그냥 샤머니즘일 뿐이다. 물론 김용옥은 기독교만이 아니라 모든 종교가 원초적으로 다 샤머니즘이라고 말한다. 그런데 그 가운데 기독교가 대표적으로 잘 자리 잡은 샤머니즘이라는 것이다.

> 기독교 선교사 200년을 통해 일관된 가장 거대한 주제는 역시 이 땅의 샤머니즘과의 해후며, 이 해후 속에서 대면하지 않을 수 없는 온갖 마찰과 융합의 문제들이다. (중략) 야소(예수)는 인민대중에게 있어선 센[60] 무당, 센 신령, 그래서 딴 귀신들이 꼼짝 못하는 그러한 센 자라는 이상의 의미를 가지고 있지 못하다.[61]

모든 종교가 샤머니즘적 요소를 가지고 있다는 김용옥의 말은 틀린 말은 아니다. 기독교 역시 예외가 아니다. 그러나 기독교를 고등한 샤머니즘이라고 말하는 것은 틀렸다. 샤머니즘적 요소가 '있다'는 것과 샤머니즘 '이다'는 같은 의미가 아니기 때문이다. 샤머니즘의 가장 큰 요소는 '신(神)을 부리는

---

60 원문에는 '센'이 아니라 '쎈'으로 돼있다. 여기서는 표준어인 '센'으로 바꾸었지만, 원문의 의도를 살리기 위해 발음을 '쎈'으로 하는 게 좋겠다.

61 김용옥, 『나는 불교를 이렇게 본다』, 통나무, 97-98쪽

것'이다. 그런데, 기독교의 신은 인간이 부릴 수 있는 존재가 아니다. 하나님이라고 하는 기독교의 신은 결코 인간의 의지나 소원대로 컨트롤 되지 않는다. 그것은 성경을 조금이라도 읽어보면 금방 파악되는 사실이다. 하나님은 절대 주권적 존재이기에 인간이 하나님을 타 종교 신처럼 즉 우상처럼 취급하려다 혼난 적이 어디 한두 번이었는가! 그러므로 김용옥이 기독교를 샤머니즘의 고등 형태라고 파악한 것은 기독교를 몰라도 한참 모르고서 하는 말이다.

다른 귀신들이 예수의 이름 앞에서 굴복하는 것은 예수가 상대적으로 힘이 '센 자'라서가 아니다. 예수는 창조주인 하나님이고 귀신은 타락한 천사 즉 피조물이기에 그렇게 되는 것을 김용옥은 알지 못한다. 동양철학자인 그에게 신이란 없는 것이기 때문이다.

나에게 있어서 종교란 신(神)이 주인공은 아니다. 종교의 주인공을 신으로 보는 한 동양의 종교는 이해될 수 없는 것이다.[62]

김용옥은 하나님을 믿는 종교가 자기들만의 주관적 절대성일 뿐이지 모든 종교는 서로 상대적 절대성을 가질 뿐이라고 말한다. 절대성을 부정하는 포스트모더니즘의 적자(嫡子)답

---

62 김용옥, 『여자란 무엇인가』, 통나무, 78쪽

게 하나님과 예수에 대한 절대 신앙은 자기들만의 주장일 뿐이라고 김용옥은 아주 간단히 기독교 신앙을 무시해버린다. 그는 사생아로 태어난 예수가 역사 속 위대한 인물로 자리매김 한 것은 유리겔라 같은 센 마술사가 되었기 때문이라는 황당한 주장을 하기도 한다.

> 우리가 예수를 역사적으로 실존인물이라고 상정할 때에 그 실존인물인 예수, 즉 생물학적 조건이 나와 같은 어떤 사람 예수는 분명 유리겔라보다는[63] 좀 더 센 마술의 인간이었음에는 틀림이 없을 것이다.[64]

김용옥의 예수 인식은 종합적으로 말하면 이렇다. 예수는 사생아로 태어나서 마술사적 능력을 발휘하는 아주 센 무당이 되어 사회 운동에 앞장선 인물인데, 이는 중국의 공자와 비견될 수 있다. 이것이 자칭 우주적인 보물이 파악한 예수다.

---

63 세계적으로 유명한 이스라엘의 마술사
64 김용옥, 『나는 불교를 이렇게 본다』, 통나무, 111쪽

현각, 쇼펜하우어를 통해 불교에 입문한 로마 가톨릭 신자

숭산 스님의 제자로서 우리나라 선불교를 계승하고 이를 국제화하는데 앞장서고 있는 현각 스님은[65] 자신의 책에서 영적인 고뇌와 방황으로 점철(點綴)됐던 젊은 시절을 소개한다. 그는 어린 시절부터 로마 가톨릭에서 신앙생활을 했으나 제대로 된 기독교 신앙을 함양할 수가 없었다. 교회에서 성경을 배우고 가정에서 믿음 좋은 부모님과 대화해도 예수 그리스도를 알 수가 없었다. 그러던 중 그는 쇼펜하우어를 만났고 결국 그 과정을 통해 불교를 알게 된다.

> 나는 여기서 놀라운 사실 하나를 고백해야 한다. 그것은 바로 쇼펜하우어를 통해 불교를 접하게 되었다는 사실이다. 쇼펜하우어는 불교에 대해 아주 깊은 존경심을 갖고 있었다. (중략) 그는 정말 자주, 강하게, 깊이 이른바 불교라는 것에 대해 찬사를 보내며 불교가 이 세상에서 가장 위대한 가르침이라고 했다.[66]

쇼펜하우어는 인생 후반기로 갈수록 불교에 점점 더 심취

---

65 미국인으로서 본명은 폴이고 예일대와 하버드대를 나왔다.

66 현각, 『만행 하버드에서 화계사까지 1』, 열림원, 129쪽

했다. 그는 불교를 따로 공부하거나 심지어 불경을 읽은 적도 없지만, 자신의 철학과 불교가 서로 통한다는 점에서 대단히 만족스러워 했다. 그는 불교야말로 세상에서 가장 위대한 가르침이라고 말했는데, 이 말은 곧 자신의 철학이 또한 가장 위대한 가르침이라는 의미이기도 하다.

아무튼 현각이 기독교 신앙을 제대로 익히지 못한 것은 사실이었던 것 같다. 예수와 교회를 분리해서 생각한 것이 그 증거다. 그는 예수가 교회의 머리고, 교회는 예수의 몸이란 것을 전혀 모르고 있다. 또한 그는 예수에 대해, 진리를 깨달은 도인 정도로 여기고 있다. 예수는 진리를 깨달은 자가 아니라 진리 자체인 분이라는 것을 모르고, 세상이 흔히 생각하는 것처럼 그도 생각하는 것이다. 예수가 그냥 현자 정도 되는 인물로 여겨지면 그 다음에는 거칠 것이 없다. 세상에 현자는 많기 때문이다. 그래서 그는 쇼펜하우어를 통해 또 다른 현자인 부처를 만날 마음의 준비를 하게 된다.

얼마 후 나는 쇼펜하우어의 자서전을 읽으면서 더욱 놀랐다. 말년에 자기 책상 위에 불상을 모셔놓고 있었다는 것이었다. 나는 비로소 그를 통해 불교에 대해 관심을 갖기 시작했다. (중략) 어느 날 개신교 목사인 한 친구가 나에게 책을 한 권 주었다. 그것은 스즈키 로쉬의 『선의 마음, 초발심』이라는[67] 일본 불교 책이었다.[68]

현각은 난생 처음 접해본 불교 서적을 읽고 큰 감명을 받았다. 그 책은 불교의 기본적인 가르침을 전하고 있었다. 즉, 진리는 외부에 있는 것이 아니라 자기 안에 있는 것이며, 참선과 수행을 통해 그것을 찾을 수 있다는 내용이었다. 이미 쇼펜하우어를 통해 마음이 열려있던 어설픈 20대 로마 가톨릭 청년에게, 진리는 마음에 있는 것이라는 불교의 가르침은 충분히 매력적이었다. 기독교는 객관적으로 존재하는 예수를 진리로 믿고 또 성경을 진리의 말씀으로 받아들이는데 비해 불교에서는 마음에 숨겨져 있는 주관적인 그 무엇이 진리이기 때문에 사람들이 받아들이기가 쉽다.

생각해보라. 어떤 특정한 제삼자가 진리이니까 받아들이라는 것과 당신 안에 진리가 있으니 그것을 찾기만 하면 된다는 것, 어느 것이 과연 개인주의가 팽배한 이 시대의 사람들에게 더 설득력이 있겠는가? 진리를 찾기에 갈급해하는 이 젊은이에게 불교 책을 건네준 사람은 다름 아닌 목사인 친구였다. 목사가 친구를 불교에 귀의시켰다! 물론 그 친구 목사는 그것이 어떤 의미인지 전혀 알지 못할 것이다. 그 자신도 이미 영혼은 불교에 귀의한 상태일 것이기 때문이다. 이렇게 기독교 성직자가 불교 포교에 앞장서는 시대가 이미 도래 했다.

---

67   원제 *Zen Mind, Beginner's Mind*
68   현각, 『만행 하버드에서 화계사까지 1』, 열림원, 130쪽

신의 죽음을 외치는 승려

그렇다면 현각은 서양의 기독교인으로 살다가 동양의 불교에 귀의(歸依)하는데 아무런 갈등을 겪지 않았을까? 어찌 보면 신기하게 그러나 어찌 보면 당연하게, 그는 아무 번뇌나 고민 없이 불교를 선택했다. 그것은 예수를 버리고 부처를 택한 것이 아니라 부처를 따르는 것은 곧 예수를 따르는 것과 다름이 아니라는 확신을 가졌기 때문이다. 물론 이 확신은 완전히 착각이지만, 어쨌든 현각은 아무 문제없이 순식간에 불자가 되었다.

현실은 그렇다 하더라도 예수님의 살아있는 가르침에 따라 평생을 살겠다는 나의 신념은 꺾이지 않았다. 그리고 이것이 나를 철학의 길로, 불교의 가르침으로 그리고 궁극적으로는 출가에까지 이르도록 한 것이다. 어떤 의미에서 보면 나는 부처님 때문에만 출가한 것이 아니라 예수님 때문에 출가한 것이라고 말할 수 있다. 예수님께서는 "진리를 찾고 싶다면 부모와 형제자매를 떠나 십자가를 지고 나를 따르라"고 하셨다.[69]

사실 성경에는 위와 같은 구절이 없다. 아마도 마가복음

---

69 현각, 『만행 하버드에서 화계사까지 2』, 열림원, 22쪽

가운데 10장 29 30절과[70] 8장 34절을[71] 섞어서 기억을 한 듯하다. 예수는 우리들이 모든 것을 버리고 예수를 따를 만한 가치가 있음을 말씀하셨다. 그런데 현각은 부처를 따르면서 그것이 곧 예수를 따르는 것이라는 주장을 한다. 이것은 궤변이며 억지다. 이러한 '자기 확신'이 세상에 넘치기에 예수는 '자기 부인'이 예수를 따르는데 필수라고 말씀하신 것이다.

저는 불교나 숭산 스님 때문에만 출가한 게 아닙니다. 진리가 우리를 자유케 하리라는 예수님의 가르침 때문에 출가한 것입니다. 진리를 어떻게 찾을 것이냐 하는 점에서 숭산 대선사의 가르침을 따랐을 뿐입니다.[72]

이 글은 현각이 불교에 입문하면서 부모님에게 보낸 편지의 일부분이다. 현각은 진리를 '찾는다', '깨닫는다'라는 표현을 한다. 엄격히 말해서, 기독교는 진리를 찾거나 깨닫는 종교가 아니다. 기독교는 진리이신 예수를 '믿는' 종교다. 진리

---

70 "예수께서 이르시되 내가 진실로 너희에게 이르노니 나와 복음을 위하여 집이나 형제나 자매나 어머니나 아버지나 자식이나 전토를 버린 자는 현세에 있어 집과 형제와 자매와 어머니와 자식과 전토를 백배나 받되 박해를 겸하여 받고 내세에 영생을 받지 못할 자가 없느니라"

71 "무리와 제자들을 불러 이르시되 누구든지 나를 따라오려거든 자기를 부인하고 자기 십자가를 지고 나를 따를 것이니라"

72 앞의 책 58쪽

는 어떤 가르침이나 깨달음이 아니라 예수 그리스도라는 인격체다. 성경이 말하는 진리는 영원한 생명을 주는 존재인 것이다. 그러므로 진리가 자유케 한다는 말은 예수 안에서 자유를 얻는다는 말이다. 죄와 죄책으로부터의 자유, 악과 두려움으로부터의 자유, 연약함과 무지함으로부터의 자유가 예수를 믿음으로 말미암아 주어진다는 의미다. 그런데 진리이신 예수를 믿지 않는 사람들은 자기 나름대로 '자유롭게' 진리를 생각한다. 그리고 진리가 주는 자유를 또한 '자유롭게' 생각한다.

현각이 졸업한 예일대학과 하버드대학은 그 교훈이 각각 '빛과 진리'와[73] '진리'다.[74] 신학교로 시작한 두 대학이므로 처음에 그 교훈을 정한 사람은 진리이신 예수를 염두에 두고 그렇게 교훈을 지었을 것이다. 그러나 지금은 진리란 단어가 예수를 의미한다고 생각하는 사람들이 과연 얼마나 될까? 단언컨대 정말로 소수일 것이다. 그 두 학교는 더 이상 예수를 '향한' 학교가 아닌 그냥 세상에 우뚝 선 학교 일 뿐이다. 그러나 세상의 인정과 사람들의 호응과는 상관없이 진리는 오직 하나뿐이다.

기독교 신앙인이었음에도 현각이 아무 것도 주저하지 않고 불교에 입문하게 된 것은 일종의 군중심리가 작용한 듯하

73　*Lux et Veritas* (라틴어)

74　*Veritas* (라틴어)

다. 그는 불교에 심취해 있는 세계적인 스포츠 스타들과 헐리웃 영화배우들의 이름을 나열하며 자기가 선택한 것을 이미 다른 유명인들도 선택했노라고 말했다. 그들이 들어간 세계로 자신이 들어가는 것이 잘못되거나 이상할 것 없다는 자기 암시가 엿보인다. 하긴 그런 마음이 들 정도로 불교에 입문한 유명인들의 면면은 참으로 대단한데 마이클 조던, 리처드 기어, 키아누 리브스, 해리슨 포드, 톰 행크스, 브래드 피트, 윌리엄 데포, 맥 라이언, 스티븐 시걸, 에디 머피, 우피 골드버그, 우마 서먼, 마돈나, 티나 터너, 레너드 코헨, 올리버 스톤 등이 있다.

세계적인 스타들이 불교에 입문하는 것은 새삼스러운 일이 아니다. 범인(凡人)처럼 뭔가에 의지하고 싶어 하는 것은 그들도 똑같다. 마음껏 의지할 수 있으면서도 삶을 구속(拘束)하지 않는 종교인 불교가 현대인에게 어필하는 정도는 참으로 대단하다. 어디 그들뿐이겠는가? 불교의 확장은 바야흐로 전 세계적인 현상이다. 현각은 프랑스와 스페인 그리고 이탈리아와 독일 같은 유럽에서 불교 신자들의 수가 엄청나게 늘어가는 추세라고 자랑스럽게 말한다. 프랑스만 하더라도 몇 년 후에는 불교가 가톨릭과 이슬람교 다음으로 신자가 많은 종교가 될 것이라고 한다.

부처의 가르침이 서양에 전파된 결과 무슨 일이 발생했는가? 신이 죽었다! 목사의 아들인 니체가 앞장서서 신의 죽음을 선포하고 다녔는데, 이 시기는 동양의 신비한 사상인 불교가 서양에 본격적으로 전파되기 시작한 시기와 일치한다. 니체는 짜라투스트라의 입을 통해 이렇게 말했다. "저 늙은 성자는 그의 수풀 속에서 신이 죽었다는 소식을 아직도 듣지 못하고 있구나!"[75] 그는 또한 이런 말도 했다. "내가 창조한 이 신은 다른 모든 신과 마찬가지로 인간의 조작이며 인간의 망상이었다. 그 신은 인간이었다."[76]

니체가 불교에 심취한 것은 이미 알려진 사실인데, 결국 불교가 니체를 통해 기독교의 신을 몰아내는 저력을 발휘한 것으로 볼 수 있다. 과거에는 기독교가 동양으로 침투해 들어가 불교, 유교, 도교, 힌두교 같은 동양 종교를 잠식했는데, 이제는 그동안 당하고 있던 동양 종교 특히 불교가 자기 종교를 지키는 것에 그치지 않고 역으로 서양으로 침투해 들어간 것이다. 그래서 이미 복음주의 신앙에서 멀어지고, 계몽주의와 인본주의에 젖은 채, 무방비 상태로 지내던 서양의 기독교가 불교의 급습에 제대로 힘 한번 써보지 못하고 그 성벽이 무너지고 말았다. 그래서 이제는 승려가 신을 죽여야 한다고 당당하게 외쳐도 누구하나 반박하지 않는 희한한 시대가 되고 말았다.

---

75   니체, 『짜라투스트라는 이렇게 말했다』, 청목문화사, 10쪽 ─ 짜라투스트라가 30살에 산에 올라가서 10년 동안 도를 닦은 후 내려오다가 성자 노인을 만난 후 헤어지면서 하는 말이다.

76   앞의 책 32쪽

당신의 신을 죽일 수 없다면 신을 진정으로 이해하지 못한 겁니다. 진정한 신은 이름도 형태도 없으며 어떤 이야기도 하지 않습니다. 많은 사람들은 자신의 마음속에 자신만의 신을 만들기 때문에 진정한 신을 이해할 수 없습니다. 당신의 신을 죽여야 진정한 신을 이해할 수 있습니다. 그래야 비로소 기독교와 선불교가 하나가 되는 것입니다.[77]

스승은 '신을 쏴라'고 가르치며, 제자는 '신을 죽여라'고 가르친다. 현각은 아무 것도 없는 빈 마음을 말하지만, 그 빈 마음이 되는 것은 불가능하다는 것을 그는 모른다. 사람의 내면은 비어 있을 수가 없다. 하나님이 그렇게 만드셨기 때문이다.

사람의 내면은 원래 하나님의 영으로 가득차야 행복해지도록 만들어졌다. 그런데 사람이 하나님이 아닌 다른 것으로 그것을 대치시켰다. 그래서 사람은 가지고 가져도 참된 행복이 없는 것이다. 그것을 깨달은 현자들이 소유는 행복의 절대 조건이 아니라고 말한다. 그래서 종교인들은 비우라고 말하는 것이다. 그러나 비워도 마찬가지다. 그 비운 자리에 다른 것이 순식간에 쳐들어오기 때문이다. 사람의 영혼은 하나님으로 채워져야 한다. 그래야 진정한 행복을 얻을 수 있다.

---

77   현각, 『만행 하버드에서 화계사까지 2』, 열림원, 157쪽

청담, 기독교와의 혼합도 싫어한 독실한 불심(佛心)

신을 죽임으로써 불교와 기독교가 하나가 되는 길을 현각 스님이 제시했다면, 기독교는 아예 상종할 가치가 없는 종교로 생각하고 배타적으로 기독교를 대한 승려가 바로 청담 스님이다. 청담 스님은 불교의 참 모습을 지키기 위해 헌신한 것으로 알려져 있다. 그래서 우선 자신이 근검절약의 본을 보였고, 불교 내의 잘못된 인습을 고치고, 부처님의 가르침을 제대로 전수하려고 노력했다. 혹자는 성철 스님이 참 수도승의 모습을 보여주는데 힘썼고, 청담 스님은 불교의 정화에 앞장섰다고도 말한다. 불교다운 불교를 주장했던 스님답게 청담은 기독교의 교리가 잘못됐다는 점을 매우 강한 어조로 비판하는데 주저하지 않았다.

왜 복숭아를[78] 보기 좋게 만들어 놓고는, 또 따먹지 말라는 소리만 안 했어도 안 따먹을 게 아닙니까? 따먹지 말라는 말을 해서 천진한 동심에 호기심을 불어넣어 주었으니 따먹지 말라는 소리가 따먹으라는 소리입니다. 그리고 자기가 만든 아들을 말 안 들었다고 벌을 주었습니다. 어디 예수만 독생자입니까? 우리도 어머니 뱃속에서 나온 독생자 아닙니까? 자기 손으로 일 저지르도록 만들어 놓고 일을 저질렀다고 해서 지옥에다 가둬놓고 영원히 못나오게 한다면 그것도 말이

안 됩니다.[79]

도대체 하나님은 선악과를 왜 만들어서 사람을 시험에 들게 했느냐는 것이다. 또한 자기 말 안 듣는다고 지옥으로 협박하는 신은 예수이건, 하나님이건 잘못됐다는 것이다. 이 글이 들어 있는 책의 첫 장 제목이 '절대 신은 어떻게 죽었는가'이다. 청담에게 있어 기독교의 절대 신은 너무나 불합리한 존재이기 때문에 살아있는 신일 수가 없다. 그래서 죽은 것이다. 그에게 있어 절대 신은 '죽었다'기 보다는 원래부터 '죽어있는' 상태다.

많은 사람들이 청담과 같이 선악과 질문을 한다. 왜 하나님은 그것을 만들었을까? 아주 간단하게 말하자면, 선악과는 '보이지 않는 하나님을 기억하게 만들어 주는 보이는 하나님의 상징'이다. 보이지 않는 것을 기억하지 못하고 믿지 못하는 피조물의 속성을 잘 알고 계신 하나님이 인간을 위해 하나님을 잘 기억하도록 만들어 놓으신 것이다. 그래서 선악을 알게 하는 나무가 위치한 곳이 동산 중앙이었다. 눈에 잘 띄는 곳에 그 나무를 배치한 것이다. 보이는 상징인 선악과를 건드렸으므로 그것은 곧 하나님의 권위를 무시한 것이며 불순종이라는 죄를 지은 것이다.

78 성경은 선악과를 복숭아 또는 어떤 특정 과일이라고 말하지 않는다.
79 이청담, 『청담스님 수상록』, 동천사, 32쪽

청담은 흔히 세상 사람들이 말하듯이 말하고 있다. 그런 절대 권위를 가진 존재가 싫다는 것이다. 기독교는 그런 절대 권위자를 믿는 종교이고 불교는 자기 자신이 곧 신이라는 종교다. 물론 공식적으로 불교는 신을 믿지 않지만, 자기 안에 신이 있다는 것과 자기가 신이라는 것은 다른 말이 아니다. 청담은 불교의 가르침에 매우 충실하여 신도 부정하고, 절대 개념도 부정하고, 오직 마음만이 영원하다고 말한다.

불교의 정신은 어떤 형식이나 내용에 의해서 절대불변의 것으로 규정된 것이 아니고 형식화된 그런 것이 아닙니다. 불교에서는 신도 부정하고 물질도 부정하고 오직 말하면 듣고 무엇을 생각하고 하는 이 마음자리만을 영원한 실재로 봅니다. 이 마음만이 참나(眞我)고 우주의 주인공이고 진리라는 것입니다.[80]

사람의 마음만이 진정한 자기이고 우주적 진리라고 말하는데 이것은 선승(禪僧)이라면 누구나 하는 말이다. 그런데 같은 책에서 청담은 그 마음에서 나오는 것들은 다 헛것이라고 말하고 있으니 도대체 마음이 진짜라는 의미인지 가짜라는 의미인지 애매하다. 마음은 진짜인데 거기서 나오는 것은 가짜

라는 의미로 말하는 것 같기는 한데 도무지 갈피가 잡히지 않는다.

> 마음이 내는 현상계는 다 거짓말이고 꿈입니다. 부처도 꿈이고 예수도 공자도 다 꿈이고 지구 태양이 다 꿈입니다. 오직, 이 마음만이 전능한 주인공으로서 모든 것을 만드는 실재고 주재자입니다.[81]

> 불교 이외의 다른 이론들은 다 완전무결하다고 할 수 없습니다. 예수교의 사랑만 해도 한계가 있는 사랑이고 자기한테 국한되어 있는 사랑이지 한계 밖에는 한 치도 못 나가는 사랑입니다. 예수 안 믿는 사람하고 예수 믿는 사람하고 만나면 부부간이나 부자간에도 서로 38선이 생깁니다. 종교가 다르면 한 집안에 살면서도 며느리하고 서로 원수가 되어서 불화가 생기는데 이것은 전적으로 기독교의 잘못입니다.[82]

불교에 대한 자신의 신념이 워낙 확고해서 청담은 오직 불교만이 완전무결한 종교적 이론이라고 선포한다. 그러면서 기독교는 교리뿐만 아니라 사랑까지도 미흡한 것이라고 말한

---

81 앞의 책 46쪽
82 앞의 책 93쪽

다. 불교다운 불교를 주장한 승려답게 타종교 특히 기독교에 대해서 조금도 타협의 여지를 주지 않는다. 그런데 청담 스님처럼 불교다움을 지키기 위해 기독교와 혼합되는 것을 극구 싫어하는 모습이 역설적으로 기독교에는 이익이다. 청담 스님과는 다르게 요즘 많은 승려들이 종교 화합을 빙자한 종교 통합을 꿈꾸고 있기 때문이다.

이것은 세계적인 고승 틱낫한의 경우도 예외는 아니다. 그는 자신이 쓴 『살아계신 붓다와 살아계신 그리스도』라는 책에서 "예수님과 부처 두 분은 인류 역사에서 가장 아름다운 두 송이 꽃이다"라고 말했다. 그는 전 세계에서 온 불자들이 함께 모여 사는 프랑스의 한 마을에서 매일 예불을 드리는 제단 위에 부처 형상과 예수의 십자가를 함께 모시고 있다. 이런 모습을 세상에서는 환호한다. 그런데 청담은 그런 시대 조류에 아무 관심을 두지 않았다. 불교는 기독교와 다르다고 선명하게 외치는 청담 스님의 말은 전적으로 옳다. 기독교는 불교와 완전히 다른 것이다. 그래서 불교와 기독교가 결국 하나가 될 수 있다고 말하는 숭산, 현각, 틱낫한 보다 청담 스님이 기독교에는 더 고마운 존재가 아닐 수 없다.

고흐 · 아인슈타인 · 록펠러 · 스티브 잡스, 불교 저변화의 증거

지난 세기에 불교가 서양에서 깊이 뿌리를 내린 것은 니체나 쇼펜하우어 같은 철학자들과 슈바이처 같은 신학자들의 영역에서만이 아니었다. 불교는 서양인들의 삶과 사고에 폭넓게 파고들었는데, 예를 들면, 화가였던 고흐나 과학자였던 아인슈타인 그리고 대재벌 록펠러 가문과 애플의[83] 스티브 잡스마저도 불교에 마음을 빼앗겼다.

가난한 목사의 아들로 태어나 한 때 탄광에 가서 성경을 가르치는 전도자의 일까지도 해본 고흐는 화가로서 명성이 더해짐에 따라 점차 기독교 신앙을 버리고 일본색체의 불교에 관심을 가졌다. 한 평생 우울하고 염세적인 기질을 버리지 못해 주변에 친밀한 관계가 제대로 없었던 고흐는 단순한 모습의 불교야말로 참된 종교라고 생각했다. 그가 동생에게 보낸 편지를 보면 그 생각이 잘 드러난다.

> 이봐, 이 단순한 일본 사람들이 우리에게 가르치는 것이 참된 종교가 아니겠는가? 자신이 그린 바로 그 꽃처럼 살아가는 사람 말이야.[84]

고흐는 삶의 중반기에 일본 불교 판화에 심취했는데, 그
것은 덧없는 자신의 인생을 불교 판화가 잘 나타낸다고 생각
했기 때문이다. 그는 또한 자신의 자화상을 승려의 모습으로
그리기도 했는데, 이는 그 자신의 내면에 들어있는 영성을 그
린 것이라 할 수 있다. 그런데 기독교를 버리고 선택한 불교마
저도 그에게 삶의 의미를 줄 수 없었는지 고흐는 결국 "까마
귀 나는 밀밭"을 마지막 작품으로 남기고 그 장소에서 권총으
로 자살했다.

자타가 공인하는 세계 최고의 천재 아인슈타인 역시 생
애 중 일찌감치 절대 신에 대한 개념을 버렸다. 유대인이자 기
독교 국가에서 교육을 받은 그는 과학을 연구하면서 절대자를
인정하지 않게 됐는데, 오히려 범신론적 우주관을 가진 불교
에 대해서는 호감을 갖게 되었다.

미래의 종교는 우주적 종교가 돼야 한다. 그동안 종교는 자
연세계를 부정해왔다. 모두 절대자가 만든 것이라고만 해왔
다. (중략) 나는 불교야말로 이러한 내 생각과 부합한다고 본
다. 만약 누군가 나에게 현대의 과학적 요구에 상응하는 종
교를 꼽으라고 한다면 그것은 '불교'라고 말하고 싶다.[85]

85   현각, 『만행 하버드에서 화계사까지 2』, 열림원, 178-179쪽.

아인슈타인은 불교가 과학적 종교라고 말한다. 도대체 불교의 교리를 알고서 하는 말인가? 비단 불교만이 아니라 어떤 고등 종교가 과학적 요구를 모두 현상적으로 만족시키겠는가? 종교는 과학보다 상위의 개념으로 존재하는 것 아닌가? 어쨌거나, 아인슈타인 같은 슈퍼스타가 불교를 우주적 종교로 치켜세우니 세상 그 누가 이 종교의 부상(浮上)에 호감을 갖지 않을 수 있겠는가!

한 때 미국 교회의 최대 후원자라고 알려졌던 록펠러 가문이 현재는 미국 내 불교 사찰의 커다란 후원자가 되었다. 미국에서 매달 수십만 부가 팔린다는 「트라이시클」이라는 불교 잡지의 재정 후원자도 역시 록펠러 가문이다. 록펠러 가문은 현재 영성이 완전히 변질되어 인본주의와 뉴에이지로 물든 기독교를 따르고 있다.

이 시대 미국에서 불교 저변화의 공신으로서 세기의 천재 스티브 잡스를 빼놓을 수 없다. 애플의 창업자 스티브 잡스는 대학에서 철학을 전공하다 중퇴한 후 히피차림으로 인도에 영적 순례를 다녀왔다. 그 후 결혼을 했는데, 그때 주례는 일본 선불교의 선사였다. 그가 회사 이름을 애플이라고 지은 것도 자신이 오리건 주에서 선불교 수행을 하던 장소였던 사과농장을 연상하여 지은 것이다.

잡스는 정기 검진 중 우연히 자신이 췌장암에 걸렸다는 것을 알게 됐다. 불행히도 암 중에서 완치율이 낮고 고통도 심한 췌장암에 걸렸지만, 다행히 그의 암은 초기 단계였고, 췌장암 중에서도 가장 완치가 잘되는 유형의 암이었다. 그런데 뜻밖에도 잡스는 병원에서의 치료를 거부하고 자기 나름대로의 치료를 선택했는데, 그것은 채식, 침술, 약초 같은 민간요법과 불교식 심령술이었다. 이런 치료 방법이 아무 효과가 없다는 것이 판명되어 그는 뒤늦게 수술을 받았지만 암이 간으로까지 전이되어 더 이상 손쓸 수 없게 됐다.

잡스가 불교도인 것은 우리나라에도 잘 알려져 2012년 그가 죽었을 때 조계종은 스티브 잡스가 "선불교의 정신으로 IT산업의 새 미래를 선도했다"면서 고인의 극락왕생을 기원하기도 했다. 불교와 IT, 선(禪)과 아이폰(iPhone)은 왠지 어울리지 않는 것 같지만, 혹자는 잡스를 불교철학과 미국식 자유분방함이 만들어낸 인물이라고 파악한다. 그가 불교 신자였다는 사실을 수많은 미국인들이 그의 자서전을 통해 알고 있고, 그 덕분에 미국 불교에 대한 호감도가 한 층 더 높아졌음을 부인할 수 없다.

마음을 '믿는' 자 vs. 마음을 '맡기는' 자

2012년 석가탄신일을 맞이해서 "다르마"라는 프로그램이 TV에서 방송됐다. 이 프로그램에 나오는 핵심 등장인물이 불교의 핵심 가르침이 무엇이냐는 어떤 승려의 질문에 "이 세상은 다 변한다는 것"이라고 답해주었다. 그 프로그램은 또한 고려팔만대장경을 압축하고 압축해서 한 글자로 표현하면 마음 '심'(心)이 된다고 묘사하였다. 이런 것 때문에 불교를 종교가 아닌 철학이라고 말하는 사람도 있다. 그러나 불교는 나름 이 세상과 인생의 문제를 진단했지만 답을 내놓는 것에는 실패했다. 사실 이 세상이 변하는 것은 성경이 이미 선포하고 있는 것이기도 하다.

> 이미 있던 것이 후에 다시 있겠고 이미 한 일을 후에 다시 할지라 해 아래에는 새 것이 없나니 무엇을 가리켜 이르기를 보라 이것이 새 것이라 할 것이 있으랴 우리가 있기 오래 전 세대들에도 이미 있었느니라[86]

모든 것은 다 변한다. 맞다. 그러나 오직 하나 변하지 않는 것이 있다. 바로 하나님이다. 불교는 변하는 세상을 통찰하기는 했지만 영원히 변함없는 하나님을 알지 못한다. 이것이 한계다. 이 세상만사가 마음으로 귀결된다는 불교의 가르침 역시 맞는 말이지만, 그 마음이란 것이 다른 것과 마찬가지로 아니 다른 모든 만물보다도 더 부패한 것이라는 것을 불교는 인정하지 않는다.

만물보다 거짓되고 심히 부패한 것은 마음이라 누가 능히 이를 알리요 마는[87]

불교는 사람이 마음을 스스로 다스릴 수 있다고 믿고, 마음을 통해 생명과 구원과 극락을 얻는다고 가르친다. 마음이 현대 불교의 핵심이 되었으므로, 다른 모든 종교에서 마음의 가치를 높이는 자들은 물론 심지어 종교가 없는 사람들 중에서도 마음의 가치를 아는 자들과 얼마든지 상통할 수 있는 것이 바로 불교다. 이들에게 있어 마음의 가치를 제대로 인정하지 않고 인간의 부패한 속성과 영혼의 죄성을 강조하는 기독교는 그야말로 이해할 수 없는 신앙인 것이다.

2004년에 있었던 한 설문 조사는[88] '마음'이 불교의 핵심 요소라는 점을 잘 보여준다. '신앙생활을 하는 이유가 무엇인가'라는 질문에 '구원과 영생을 위해서'라고 답한 것이 개신교 신자가 45.5퍼센트인데 비해 천주교 신자와 불교 신자는 각각 14.3퍼센트와 1.1퍼센트였다. 그리고 '마음의 평안을 얻기 위해서'라는 답은 개신교 신자 37.2퍼센트, 천주교 신자 73.2퍼센트, 불교 신자가 74.0퍼센트로 나왔다. 이 수치는 이미 동양

---

86 전도서 1장 9-10절
87 예레미야 17장 9절
88 한국교회미래를준비하는모임(한미준)과 한국갤럽이 전국 6대 도시의 만 18세 이상 성인 남녀 6,280명을 대상으로 "한국인의 신앙의식"을 조사한 것이다.

종교화의 색채가 짙은 천주교가 마음의 종교로 바뀐 것을 증명하고 있지만, 무엇보다도, 불교야말로 마음의 종교라는 것을 잘 보여주고 있다.

그런데 이렇게 마음의 평안을 종교의 핵심으로 여기는 현상은 개신교 안에서도 날로 더 심해지고 있다. 2012년에 실시된 또 다른 조사는[89] 개신교 신자들이 신앙생활을 하게 된 원인으로 '마음의 평안을 위해서'(38.8퍼센트)가 '구원(영생)을 얻기 위해서'(31.6퍼센트)를 제치고 1위를 차지했음을 보여준다. 이 결과는 비록 천주교에 비해서는 약한 편이지만, 머잖아 개신교 역시 천주교처럼 불교화의 길을 가게 될 것임을 암시하는 것이다.

불교와 도교 같은 동양 종교는 사람이 스스로 마음을 다스릴 수 있고, 그럼으로써 인류의 보편적 소망인 구원, 해탈, 영생, 득도, 깨달음에 이를 수 있다고 믿는다. 그러나 기독교는 그 마음을 사람이 결코 다스릴 수 없음을 말한다. 그 마음을 오직 하나님이 다스리시도록 자신의 주권을 그 분께 내어드리는 것이 참된 신앙이라고 믿는다. 자신의 마음을 자신이 다스릴 수 있고 또한 그렇게 해야 한다고 믿는 기독인은 그러므로 사실은 동양사상을 따르는 사람이지 진짜 기독인이 아니

---

89 글로벌리서치가 한국기독교목회자협의회(한목협)의 의뢰를 받아 전국 7대 도시의 성인 2,000명을 대상으로 2012년 10월 8일~11월 8일에 일대일 개별 면접으로 조사한 "한국인의 종교생활과 의식조사"다. 좀 더 자세한 사항은 제10장에서 다룬다.

다. 복음주의 설교자로 유명한 마틴 로이드 존스 목사의 말을
기억하라.

내가 진짜 크리스천인지 아닌지를 알아볼 수 있는 방법 중의
하나는 바로 이것입니다. 내가 나의 본성을 미워하고 있는지
아닌지의 여부입니다.

제 5 장

일탈적 포스트모더니즘

뉴에이지

"너의 뜻대로 살라"

사탄교를 아는가? 하나님을 대적하고 사탄을 예배하며 그에게 영혼을 바쳐 충성하는 사람들이 실제로 존재한다. 그들은 기독교의 예배와 의식(儀式)을 변형시킨 자신만의 신앙 체계가 있으며, 그 내용은 악마적이며 오컬트적이다.[1] 지금도 그들은 갓난아기를 죽여 사탄에게 희생 제물로 바치고[2] 각종 주술을 통해 사람들을 현혹시키는데, 구약 시대에나 있을 법한 이러한 일들이 미국과 같은 기독교 국가 한복판에서 비밀리에 행해지고 있다. 그런데, 이 사탄교의 계율 중 제1계명이 뭔지 아는가? 바로 "너의 뜻대로 살라"다. 사람이 자기 마음대로 사는 것이 최고의 행복이라는 거짓말을 사탄은 최대한 활용하고 있다. 그리고 이 거짓말을 구체적으로 세상에 적용시킨 사조(思潮)가 바로 뉴에이지(New Age)다.

문자적으로 '새 시대'를 의미하는 뉴에이지는 이미 한 세기 전부터 이 시대의 주류 사상으로 등장하였다. 뉴에이지를 종교적으로 추앙하고 있는 자들에 의하면, 과거 2천년 동안은 점성술이 말하는 '물고기자리' 시대였는데, 지금은 '물병자리'

---

1 occult, 과학적으로 해명할 수 없는 신비하고 초자연적인 현상
2 필자는 미국 풀러 신학교 유학 시절, 찰스 크래프트 교수의 강의 중에 사탄교의 인신공양(人身供養)을 위해 돈을 받고 임신을 하여 자신의 아기를 팔아넘긴 십대 소녀에 대한 동영상 자료를 보았다.

시대로 바뀌었다는 것이다. 주지하듯이, '물고기'는 초기 기독교 시절부터 교회의 상징으로 인식되어 왔다. 이는 물고기가 고대 헬라어로[3] '익투스'인데 그 글자는 '예수 그리스도 하나님의 아들 구세주'의 머리글자로 만들어졌기 때문이다. 뉴에이지 추종자들은 이러한 기독교의 물고기자리 시대가 무질서, 혼돈, 어둠의 시대였는데, 물병자리 시대는 사랑, 평화, 빛, 깨달음의 시대라고 말한다.

이제 새로운 천년을 시작한지 얼마 되지 않은 지금, 기독교의 영향력과 위상은 나날이 추락하고 있고, 대신 종교가 아닌 사상이 종교의 자리를 빼앗아가고 있는데, 그것이 바로 뉴에이지다. 뉴에이지는 이 책에서 다루는 모든 반(反)기독교 사상과 밀접하게 연관돼 있는데, 특별히 문화와 예술 그리고 엔터테인먼트의 영역에서 그 영향을 급속도로 확산시키고 있다.

뉴에이지의 핵심 사상은, 한 마디로, 사람이 신(神)이라는 것이다. 그러니까 하나님 같은 신을 찾지 말고 스스로 신이 되라는 것이다. 뉴에이지는 사람이 각자 신이므로 서로에게 자신의 신을 강요하면 안 된다. 모든 것은 다 상대적이므로 절대적인 그 무엇을 내세우면 안 된다. 절대적인 신은 '절대로' 없고 모두 상대적인 신이므로, 기독교의 신은 폐기 대상으로 여겨진다. 물론 '죄'와 '구원' 역시 상대적인 의미다. 이러한 주장

---

3   희랍어, 그리스어와 같은 말

주제	기독교	뉴에이지
시작	예수 그리스도, 그의 사도와 제자들, 기원후 1세기, 이스라엘	동양 신비주의, 힌두교, 이방 종교, 1980년대 이후 대중화
경전	구약성경, 신약성경	기독교 · 힌두교 · 불교의 경전, 점성술 · 신비주의 · 마술 관련 책
신	삼위일체(성부-성자-성령) 하나님, 창조주, 구원자, 심판자, 영원불변, 무소부재, 전지전능, 사랑과 공의의 인격체	모든 것과 모든 사람이 신, 신은 인격이 아닌 힘 또는 원리, 사람은 무한한 내적 능력을 갖고 있으므로 그것을 발견해야 함
예수	삼위일체 하나님의 제2위, 완전한 사람이자 완전한 신, 동정녀 탄생, 십자가 죽음과 부활, 승천과 재림, 유일한 구원자	신이나 구원자가 아닌 영적 스승, 육체로 부활을 한 것이 아니라 더 고차원적인 영적 세계로 들어간 것, 누구나 예수처럼 신적 능력을 발휘 가능
성령	삼위일체 하나님의 제3위, 진리의 영, 예수 그리스도의 영	일종의 정신력, 사람은 영적 존재와의 접촉 같은 심령술을 경험할 수 있음
구원	인간의 행위가 아닌 하나님의 은혜로, 인간의 죄를 대신해서 죽었다가 부활하신 예수를 인격적으로 믿음으로써 구원받음	선한 업보(카르마)로 악한 업보를 단절시켜야 함, 명상, 깨달음 또는 영혼의 인도자를 통해 초자연적 능력을 체험할 수 있음, '중생'이란 용어 사용함
내세	모든 사람이 육체적으로 부활한 후 최후의 심판이 있음, 신자는 천국(영생), 불신자는 지옥(멸망)	신과 합일이 될 때까지 윤회함, 부활체로서의 영생은 없음, 문자적 천국과 지옥 없음
기타	교회, 예배, 세례, 성찬, 전도, 구제, 기도	요가, 명상, 점성술, 최면술, 황홀경, 타로(tarot)점(占), 강신술

〈표- 기독교와 뉴에이지의 핵심 주제〉

속에서 '관용'의 가치는 부각되고, 모든 종교와 사상과 가르침이 다 '진리'라고 인정하는 것이 관용을 제대로 아는 사람의 바람직한 태도가 된다. 그래서 기독교의 비관용적 태도와 독선적 진리관은 시대적 흐름에 맞지 않으므로 비판받는다.

뉴에이지는 성경의 가치를 다른 종교 경전 수준으로 여기므로 당연히 그 세계관이 성경적 가치와 첨예하게 차이가 나는데, 기독교의 핵심 주제에 대해서 뉴에이지가 말하는 것을 요약해서 살펴보면 〈표-기독교와 뉴에이지의 핵심 주제〉와 같다.[4]

인격적 절대 신을 배격하는 잡탕 신론

뉴에이지는 유일신 혹은 절대 신을 부정하면서 동시에 세상 모든 것이 신이고 세상 모든 것에 신이 들어있다는 범신론을 주장한다.

내가 느끼기로는 우리의 존재 영역이, 상식적이고 단순히 '이해할 수 있는' 세계로부터 전혀 다른 존재의 차원으로 돌입하는 것 같다. … 우리가 물질계에 속하는 것보다는 이 차원에 속하는 것이 보다 친숙하게 느껴진다. 이상의 세계는

---

4 『*Rose Book of Bible Charts, Maps & Time Lines*』, Rose Publishing, 168-171쪽 (필자 번역)

본래 친숙하게 느껴지는 법이다. … 나는 이런 우주의 보다 높은 차원을 신이라고 하겠다.[5]

이는 윌리엄 제임스라는[6] 철학자가 한 말인데, 그는 우주적인 그 무엇을 신이라고 간주하고 있다. 물론 이것은 인격적인 절대 신을 믿고 있는 기독교와는 절대 양립할 수 없는 사상이다. 그런데 한국의 목회자 중에는 이러한 우주적 그 무엇이 하나님이라는 사상에 동조하는 이들이 있다.

(이 우주엔 꽉 차 있는 어떤 기운이 있는데) 저는 그 근원적 에너지를 성서가 말하는 '사랑의 에너지'로 이해할 수 있지 않을까 생각해 봅니다. 창세기 첫 장 첫 구절에서 "태초에 하나님이 천지를 창조하시니라"고 신앙 고백적으로 선언하였고, 그 하나님은 신약성서 목회 편지 속에서 "하나님은 사랑이심이라"(요일4:8)고 선언하기 때문입니다. 태초에 하나님이 만물을 창조하셨다는 말씀은 태초에 천지만물이 사랑의 에너지(근원적 에너지)에 의해 창조되었다는 의미로 생각할 수 있지 않을까요?[7]

강원용 목사에게 하나님은 우주적 에너지다. 말씀(Logos)

---

5   매릴린 퍼거슨, 『뉴에이지 혁명』, 정신세계사, 484쪽
6   실용주의 철학을 확립한 미국의 철학자 겸 심리학자

이자 삼위일체로 존재하며 인간들과 교제하는 인격적 하나님이 아니라 그냥 우주의 에너지라는 형이상학적 존재일 뿐이다. 강 목사는 과학을 신봉하여 진화론을 수용하며 이것을 창조론과 조화시키려는 시도도 하였는데, 이러한 우주적 에너지 개념이 바로 그러한 진화론적 사고의 결과인 것이다.

강 목사처럼 비인격적인 신 관념을 내세우는 사람들이 이 시대에는 종종 있다. 예를 들면, 철학자 하이데거는 '존재'(Being)를 하나님으로 지칭하고, 시인 김지하는 '생명'(Life)을 하나님으로 생각하고, 샤르댕과 화이트헤드 같은 과정신학자들은 '생성'(Becoming)을 하나님의 자리에 올려놓는다.

어디 이들 같은 인본주의자들만 그러한가? 혼합주의에 빠져있는 미국의 노먼 빈센트 필 목사 역시 비슷한 생각을 하고 있다.

하나님이 누구신가? 신학적으로 정의되는 어떤 존재인가? 그분은 신학으로 정의되기에는 너무 크시다. 하나님은 생명 에너지이시다. 하나님은 생명이시다. 하나님은 에너지이시다. 당신이 하나님을 당신의 숨을 통해 들이마심으로써 당신은 하나님의 에너지를 마음에 그릴 수 있게 되고 당신은 새로운 에너지로 재충전될 것이다.[8]

---

7   강원용, 『내가 믿는 그리스도』, 대한기독교서회, 54쪽

이 말은 어떤 힌두교 구루가[9] 한 것이 아니라 개신교 목사가 한 것이다. 힌두교 사상을 필 목사가 알고 있는지 여부는 모르겠지만, 그는 뉴에이지 영성에 이미 함몰돼있는 것이다. 기독교지만 실제로는 비인격적인 하나님을 주장하는 모습은 세계교회협의회(WCC)에서 흔히 볼 수 있는 일이다. 예를 들면, 1991년에 호주 캔버라에서 열린 제7차 총회에서 하버드 신학대학교의 크리스터 스텐달 교수는 "생명을 위한 에너지- 오소서 성령이여, 온 우주를 새롭게 하소서"라는 주제로 강연을 했다. 앞의 강원용 목사나 노먼 빈센트 필 목사와 유사하게 스텐달 교수는 성령 하나님을 우주의 에너지로 파악하는 것이다. 이러한 비인격적인 하나님 관념에는 죄, 속죄, 구원, 은혜 같은 성경적 개념이 자리 잡을 여지가 전혀 없음은 지극히 당연한 일이다.

신을 비인격적 존재로 규정하는 시도는 종교적 접근 외에도 철학과 사상의 측면에서도 이루어져왔다. 20세기 서구 철학사조에 엄청난 영향을 끼친 화이트헤드는 이렇게 말했다.

신은 물질계 구조의 모체다. 물질계는 불완전하다. 모든 사물의 바탕에 어떤 본질이 있어야 완전해지는 것이다. 그 본

---

8   옥성호, 『심리학에 물든 부족한 기독교』, 부흥과개혁사, 185쪽에서 수정, 발췌, 인용
9   guru, 힌두교나 불교의 영적인 스승 또는 현자

질이 바로 신, 즉 원초적 본질이다.[10]

　비인격적이지만 모든 사물에 본성을 부여한 미지의 원초적 본질이 곧 신이라고 화이트헤드는 말하고 있다. 그에게 인격적이고 절대적인 신은 넌센스다. 그에게 절대적인 진리란 존재하지 않으며 그에게 있어 진리는 항상 변화하는 것이다. 만약 신이 있더라도 그 자신이 우주와 같이 변화되어야 한다고 그는 주장한다. 이것을 일컬어 소위 과정신학(철학)이라고 하는데, 이 변종 신학은 하트숀이라는[11] 철학자에 의해서 처음 주창되었다. 그에 의하면, 신은 우주 곳곳에서 일어나는 모든 일을 경험함으로써 지속적으로 변해가고 있다는 것이다. 그가 주장하는 바는 결국 신의 불변성이란 있을 수 없다는 것이다. 하트숀의 과정신학은 현대 철학에서는 물론 현대 종교에서도 폭넓게 받아들여지고 있다. 기독교 서적의 이름으로 출판된 다음의 글을 보라.

　　나는 분명하게 말한다. '신이 꼭 완전무결하고 전지전능한 존재여야 한다는 고정관념을 버리라'고. 우리들이 분명하고도 엄연하게 맞닥뜨리는 세계 안의 악의 발흥에 대해 말하고자 한다면 그로 인한 하나님에 대한 제약 역시 불가피하

10　매릴린 퍼거슨, 『뉴에이지 혁명』, 정신세계사, 485쪽
11　찰스 하트숀, 미국의 철학자 · 신학자 · 교육자

다는 사실 또한 말하지 않을 수 없다. 다시 말해, 신이라는 존재가 전지전능하고 완전무결한 존재가 아니라 신조차도 세계의 불완전함에 대해 그 영향을 불가피하게 받는다는 점이다. 결국은 신 역시 완전무결한 존재가 아니라 여전히 세계로 인해 제약을 받고 있기 때문에 불완전하다고 봐야 한다는 얘기다.[12]

이 글을 쓴 사람은 신학과 불교학을 모두 공부한 사람이다. 그래서 나름 두 종교를 비교하고 분석했지만, 결국 그에게 기독교는 어서 불교의 품안으로 들어와야 하는 종교일 뿐이다. 기독교의 하나님은 개인의 자유의지를 억압하고 조종하려는 신이지만, 진짜 신은 개인이 설사 악한 선택을 하여도 그것을 존중해주는 신이라고 그는 생각한다.

이 세상에 비극과 부조리가 이렇게 많은 것을 보아 신은 절대로 완전한 존재가 아니라고 그는 말한다. 그래서 신은 부족하고 제약이 많은 존재라는 것이다. 마치 그리스로마 신화에 나오는 그런 신을 말하고 있다. 자기 의지가 있어도 마음대로 하지 못하는 신, 성품에 문제가 있어서 그 능력을 올바르게 사용하지 못하기도 하는 그런 신을 말하는 것이다.

만약 신이 완전한 능력자고 사랑이 충만한 존재라면, 왜

---

12 미선, 『기독교 대전환』, 대장간, 299쪽

이 세상에 이렇게 악이 난무하고 고통이 즐비한 것인가 하는 이슈를 신정론(神正論)이라고 한다. 신은 능력은 있지만 사랑이 부족하든지 아니면 사랑은 있지만 능력이 부족하든지 둘 중의 하나라는 것이 비성경적 가치관을 가진 사람들의 견해다. 악과 고통은 인간의 죄의 결과이며, 불순종이라는 죄를 없이하기 위해 하나님이 그 아들을 죽게 하시기까지 인간을 사랑하셨음을 그들은 믿지 않는다. 이 세상의 악과 고통은 반드시 영원히 없어진다. 그때가 되면 모든 인류가 하나님의 전능하심을 인정하게 될 것이다. 그런데 아직 그때가 오지 않았기에 세상은 자기 나름대로의 신 관념을 만들어 그것이 진짜인 양 떠들어 대는 것이다.

오프라 · 사르트르 · 헬렌 켈러가 믿는 내면의 신

오프라 윈프리는 1986년 첫 방송 후 2011년 5월 25일 종영될 때까지 25년간 전 세계 140여 개국에서 방송됐던 '오프라 윈프리 쇼'의 진행자 겸 배급자다. 그녀는 사생아로 태어나 아홉 살 때 사촌에게 성폭행을 당하고 마약에 빠지는 등 불우한 어린 시절을 보냈으나 불굴의 의지로 방송계에서 두각을 나타내 결국 자신의 쇼를 직접 제작하고 보급하는 회사인 하포(Harpo)그룹의[13] 회장이 되어 천문학적인 돈을 벌었다. 그녀는 흑인 여성으로서는 처음으로 경제 전문지 포브스로부터 재산 10억 달러 이상의 부자 중 한 사람으로 뽑혔으며, 흑인 최초의 「보그」(VOGUE)지 패션모델이 되기도 했고, 1998년에는 힐러리 클린턴에 이어 두 번째로 미국에서 가장 존경받는 여성으로 뽑히기도 했다. 그녀의 성공기는 인생의 성공 여부가 온전히 개인에게 달려 있다는 오프라이즘(Oprahism)을 낳기도 했다. 한 마디로, 오프라 윈프리는 인생 역전의 주인공으로 손색이 없는 존재다. 그녀가 이렇게 성공할 수 있었던 비결이 궁금하지 않은가?

> 강간을 당하고, 학대를 당하고, 매질을 당하고, 거부당하는 가운데 살아남을 수 있었던 데에는 오직 한 길만이 있었어요. 임신, 생활보호 대상자인 어머니 그리고 살이 찌고 인기가 떨어질 것 등에 대한 두려움을 떨쳐버리기 위해서는 오로지 한 길만이 있었을 뿐이에요. 이 말이 진부하게 들리기는 하겠지만 하나님에 대한 믿음으로 저는 모든 것에서 헤쳐 나올 수 있었어요.[14]

확실히 오프라는 인생의 위기를 하나님을 믿으며 이겨냈

---

13 Harpo는 자신의 이름 Oprah를 뒤집어 만든 이름이다.
14 자넷 로우, 『신화가 된 여자 오프라 윈프리』, 청년정신, 182쪽

던 것 같다. 그런데 인생의 정점에 서있는 지금 그녀의 신앙은 어떠할까?

오프라는 원래 침례교 교회를 다녔다. 그러나 지금은 뉴에이지적인 교회, 자신 내면에 있는 교회를 '가지고 있다.' ('다니고 있다'가 아니다.) 이 말은 예배당을 가졌다는 말이 아니라 자기 자신만의 교회를 마음속에 가지고 살고 있다는 말이다. 오프라는 각 사람마다 각자의 하나님을 가지고 있으며, 그에 따라 각자의 교회를 또한 갖고 사는 것이라고 믿는다. 타인의 신앙이 나와 다르고 타인의 교회가 나와 달라도, 그것을 다 인정하는 것이 참된 신앙이라고 오프라는 생각한다. 신앙에 관한한 나도 맞고, 당신도 맞고, 그 사람도 맞는 것이다.

오프라는 자기 나름대로의 하나님을 말한다. 자기에게 맞는 방식으로 신을 만난다는 것이다. 그녀는 또한 사람은 누구나 자기 안에 신이 존재하며 그 신성을 찾는 것은 각자의 몫이라고 말하기도 한다. 이것은 전형적인 뉴에이지적 범신론이다. 절대자 하나님이 아닌 각자의 신을 오프라는 인정한다.

이러한 뉴에이지적 신관은 서구 지성의 대표적 인물로 추앙받기도 했던 장 폴 사르트르에게도[15] 나타나고 있다.

'자연'이란, 우선 존재하는 모든 것의 융합적 · 종합적 단일

---

15 프랑스의 유명한 실존 철학자 · 소설가 · 극작가 · 평론가

체로서의 개념이다. 얼핏 보면 이것은 '신의 섭리'로 귀착되는 듯이 보일 것이다. 그러나 이것은 또한 모든 것이 어떤 법칙에 의하여 지배되고 있으며 세계는 끝없는 인과관계의 사슬로 연결되어 있으며 모든 지식은 이러한 사슬 몇 개가 우연히 마주친 결과라는 개념으로 생각한다면 필연적으로 창조자로서의 신을 부정하지 않을 수 없게 된다. 이렇듯 교묘히 선택된 개념의 그늘 밑에서 사람들은 기독교도 · 자연신론자 · 범신론자 · 무신론자 · 유물론자 등 무엇이나 될 수가 있었다.[16]

자연 즉, 이 우주는 신의 개입이 아닌 우연에 의해서 만들어졌기에 신에 대해서 자기 마음대로 생각해서 편한 데로 받아들이면 된다는 주장이다. 사르트르에게 절대 신은 없는 것이기에 그 신이 가르쳐 준 죄, 구원, 구원자는 헛소리에 불과하다. 그에게는 기독교의 신이나 자연신이나 같은 것이며, 범신론자나 무신론자가 다를 바가 없는 것이다. 어차피 존재하지 않는 신이니까.

이렇게 자기가 신이라거나 자신 안에 신이 있다고 말하는 것은 일반 대중에게 강력하게 어필하는 능력을 가지고 있다. 인간은 하나님을 선택해서 섬기기보다는 자신이 신이 되어 하

16 장 폴 사르트르, 『지식인의 변명』, 보성출판사, 22쪽

나님을 대적하고자 하는 죄인된 본성을 거역할 수 없다. 이러한 본성은 성경의 가르침과 대치되므로 인간은 이 두 영역 사이에서 선택을 해야 하는 운명에 놓여있다. 그런데 어떤 경우는 자신이 성경의 영역을 선택했다고 생각하는데 실제로는 전혀 그렇지 않은 영적 착각에 빠져있는 사례가 적지 않게 발견된다.

전 세계 사람들이 존경해마지 않는 헬렌 켈러의[17] 경우가 바로 그러하다. 개신교를 믿는 부모님에게서 태어난 헬렌 켈러는 부모님의 신앙을 받아들이지 않고 기독교 이단인 스베덴보리교를[18] 선택했다. 성경적 기독교와 전혀 다른 내용을 주장하는 이 종교를 평생 따랐던 헬렌 켈러는 자서전 『나의 종교』에서 "나는 40년 동안 하나님의 말씀을 사랑하여 왔는데, 그것은 나의 걸음을 인도하는 지팡이와 같다"고 말했다. 그녀는 이단을 추종하면서도 그것이 하나님의 말씀이라고 생각했다. 그녀는 또한 같은 책에서 "천국은 우리 밖이 아니라 우리 안에 있다는 것을 확신한다면 내세 같은 것은 아무런 의미도 없습니다"라고 밝혔다. 그녀가 믿은 내세는 객관적으로 존재하는 것이 아니라 내면의 상태였던 것이다. 그녀의 하나님 역시

---

17 보지 못하고, 말하지 못하고, 듣지 못하는 삼중고(三重苦)를 극복하고 전 세계 장애인들에게 희망을 불어넣어 준 인간 승리의 대명사로서 평생 선생이자 친구였던 앤 설리번과의 관계가 유명하다.

18 에마누엘 스베덴보리가 창립한 신비주의 기독교 이단이다. 스베덴보리는 17세기 스웨덴의 유명한 자연과학자였는데, 사후(死後) 세계를 경험한 후 신비주의에 빠져 과학계를 떠났다.

자기가 마음으로 생각하는 하나님이지 성경이 말하는 하나님이 아니었다.

오프라, 사르트르 그리고 헬렌 켈러 같은 세계적 스타들이 한 목소리로 말하고 있다. 기독교의 신을 믿지 말고 자신 안에 신이 있음을 믿으라고. 자신의 마음을 믿으라고. 이것이 뉴에이지의 핵심 신조다.

라즈니쉬 · 크리슈나무르티 · 마하리쉬

뉴에이지는 그 사상적 기조가 힌두교의 신비주의와 잇닿아 있다. 오쇼 라즈니쉬는 신이라는 관념은 인간의 내적 병리현상이 외적으로 투사된 것에 불과하다고 말하면서 다음과 같이 기독교의 하나님과 예수가 잘못됐음을 지적한다.

> 신은 인간의 병리현상이고, 병든 마음이고, 의타증이고, 두려움이며, 편집증이다. 인간은 구름 너머에서 자신을 지원해줄 누군가를 필요로 한다. 왜냐하면 모든 지원은 일시적이기 때문이다. 그대의 아버지는 어쩌면 내일 죽을지도 모른다. 그대는 영원히 죽지 않는 아버지가 필요하다. 그리하여 신은 아버지로 불려진다. (중략) 역사를 통틀어 하늘로부터 어떤 응답이 왔다는 언급은 없다. 예수 같은 인물에게조차도. 예수

는 일반적이고, 평범한 사람들처럼 그가 십자가에 못 박히면 신이 곧바로 도우러 올 것이라는 희망을 갖고 있었다. 그는 그의 신을 광적으로 믿고 있었다.[19]

라즈니쉬가 보기에 기독교인들은 허망한 것을 붙잡고 있다. 예수마저도 결국은 보응 받지 못할 어리석은 믿음으로 하나님을 기다리다가 허무하게 끝났다. 신은 원래 없는 것인데 기독교의 창시자와 그 추종자들은 없는 신을 아버지라 부르며 믿는 것이라고 라즈니쉬는 보았다. 그에게 있어 신은, 다른 힌 두 성자들이 흔히 말하는 것처럼, 깨달음을 통해 찾아내는 내면의 숨은 본질일 뿐이다. 그 내면 속 본질을 어떤 이들은 자아라고 부르고, 어떤 이들은 신이라고 부르고, 어떤 이들은 부처라고 부를 뿐이라고 그는 말한다. 그러므로 신이나 부처는 특정 인물에게만 해당되는 것이 아니라 모든 인간이 될 수 있는 내면적 상태인 것이다.

나는 당신 속에 있는 부처에게 인사드린다. 당신은 그것을 깨닫지 못하고 있는지도 모른다. 당신은 그것을 꿈에서 조차도 본 적이 없을지도 모른다. 자기 자신이 한 사람의 부처라는 것을, 누구든지 다른 그 무엇도 아니라는 것을, 부처됨이

19 오쇼 라즈니쉬, 『선, 저 너머의 신비와 시』, 좋은아침, 103-104쪽

야말로 바로 자기가 실제로 존재하는 본질적 핵심이라는 것이다.[20]

라즈니쉬는 인격적인 신에 대해서 극도의 거부감을 가졌다. 그 신이 기독교에서 말하는 신이건 힌두교에서 말하는 신이건 인격적인 존재로서의 신 관념에 대해서는 냉소적으로 반응하였다. 그는 힌두교에서 말하는 몇몇 주신(主神)마저도 거부하며 동시에 그 신들로부터 왔다고 하는 경전마저도 인정하지 않는다.[21] 자신이 믿고 있는 종교의 경전마저 거부하는 자이니 과연 다른 종교의 경전이 말하는 신을 그가 인정할 수 있겠는가? 그는 평소에 힌두사원이나 모스크가 같은 것이고, 예배당이나 도살장이 같은 것이며, 성자나 도둑이 결국 같은 것이라는 범재신론을[22] 말하였는데, 이는 만물 안에는 동일한

---

20 오쇼 라즈니쉬,『깨달음에 이르는 길』, 자유에세이, 9쪽 – '붓다'를 부처로, '붓다후드(Buddhahood)'를 부처됨으로, '중핵'을 핵심으로 수정해서 인용했음

21 라즈니쉬는 이렇게 말한다. "힌두교인들은 베다(Vedas)가 신에 의해 쓰여 졌으며 세상에서 가장 오래된 책이라고 믿는다. 만일 신이 그것을 썼다면 거기엔 엄청나게 가치 있는 내용이 들어있을 것이다. 그러나 베다의 99퍼센트는 단지 쓰레기 같은 내용일 뿐이다. 그 쓰레기들은 신이 베다를 쓰지 않았다는 충분한 증거다. 사제의 기도를 예로 들어보자. 사제의 기도는 자신의 암소가 우유를 많이 생산하지 않는다는 내용이다. '저에게 자비를 베푸사 제 암소의 우유 생산량을 늘려 주소서.' 그뿐만이 아니다. 그는 이렇게 기도한다. '다른 사람들의 우유 생산량을 줄여 주소서!' 신이 이것을 썼겠는가?"— 오쇼 라즈니쉬,『아름다운 농담』, 정신문화사, 137쪽

신적 본질이 들어가 있기 때문이라고 보았기 때문이다.

오쇼 라즈니쉬보다 서구 사상계에 더 많이 알려진 인물이 바로 크리슈나무르티다. 크리슈나무르티는 19세기 후반 탄생한 신지학협회에[23] 의해 공식적으로 예수와 부처의 화신(化身)이라고 공표된 바가 있다. 이 단체는 힌두교의 신비주의를 서구에 전파하고 기독교를 파괴하는 것을 목표로 창립된 유사종교 단체인데, 1994년에는 신지학이 미국종교학술원의 한 분야로 인정될 정도로 국제적인 위상을 차지하고 있다.

크리슈나무르티 역시 힌두 사상을 근간으로 하여 종교 철학 사상의 통합을 주장하며 특히 인간 본질로서의 신 관념을 내세우고 있다. 그는 인간이 자기 자신을 깨닫는 것 외에 다른 신적 개념은 알 수 없다고 말한다. 인격적인 신이란 그에게 있어 불가지론의[24] 대상일 뿐이기에 굳이 찾으려고 노력할 필요도 없는 것이다.

신이나 진리나 실재, 또는 그밖에 어떤 명칭으로 부르던 간에 그러한 것이 존재하느냐 존재하지 않느냐 하는 문제는 책에 의해서도, 성직자(聖職者)에 의해서도, 철학자나 구세주에

---

22 汎在神論, Panentheism 만물 안에 신이 깃들어 있다는 사상으로서, 만물이 신이라는 범신론(Pantheism)과는 비슷하면서도 다르다.

23 神智學協會, Theosophical Society

24 不可知論, 신이 있는지 없는지 알 수가 없다는 사상

의해서도 답을 얻을 수 없는 것이다. 당신 자신 외에는 누구도 아무 것도 그것에 대답할 수 없으며 그것이 바로 당신 자신을 알아야만 하는 이유다.[25]

크리슈나무르티는 기독교에서 말하는 그 하나님을 인간이 사랑한다는 개념이 잘못된 것이라고 말한다. 왜냐하면 그 하나님은 실제로는 인간 자신 안에 존재하는 신적 자아이기 때문이다. 하나님을 경배하는 것은 타자(他者)인 신을 경배하는 것이 아니라 자아를 스스로 경배하는 것이라고 그는 주장한다. 인간들이 하나님을 찾고 예수에게 기도하는 것은 자기 자신을 찾지 못했기 때문이며 그것은 미숙함 즉 어리석은 모습이 아닐 수 없다는 것이 그의 생각이다.

크리슈나무르티는 전형적인 뉴에이지 영성의 선도자다. 수많은 사람들이 호응하고 있는 바대로 그는 마음의 절대화를 가르쳤으며, 이것은 인간의 마음을 신적 대상으로 삼고 깨달음을 그 목표로 삼는다는 점에서 21세기형 사상가라고 불릴 만하다.

인간은 언제나 각자가 생각하는 하나님이나 진리를 추구해왔습니다. 사람들은 공포·행복·실망·혼란 같은 것 때문

---

25 크리슈나무르티,『자기로부터의 혁명』, 청목서적, 14쪽

에 그 하나님이나 진리를 따르려고 노력해 왔습니다. (중략) 그러나 안정되고 유동적이며 민감한 마음은 아무 것도 추구하지 않습니다. 그 마음은 지금까지 발견되지 않은 것을 깨닫고 있습니다.[26]

크리슈나무르티는 종교나 영적 교사 같은 것의 도움이 인간에게는 필요하지 않으며 자기 자신 안에 있는 해답을 찾는 것이 중요하다고 가르친다. 해답은 밖에 있는 것이 아니라 자신 안에 있는 것이기 때문이라고 말한다.

힌두 현자들은 위의 두 사람 말고도 바바 하리다스, 라마크리슈나, 라마나 마하리쉬 등이 있는데, 이들은 공통적으로 인간의 마음이 신이라는 뉴에이지 사상에 지극히 충실하다. 라즈니쉬와 크리슈나무르티의 제자로 알려진 무용가 홍신자는[27] 마하리쉬에게서도 배운바가 있다. 마하리쉬는 50년 동안 "나는 누구인가?"라는 화두(話頭) 하나로 수많은 사람들에게 설법을 한 힌두 스승이다. 홍신자는 그와의 대화를 이렇게 기억한다.

그는 말했다. "바로 이 순간, 너는 신이 존재하는지조차 모른

---

26 앞의 책 258-259쪽
27 27세의 나이에 무용에 입문했고, 33세에 뉴욕에서 데뷔한 후 독특한 전위 무용가로서 세계적 명성을 얻었다. 하와이 정글에서 홀로 명상을 즐기고, 인도에서 수년간 힌두 수행자 생활을 하기도 했다.

다. 한 가지 자명한 사실은 단지 네가 존재한다는 사실뿐이다. 그것만이 확인된 사실이다. 너는 신에 대해서 배웠을 뿐이지 그를 보지는 못했다." 나는 말했다. "저는 신을 본 것 같은데요." "너는 신의 존재를 증명할 수 없을 것이다. (중략) 신이란 마음속의 관념이다." "그렇다면 신이란 없다는 말씀입니까?" "흔히 말하는 그런 신은 없다."[28]

'흔히 말하는 그런 신'은 다분히 인격적인 신이다. 그것이 기독교의 신이건 다른 종교의 신이건 세상에서 주로 말하는 신은 인격을 가진 존재다. 그런데 마하리쉬는 그런 의미의 신은 없다고 단언하고 있다. 사람 말고 다른 신은 없다는 뜻이다. 전 세계의 일반적인 종교들이 주로 하나님을 인간 수준으로 끌어내리는 오류를 범하고 있는데 비해 이 뉴에이지 힌두 사상은 인간을 하나님 수준으로 끌어올리는 오류를 범하고 있는 것이다.

뉴에이지로 통합되고 있는 유사 기독교 신비주의

뉴에이지 현자들의 사상은 인도 대륙에서 독특하게 탄생한 사

---

28   홍신자, 『자유를 위한 변명』, 정신세계사, 283-284쪽

상이 아니다. 이미 기독교가 온 유럽을 뒤덮고 있던 중세 시대에
비기독교적 신비주의로 유사한 주장을 내세운 사람이 있었다.

> 먼저 자신을 깨닫지 못한 사람은 신을 깨달을 수 없다.…영
> 혼의 심연으로, 비밀스런 곳으로 들어가라.…근원으로, 높은
> 곳으로 가라. 신이 할 수 있는 모든 일은 그 곳에 집중되어
> 있기 때문이다.[29]

이 말은 13세기 독일의 신비주의자인 마이스터 에크하르
트가 한 말이다. 그에게 있어 신은 인간 스스로 깨달음의 경지
를 통해 찾아 낼 수 있는 대상이다. 이것은 정통 기독교의 시
각에서는 상당히 위험한 개념이다. 기독교는 인간이 스스로
의 능력으로 하늘의 하나님을 찾아 올라가는 상향(上向) 종교
가 아니라, 하나님이 자기 자신을 알려주시기[30] 위해 하늘로부
터 세상으로 내려오신 것을 믿는 하향(下向) 종교이기 때문이
다. 그래서 세상의 모든 종교는 자력 구원을 추구하는 상향 종
교고, 오직 기독교만이 타력 구원을 인정하는 하향 종교다. 그
런데 에크하르트는 자신의 깨달음에 의한 신적 깨달음을 말함
으로써 중세판 뉴에이지 영성을 드러내고 있다.

---

29 매릴린 퍼거슨, 『뉴에이지 혁명』, 정신세계사, 485쪽

30 계시, 드러냄, revelation

에크하르트는 하나님이 자신에게서 하나님마저도 가져가 주시기를 기도한다며 탈(脫) 하나님 사상을 주창했고, 인간은 비록 어떠한 것이 하나님이 아닌가를 잘 알고 있더라도 하나님이 무엇인지를 알 수는 없는 것이라며 기독교의 계시 신앙을 전면적으로 부정하였다. 그에게 있어 하나님 존재는 알 수 없는 것이었다. 즉, 오래 전부터 그는 불가지론을 내세운 것이었다. 마치 이 시대의 힌두 사상가처럼 그에게는 인간과 자아와 마음이 참 하나님의 계시보다 더 중요했다.[31]

기독교적 배경을 가졌으면서도 이교적(異教的) 신비주의자였던 헤르만 헤세는 니체로부터 영향을 받아 저술한 『짜라투스트라의 귀환』에서 자신 속에 있는 신을 찾는 법을 배우라고 말한다.

너희들의 미래와 너희들의 어려운 길은 이 길이다. 즉, 성숙하게 되는 것. 그리고 너희 자신 안에서 신을 발견하는 것 말이다. 너희는 항상 신을 추구했다. 그러나 결코 너희 자신 안

---

31 에크하르트는 또한 이런 말도 했다. "내가 쉽게 알 수 있는 하나님이라면, 나는 그를 하나님으로 여기지도 않을 것이다." "하나님은 모든 피조물 가운데 있지만, 여전히 피조물 너머에 계신다." "그대는 또한 하나님에 대해 아무 것도 알려고 하지 말라. 왜냐하면 하나님은 모든 인식을 초월하여 계시기 때문이다. 그대가 하나님에 대하여 무엇인가를 안다 해도 하나님은 그대가 아는 하나님이 아니며 그대는 '하나님에 대하여 무엇인가 알았다'고 하는 무지와 어리석음에 빠져있는 것이기 때문이다."

에서는 추구하지 않았다. 신은 그곳 이외에는 아무 데도 없다. 너희 자신 안에 있는 신외에 다른 신은 없다.[32]

헤세의 사상은 기독교 사상과는 판이하게 다른 범신론이라는 것이 명확히 나타나고 있다. 그는 부처와 예수가 동일한 지혜를 가르치며, 쇼펜하우어와 선각자들이 동일한 사상을 말한다고 확신했다. 그가 확신했던 그 동일한 지혜와 사상은 바로 인간 안에 신이 있다는 것이다. 에크하르트처럼 헤세 역시 평생 기독교를 떠난 적이 없다고 말하지만 그들이 말하는 기독교는 온전한 기독교가 아니라 유사(類似) 기독교다. 자기 힘으로 구원을 이룬다는 믿음은 어떤 종류이건 진짜 기독교가 아닌 것이다.

유사 기독교를 따랐던 이들에 비해 일반 철학을 하면서도 기독교적 가르침을 잊지 않았던 키에르케고르의 다음과 같은 글은 얼마나 많은 차이를 드러내고 있는가?

믿는 자는 어떻게 해서 자기가 구원될 것이냐 하는 것을 전적으로 신에게 맡긴다. 그리고 신은 모든 것이 가능하다고 믿는 것이다. 자신의 파멸을 믿는다는 것은 불가능한 일이다. 인간적으로는 그것이 자기의 파멸이라는 것을 깨달으면서도 계속

---

32 김태한, 『뉴에이지 신비주의』, 라이트 하우스, 133쪽

가능성을 믿는다는 것, 이것이 곧 '믿는다'는 것이다.[33]

힌두 현자들과 유사 기독교 사상가들이 말하는 신은 결국 인간 자체인데 이는 성경적 기준에서 보자면 인간의 죄성을 드러내는 무지일 뿐이다. 인간은 신이 될 수 있기는커녕 결코 파멸에서 헤어 나올 수 없는 존재다. 그러나 인간은 또한 파멸되지 않을 수 있는데 그것은 절대자 하나님이라는 신을 믿음으로써 가능해진다. 그러므로 인간의 구원 가능성은 자신으로부터가 아니라 하나님으로부터 나오는 것이다. 이러한 신적 구원을 거부하는 것은 스스로 절망에 빠지는 것이며 이것이 인간이 선택할 수 있는 최악의 경우다. 인간이 신을 의지할 기회를 버리고 나약함에 빠져있는 것은 죄고, 동시에 신을 저버리고 스스로 구원자가 되려는 착각도 역시 죄다. 키에르케고르의 말대로 죄는 강화(强化)된 나약함 또는 강화된 어떤 반항인 것이다.

뉴에이지가 말하는 자유와 행복

뉴에이지는 기독교와 상반되는 사상을 가지고 있지만 겉으로는 매우 흡사한 모습을 가지고 있다. 모든 사람들이 그 가치를

---

33 키에르케고르, 『죽음에 이르는 병』, 일신서적공사, 54쪽

인정하는 자유와 행복이라는 주제를 그 전면에 내세우기 때문이다. 기독교 역시 그런 가치를 소중히 여기는 것은 사실이지만, 그 속 내용은 완전히 다르다는 것을 사람들은 인식하지 못한다. 중국에서 선교사로 지냈던 문학가 펄 벅을[34] 예로 들어보자.

> 나는, 우리가 자유로운 존재로 태어났다는 것을 믿는다. 우리의 의지만으로도 운명으로부터 자유롭게 될 것을 결의할 수 있기 때문에 운명으로부터, 어떠한 환경으로부터도 자유다. 바꿔 말하면, 우리는 모든 종류의 숙명으로부터 자유로울 수 있게 태어났다. (중략) '나'는 결코 당신이 아니며 또 다른 어떤 사람도 아니다. 그리고 '나'는 내가 그것을 의식하고 그것에 따라 행동하는 한 자유다.[35]

펄 벅이 지금 말하는 자유는 다른 사람이나 어떤 운명에 속하지 않는 자유다. 이것은 인간 본연의 권리며 타당한 주장이다. 그런데 그녀는 여기서 멈추고 있다. 기독교 선교사임에도 불구하고, 세상이 흔히 말하는 자유 이상의 것을 말하지 않

---

34 부모님이 중국 선교사였으며 그녀 역시 결혼 후 남편과 중국 선교를 했다. 아버지가 가정을 돌보지 않아 그에 대한 반발심이 심하게 있었다. 한국을 수차례 방문하여 '박진주'라는 이름도 가졌으며, 그녀가 입양한 일곱 명의 아이들 대부분이 한국계였다. 3부작 대하소설 『대지』로 1938년 노벨문학상을 받았다.

35 버트런드 러셀 외, 『나는 믿는다』, 범우사, 57쪽

고 있다. 사실 펄 벅은 명목상 선교사이기는 했지만 예수 안에서의 자유에 대해서는 아는 바가 없는 자유주의[36] 신앙인이었다. 그녀는 예수라는 진리가 부여하는 자유를 인정하지 않았다. 심지어 그녀는 기독교에서 말하는 예수 절대 구원 신앙을 거부하던 사람이었다. 쉽게 말해서, 펄 벅은 인간이 스스로 자유를 창조하고 누릴 수 있다는 뉴에이지의 자유 개념을 중국 본토인들에게 전파했던 이단아(異端兒)적 선교사였던 것이다.

펄 벅은 소외받는 사람들에 대한 무한한 애정을 가지고 있었다. 그녀에게 궁극적인 믿음은 오직 인간성에 대한 신뢰뿐이었다. 자신은 인간에 대한 믿음 외에 다른 어떤 믿음도 필요하지 않다고 종종 말하곤 했다. 말년의 공자(孔子)처럼, 천국이나 천사를 생각하지 않으면서도, 자신은 지구의 경이로움과 그 안의 생명에 심취된다고 고백했다. 자신은 사람으로 태어나 사람답게 사는 것만으로도 충분히 가치 있는 삶이었다고 말하기도 했다. 그녀에게 세상은 부조리가 가득하지만 그래도 인간 스스로 극복해나갈 수 있는 긍정의 대상이었다. 자신이 무력(無力)하다는 생각만 하지 않으면, 인간은 누구나 무력하지 않다는 것이 펄 벅의 신념이었다. 그녀는 기독교인으로서가 아닌 인본주의자로서 살았던 사람이며, 그녀의 세계관은

---

36 성경의 완전성을 인정하지 않고, 성경에 나오는 초월적 가르침, 행위, 이적을 부인하는 신학 사상으로서 '현대주의'라고도 한다.

철저하게 뉴에이지 사상과 함께 하는 것이다.

물론 펄 벅 자신은 뉴에이지에 대해서 제대로 알지 못했을 것이다. 그러나 기독교 근본주의를 부정하며 살았던 그녀의 모습은 기독교보다 인본주의와 합리주의를 더 추구했던 것을 보여준다. 펄 벅은 복음이 아닌 물질로 중국 선교를 해야 한다고 주장했다. 이러한 그녀의 사상은 당시 맹렬하게 퍼지고 있던 자유주의 사상과 치열하게 싸우고 있던 그래샴 메이첸 교수와[37] 충돌할 수 밖에 없었다. 펄 벅은 각종 기고문을 통해 메이첸을 공격했고, 메이첸 역시 근본주의 5대 교리를[38] 부정하던 펄 벅 선교사를 강하게 비판하였다. 그 결과, 메이첸의 입지는 좁아졌고, 펄 벅은 스스로 선교사직을 그만 두었다.

인간이 자유의 주체이므로 세상 모든 것을 '자유롭게' 판단하고 결정해야 한다는 뉴에이지 사상은 펄 벅처럼 특별한 삶의 배경을 가진 사람에게서만 나타나는 것이 아니라 이 시대의 보편적 사상이라 할 수 있다. 기독교 국가라고 하는 미국 대법원의 케네디 대법관은 '자유의 핵심은 존재, 의미, 우주, 인간 생명의 신비에 대한 개념을 개인이 스스로 정의할 권

---

37 프린스턴 신학교와 미국북장로교가 자유주의 신학에 의해 점점 좌경화되는 것을 막기 위해 투쟁했던 보수주의 신학자였다. 그러나 그의 노력은 허사로 돌아갔고, 결국 그는 보수신앙을 견지하는 웨스트민스터 신학교를 세웠다.

38 기독교 신학의 가장 근본이 되는 다섯 개의 교리를 말한다; 성경의 무오성, 예수의 동정녀 탄생, 예수의 대속적 죽음, 예수 이적의 역사성, 예수의 육체적 부활.

리다'라는 판결문을[39] 발표한 바가 있다. 인간에 대한 주요 개념을 '개인'이 '스스로' 정의하는 것이 참된 자유라고 선포함으로써 인간의 가치와 역할에 대한 상대주의적 판단에 힘을 실어준 것이다. 이 말은 낙태를 내 마음대로 해도 그것이 자유며, 자살을 하도록 도와주거나 방조하는 것도 내 자유니까 남이 간섭하면 안 된다는 의미가 된다. 건국 이후로 성경적 절대적 가치를 소중히 여기던 미국에서 이런 포스트모더니즘적 가치관을 법적으로 옹호한다는 것은 충격적인 일이 아닐 수가 없다.

자유에 대한 이러한 자유로운 사상은 인간의 행복에 대해서도 자유롭게 판단하도록 그래서 각자가 믿는 바대로 살아가도록 만들었다. 목사의 아들로서 동양과 서양의 지성계에 널리 알려진 린위탕은 인간의 불합리성과 불완전함조차도 인간적 행복을 위한 필요조건임을 역설한다.

인간의 마음에 매력이 있다고 하는 것은, 거기에 불합리성이 있고, 구제 불가능한 편견이 있고, 불안정한 마음이 있으며, 예측 불가능한 점이 있기 때문이다. (중략) 인간의 정신은, 오늘날에 보다시피 애교가 있는 동시에 불합리한 편이 오히려 좋다. 인간이 모두 완전무결한 이성적인 동물이 된 세상이란 꼴 보기도 싫다.[40]

---

39 찰스 콜슨, 『대중문화 속 거짓말』, 홍성사, 43쪽

린위탕은 죄를 짓지도 않는 성인(聖人)에게는 흥미를 느끼지 않는다고 말한다. 인간의 불합리성, 모순, 어리석음, 바보스러움, 편견, 고집, 건망증이 바로 인간으로서의 매력이라고 그는 확신한다. 인간에 대한 한없는 애정과 긍정이 드러나는 린위탕의 사상은 전형적인 뉴에이지의 가치관이다. 인간이 스스로, 왕이 되어, 온 세상을 유토피아로 만들 수 있다는 낙관적 기대가 뉴에이지의 근본 사상이다.

뉴에이지의 착각

뉴에이지의 낙관주의적 세계관은 일견 세상에 긍정적으로 작용할 것 같지만, 이것은 크나 큰 착각이다. 이미 인류는 과거에 그렇게 세상을 낙관하며 바라보다가 돌이킬 수 없는 함정에 빠진 경험이 있기 때문이다. 바로 두 차례의 세계대전이다. 잠시 평화로워 보이는 이 세계는 반드시 전쟁, 기근, 자연재해, 환경오염, 그리고 인간의 죄악 때문에 대재앙에 빠지는 날이 올 것인데, 그 조짐은 이미 세계 도처에서 나타나고 있다. 이러한 모든 조짐은 사실 성경 요한계시록에 예언돼있는 내용이다. 인간의 한계를 인정하지 못하고 오히려 인간의 가능성을

---

40 임어당, 『생활의 발견』, 학원사, 60-61쪽

끝없이 추구하는 현상에 대해 성공회 신부이자 신학자인 앨리스터 맥그래스는[41] 이렇게 말한다.

> 서구에서, 특히 미국에서는 일종의 '문화적 펠라기아니즘'이[42] 우위를 차지해왔다. (중략) 비평가들은 이 지나치게 자신만만한 세계관이 인간 본성의 비극적인 측면 및 명백한 약점과 실패를 간과한다고 지적했다. 펠라기아니즘을 파헤쳐 보면 그것은 망상이다. 하지만 많은 사람들이 열렬히 믿고 싶은 망상이다.[43]

린위탕은 맥그래스가 말한 펠라기아니즘에 푹 빠진 인물이다. 그가 인간의 부족함과 죄성까지도 '인간적이라 좋다'는 식으로 말한 것은 성경의 가르침을 정면으로 부정하는 주장이다. 성경은 인간 본연의 모습을 결코 긍정하지 않고 있다. "의인은 없나니 하나도 없다"라고 말씀한다(로마서 3장 10절). 인간은 어미의 태에서부터 이미 죄성을 지닌 존재로 삶을 시작하

---

41 북아일랜드 태생으로 옥스퍼드 대학교에서 분자생물학 박사학위와 신학 박사학위를 받았다. 리차드 도킨스가 쓴 무신론 서적 『만들어진 신』을 반박하는 『도킨스의 망상-만들어진 신이 외면한 진리』라는 책을 썼다.

42 Pelagianism, 펠라기우스주의, 영국의 수도사이자 철학자였던 펠라기우스의 사상으로서 원죄를 부정하고 그리스도의 구원을 부인함으로써 이단으로 정죄되었다. 인간의 자유의지를 강조한다.

43 앨리스터 맥그래스, 『고난이 묻다, 신학이 답하다』, 국제제자훈련원, 115-116쪽

는 운명을 지니고 있다. 그러한 인간을 절대적으로 긍정하고, 근거 없는 기대를 갖는 것은 기독교의 사상과 배치된다. 기독교는 나 자신을 전적으로 부정하고 예수 안에서 새롭게 태어나는 것을 그 기둥으로 삼고 있기 때문이다. 이러한 기독교의 사상을 배격하는 린위탕의 행복 개념을 보라.

> 인생을 즐기는 일 이외에 인생에게 무슨 목적이 있으랴. 모든 이교도의 철학자들에게 있어서 큰 문제로 제기되는 이 행복론을, 기묘하게도 그리스도교 사상가들은 전혀 등한시하고 있다. 신학의 영향을 받고 있는 사람들을 괴롭히는 큰 문제는 인간의 행복이라고 하는 것이 아니고, 가슴 아픈 질책이나 인류의 '구원'이라는 문제다.[44]

말년에 기독교 신앙으로 다시 돌아온 것으로 알려진 린위탕은 죄와 구원이라는 사상에 대한 반발심으로 평생 동안 교회를 떠난 것이라고 회고하였다. 죄에 대한 인간의 끌림과 죄를 지적하는 성경에 대한 인간의 반발은 전적으로 본능적인 것이다. 인간은 스스로 죄인임을 결코 인정하지 않는다. 그래서 마르틴 루터는 "죄인의 궁극적인 증거는 그 자신이 죄인이라는 사실을 모른다는 것이다"라고 말했고, 성 어거스틴은 "최

---

44 임어당, 『생활의 발견』, 학원사, 100쪽

선의 지식은 우리가 죄인이라는 것을 아는 것이다"라고 말한 것이다. 죄로부터의 구원을 인정하지 않은 채 행복을 추구하는 것은 자연 상태에서의 인간의 공통적인 모습인데, 대문호 톨스토이 역시 그렇게 '자기 나름대로의' 행복론을 주장하였다.

> 행복이란 간단하다. 자신이 하나님의 백성이라 믿는 사람은 누구나 진실한 삶을 얻게 된다는 뜻이다. 삶에 대한 깨달음은 모든 것의 기초며 시작이다. 삶에 대한 깨달음이 바로 하나님이다.[45]

많은 사람들이 톨스토이가 기독교적이라고 오해하고 있지만, 그의 다른 사상들이 비기독교적이듯이, 톨스토이의 행복론역시 결코 기독교에서 나온 것이 아니다. 성경은 '자아' 또는 '깨달음' 같은 것을 행복이라 말하지 않는다. 톨스토이가 말하는 행복은 불교나 다른 종교에서 말하는 내면의 안식과 확신에서 비롯되는 그 무엇인데, 이것은 뉴에이지가 말하는 것과 같은 내용이다. 성경이 말하는 행복은 반드시 하나님과 관계된 것이며, 이 행복은 만들어가는 것이 아니라 완성된 것을 부여받는 것이다. 그 완성된 행복은 예수 안에서 만날 수 있고, 궁극적으로 천

---

45 레프 톨스토이, 『톨스토이 성경』, 작가정신, 15쪽

국에서 누리게 된다.[46] 같은 용어를 사용하더라도 세상에서 말하는 행복과 성경이 말하는 행복은 같은 의미가 아니다.

이렇게 말하면 마음이 불편한 사람이 있을 것이다. 행복은 성취해가는 것이 아니라 부여받는 것이라는 개념은 대개의 사람에게는 어색한 것이기 때문이다. 행복이 하나님으로부터 주어지는 것이라는 생각에 반기를 드는 사람은 비기독교인은 물론 기독교인 가운데도 늘 있어왔다. "포세이돈 어드벤처"라는 영화에서 주인공 가운데 한 명인 스콧 목사가 바로 그러했다.[47]

1,400명의 승객을 태우고 뉴욕을 출발한 초호화 여객선이 예기치 못한 해저 지진 때문에 침몰하고 말았다. 마침 그 안에 있었던 스콧 목사는 평소에 "인생은 쟁취하는 자의 것이고, 우리 스스로 말고는 아무도 우리를 도울 자가 없다"고 말하던 사람이다. 승객 대부분이 죽고 간신히 살아남은 몇몇 생존자들이 온갖 고생 끝에 마지막 죽느냐, 사느냐의 순간을 맞이했는데 그만 뜨거운 수증기가 그들의 앞길을 가로 막았다. 어서 증기 밸브를 돌려서 사람들을 살려내야 하는데 이때 바로 스콧 목사가 자신을 희생한다. 고열로 달궈진 밸브를 온 힘을 다해 돌리면서 그 목사는 하나님에게 이렇게 외친다. "무엇

---

46 물론 이 세상에서 예수를 만난 사람은 천국을 미리 맛보기 시작한다. 그러나 그 천국, 구원, 행복은 아직 완성된 것이 아니다.
47 1970년대 재난 영화 붐의 원조가 된 영화다. 진 해크만이 스콧 목사 역을 맡았다. 원작은 소설이다.

을 더 원합니까? 여기까지 올 동안 당신 도움 받은 적 없어요. 우리 힘으로 여기까지 온 겁니다. 얼마나 더 죽어야 합니까? 얼마나 더 목숨이 필요합니까? 당신에게 생명이 더 필요하다면 나를 데려가십시오." 결국 밸브를 돌려 사람들을 살려냈지만 그는 힘이 빠져 익사하고 만다.[48]

여기서 우리는 스콧 목사에 대해 두 가지를 생각해 봐야 한다. 하나는, 실천하는 신념이다. 그는 가장 필요한 순간에 자신을 희생했다. 목숨을 다하기까지 그는 지도자로서의 자신의 역할을 다 해냈다. 다른 하나는, 하나님에 대한 오해다. 그의 말처럼, 정말로 그 생존자들이 마지막 순간까지 살아남게 된 것이 하나님의 도움 없이 자신들의 힘만으로 살아남게 된 것일까? 인생은 과연 쟁취하는 자의 것일까? 세상에서는 이런 식의 사상을 가진 목사가 인기를 끌 수 있을지 모르지만, 스콧 목사는 완전히 착각하고 있었다. 그들이 살아남은 것조차 결국 하나님의 도우심 덕분이었다는 것을 인식하지 못했기 때문이다.

수많은 사람들이 성경구절로 오해하고 있는 유명한 금언(金言)이 있다. "하늘은 스스로 돕는 자를 돕는다."[49] 자력 구원을 강조하는 이 문구는 성경에서 나온 구절이 아니다. 자기 스스로

---

48 개인적인 이야기지만, 이 영화는 내가 중학교 2학년일 때 TV에서 방송됐다. 당시 교회를 다니지 않았던 내 담임 선생님이 그 영화를 본 후 감동을 받고서 나에게 이렇게 말씀하신 것이 기억난다. "내가 만약 교회를 다닌다면 그런 목사님이 있는 교회를 다니고 싶다."

먼저 고난과 역경에 맞서 싸워야 하는 것은 당연하지만, 인생의 행복과 구원과 안식을 그렇게 쟁취해야 한다는 뜻으로 해석하는 것은 성경적으로 맞는 것이 아니다. 그러한 것들을 얻기 위해 인간이 해야 할 몫이 있는데 그것은 하나님을 전적으로 믿고 순종하고 인내하는 것이다. 전적으로 믿는다는 개념에는 하나님의 말씀인 성경이 말하는 것을 전적으로 받아들인다는 개념이 포함되는 것이다. 그러나 세계적인 인물 가운데는 성경을 전적으로 받아들이지 않는 것을 당연시하는 인물이 많다. 알버트 슈바이처 박사가 바로 대표적인 사례다. 그는 이렇게 말한다.

그(예수)가 가르친 형태 그대로를 가지고 그 사랑의 종교를 오늘날 우리들의 종교로 삼을 수는 없다. 오히려 우리는 그것을 현대의 세계관 속에 도입시켜야 한다. (중략) 이제 우리는 예수의 설교에 귀를 기울였던 사람들처럼 하느님의 나라가 초자연적인 사건으로 나타나리라고는 생각하지 않는다. 그것은 다만 우리 마음속에서, 그리고 세계 속에서 예수의 정신력에 의해서 나타날 것이라고 생각하고 있다.[50]

슈바이처는 예수의 사랑에 감동되어 한평생 예수처럼 살

---

49 Heaven helps those who help themselves.

50 슈바이처, 『나의 생활과 사색에서』(= 나의 생애와 사상), 일신서적공사, 58-59쪽

것을 다짐하고 실천에 옮긴 사람이다. 그가 의학을 공부하고 또 신학을 공부한 것도 모두 예수의 사상을 더 잘 전하기 위해서였다. 그에게 있어 예수는, 특히 산상수훈에서 보여준 것처럼, 종말론적인 사랑을 강조한 인물이었다. 그런데 슈바이처가 비록 그 극단적인 사랑에 감복하기는 했지만, 아직 종말이 아니므로 도저히 그런 식의 '원수까지 사랑하는' 사랑은 할 수가 없었다. 그래서 그는 현대의 가치관에 맞게 그 '사랑의 종교'를 각색해야 한다고 말한다.

그는 예수가 말한 하나님의 나라가 초자연적으로 나타나는 것이 아니라 현실 세계에서 정신적으로 구현되는 것이라고 보았다. 이것은 슈바이처가 성경적인 하나님 나라 개념을 가지지 않았다는 것을 보여주는 것이며, 그의 예수 인식은 그저 세상적인 인본주의에 지나지 않는다는 것을 말하는 것이다. 이런 식으로, 사람인 예수처럼 우리들도 이 세계에 정신적 유토피아를 추구해야 한다는 사상이 바로 뉴에이지다. 슈바이처가 뉴에이지 사상을 알지 못했을지라도 그는 이미 스스로 뉴에이지적인 사상가로 살았던 인물이다.

신사상운동, 뉴에이지의 변형된 형태

뉴에이지는 외적으로 정체가 드러나기 십상이지만, 때로는 교묘하게 정통 기독교 안에 자리 잡기도 한다. 그래서 기독교인 조차도 기독교와 뉴에이지를 구분하지 못하기도 한다. 그 교묘한 위장술 가운데 하나가 신사상운동이다.[51] 신사상운동은 19세기 미국에서 시작된 범신론적 치유회복 운동으로 인간 내부의 숨겨진 힘을 통해 마음과 육체를 다스릴 수 있다는 사상이다. 피어니스 큄비라는 최면술사가 주창한 이 사상은 질병은 물론 죄와 죽음까지도 실재가 아닌 환영(幻影)에 불과하다고 가르쳤는데, 이 새로운 사상은 크리스천 사이언스라는 이름으로 불렸다.[52] '크리스천'이라는 용어가 사용됨으로써 이 가짜 기독교는 급속히 미국 내로 퍼졌는데 이제는 국제적으로도 관심을 받고 있다.

워터게이트 사건으로[53] 유명한 『백악관에서 감옥까지』의[54] 저자 찰스 콜슨은 그 사건 당시 닉슨 대통령의 참모진 대부분이 크리스천 사이언스를 믿고 있었다고 말한다. 그들은 자신들의 죄가 드러났음에도 불구하고 끝끝내 그것을 인정하지 않았는데, 그 이유가 그들은 죄라는 것은 없다고 믿었기 때문이라고 밝힌바 있다. 이것은 죄 관념이 없는 뉴에이지 사상에 물들은 극단적인 사례라 할 것이다.

신사상운동은 '적극적 사고'라는 이름으로 정통 기독교에 침입했는데, 알려진 대로, 노먼 빈센트 필 목사와 로버트 슐러

---

51 New Thought

목사가 그 일에 앞장섰다. '적극적 사고'라는 용어 자체가 실은 크리스천 사이언스에서 차용된 것이다. 신사상은 종교적 색채를 벗고서 일반 대중에게 호소력 있게 다가서는데 성공했다. 조엘 오스틴 목사의 『긍정의 힘』 시리즈가 공전의 히트를 기록하고, 론다 번의 『시크릿』이 스테디셀러가 되고, 잭 캔필드의 책들이[55] 연속으로 베스트셀러로 자리매김 한 것이 그 증거가 될 수 있다.

신사상운동은 내가 좋아하는 것을 성취하는 것은 선(善) 또는 옳은 것(義)이고, 성취하지 못하면 악(惡) 또는 나쁜 것(不義)이라는 전제를 가지고 존재하는 사상이다. 사람은 누구나 돈, 건강, 명예, 기쁨을 좋아한다. 그러므로 돈이 많고, 건강하고, 이름이 높아지고, 기쁜 일은 옳은 것이지만, 돈이 없고, 병

52 Christian Science, 크리스천 사이언스는 메리 베이커 에디가 만든 것으로 알려진 기독교 이단이다. 에디는 큄비로부터 최면치료를 받았는데 그때 크리스천 사이언스라는 말을 들었고, 그 후 그녀는 크리스천 사이언스 사상을 자신의 것처럼 세상에 유포하였다.

53 Watergate Affair, 1972년 6월 닉슨 대통령을 재선시키기 위해 비밀공작반이 워싱턴의 워터게이트 빌딩에 있는 상대 진영(민주당) 선거 본부에 침입하여 도청 장치를 설치하려다 발각된 사건으로 닉슨은 결국 미국 헌정 사상 최초로 임기를 채우지 못하고 사임하였다.

54 원제 Born Again, 찰스 콜슨, 홍성사

55 『영혼을 위한 닭고기 수프』, 『죽기 전에 답해야 할 101가지 질문』, 『세상을 향해 가슴을 펴라』 등

56 비슷하게, 사르트르는 신은 침묵한다고 했고, 횔덜린(헤겔 및 셸링과 함께 뒤빙겐 삼총사로 불린 독일의 서정 시인)은 신은 부재중이라고 했다.

약하고, 무명(無名)하고, 슬픈 일은 나쁜 것이라 주장한다. 신은 죽었다고 자신 있게 선포한 니체는 이렇게 말했다.[56]

우리는 선과 악을 신이 만들었다고 알고 있지만 사실 선이란 힘에 의해 만들어지는 것이다. 힘이 있으면 선이고 없으면 악이다.

이것은 그가 독자적으로 신사상을 실천하고 있음을 보여주는 것이다. 그러나 성경은 결코 그런 식으로 선과 악, 옳고 그름을 나누지 않는다. 예수가 보여주신 삶의 모습이 바로 그 증거다. 예수는 가난했고, 고난당했고, 억울하게 죽었다. 물론 그 가족과 제자들에게는 커다란 슬픔이었다. 그러나 그것은 궁극적인 의(義)를 성취하는 과정이었다. 신사상운동은 세상 속에서의 성공을 지향하는 영성이고, 기독교는 하나님 나라에서의 승리를 지향하는 영성이다.

"내가 신이다" vs. "하나님이 신이다"

이 시대의 영성은 자기 자신을 신격화하는 영성이다. 그래서 이 세상은 시간이 흐를수록 점점 더 돈을 사랑하고 자기를 사랑하지만 하나님은 마음에 두기를 싫어하는 시대가 돼가고 있다.

또한 그들이 마음에 하나님 두기를 싫어하매 하나님께서 그들을 그 상실한 마음대로 내어 버려두사 합당하지 못한 일을 하게 하셨으니…그들이 이 같은 일을 행하는 자는 사형에 해당하다고 하나님께서 정하심을 알고도 자기들만 행할 뿐 아니라 또한 그 일을 행하는 자를 옳다 하느니라[57]

하나님을 미워하고 싫어하는 사람들은 어떻게 살게 되는가? 복음주의 선교사이자 철학자인 프랜시스 쉐퍼는 한 세대 전에 이렇게 예견한 바가 있는데, 지금 그대로 실현되는 것을 우리는 목도하고 있다.

21세기가 가까이 오면, 사람들은 목적 없이 돈을 벌고, 진리가 없는 교육을 하고, 의미가 없는 사랑을 나누며, 죄책감 없이 사람을 죽이는 시대가 올 것이다. 이 모든 것은 하나님을 믿지 않기 때문이다.

프랜시스 쉐퍼는 라브리공동체를 설립하여 전 세계의 젊은이들에게 성경적 영성을 제시하였는데, 그는 오늘날의 모든 병리 현상이, 진리는 절대적이 아니라 상대적인 것이라고 믿는 거짓 영성 때문이라고 보았다. 진리는 상대적이며 인간 스

스로가 절대자이기 때문에 신의 도움을 필요로 하지 않는다는 사상이 뉴에이지다.

자기 자신에게 있는 긍정적인 요소를 알지 못하고 절망과 낙심 가운데 있는 것은 좋은 일이 아니지만, 그렇다고 해서 자기가 모든 것을 할 수 있다며 절대자의 도움을 무시하고 외면하는 것 역시 결코 좋은 일은 아니다. 그래서 파스칼은[58] 일찍이 이렇게 말했다.

자신의 불쌍함을 알지 못한 채 하나님을 알면 교만해진다. 하나님을 알지 못한 채 자신의 비참함을 알면 절망에 빠진다. 예수 그리스도를 알면 균형 잡히는 것은, 그 분께서 우리에게 하나님(의 구원)과 우리 자신의 비참함을 모두 보여주시기 때문이다.

이 시대의 사람들은 지금 "내가 신이다"라는 뉴에이지 사상과 "하나님이 신이다"라는 진리 가운데 하나를 선택할 것을 종용받고 있다. 당신은 무엇을 선택할 것인가?

---

58 17세기 프랑스의 천재 수학자 · 물리학자 · 사상가로서 그는 또한 이런 말도 했다. "예수가 부활했다. 안 했다. 당신은 어디에 걸겠는가?"

제 6 장

합리주의

이성의 무모한 도전

이성이냐, 성경이냐

인생은 판단과 선택의 연속이라 해도 과언이 아니다. 사람은 누구나 매 순간 무엇인가를 판단하고 선택한다. 명문화(明文化)된 것은 아니지만 사람은 나름대로의 기준을 다 가지고 있다. 그런데 참으로 중요한 것을 결정할 때 최종적인 기준으로 삼는 것이 무엇이냐에 따라 그 사람의 세계관(worldview)이 드러나게 된다. 지금은 기독교인의 입장에서 볼 때, 크게 이성 아니면 성경 두 가지 세계관이 최종 기준으로 제시되는 시대다. 물론 성경 이외의 종교 경전(經典)이 세상에는 많이 있다. 그런데 기독교처럼 경전을 소중히 여기고 그 말씀을 절대 기준으로 삼아 살아가는 종교는 흔하지 않다.

이성에 대한 기독교의 입장은 어떠한가? 기독교는 이성 즉 '합리성'을 최고로 추구하지 않는다. 그렇다고 해서 반이성적이거나 비이성적인 태도를 가지는 것도 아니다. 기독교는 기본적으로는 이성을 존중하지만, 성경과 대치되는 상황에서는 성경적 기준을 선택하는 종교다. 이것은 타 종교인들이 쉽게 이해할 수 있는 것이 아니다. 그래서 때로는 성경에 대해 오해가 발생하기도 한다.

수년 전에 국내의 반기독교시민운동연합(반기련)이라는 단체가 안티기독운동을 벌였는데, 그 내용이 황당했다. '악서 바이블 어린이 금서 제정을 위한 1,000만 명 서명 운동'이었다.

이 운동을 주도한 사람들은 "성경은 처음부터 끝까지 모순과 궤변을 엮어 놓은 허구고, 저주와 악담을 뭉쳐 놓은 무서운 내용의 책이며, 포르노 따위의 음담패설이 난무하는 악서"라고 주장했다. 그래서 "어린이들의 마음을 더럽히지 않고 깨끗하게 지켜주기 위해 어린이들 주위에서 성경을 철저히 차단시키는 금서 운동을 벌이게 된 것"이라 밝혔다. 사람들이 자신의 이성과 오해를 기준 삼아 성경을 악서라고 주장하는 어이없는 현상이 오늘날 버젓이 우리나라 한복판에서 일어나고 있다.

인간의 이성에 대한 절대적 신뢰는 최근 또는 근대에 와서야 시작된 것이 아니다. 스토아철학을[1] 추구하며 로마 황제로서의 역할도 해내었던 마르쿠스 아우렐리우스는 이런 글을 남겼다.

이성과 이성의 행동은 본래부터 완전하다. 이성은 내부 작용에 의해 스스로 만든 목표를 향해 똑바로 나아간다. 따라서 이성에 따르는 행동이 가장 올바른 행동이다.[2]

신과 더불어 살아가라. 주어진 자신의 운명에 만족하고 제우스신이 모든 인간에게 선물한 각자의 신성(神性)이 안내하

---

1 Stoicism, 기원전 3세기 제논에서 시작되어 기원후 2세기까지 이어진 그리스 로마 철학의 한 학파
2 마르쿠스 아우렐리우스, 『황제의 명상록』, 청목서적, 44쪽

는 대로 따르고 완수하는 사람들, 이들이 바로 신과 함께 살아가는 사람들이다. 너를 지배하고 안내하는 신성이란 곧 네 자신의 이성이다.[3]

이렇게 이성을 신성시하고 그에 따르는 행동만 하려고 노력하며 살았던 덕분인지 아우렐리우스 황제는 후대에 로마 5현제로[4] 인정받았다. 그런데 기독교 신앙의 입장에서는 그 평가가 정반대인 것을 아는가? 아우렐리우스 황제는 로마시대 기독교 박해 10대 황제로 뽑히는 인물이다. 자신이 그렇게 신뢰하는 이성으로 판단해 볼 때, 아우렐리우스 황제에게 기독교 신자들은 아무런 죄가 없어도 예수를 믿는다는 한 가지 사실만으로 사자 먹이로 던져져도 마땅한 사람들이었다. 이것이 이성의 실체다.

물론 성경을 믿고 따른다 하면서도 그 권위를 절대적으로 인정하지 않는 사람은 실상은 성경이 아닌 자신의 이성을 절대시하는 사람이다. 성경 중간마다 나오는 어떤 사건이나 계명을 이성적으로 받아들일 수 없어 성경의 완전성을 무시하는

---

3   앞의 책 49쪽
4   로마 제국의 전성시대에 잇달아 군림한 다섯 명의 명군(名君)으로서 네르바, 트라야누스, 하드리아누스, 안토니누스 피우스, 마르쿠스 아우렐리우스의 5제(帝)를 말한다. 이 시대에는 세습이 아니라 원로원(元老院)에서 가장 유능한 인물을 황제로 지명하였다.

경우가 비일비재하다. 장애 극복의 산 증인이라고 할 수 있는 헬렌 켈러는[5] 자신의 글을 통해 이런 견해를 밝혔다.

만일 우리가 진정 하나님을 사랑의 하나님이라고 믿는다면, 하나님이 노한다거나 변덕스럽다거나 쉽게 변하는 분이라고 생각할 수 없을 것입니다. 이런 터무니없는 개념들은 성경이 기록된 시대의 미개한 야만주의를 반영한 것에 틀림없습니다.

성경을 믿지도 않고 알지도 못했던 자답게 헬렌 켈러는 성경 내용 가운데 이성적으로 수용하기 싫은 내용들을 '터무니없는 개념들'이라고 생각했다. 하나님이 주신 계시의 말씀이 그녀가 보기에는 야만적이었다. 헬렌 켈러는 사실 스베덴보리주의자였다. 스베덴보리는 신비주의 기독교 이단으로서 비성경적이지만 나름대로 합리적인 가르침들을 추종하는 종파다.

성경의 가르침을 부정하는 것은 이성을 절대시하는 사람들에게는 이미 보편적인 일이 되었다. 스타벅스, 마이크로소프트, 그리고 나이키 같은 세계 유수의 다국적 기업들은 동성애 결혼을 지지한다는 성명서를 발표하였다. 다분히 마케팅의 일환으로 그런 전략을 선택한 것이지만, 기독교 국가라는 미

---

5   세계 최초로 대학교육을 받은 미국의 맹농아(盲聾啞)로서 저술가이자 사회사업가다.

국의 회사들이 더 이상 성경적 가치를 고려하지 않고 있음을 보여주는 사례다. 동성 결혼은 미국의 성공회 같은 개신교에서 점차 확산 추세에 있으며, 미국 대통령인 민주당의 버락 오바마까지도 동성 결혼을 지지한다고 공식적으로 천명했다. 이러한 현상은 소수 인권 보호라는 미명으로 진행되고 있는데, 우리나라에서도 '차별금지법'이라는 이름으로 동성애를 옹호하고 조장하는 법안이 국회에 상정된 바 있다. 그뿐 아니라 반기문 유엔 사무총장 역시 우리나라가 어서 동성애를 인정하는 법안을 만들 것을 요청하기도 했다.

세상이 점점 동성애를 우호적으로 바라보면서 최근에는 동성애자를 위한 성경이 출간되었다. 권위 있는 성경의 대명사인 킹제임스바이블을[6] 빗대어 이름 지어진 이 성경은 퀸제임스바이블(Queen James Bible)이다. 이 변질된 성경은 동성애를 정죄하는 성구 여덟 개를 중도적 또는 친동성애적으로 바꾸어 버렸다. 예를 들면, 유다서 7절 "소돔과 고모라와 그 이웃 도시들도 그들과 같은 행동으로 음란하며 다른 육체를 따라 가다가 영원한 불의 형벌을 받음으로 거울이 되었느니라"에서 '다

---

6   흠정역(The Authorized Version) 성경 또는 제임스 국왕역(King James Version) 성경은 1604년 청교도들과 감독들이 햄턴 궁(Hampton Court)에 모여 새 왕의 취임과 교회 정화를 의논하던 중에 공동 성경번역에 합의하여 만들어졌다. 국왕 제임스 1세가 54명의 성경학자를 임명하여 여섯 조로 나누어 번역하게 하고 최종적으로 14명의 위원이 검토하여 출간하게 하였다. 번역은 1607년에 시작했고, 1611년에 출판되었다.

른 육체'를 '인간 아닌 육체', 즉 천사로 바꾸었다. 소돔과 고모라가 멸망당한 것이 그들의 죄악 특히 동성애 같은 음행 때문이 아니라 인간이 아닌 천사를 건드리려고 했기 때문이라는 것이다. 그러나 이것은 엄연한 왜곡이다. 당시 소돔 주민들은 천사들의 진짜 정체를 알지 못했기 때문이다. 지금은 동성애자들이 성경을 변질시키면서도 아무런 죄책감이나 두려움도 갖지 않는 참으로 무서운 시대다. 사실 이 시대는 이미 동성애자들이 자신의 목소리를 내는 정도가 아니라 자신들을 반대하는 자들의 목소리를 죽여 버리는 시대가 되었다.[7]

기독교와 합리주의를 결합하려는 시도

14-16세기의 르네상스, 17-18세기의 계몽주의, 19-21세기의 현대주의와 포스트모더니즘을 관통하는 일관된 흐름은 바로 이성의 절대화다. 수백 년 전 인간의 이성이 억압을 당하고, 전통의 구습(舊習)에 얽매여 있을 때, 먼저 예술에서 자유로운 사고가 시작됐고, 이후 종교와 사상에서 이성을 바탕으로 한 다양한 모습이 자유롭게 추구돼 왔다. 그래서 지금은 이성이라는 기준에 맞지 않는 것은 무조건 배척되는 것이 당연시되는 시대가 되었다. 비합리성과 비논리성은 곧 존재 가치가 부정되거나 존재 자체가 부인되고 있다. 그리고 그 부정과 부인

의 첫째 순위 대상이 바로 기독교적 절대관이다. "이성의, 이성에 의한, 이성을 위한 종교"라고[8] 할 수 있는 합리주의는 절대 신과 진리를 신봉하는 기독교의 본질을 훼손하고 있다. 다음의 글은 기독교를 왜곡시키는 주장이지만 이미 대중에게는

---

7   1998년경 미국에서 방송된 로라 박사(Dr. Laura)의 라디오 토크쇼 "Do The Right Thing"은 미국 국민 수백만 명이 즐겨 듣는 인기 있는 프로그램이었다. 미국에서 가장 유명한 토크쇼 중 두 번째로 꼽히던 이 프로그램의 진행자 로라 박사는 이 쇼로 유명세를 타게 되어 저작 및 강의와 세미나를 통해 왕성한 활동을 펼치고 있었고, 그녀의 토크쇼 청취자는 나날이 늘어났다. 적어도 2000년 9월 GLAAD(동성연애자옹호협회)라는 엄청난 상대를 만나기 전까지는 그랬다. (중략) 로라 박사는 한 잡지의 인터뷰에서 "나는 결코 동성연애자들을 변태적인 사람들이라고 부른 적이 없습니다. 다만 동성연애는 이성 간에 정상적으로 이루어지는 관계에서 벗어난 것이며, 성경이 금하는 것이라고만 말했을 뿐입니다"라고 했다. (중략) 이 일로 인해 로라 박사는 GLADD의 분노를 사게 되었고, 이 단체는 닥터 로라 프로그램 중지시키기 운동을 착수하였다. 로라 박사가 텔레비전에 출연하기로 결정되었다는 소식이 들리자, 그 첫 방송 6개월 전인 2000년 3월, GLADD는 StopDrLaura.com이라는 웹사이트를 만들었는데, 이는 TV에 로라 박사가 출연하지 못하도록 하기 위한 것이었다. 이 웹사이트가 개설된 지 10개월 만에 5천만 명이 이 사이트를 방문하기에 이르렀고, 이것 때문에 로라 박사를 반대하는 단체들이 미국과 캐나다의 34개 도시에 생겨났다. 로라 박사는 이름 모를 수많은 사람들로부터 생명을 위협하는 무서운 협박과 폭탄테러의 위협을 받았다. 결국 170개의 광고주가 로라 박사 TV 프로그램 후원을 중단했고, 30개가 넘는 라디오 방송국이 그녀의 라디오 프로그램을 거절하는 일이 생겼다. 그리하여 2001년 3월 30일 그녀의 토크쇼는 결국 문을 닫고 말았다. ─「살아남는 이들」166호, 생애의빛, 5쪽 수정, 발췌, 인용 (이 잡지는 이단인 안식교에서 발행하는 월간지다.)

8   1863년 11월 9일, 미국 게티즈버그에서 링컨 대통령이 나라의 주권이 국민에게 있음을 강조한 연설 문구 중 "of the people, by the people, for the people"을 패러디한 표현이다. 이 유명한 문구는 사실 링컨과 동시대를 살면서 노예제 폐지 운동에 앞장섰던 테어도어 파커 목사의 연설집에 이미 실려 있던 것이었다.

상당히 설득력 있게 다가선 것이 사실이다.

하나님의 진리가 있다면 그것은 현실 세계를 설득력 있게 설명해 내는 세계 안의 건강한 합리성과 충돌하지 않으면서, 그것마저 넘어서는 영속적 진리에 속할 것이다. 바로 이 점에서 잘못된 신앙이나 초자연주의를 강조하는 저급한 신비주의 혹은 저급한 영성은 걸러질 수 있다. 정확히 말해서, 종교는 믿음이 아닌 '깨달음'을 요구한다고 하겠다. (중략) 물론 그 깨달음이란 '우리에게 향하신 하나님의 뜻에 대한 자각'에 다름 아니다.[9]

하나님의 진리가 있다면, 현존하는 합리성과 충돌하지 않으면서도 그것을 초월하는 진리라는 말은, 엄격히 말해, 성경적 세계관이 아니다. 성경에는 인간의 이성과 충돌하는 사건과 인물이 줄기차게 제시되기 때문이다. 전지 전능하신 하나님이 처녀의 몸에서 아기로 태어난 것이 과연 합리적인가? 죄 없는 하나님이 인간의 죄를 대신 지고 십자가에서 죽은 것이 과연 합리적인가? 죽어서 장사지낸 바 된 육체가 다시 살아난 것이 과연 합리적인가? 잘못한 게 아무리 많아도 예수 그리스도를 믿기만 하면 구원받는 것이 과연 합리적인가? 아무리 선하게 살

---

9   미선, 『기독교 대전환』, 대장간, 149쪽

아도 예수를 거부하면 지옥에 가는 것이 과연 합리적인가? 성부 · 성자 · 성령의 세 위격(位格)으로[10] 존재하면서 동시에 완전히 하나인 하나님을 믿는 것이 과연 합리적인가?

당연히 이 모든 것은 합리성과 철저하게 상충된다. 그래서 위 글의 저자는 기독교는 믿음이 아니라 깨달음이라고 주장한다. 그가 왜 이렇게 주장할까? 합리성의 잣대를 대보니 받아들일 수 없기 때문이다. 이해되지 않는 요소가 너무 많기에 성경은 이해와 앎 이전에 믿음과 확신을 먼저 말한다. 물론 그 믿음 자체가 맹목적인 것이므로 거부해야 한다고 합리주의자들은 말한다. 성경에 진술된 비합리적인 것들을 믿는 것 대신 그 진술이 궁극적으로 말하고자 한 의미를 깨달아야 한다고 그들은 주장한다.

진정한 종교적 깨달음은 언제나 '합리주의'(rationalism)를 지향한다는 사실이다. 그리고 이것은 언제나 '힘에 대한 설득의 승리'를 지닌다. 바로 그렇기 때문에 위대한 신앙의 시대는 곧 위대한 합리주의 시대이기도 하다. 이 '본질적인 합리성'(intrinsic reasonableness)은 궁극적으로 인간에게 있지 않으며 그것은 하나님의 속성에 해당한다. 종교적 통찰이라는 깨달음 ─ 혹은 깨달은 자의 삶 ─ 은 결국 옳고 타당하기 때문에

---

10 인격, person ─ 성부와 성자와 성령의 삼위일체 하나님은 그 존귀와 능력이 완전히 동등하다.

부드럽게 설득적으로 전체 인류사에 스며들고 있는 것이다.[11]

지금 저자가 주장한 합리주의는 불완전한 존재 방식 그 자체다. 인간의 결핍과 부족을 포함한 가치관을 일컬어 그는 합리주의라고 말한다. 그는 자칭 기독교를 '안다'고 하지만 성경은 절대로 완전하지 '않다'고 말한다. 그에 의하면, 성경은 오류가 없는 책이 아니라 이런저런 오류가 있는 책이다. 그럼에도 불구하고 그러한 오류를 수용하고 개선하는 것이 진정한 합리주의적 기독교라고 말한다. 성경의 오류를 말하면서 그것이 기독교를 위한 것이라고 주장한 것은 세속의 합리주의자와 손잡은 기독교 자유주의자의 케케묵은 수법이다.

그는 자신의 주장을 뒷받침하기 위해 화이트헤드[12]의 다음과 같은 말을 인용하기도 한다. "오류란 보다 고등한 유기체의 징표이며, 상승적 진화를 촉진하는 교사이기도 하다. 오류는 우리가 진보를 위해서 치르는 대가인 것이다." 과연 과정신학의 대가다운 말이다. 절대적 진리와 가치를 인정하지 않는 화이트헤드는 진리란 것이 수많은 잘못을 고쳐가며 만들어져가는 과정이지 이미 객관적으로 존재하는 것이 아니라고 말하고 있다. 합리주의자들이 말하는 기독교란, 한 마디로, 성경

---

11 앞의 책 162-163쪽
12 영국의 수학자이자 철학자로서 대표적 무신론자인 버트런드 러셀과 평생 사제 겸 친구였으며, 아버지가 성직자였음에도 불구하고 평생 교회를 다니지 않았다.

에 나오는 비합리적이며 절대적인 요소를 제외하고 합리적이고 불완전한 요소만을 수용한 기독교다. 당연히 이것은 진정한 기독교가 아니다.

톨스토이와 토마스 제퍼슨, "성경의 기적을 믿을 수 없다"

기독교 작가라고 잘못 알려져 있는 레프 톨스토이는 엄밀히 말해서 기독교와 상관이 없는 작가다. 그는 마음껏 세상을 누리고 즐기며 살다가 50세의 나이가 되어서 극적으로 회심하는데, 이 회심은 하나님 앞으로의 회심이 아니라 자기 양심으로의 회심이었다. 그는 자기 집의 농노들에게 자유와 토지를 주고, 평화와 청빈을 실천하는 인물로 바뀌었는데, 그의 이러한 모습은 기독교의 가치와 매우 비슷하여 많은 사람들이 그를 기독교적 가치를 추구한 작가로 인식한 것이다. 그러나 그는 기독교가 아닌 자기 나름의 박애주의, 즉 톨스토이교를 주창했을 뿐이다.

그의 기독교에 대한 적대감은 다음의 말로 잘 증명된다. "기독교인들은 야만적인 최면술과 기만 속에 있으면서, 자기들이야말로 진실한 종교의 파악자라고 자만하고 있는 사람들이다." 이러한 그의 반(反)기독교 사상은 당시 러시아정교와 갈등을 빚어 결국 톨스토이는 교회의 가장 강력한 징계인 파문을[13] 당하고 말았다. 객관적으로 말해, 그가 파문당한 것은 한편으로, 선행에 의한 구원이라는 그의 비성경적 가르침에 대한 단죄였고, 다른 한편으로는, 당시 종교 귀족으로 군림하던 교회 지도자들을 향한 그의 비판에 대한 보복이었다.

톨스토이처럼 도덕과 윤리를 중요시하며 성경의 비합리적인 이적 기사(記事)들을 인정하지 않았던 인물로 토마스 제퍼슨이 있다. 미국의 헌법과 독립선언문을 기초한 미국 3대 대통령 토마스 제퍼슨은 예수의 기적과 부활을 신화라고 주장한 것으로 유명하다. 예수의 역사적 행적에 관심이 많던 그는 사복음서에 나타난 신학적 요소들을 후대에 의한 첨가물로 취급했다. 제퍼슨은 자신이 이성적으로 수용하기 힘든 내용을 조작된 신화로 규정하고, 그것들을 삭제한 성경을 사용했다.

다시 말해, 예수를 따르는 자들이 예수 사후(死後) 신화적 요소를 가미(加味)했다고 그는 생각했다. 그래서 예수의 부활은 물론 복음서에 나온 이적들 역시 이성적으로 도저히 받아들일 수 없고, 오직 고결한 도덕과 희생적 윤리만이 예수의 진짜 모습이라고 주장했다. 그는 기독교야말로 인류 역사상 가장 타락한 시스템이라며 반감을 노골적으로 드러냈다. 이러한 주장을 담은 그의 저서가 바로 『나사렛 예수의 철학』이다.[14]

---

13 러시아정교와 로마 가톨릭에서의 파문은 교회 공동체에서 추방되어, 성찬과 예배에 참여할 수 없으며, 이에 따라 구원과 영생의 약속이 취소되는 영원한 저주에 해당하는 것이다.

이것은 예수를 단순히 사상가나 철학가 정도로 취급한 반(反)기독교적 계몽주의 사조가 이미 18세기에 미국에서 자리 잡고 있었음을 보여준다.

아인슈타인과 린위탕, "심판과 지옥을 믿을 수 없다"

과학 역사상 최고의 물리학자로 손꼽히는 알버트 아인슈타인은 유대인으로서 유대교를 배웠고, 유럽인으로서 기독교를 익혔다. 그러나 그의 신관(神觀)은 결코 성경적 신관이 아니다. 그는 스스로 "스피노자의[15] 하나님을 믿는다"고 고백했는데, 이는 우주 원리로서의 하나님을 믿는다는 의미다. 그는 세상의 질서와 우주적 절대 원리는 인정했지만 인격적인 하나님은 거부했다. 과학자답게, 증명이 안 되는 것은 인정하지를 않았던 것이다. 아인슈타인은 성경의 하나님만을 거부한 것이 아니라 성경 자체를 또한 거부했는데, 이유는 성경이 '상당히 유치하고, 원시적인 전설들을 집대성한 것'이라고 생각했기 때문이다.

---

14   원제 *The Philosophy of Jesus of Nazareth*

15   "비록 내일 지구의 종말이 온다고 해도 나는 오늘 한 그루의 사과나무를 심겠다"라는 말로 유명한 네덜란드의 유대인 철학자다. 자유로운 종교적 성향 때문에 유대교에서 파문당한 뒤 안경 렌즈를 가공하는 일로 연명하다가 진폐증으로 죽었다.

아인슈타인이 기독교를 거부한 것은, 무엇보다도 심판과 천국·지옥이라는 가르침을 이성적으로 인정할 수 없었기 때문이다. 그는 이렇게 말했다.

나는 자신의 창조물인 인간을 상벌(賞罰)하는 신을 상상할 수 없다. 신이라는 것은 요컨대 인간의 약함의 반영에 다름 아니다. 나는 인간의 영혼이 육체의 사망 후에도 살아남는다는 것을 믿을 수 없다. 그것은 약한 사람이 두려움에서, 혹은 어리석은 자기중심주의에서 생각한 것이다.[16]

'신은 인간의 약함의 반영'이라는 말은 "기독교는 약자의 종교이며 노예의 환상"이라고 말한 철학자 니체의 주장과 일맥상통하며, 방송인 오프라 윈프리가 "하나님의 형상대로 인간이 만들어진 것이 아니라 인간의 형상대로 하나님이 만들어진 것"이라 주장한 것과도 통한다. 그런데 약한 자만이 하나님을 믿고, 그의 심판을 두려워한다는 아인슈타인의 말은 역설적으로 진리다. 오직 자신의 약함을 깨닫고 인정하는 자만이 하나님을 만날 수 있으니 말이다. 물론 아인슈타인은 심판과 천국·지옥만을 거부한 것이 아니라 성경 대부분의 내용을 거부했다.

16　버트런드 러셀 외,『나는 믿는다』, 범우사, 39쪽

나는 성경에 나오는 이야기들의 많은 부분이 사실일 수 없다는 확신을 갖게 되었다. 그래서 나는 열정적인 자유사상가가 되었고, 국가는 고의로 젊은이들을 기만하고 있다는 인상을 갖게 되었다. 이것은 나에게 충격적인 감명이 되었고 (중략) 이 태도는 근본적으로 내 일생을 통해 지속되었다.[17]

자신의 말처럼 아인슈타인은 성경의 역사성을 부인한 자유주의를 따랐다. 그것도 열정적으로 말이다. 전 세계에서 모르는 사람이 없는 아인슈타인이 무신론적 발언을 했으니, 이는 하나님을 대적하는 이들에게 참으로 좋은 무기가 아닐 수 없다. 그래서 언젠가 우리나라의 노선버스 외부광고에는 '나는 자신의 창조물인 인간을 상벌(賞罰)하는 신을 상상할 수 없다–아인슈타인'이라는 문구가 실리기도 했다. 최고의 천재에게도 '하나님의 심판'은 반감이 생기는 거북한 주제인 것이다. 목사의 아들이지만 하나님을 오랜 세월 떠났던 린위탕이[18] 이런 고백을 한 적이 있다.

오늘날 종교에 있어서 나를 특히 불쾌하게 만드는 것은 죄악에 대한 강조다. 나는 죄악을 의식해 본 적도 없고 또 저주받

---

17 제리미 번스턴, 『아인슈타인』, 전파과학사, 18쪽
18 Lin Yutang, 林語當, 대만 출신의 세계적인 소설가, 중국 고전 번역가, 산문가, 문예비평가, 언어학자

았다고 느낀 적도 없다. (중략) 나는 믿는다. 하느님은 이성적이며 이해심이 있으심을. 현대 교회는 아직도 굳이 배타적인 죄악 관념을 고집하기 때문에, 그리고 선교사들이 개종 설교를 할 때에는 언제나 죄의식을 곁들여 시작하기 때문에 나는 그것을 받아들일 수 없다.[19]

린위탕은 자신이 비록 성자는 아니었지만 나름 '예의' 바르게 살았으므로, 이 '예의'가 이성적이고 이해심 많은 하나님에게 인정될 수 있을 것이라고 믿었다. 교회와 목사는 늘 죄의식을 불러일으키지만, 하나님은 자기 정도의 '괜찮은' 사람을 알아줄 것이라 말한다. 이것이 바로 자기 의를 내세우는 합리주의 사상이다. 자기의 의로움과 지혜, 공로로 하나님을 설득하고자 한 시도는 늘 있어 왔지만, 최근에 그 정도가 더욱 심해졌다. 자신의 이성과 판단력이 성경보다 더 높은 자리를 차지함으로써 인간은 이제 성경의 하나님을 조롱하는 지경에 이르렀다.

장진 감독이 2011년에 만든 영화 "로맨틱 헤븐"에서 주인공이 하늘나라에서 하나님을 만나 "지옥, 불, 고통 이런 것이 진짜로 있느냐"고 질문하는 장면이 나온다. 이에 대해 아주 인자해 보이면서도 장난스러운 모습을 갖춘 하나님은 이렇게

---

19 버트런드 러셀 외, 『나는 믿는다』, 범우사, 107쪽

대답한다. "그런 걸 왜 만들어? 뜨겁게…."

이것이 바로 하나님을 모르는 자들이 원하는 것이다. 천국은 있지만 지옥은 없는 사후세계. 이것이 바로 인간이 원하는 하나님 상(像)이다. 인자하고 재미있지만 무섭지는 않은 하나님. 이것이 바로 합리주의가 원하는 기독교다. 성경이 말한 대로가 아니고, 이성(理性)이 말한 대로 이뤄지는 기독교. 아인슈타인과 린위탕은 바로 이런 것들을 소망했다.

루소, 반(反)기독교적 철학과 교육의 대가

장 자크 루소는 18세기 프랑스의 계몽주의 철학자이자 사회학자 그리고 교육론자였다. 그는 어린 시절부터 고아와 다름 없는 삶을 살았고, 정규 교육을 전혀 받지 못한 덕분에, 자유분방한 사고(思考)를 소유한 사상가로 성장했다. 루소가 쓴 『에밀』이라는 교육철학서 겸 문학작품은 세계적으로 유명한데, 이 책은 에밀이라는 아이가 출생부터 결혼할 나이에 이르기까지 25년 동안 받는 교육 내용을 묘사하고 있다. 전체 다섯 편 가운데, 제4편(15-20세까지 교육)에 도덕과 종교가 언급된다. 모르는 사람은 루소를 근대 교육의 대가로 알고 있지만, 사실 그는 자기 자녀 다섯 명 모두를 고아원으로 보내 버린 어이없는 인물이었다. 물론 돈이 없어서 그렇게 했다는 평계를 댔지만,

그는 인류의 기본조차 갖추지 못했던 사상가였다.

루소는 기독교에 대해 무관심 혹은 반감을 갖고서 이런 말을 했다. "하나님을 믿어야 구원을 받는다는 것은 그릇된 교리의 잔인한 불관용의 원리다." 자식을 죄다 내버린 아버지이면서도 오히려 루소는 하나님을 향해 잔인하고 관용이 없다고 주장한다. 그는 하나님을 실제로는 물론 이론적으로도 제대로 알지 못했다. 그의 책 『에밀』에는 그의 반(反)기독교 인식이 잘 드러나 있다.

> 당신은, 2천 년 전에 세계의 저쪽 끝 어딘가 내가 알지 못하는 작은 마을에서 태어났다가 죽은 신(神)에 대하여 내게 알려 주고, 그 신비를 믿지 않았던 자는 모두 지옥에 떨어질 것이라고 이야기한다. (중략) 그렇다면 어째서 당신은 나의 아버지에게 그것을 가르쳐 주러 오지 않았던가. 어째서 당신은 저 선량한 노인에게 아무것도 가르쳐 주지 않아, 그를 지옥에 떨어지게 했는가. (중략) 그리고 이 모든 불의를 당신이 내게 정의의 신이라고 주장한 신과 타협해야 한단 말인가.[20]

하나님의 정의와 사랑을 인정하지 않는 자들이 흔히 내세우는 주장이다. 선하게 살았던 내 아버지가 예수를 몰랐다는

---

20 루소, 『에밀』, 육문사, 424쪽

이유만으로 지옥에 간다는 것이 말이 되느냐고 묻는 것이다. 그것은 정의로운 신이 할 짓이 아니라는 것이다. 사실 성경은 예수의 이름을 전혀 듣지 못하고 죽은 옛 조상이나 오지(娛地) 사람들 그리고 유아 시절에 죽은 아이들의 구원에 대해 백 퍼센트 확실한 답을 제시하지 않는다. 물론 로마 가톨릭은 조상림보나 유아림보 같은 황당한 답을 제시하고, 연옥같이 꽤 합리적으로 보이는 절충 지대를 제공함으로써 사람들을 수긍시키고자 애를 쓴다. 그러나 성경이 정확하게 말하지 않는 것을 그렇게 확정적으로 말하는 것은 잘못이다.

또한 기독교 신앙은 하나님과 나와의 일대일 관계지, 결코 타인이 그 사이에 끼어 있는 관계가 아니다. 예수를 모르고 죽은 광개토대왕이 천국에 갔는지 지옥에 갔는지를 성경이 명확하게 말하지 않는다는 이유로 내가 지금 예수를 거부하면 그것은 말이 되지 않는다. 태중에서 죽은 내 아이가 구원받았는지 안 받았는지를 성경이 똑 부러지게 말하지 않는다는 이유로 내가 지금 구원의 기회를 저버리는 것은 그냥 핑계일 뿐이다. 기독교 신앙에 대한 루소의 거부는 결국 자기의 이성(異性)을 최고의 판단 기준으로 삼는 가치관에 의한 결과다.

우리가 진리를 정직하게 탐구하고 있다면, 신분에 의한 권리라든가 아버지나 목사의 권위 같은 것은 일체 인정하지 말고, 어릴 때부터 그들이 우리에게 가르쳐 준 모든 것을 생각

해 내어, 양심과 이성의 검토에 맡겨 보자.[21]

타락한 인간이 스스로의 힘으로 진리를 알아낼 수 있다는 루소의 확신은 모든 합리주의자가 가지고 있는 것이다. 루소의 이러한 이성으로의 몰입은 하나님을 향한 시각을 완전히 잃어버리게 만든 재앙이었다. 그래서 성경은 똑똑한 자가 아니라 미련한 자가 하나님을 만난다고 말하는 것이다. 참으로 신비롭지 아니한가!

계몽주의, 하나님의 빛을 버리고 이성의 빛을 추구한 사상

루소는 이성으로 진리를 찾을 수 있다고 믿었던 계몽주의자였다. 그는 또한 합리적인 범위 내에서만 신을 인정했던 일종의 이신론자였다. 그만이 아니라 볼테르나 로크 그리고 홉스처럼 계몽 사상가로 유명한 이들은 한결같이 이성으로 하나님을 이해하고자 했던 이신론자들이었다.

유럽의 전제 정치와 기독교적 맹신을 비판했던 프랑스의 작가 겸 사상가인 볼테르는, 의심이 유쾌한 상태는 아니지만 확신은 더욱 우스운 상태라며 유신론자들을 조롱했다. 1755년

---

21 앞의 책 412쪽

포르투갈 리스본에서 발생한 대지진으로 어린 아이들과 선한 사람들 수만 명이 죽었던 사건을 놓고, 그는 하나님의 공의와 전능하심을 비웃었다. 이 세상에 어떤 목적이라도 있다면 그것은 사람들을 모두 미치게 하는 것뿐이라고 냉소했다. 그뿐 아니라 볼테르는 성경과 기독교가 백년도 못 가서 없어질 것이라고 자신 있게 예언하기도 했다.

영국의 첫 경험론 철학자로 인정받는 존 로크는 루소와 볼테르는 물론 미국의 정치가 토마스 제퍼슨에게도 큰 영향을 주었다. 인간은 생득적으로 하나님이 부여해 준 본유관념(本有觀念) 같은 것은 없고, 오히려 그 영혼이 백지서판(白紙書板)[22] 같은 상태라고 주장했다. 이것은 성경의 원죄 개념을 부정한 것이다. 문화적 관용을 주장한 그의 저서 『관용론』은 후에 종교적 관용주의(latitudinarianism), 즉 자유주의라는 열매를 맺었다.

『리바이어던』이라는 저서로 유명한 영국의 철학자 토마스 홉스는 성악설을[23] 주장하고, 자신이 유신론자라고 말했지만, 성경을 전혀 믿지 않았던 사람이었다. 그는 영혼의 불멸을 믿지 않았고, 성경의 기적과 예언, 환상 같은 것은 다 착각이며 거짓이라고 믿었고, 귀신의 존재 역시 부정했다. 그가 믿은

---

22 라틴어(고대 로마어)로 tabula rasa 라고 한다.
23 性惡說, 인간의 성품이 본래부터 악한 것이라고 보는 견해로서, 중국에서는 유학자 순자(荀子)가 주창했다.

신은 이 세상의 최초 원인으로서의 신이었다.[24] 물론 이것은 기독교에서 말하는 신에 대한 개념이 아니다.

영어로 '빛 가운데 들어가다', '빛을 만든다'는 의미인 '계몽(Enlightenment)'은 18세기 후반 이미 유럽 전역을 휩쓸었다. 그 당시는 종교개혁의 여파로 개신교가 로마 가톨릭에 버금가는 세력으로 성장했고, 전 유럽인이 구교나 신교 가운데 하나를 믿고 있던 시대였다. 그런데 그들에게 기독교는 더 이상 개인과 사회의 안내자가 되지 못했다. 그래서 신에 대한 믿음이 아닌 인간 이성에 의한 삶의 조명을 추구하는 물결이 거세게 불었던 것이다. 종교적 억압이 여전히 존재하던 시기였기에 그들은 합리적이면서도 이성적인 가치 판단을 존중했고, 그것이 계몽사상으로 종합된 것이다. 종교적 편견과 맹목적 신앙에서 벗어나려는 노력은 수긍이 되지만,[25] 그것이 지나쳐서 신을 부정하고 성경을 버리려는 시도는 결국 자유주의와 포스트모더니즘(상대주의 사상)을 열매 맺는 씨앗이 되었다.

---

24 버트런드 러셀은 홉스의 이러한 생각조차도 반대하여 이렇게 말한다. "도대체 이 세계가 탄생의 원인을 가져야만 한다고 생각할 아무 이유가 없으며 모든 사물이 탄생의 원인을 가져야만 한다는 생각 자체가 우리의 상상력의 빈곤에서 오는 정신병에 불과하다."

25 로마 가톨릭과 개신교가 혼재하던 17세기 전후 유럽에서는 소위 마녀 재판(사냥)이 유행했다. 로마 가톨릭이 더 심했지만 개신교 역시 예외는 아니었다. 이러한 종교적 죄악이 사라진 것은 바로 계몽주의의 확산 덕분이었다. 하나님을 외면한 자들이 하나님을 섬긴다고 한 자들보다 오히려 더 인간성이 살아 있었다.

'계몽'을 뜻하는 'Enlightenment'는 신학에서 '조명'으로 번역된다. 보수 신앙은 성경의 원저자이신 성령 하나님이 사람들에게 빛으로 조명해 주셔야 성경의 참 뜻과 영적인 의미를 깨달을 수 있다는 믿음을 가지고 있다. 계몽주의는 그 추종자들에게 악과 권위로부터의, 나아가서는 하나님으로부터의 자유를 약속했다. 그리고 그것을 지키기 위해 지금도 애쓰고 있는데, 그 주된 방법이 바로 성경을 이성으로 배격하는 것이다. 성경을 배격하는 자들은 이성의 빛으로 계몽하고자 하지만, 성경을 따르는 자들은 하나님의 빛이 자신들의 영혼과 삶을 조명해 주기를 바란다.

버트런드 러셀, "나는 왜 기독교인이 아닌가"

누구나 지옥에 대한 관념을 두려워하지만 그 중에서도 지옥의 존재에 대한 반감을 그 누구보다 강하게 표출한 인물이 있다. 바로 세계 최고의 지성 가운데 하나로 뽑히는 버트런드 러셀이다. 수학자지만 철학과 종교의 영역에서도 두각을 보였고, 1950년 노벨문학상 수상자이기도 했던 그는 『나는 왜 기독교인이 아닌가』라는 제목의 에세이로 잘 알려진 반(反)기독교 인사다. 그는 성경의 역사성을 부인한 것이 아니라 성경의 역사성을 인정하되 그 내용 특히 예수의 인격을 문제 삼아 기독교를 공격했다. 객관적으로 지옥에 대해 가장 많이 경고한 인물이 바로 예수인데, 이에 러셀은 날카롭게 비판을 퍼부었다.

제 생각에 그리스도의 도덕적 성격에는 하나의 중대한 결점이 있습니다. 그것은 그가 지옥을 믿는 일이라 하겠습니다. 제가 생각하기에는 정말 인간미가 넘치는 사람이라면 누구나 영원한 형벌을 옳게 보지 않을 것입니다. 복음서에 서술되어 있는 그리스도도 영원한 형벌을 확실히 믿었으며, 그의 설교를 듣고자 하지 않는 자에게는 여러 번 보복적인 분노를 나타내고 있음을 알게 됩니다. 이것은 설교자에게는 흔히 있는 태도이기는 하나, 지존의 성품을 어딘지 손상시키는 일입니다. 예를 들면, 소크라테스에게서는 이러한 태도를 찾아볼 수 없을 것입니다.[26]

러셀은, 예수가 지옥을 말한 것은 '잔인한' 것이고, 그것은 예수에게 '도덕적 결점'이 있고, 인간미가 없음을 보여 주는 증거라고 주장한다. 죄가 죄인 줄 모르고, 지옥이 있는 줄도 모르고, 그것에 대한 경고조차 애써 무시하는 것은 전형적인 세속 가치관이다. 그는 지옥에 대한 공포감 때문에 하나님을 찾는 것이 싫었다. 그는 종교란 것 자체가 공포감에 그 기

---

26 버트런드 러셀, 『종교는 필요한가』, 범우사, 28-29쪽

반을 두고 있다고 생각했다. 그래서 지성과 자유를 가진 인간은 공포를 이겨내고 경멸해야 한다고 주장했다.

러셀에게 종교는 공포심을 조장하는 악일 뿐만 아니라 인류에 대한 고통의 근원이었다. 그 고통 가운데 하나가 바로 죄책감이었다. 여성의 성해방 운동이라는 명목하에, 러셀은 거리낌없이 혼외정사를 했고, 동성애를 비롯해 모든 종류의 성적 탐닉의 자유를 주장했으며, 당시로서는 매우 드물게 이혼을 네 번이나 한 철학자였는데, 이러한 자신의 삶의 행태가 기독교에 의해서 정죄되는 것을 매우 못마땅해 했다. 그가 가장 증오했던 어휘 가운데 하나가 바로 '절대'였는데, 이는 기독교야말로 '절대'의 종교였기 때문이다.

흔히 기독교와 교회 그리고 기독교인을 탐탁지 않게 여기는 사람이라도 예수에 대해서는 비교적 우호적이고 긍정적인 태도를 보이는 경우가 많다. 실례로 마하트마 간디가 바로 그러했다. 그런데 유별나게도, 러셀은 예수 자체에 대해서도 별로 호감을 갖지 않았다.

나로서는 그리스도가 지혜에 있어서나 덕(德)에 있어서나 역사상에 나타난 어떤 다른 사람들보다 높다고는 느껴지지 않습니다. 저는 석가나 소크라테스를 이런 점에서 그리스도의 위에 놓아야 한다고 봅니다. (중략) 우리가 기독교를 지키지 않으면 모두 다 악한 사람이 된다는 것입니다. 제가 보기에

는 기독교를 지켜 온 사람들이 대개 매우 악했습니다.[27]

예수를 하나님으로 믿지 않는 사람이라도 예수를 인류 최고의 성인이나 박애주의자, 또는 선각자나 스승으로 인정하지 않는 사람은 찾기 힘들다. 그런데 러셀에게 예수는 석가나 소크라테스에 감히 비길 수 없는 낮은 위상을 차지한다.

러셀이 그토록 높이 인정한 소크라테스는 어떤 인물인가? 그는 평소 사창가를 자유롭게 드나들었고, 동성애도 즐겼으며, 첩에게서 두 아들까지 낳은 자다. (사실 이 정도면 어느 아내가 악처가 되지 않겠는가?) 그런데 러셀에게 이런 소크라테스의 모습은 전혀 문제 되지 않는다. 러셀 역시 그렇게 성적 방종을 일삼으며 살았기 때문이다. 그가 사람의 고귀함을 판단한 기준이 참으로 세속적이지 않은가? 그는 또한 예수를 추종하는 기독교인들이 대개 매우 악했다는 편협한 주장을 펴는데 주저하지 않는다. 도대체 그에게 무슨 일이 있었던 것일까? 그는 과연 누구의 영향을 받아 그런 극단적 종교관을 갖게 되었단 말인가?

공리주의자 밀, 러셀의 종교적 스승

러셀에게 가장 크게 종교적 영향을 끼친 인물은 바로 영국의 유명한 공리주의(功利主義) 철학자 겸 정치경제학자 존 스튜어트 밀이다. 흔히 '최대 다수의 최대 행복'으로 표현되는 공리주의를 대표하는 철학자 가운데 한 사람인 벤담은 양적 행복을, 밀은 질적 행복을 강조한 것으로 알려져 있다. 사후(死後) 발간된 밀의 자서전을 러셀이 18세 때 읽고 기독교를 떠났는데, 그 가운데 특히 2장은 이 일에 직접적인 영향을 주었다. 2장의 다음 내용을 보라.

아버지는 이신론(理神論)에[28] 안식처를 찾지 못한 채 여전히 고심하던 끝에, 만물의 기원에 관하여서는 끝까지 아무것도 알 길이 없다는 확신을 얻었다. (중략) 종교를 단순한 정신적 미신으로 보지 않고, 큰 도덕적 악으로 보았다. 아버지의 말로는 종교란 도덕의 최대의 적이라는 것이다. (중략) 이와 같은 사악의 극치가 인류에게 알려져 있는 것 가운데서 보통 기독교의 신조라 불리는 것으로 구현되어 있다고 보았다. 지옥과 같은 것을 만들려는 존재를 생각해 보라. (중략) (아버지

---

28 Deism, 성서를 비판적으로 연구하고, 계시(啓示)나 기적 등을 부정하여 기독교의 신앙 내용을 이성적인 진리에 한정시킨 합리주의적인 종교관

는) 종교 개혁은 사상의 자유로운 입장에서, 성직자의 압제에 대한 위대하고 결정적인 싸움을 벌인 것으로서, 그 점에 강한 관심을 가지게끔 가르쳐 주었다. 이리하여 나는 이 나라에서 아주 드문, 종교를 버린 것이 아니라 처음부터 가지지 않은 사람의 한 실례가 되었다.[29]

밀의 아버지는 당시 유럽에 퍼져 있던 이신론을 잠시 따랐으나 확신하지 못했다. 이신론은 이성의 한계 안에서만 하나님을 인정하는 가치관으로서 합리주의와 정통 보수 신앙이 타협하여 만들어 낸 변종(變種) 신관(神觀)이다. 밀의 아버지는 결국 이성으로 하나님을 찾는 것을 포기하고 불가지론으로[30] 돌아섰는데, 그 결과는 종교에 대한 혐오감으로 나타났고, 그러한 태도는 그대로 아들 밀에게 계승되었다. 여기서의 종교는 실질적으로 기독교인데, 기독교는 도덕적으로 악한 것이라는 사상과 지옥의 존재에 대한 거부감은 밀의 아버지로부터 그 아들을 거쳐 고스란히 러셀에게까지 전달되었다. 자신의 말대로 밀은 기독교를 버린 인물이 아닌 처음부터 갖지 않은 특별한 사례가 된다.

---

29 J. S. 밀, 『존 스튜어트 밀 자서전』, 범우사, 48-51쪽
30 不可知論, agnosticism, 우주의 본질이나 신의 존재를 인간의 능력으로는 알아낼 수 없다는 인식론

새들백 교회 릭 워렌 목사의 두 얼굴

릭 워렌 목사는 『목적이 이끄는 삶』과[31] 『새들백 교회 이야기』 같은 베스트셀러로 유명한 미국 기독교계의 리더다. 백인 중산층을 타겟으로 세워진 새들백 교회는 이제 미국은 물론 전 세계의 교회들을 선도하는 영향력 있는 메가처치가 됐으며, 담임 릭 워렌 목사는 미국 대통령의 자문으로 일할 정도로 최고의 위상을 차지하고 있다. 그는 현재 국제적으로 수백만 명의 개인과 40만개의 교회 네트워크를 움직이는 인물이다. 그런데 워렌 목사의 왕성한 활동과는 대조적으로 그의 신앙에 근본적인 의구심을 가지고 있는 사람들이 있는 것도 사실이다. 그것은 주로 그가 기독교 근본주의 신앙에 대해 부정적인 입장을 표명했다는 신문 기사들 때문이다.

일간지인 「필라델피아 인콰이어러」는 2006년 1월 8일자 '목적이 이끄는 목회자'라는 기사에서 다음과 같이 릭 워렌의 말을 보도했다.

모든 종류의 근본주의는 21세기의 대적들 가운데 하나가 될 것이다. 무슬림 근본주의, 기독교 근본주의, 유대 근본주의,

---

31 『목적이 이끄는 삶』은 영어로 2400만 부, 다른 언어로 수백만 부가 팔린 초베스트셀러다.

세속 근본주의 같은 것들은 모두 공포심에 의해 작용되는 것이다. 서로에 대한 공포심 말이다.

공포심에 의한 종교성에 대해서 버트런드 러셀 같은 반기독교 인사가 말한 것은 이해가 되지만, 복음주의 진영의 리더인 릭 워렌이 그렇게 말한 것은 뜻밖의 모습이 아닐 수 없다. 원리주의라고도 불리는 근본주의 성향의 종교는 시대적으로 뒤떨어지고 타 종파에 비해 과격하거나 아니면 적어도 타 종교와 타협하지 않는다는 점에서 비판을 받는 것이 사실이다. 그런데 이러한 비판이 과연 정당한 것인가? 근본주의라는 공통 성향을 가졌다는 이유만으로 기독교를 이슬람교, 유대교 그리고 세속주의와 하나로 싸잡아서 비판해도 되는 것인가?

'릭 워렌이 기독교 근본주의는 다른 종교의 근본주의에 비해서 그래도 괜찮은 편이라고 속으로는 생각하지 않을까?' 하고 기대하는 사람들이 있을지 모르겠다. 그러나 그의 기독교 근본주의에 대한 비판은 그 이전에도 있었다.

2005년 5월 23일, 릭 워렌 목사가 플로리다 키웨스트에서 열린 퓨종교포럼의[32] 초청 연사로 나왔다. 전국에서 모인 언론인들 앞에서 워렌 목사는 이렇게 말했다.

---

32 The Pew Forum on Religion

근본주의자란 말은 사실 1920년대의 "신앙의 5대 기초"라는 문서에서 나왔습니다. 기독교에 대한 매우 율법적이고 편협한 견해죠. 오늘날 근본주의자들은 실제로 많이 남아 있지 않습니다. 소수에 불과하죠. 미국에서 근본주의 교회라고 불리는 교회들은 모두 매우 작습니다. 큰 교회가 없어요.

릭 워렌은 지금 미국의 근본주의자들이 소수인 것을 안타깝게 여기고 이런 말을 한 것이 아니다. 현재 근본주의자들이 많이 남아 있지 않은 것이 근본주의가 잘못됐음을 증명한 것이라는 의미로 말한 것이다. 그는 4만 명 가까운 신자들이 출석하는 교회의 수장(首長)으로서 자부심이 느껴지는 어조로 매우 작은 교회들을 언급한다. 그는 근본주의 교회들이 한결같이 매우 작다는 것을 슬쩍 비웃으며 강조한다.

그러면 릭 워렌이 비판한 기독교 근본주의는 무엇인가? 기독교 근본주의는 성경의 무오성, 예수의 동정녀 탄생, 예수의 대속적 죽음, 예수 이적의 역사성, 예수의 육체적 부활, 이 다섯 개의 교리를 인정하는 신앙이다. 놀랍지 않은가? 이것을 믿는 것이 도대체 왜 비웃음과 비판을 받아야 하는 것인가? 이것을 믿는 것이 기독교인이라면 당연한 것 아닌가? 이것을 부정하는 것이 오히려 이상한 일 아닌가? 그런데 릭 워렌은 이 근본주의 신앙을 폄하(貶下)하고 있다.

물론 그의 생각을 다음과 같이 좋은 쪽으로 생각해 줄 수도 있다. '근본주의(5대 교리)를 믿는다 하면서 실제로 삶의 모습이 전혀 거룩하지 않은 기독교인은 잘못된 것이다.' 만약 그가 이런 취지로 언급을 한 것이라면 이해가 된다. 실제로 그런 모습이 기독교인 중에 나타나는 것이 사실이니까 말이다. 그래서 자칭 '근본주의자'라하면서도 삶이 엉망인 자들과 구별되기 위해 '개혁주의'라는 말이 나온 것이다. 개혁주의는 '근본주의 신앙을 믿으며, 그 믿음을 삶 가운데 적용하며 살아가는 신앙'을 말한다. 그러나 릭 워렌의 말이 과연 그런 의미의 말이었을까?

릭 워렌은 『목적이 이끄는 삶』에서 버트런드 러셀, 알버트 아인슈타인, 버나드 쇼,[33] 테레사 수녀, 헨리 나우웬, 알버트 슈바이처 같은 이들을 선의적으로(즉, 좋은 의미로) 인용하였다. 이들은 모두 성경적 가르침을 전적으로 또는 부분적으로 거부한 인물들이다. 또한, 워렌은 자신에게 큰 영향을 끼친 목회자로서 노만 빈센트 필, 로버트 슐러, 피터 와그너[34] 등을 뽑고

---

33 영국의 극작가, 소설가, 비평가로서 1925년 노벨문학상을 수상했다. '모든 성적 도착(倒錯) 가운데 순결은 가장 위험한 것이다', '돈의 부재야말로 모든 악의 근원이다' 같은 독설로 유명하며, '우물쭈물 하다가 내 이럴 줄 알았지'라는 묘비명 또한 잘 알려져 있다.

34 풀러 신학교 선교학 교수로 재직 당시 교회성장학의 대가로 명성을 떨쳤으나, 성령운동에 과도하게 심취하여 결국 신학적 갈등으로 학교를 떠났다. 현재는 소위 신사도운동을 주도하고 있는데, 이 단체의 지도자들은 사도 혹은 선지자로 자처하며, 직통계시와 예언, 기적을 강조함으로써 신학적으로 균형을 잃고 있다.

있는데, 이들은 모두 신학적으로 문제가 있는 자들이다. 릭 워렌의 신앙과 사상이 불안하지 않은가?

최근에 그는 소위 크리슬람[35] 운동과 관련해 의혹을 받은 바 있다. 기독교와 이슬람교의 평화와 공존을 내세운 이 혼합 종교는 나이지리아에서 시작돼 중동을 거쳐 현재 북미에서 점차 확대되고 있다. 릭 워렌과 새들백 교회는 그 의혹에 대해 강력히 부인하고 있으나, 여전히 의심 어린 눈으로 바라보는 이들이 많다. 세계적으로 영향을 끼치는 릭 워렌이 이렇게 불신을 받게 된 것은 스스로 초래한 결과다.

실존하지 않았던 예수?

2008년 여름 총 4회에 걸쳐 "신의 길, 인간의 길"이라는 SBS 스페셜이 방송됐다. 이 방송은 예수가 신이 아니고 단지 신적으로 숭배되는 인간일 뿐이라는 취지로 시청자들에게 다가갔다. 예수는 원래 인간인데 기독교가 그것을 왜곡했다는 것이다. 이 방송에서 사용된 핵심 자료가 바로 『예수는 신화다』라는[36] 책이다.

---

35 Chrislam, 기독교(Christianity)와 이슬람교(Islam)의 혼합어
36 원제 *The Jesus Mysteries*, 티모시 프리크와 피터 갠디 공저, 미지북스

관련 학계에서 별로 존재감(?)이 없는 학자들인 티모시 프리크와 피터 갠디가[37] 함께 쓴 이 책은 그 첫 장부터 도마복음 같은 영지주의 책들을 주로 인용한다. 이 책은 예수가 인류의 구원자이자 인간이 된 신으로서 12월 25일에[38] 처녀에게서 태어난 것, 결혼식 때 물을 포도주로 바꾼 것, 오병이어의 기적을 일으킨 것, 열두 명의 제자를 거느린 것, 세상의 죄를 대신 지고 죽었다가 사흘 만에 부활해서 사도들 앞에 나타난 후 하늘로 올라가 심판의 날을 기다린 것 등이 모두 이집트의 오시리스 신화와 그리스의 디오니소스 신화에 그 원형(元型)이 이미

---

37 티모시 프리크의 학문을 신뢰할 수 있는가에 대해서는 굳이 설명할 필요가 없다. 그의 공식 웹사이트를 방문해 보라(www.timothyfreke.com). 자기 웹사이트에서 스스로를 자화자찬하면서 '코미디언 철학자(Stand-up Philosopher)'로 버젓이 소개하고 있다. 로버트 프라이스는 또 어떤 인물인가? 처음 들어보는 이름이라 웹사이트를 뒤져 보니 조니콜몬 신학교(Johnnie Colemon Theological Seminary)의 성서학 교수로 되어 있다. 미국 플로리다에 있는 이 정체불명의 신학교는 '보다 나은 삶을 위한 보편적 기초(Universal Foundation for Better Living)'라는 황당한 교단에 소속된 신학교로, 교단의 공식 웹사이트에 의하면 전 세계에서 이 교단에 소속된 교회의 숫자는 총 15개다(www.ufbl.org). SBS는 이런 기본적인 조사도 하지 않고 세계 인구의 3분의 1이 믿고 있는 종교의 창시자에 대해 '신화적 인물'을 운운하였을까? 전 세계에는 신학 명문대학이 있고, 세계 교회의 일원인 여러 정통 교단이 있다. 그런데 SBS는 스스로 코미디언임을 자처하는 사람과 삼류라고도 할 수 없는 정체불명의 신학교에 소속되어 있는 사람의 말이 진실인 것처럼 보도하는 행태를 보여줬다. ─김상근(연세대 신과대 교수),「국민일보」, 2008년 7월 16일

38 성경은 예수의 탄생일을 12월 25일로 증명하지 않는다. 이 날짜는 4세기 중엽 36대 교황 리베리오가 정한 것이다. 예수는 목자가 밤을 들판에서 지낼 때 태어났다. 이것은 예수가 추운 겨울에 태어난 것이 아니란 것을 보여주는 것이다.

등장한다고 주장한다. 그러므로 오시리스와 디오니소스가 실존 인물일 수 없듯이 예수 역시 실존 인물이 아니라 신화의 짜깁기에 불과한 가상의 인물이라는 것이다. 당연한 반응이겠지만, 김용옥은 이 책을 다음과 같이 긍정적으로 평가한다.

이것은 20세기 문헌학의 획기적인 대발견이라고 불리는 나그 함마디 영지주의 문서의 연구 성과와 그동안 우리에게 무시되어 왔던 지중해 주변의 토착 문명의 신화적 세계관의 복잡한 연계 구조에 관한 새로운 인식의 성과를 반영한, 단순한 가설 이상의 치밀한 문헌적 근거가 있는 논증이었습니다.[39]

고대 신화 가운데 몇 장면이 예수의 생애 중에 비슷하게 나타나기 때문에 예수가 실존인물이 아니었다고 말하는 자들이나 그것이 '치밀한 문헌적 근거가 있는 논증'이라고 평가하는 자는 어찌 됐든 예수의 위상을 떨어뜨리는 데만 온통 마음이 가 있으므로 그 논리의 결함에 대해서 미처 인식하지 못하고 있다. 프리크와 갠디 그리고 김용옥은 예수의 역사성에 대해 이미 학계에서—그의 신성을 인정하지 않는 학자들조차 —더 이상 논의할 필요가 없을 만큼 완전히 인정한 상태라는 것을 전혀 모르거나 알면서도 일부러 무시하고 있다. 사복음서

---

39 김용옥, 『달라이 라마와 도올의 만남: 인도로 가는 길』, 통나무, 516쪽

에 나오는 예수의 언행을 문자 그대로 인정하지 않는 자유주의 신학자들조차도 예수의 역사성에 대해서는 의심 없이 받아들이고 있다. 역사적으로 부인할 수 없는 증거들이 있기 때문이다.

예를 들면, 헬라 작가인 탈루스가 남긴 1세기 역사 기록물에는 예수가 십자가에 달린 사건이 기록돼 있다. 그는 예수가 십자가에 달렸을 때 해가 빛을 잃고 어두워졌는데 아마도 일식현상 때문이었을 것이라고 판단했다. 신앙적 관점이 아닌 과학적 관점으로 그 사건을 해석한 것이다. 참고로 플레곤이라는 헬라 작가는 202회 올림피아드의 네 번째 해인 A.D. 33년에 커다란 일식현상이 있었다고 보고하고 있다. 그날에는 낮 12시부터 밤이 되어 하늘에 별이 보일 정도였다고 한다.[40]

이외에 요세푸스와 타키투스의 저작물[41] 속에서도 세상 역사 속에서의 예수의 존재는 입증되고 있다. 증거가 이렇게 명백하건만 예수의 존재가 근거 없는 환상이라고 주장하는 호기(豪氣)는 도대체 어디서 나오는 것인가? 자유주의자들이 성경의 예수를 부정하는 것보다 더 강력하게, 아예 예수의 존재 자체를 부정함으로써 세상 속에서 주목을 받고 싶어 하는 욕망이 그들을 사로잡은 것이 아니고 무엇이겠는가?

---

40   이국진, 『예수는 있다』, 국제제자훈련원, 225쪽에서 수정, 발췌, 인용

과학에 대한 착각과 선입관, 그리고 오해

진화론의 창시자인 찰스 다윈이 『종의 기원』을 발표한 지 2년
후인 1861년에 독일 바이에른에서 새와 공룡의 특징을 가진

---

41 ⑴ 비그리스도교 증거 자료 중에서 예수 당대 사회의 모습을 가장 잘 증언한 역사
적 기록으로, 학자들은 주저 없이 요세푸스의 책을 꼽는다. 요세푸스는 예수와 동
시대를 산 제사장 가문 출신의 바리새인이다. (중략) 요세푸스는 로마에서 자신의
경험을 토대로 『유대고대사』(*Antiquities of the Jews*)와 『유대전쟁사』(*The Jewish War*) 두
권을 집필한다. 이 중 93년경에 쓴 것으로 추정되는 『유대고대사』에서 두 번에 걸
쳐 예수를 간략하게 언급하고 있다. 요세푸스는 이 책에서 "야고보라 불리는 소위
그리스도라는 예수의 동생이 62년 돌에 맞아 죽었다"라고 짤막하게 언급한다. (중
략) 요세푸스는 예수에 관해 다음과 같이 기록하고 있다. "이 즈음에, 굳이 그를 사
람으로 부른다면, 예수라고 하는 현자 한 사람이 살았다. 예수는 놀라운 일을 행했
으며, 그의 진리를 기쁘게 받아들이는 사람들의 선생이 되었다. 그는 많은 유대인
과 헬라인들 사이에 명성이 높았다. 그는 바로 메시아(그리스도)였다. 빌라도는 우
리 유대인 중 고위층 사람들이 예수를 비난한 소리를 듣고 그를 십자가에 처형하
도록 명령했으나, 처음부터 그를 따르던 사람들은 예수에 대한 애정을 버리지 않
았다. 예수가 죽은 지 사흘째 되는 날, 그는 다시 살아나 그들 앞에 나타났다. 이것
은 하느님의 예언자들이 이미 예언했던 바, 예수에 대한 많은 불가사의한 일들 중
의 하나였다. 오늘날에도 그를 따라 이름을 붙인 족속, 즉 그리스도인이라는 족속
이 사라지지 않고 여전히 남아 있다." ─ 정승우, 『예수, 역사인가 신화인가』, 책
세상, 58-59쪽 ⑵ 타키투스는 로마의 원로원 출신으로 아시아 지역의 총독을 역임
했다. 그는 기원후 115-117년 사이에 쓴 『연대기』(*Annals*)(15, 44, 3)에서, 64년 네로
황제가 로마의 화재를 기독교인 탓으로 돌렸다고 짤막하게 언급한다. "그들은 자
신들의 명칭을 그리스도의 이름에서 따왔는데, 그는 티베리우스 통치 시절 본디
오 빌라도 총독의 십자가형 언도로 처형되었다. 이 부패한 미신은 잠시 동안 억눌
려 있었지만 후일에 다시 그 모습을 드러냈다. 그 신앙이 처음 시작된 유대 지역뿐
만 아니라, 전 세계의 혐오스러운 것과 흉악한 것들이 밀려 들어와 횡행하고 있는
로마에도 세력을 뻗쳤다." ─ 앞의 책 60쪽

시조새(조상새) 화석이 발견됐다. 이 시조새 화석 사진은 우리나라 고등학교 교과서에는 반드시 실려 있을 정도로 아주 유명하다. 당연히 진화론자들은 이 화석이 파충류가 조류로 진화했음을 보여주는 증거라고 확신했다. 그러나 1984년 독일에서 열린 국제시조새학술회의는 시조새가 파충류와 조류의 중간 종(種)이 아니며 명백히 새의 일종이라고 결론을 내렸다. 그후 국제 학계에서는 더 이상 시조새를 진화의 증거로 주장하지 않고 있다. 국제시조새학술회의는 종교 회의가 아니다. 그들은 권위 있는 과학자들로서 객관적으로 시조새에 대해서 판단을 내린 것이다. 그런데 진화론자들이 대세인 우리나라에서는 시조새를 절대 진리인양 붙잡고 있다.[42] 그러다가 얼마 전 고등학교 과학교과서 출판사 몇 곳이 시조새 내용을 삭제 또는 수정하겠다고 결정을 내리자 크게 반발하고 나섰다. 주간지「한겨레21」사설은 시조새 삭제 사건에 대해 "기독교가 종교적 영감에 근거해 과학과 교육을 질식시키고 있다"고 비난했다.[43]

　최초의 인류의 이름이 '루시'라는 것을 혹시 아는가? 미

---

42 어떤 학자들은 시조새가 아니더라도 수각류 공룡에서 현생 조류에 이르는 과정을 보여주는 다른 원시 조류의 화석이 존재한다고 주장한다.

43 결국 이 논란은 과학계 자문단체인 한국과학기술한림원이 개입하여 진화론 측의 주장을 옹호함으로써 약간의 수정과 보완을 거쳐 시조새 내용을 그대로 남기기로 결론이 났다.

국 시카고 대학 대학원생이었던 도널드 조핸슨은 1974년 11월 30일 에티오피아의 하다르에서 발굴 작업을 하던 중, 팔뼈와 넓적다리뼈, 척추뼈, 골반뼈 등 인체의 40퍼센트에 가까운 당시까지 발견된 인류 화석 중 가장 완벽한 형태의 화석 무더기를 발견했다. 이것이 바로 고인류학 역사상 가장 획기적인 발견이라 불리는 (오스트랄로피테쿠스의 일종인) 루시다.[44] 이것은 물론 진화론자들의 주장이다.

세계적인 물리학자인 스티븐 호킹이[45] 지은 『위대한 설계』라는[46] 책이 있다. 그는 이 책에서 하나님이 우주를 창조한 것이 아니라 중력 법칙과 빅뱅이[47] 우주 탄생과 진화를 있게 한 것이라고 주장한다. 그는 "뇌는 부속품이 고장 나면 작동을 멈추는 컴퓨터다. 고장이 난 컴퓨터를 위해 마련된 천국이나 사후세계는 없다"고 영국 일간지 「가디언」과의 인터뷰에서 말

---

44 도널드 조핸슨, 『루시, 최초의 인류』, 김영사 ─ 조핸슨이 화석 이름을 루시라고 지은 것은 발굴 당시 라디오에서 비틀즈의 노래 'Lucy in the Sky with Diamond'가 흘러나오고 있었기 때문이다. 필자는 개인적으로 1996년 프랑스 파리 사이요 궁 안의 인류사박물관에 전시돼 있는 루시를 보았다. 유치원에 다니는 아이 크기의 뼈들을 늘어놓고 그것을 최초의 인류라고 명명해 놓은 것을 본 기억이 난다.

45 2009년까지 케임브리지 대학교의 석좌교수로 재직한 영국의 이론물리학자다. 22세에 난치병인 루게릭병 진단을 받고 시한부 생명을 선고 받았으나 지금까지 투병하며 학계에서 일하고 있다.

46 원제 *The Grand Design*, 스티브 호킹과 레오나르도 믈로디노프 공저, 까치

47 Big Bang, 대폭발 이론은 약 150억 년 전에 물질과 에너지, 공간이 한 점으로 있다가 우주 시간 0초의 순간에 폭발함으로써 현재의 우주가 형성되었다고 보는 가설이다.

하기도 했다. 컴퓨터는 아무리 정교해도 생명체가 아니다. 사람을 기계에 비유하고, 이 기계가 갈 사후세계는 없다고 말한 사람이 이 시대 최고의 석학으로 인정받고 있다. 수많은 사람들이 그러하듯, 호킹에게 과학은 종교며, 그의 과학적 신념은 종교적 확신이다.

참으로 많은 사람들이 진화론은 과학이고 창조론은 종교라고 생각한다. 이것은 크나큰 착각이다. 진화론이나 창조론 모두 가설이다. 즉, 증명이 불가능한 것이다. 사람들이 흔히 가지고 있는 선입관과 오해는, 진화는 과학적이고 창조는 비과학적이라는 것이다. 거듭 말하지만, 과학으로 검증되지 않기에 창조론이 틀린 것이라면, 같은 이유로 진화론도 틀린 것이다. 증명이 불가능하기에 진화론은 과학이라기보다는 일종의 신념이다. 삶의 가치 체계다. 그래서 진화론을 믿으면서 동시에 성경을 믿을 수는 없다. 진화는 '우연'을 절대시한다. 인격을 가진 하나님이 세상을 만들었다는 것은 믿을 수 없지만, 세상의 모든 것이 '우연히', '자연에 의해' 선택되어 그렇게 만들어졌다는 것을 그들은 믿고 있다. 그들은 자연을 '신'으로 삼고, 우연을 '신적 능력'으로 믿고 있다. 결국 진화론자 역시 '무신론'이라는 종교를 신봉하고 있는 것이다.

진화론과 창조론의 조화?

기독교인 가운데도 과학의 절대성과 객관성을 성경 못지않게 신뢰함으로 진화와 창조가 별개의 것이 아니라는 견해를 가진 자들이 적지 않다. 물론 종(種) 안에서 이뤄지는 소진화(小進化)에 대해서는 진화론 반대론자들도 그것을 수용한다. 그러나 문제는 종에서 종으로 넘어가는 대진화(大進化)다. 이것에 대해서는 학계에 아직 결정적인 증거 화석이 없어 '잃어버린 고리'(missing link)라고 부른다. 그런데 이 잃어버린 고리는 앞으로도 영원히 발견되지 않을 것이다. 왜냐하면 하나님은 태초에 천지와 그 가운데 생물을 창조하실 때 처음부터 각기 '종별'(種別)로 만드셨기 때문이다.[48]

주창자인 찰스 다윈도 정확히 입증하지 못한 가설인 진화론은 이미 앞전 세기부터 기독교 신앙을 대적하는 효과적인 사상으로 자리 잡았다. 무신론의 최고 무기 중 하나인 진화론은

---

48 "하나님이 이르시되 땅은 풀과 씨 맺는 채소와 각기 '종류대로' 씨가진 열매 맺는 나무를 내라 하시니 그대로 되어, 땅이 풀과 각기 '종류대로' 씨 맺는 채소와 각기 '종류대로' 씨가진 열매 맺는 나무를 내니 하나님이 보시기에 좋았더라, 하나님이 큰 바다 짐승들과 물에서 번성하여 움직이는 모든 생물을 그 '종류대로', 날개 있는 모든 새를 그 '종류대로' 창조하시니 하나님이 보시기에 좋았더라, 하나님이 이르시되 땅은 생물을 그 '종류대로' 내되 가축과 기는 것과 땅의 짐승을 '종류대로' 내라 하시니 그대로 되니라, 하나님이 땅의 짐승을 그 '종류대로', 가축을 그 '종류대로', 땅에 기는 모든 것을 그 '종류대로' 만드시니 하나님이 보시기에 좋았더라" (창세기 1장 11-12, 21, 24-25절).

지속적으로 승리를 거두어 이제 기독교 신앙을 가진 자들에게도 침투하게 됐다. 적지 않은 기독교인들이 은근슬쩍 진화론과 창조론을 융합시키며 창조 신앙을 변질시켰는데, 이렇게 해서 탄생한 것이 바로 유신론적 진화론이다. 이것은 하나님이 진화가 되도록 창조하셨다는 논리다. 일견 그럴듯해 보이는 이 주장은 결국 진화론을 거부하지 못한 자들의 신앙적 굴복이다. 미국의 주요 기독교 교단들은 점점 이러한 추세에 굴복하고 있다.[49]

2011년, 로이터통신이 23개국 1만 8,829명을 설문 조사한 결과, 전 세계인의 41퍼센트가 진화론을, 28퍼센트가 창조론을 믿는다고 나타났다. 국가별로는 미국, 인도네시아, 한국, 브라질 순으로 창조론을 많이 믿는 것으로 조사됐다.[50] 미국은 대표적 기독교 국가로서, 인도네시아는 최대의 이슬람 국가로서 다른 나라에 비해 창조에 대한 믿음이 더 강한 것으로 보여진다. 우리나라는 기독교인의 수가 점점 줄고 있지만, 그래도 교회를 다니는 자라면 성경적 창조론을 선택하는 비율이 높은

---

49 미국복음루터교회는 하나님이 창조의 과정 안에 진화를 사용하셨을 수도 있다는데 동의한다. 미국장로교회(PCUSA)는 진화론과 성경은 서로 모순되지 않는다고 선언하였다. 연합그리스도교회는 진화론과 창조신앙은 함께 갈 수 있다는 입장이다. 연합감리교회는 우주와 지구와 생물의 진화에 대한 과학의 설명은 교회가 견지하는 신학과 충돌하지 않는다는 결의안을 채택했다. 그리고 미국성공회는 창조론의 완고한 교리주의를 거부하는 결의안을 채택했으며, 특히 지적설계 이론에 대해서도 회의적인 견해를 표명하였다. ―「소리」, 2009년 4월호

50 「국민일보」, 2011년 4월 27일

것으로 추측되고, 브라질은 최근 개신교가 크게 부흥하는 현상과 관련이 있는 듯싶다.

과정 철학자 화이트헤드는 "우리는 신학을 과학으로부터 피하게 할 수 없으며, 과학 역시 신학에서 피하게 할 수도 없다"고[51] 했다. 그는 신학과 과학의 상호 조화를 염두에 두고 이런 말을 했겠지만, 천만의 말씀이다. 과학은 신학과 나란히 할 수 없다. 올바른 신학은 과학 앞에서 기죽을 필요도 없다. 과학은 하나님을 증명할 수 없고, 하나님의 창조 섭리와 구원 경륜을 이해할 수도 없다. 아니, 좀 더 솔직하게 말하자면, 과학 자체가 하나님을 발견해도 하나님을 믿지 않는 과학자는 그것을 인정하지 않는다. 과학을 기준으로 하나님과 성경을 논하는 것은 어리석은 지성이다.

과학을 토대로 한 경험 절대주의 사상은 계몽주의의 필연적인 열매다. 동시에 '진보'라는 이름의 (후기) 현대주의의 뿌리다. 이 시대에 인정받는 사상가가 되기 위해서는 기독교의 전통적 신앙 고백을 부인하는 것이 필수 요소로 돼 있다. 그 신앙 고백 가운데는 창조주 하나님이 포함되어 있으므로, 주목받는 사상가라면 창조라는 개념 자체를 부정해야 하는 시대가 돼 버렸다. 그래서 순수한 창조 신앙을 갖지 않으면서도 기독교를 믿는다고 말하는 자들이 전혀 어색하지 않은 이상한

---

51 A. N. 화이트헤드, 『종교론(宗敎論)』, 종로서적, 60쪽

현상이 나타나고 있다.

기독교 진보 인터넷 언론을 표방하는 「뉴스앤조이」에 성경을 문자 그대로 믿는 자들을 비판한 어떤 목사의 글이 실렸다.[52] 비교문화학[53] 전공자인 저자는 창조과학을 신뢰하는 자들이 과학으로 통칭되는 고고학, 생물학, 지질학, 천문학 등의 객관적인 사실을 무시한 채 성경에서 말하는 내용을 문자 그대로 받아들이고 있는 어리석음을 저지르고 있다고 비판한다. 그는 이런 현상이 한국 교회에서 특히 심각한데 이러한 문자주의에[54] 물든 사람들은 결국 인지부조화(認知不調和)[55] 증상에 걸린 것과 다름

---

52 2012년 10월

53 intercultural studies, 국제문화학

54 물론 성경을 문자 그대로 받아들일 때 그 의미가 정확하지 않은 내용이 있는 것이 사실이다. 예를 들어, 창세기가 말하는 6일 동안의 창조는 과학적으로 난해하다. '하루' 또는 '낮'을 의미하는 히브리어 욤(yom, 영어로 day)이 정말로 24시간이라면 단 며칠 만에 온 우주가 만들어졌다는 것은 이해하기 어렵다. 그래서 'yom'의 의미를 'day'가 아닌 'period' 즉 '기간'으로 해석하여 창조 시간으로서의 yom은 수천만 년 또는 수억 년의 시간을 의미한다고 해석하기도 한다. 이런 해석은 창조과학 내에서도 존재한다. ―그러나 필자의 판단은 다르다. 인간의 관점으로 볼 때, 수억 년의 시간이 흘러야 나올 수 있는 결과를 전능하신 하나님은 순식간에 만드실 수 있다고 믿는다. 생각해 보라. 하나님이 만드신 최초의 인류 아담은 과연 몇 살의 모습으로 만들어졌겠는가? 성경의 내용을 검토해 보면 하나님은 처음부터 아담을 청년의 모습으로 만드셨다. 즉, 아담을 갓난아기로 만들어서 수십 년의 세월 동안 키워서 청년 아담을 만드신 것이 아니었다. 하나님은 수십 년 세월을 초월하여 청년을 만들 수 있는 분이시다. 마찬가지로, 하나님은 수십억 년의 세월을 초월하여 우주를 만들 수 있는 분이시다. 필자와 같은 견해를 '성숙한 창조론'이라 한다. 물론 이것은 전적으로 개인적 견해다.

55 cognitive dissonance

이 아니라고 말한다. 그는 만약 창조과학이 맞다면, 왜 노벨상을 타지 못하느냐고 비웃는다. 인지부조화가 무엇인가? 사실은 그렇지 않은데 자신의 신념이 너무나 강하여 왜곡된 내용을 사실인양 붙잡는 일종의 정신증이다.

이 글은 창조 과학을 주장한 과학자들이 모두 학계에서 알아주지 않는 B급 학자라고 말한다. 이 글의 저자는 과학이 절대적 기준이라는 신념과 함께 과학계가 객관적이라는 순진한 환상을 가지고 있다. 과거에도 그랬지만 현재에도 과학은 역시 결코 완전하지 않다. 그리고 과학계는 절대 객관적이지 않다. 객관적 사실과 자료를 자신의 세계관에 맞게 주관적으로 해석하는 곳이 과학계이기 때문이다.

위 저자는 다른 글을 통해 자신이 유신론적 진화론자임을 암시한다. 그리고 자신의 신념이 옳다는 것을 증명하기 위해 세계적인 기독교 변증가 두 사람을 인용한다. 하나는 C. S. 루이스고, 또 다른 하나는 앨리스터 맥그래스다.[56] 두 사람 모두 존경받는 기독교인이자 지성인으로서 이들이 선택한 신앙과 과학의 조화가 바로 유신론적 진화라는 것이다. 그리고 유신론적 진화론을 옹호하기 위해 세계적인 석학 한 명을 더 인용하는데, 그가 바로 프랜시스 S. 콜린스라는 과학자다.

성경의 신은 게놈(genom)의[57] 신?

프랜시스 S. 콜린스가 쓴 『신의 언어』라는[58] 책이 최근 지성계에 큰 반향을 일으켰다. 콜린스는 화학자, 유전학자 겸 의학자로서 세계 6개국 2천명의 과학자들이 참여하는, 세계사에 기록될 만한 '인간게놈프로젝트'를 총지휘하여, 10년 만인 2003년 인간의 몸을 구성하는 31억 개의 유전자 서열을 모두 밝히는 게놈 지도를 완성하는 데 성공했다.

자신이 과거에는 불가지론자, 혹 무신론자로 지냈지만 지금은 유신론자라며 고백하는 콜린스는 뜻밖에도 철두철미한 진화론자다. 그는 자신이 예수를 영접했으며, 성경 역시 믿는다고 말한다. 그는 신학과 과학이 서로 반목할 필요가 없으며 진화를 인정하면서도 온전한 기독교인이 될 수 있다고 주장한다.

그의 이러한 유신론적 진화론은[59] 일견 그럴듯하고 수많은 지성인들의 호기심을 발동시키는 데 성공했다. 그러나 콜

---

56 Alister Mcgrath, 성공회 신부 겸 신학자, 영국 옥스퍼드대학교에서 분자생물학 박사와 신학 박사 학위를 받았다. 무신론자 리처드 도킨스의 『만들어진 신』을 반박한 『도킨스의 망상─만들어진 신이 외면한 진리』라는 책으로 유명하다.

57 개개의 생물체나 하나의 세포가 지닌 생명 현상을 유지하는 데 필요한 유전자의 총량. 생물의 유전 형질을 나타내는 모든 유전 정보가 들어 있다. 게놈 속의 한 개 염색체나 염색체의 일부만 상실해도 생물체의 정상적인 활동이 이루어지지 않게 된다.

58 원제 *The Language of God*, 김영사

린스는 자신이 그토록 흠모한 C. S. 루이스의 주장을 그대로 받아들이고 인용함으로써 자신의 종교적 확신이 루이스처럼 왜곡된 확신임을 명백히 드러내 보이고 있다. 사실 루이스는 성경을 온전히 믿지 않았는데, 특히 창세기의 창조와 타락 사건을 그냥 신화로 치부했다. 콜린스는 이와 동일하게 아담과 하와를 가상의 인물로 여기는데, 사실 이것은 상당한 신학적 문제를 야기한다. 생각해 보라. 신약성경 누가복음에는 예수 그리스도의 족보가 나오는데 그 첫 조상으로 아담이 기록돼 있다.[60] 그렇다면 창조 사건만이 아니라 예수의 태생이 신화적 인물로부터 비롯됐다는 의미가 된다.

그뿐만이 아니다. 만약 아담과 하와가 거짓 인물이라면 그들이 지은 죄도 거짓이고, 그에 따라 기독교의 핵심 교리인 원죄(原罪) 사상도 무너지는 것이다. 원죄가 없다면 하나님이

---

59 콜린스가 주장한 유신론적 진화론은 다음과 같은 내용으로 요약된다. 1. 우주는 약 140억 년 전에 무(無)에서 창조되었다. 2. 확률적으로 대단히 희박해 보이지만, 우주의 여러 특성은 생명이 존재하기에 정확하게 조율되어 있다. 3. 지구상에 처음 생명이 탄생하게 된 정확한 메커니즘은 알 수 없지만, 일단 생명이 탄생한 뒤로는 대단히 오랜 세월에 걸쳐 진화와 자연선택으로 생물학적 다양성과 복잡성이 생겨났다. 4. 일단 진화가 시작되고부터는 특별히 초자연적으로 개입할 필요가 없어졌다. 5. 인간도 이 과정의 일부이며, 유인원과 조상을 공유한다. 6. 그러나 진화론적 설명을 뛰어넘어 영적 본성을 지향하는 것은 인간만의 특성이다. 도덕법(옳고 그름에 대한 지식)이 존재하고, 역사를 통틀어 모든 인간 사회에서 신을 추구한다는 사실이 그 예가 된다. ─ 앞의 책 202쪽

60 "그 위는 에노스요 그 위는 셋이요 그 위는 아담이요 그 위는 하나님이시니라"(누가복음 3장 38절).

구원자를 약속할 필요도 없는 것이다.[61] 콜린스는 욥과 요나의 이야기도 신화로 여기는데 이 역시 루이스와 동일한 사상이다. 그는 '그 종류대로' 하나님이 창조하셨다는 성경 구절(창세기 1장 21-25절)을 애써 외면한다. 그는 또한, 하나님께서 자신의 형상대로 사람을 만드시되 특별히 흙으로 사람을 지으시고 그 코에 생기를 불어넣어 생령이 되게 하셨다는 성경 구절(창세기 1장 26절, 2장 7절)도 무시한다.

콜린스는 인간을 다른 동물과 구별되게 만드는 요소로 신(神) 개념과 도덕법을 들고 있는데, 만약 그의 주장대로라면, 하나님을 부정하고, 도덕을 철저히 무시하는 자는 사람이 아닌 것인가? 한편, 뇌에 장애를 입어 신 개념과 도덕법을 전혀 인지할 수 없는 자는 사람이 아닌가? 성경이 선포한 종(種)대로의 창조보다 돌연변이와 자연선택에 의한 진화를 더 신뢰하는 자가 어찌 온전한 기독교인이라 할 수 있겠는가? 그런데 현실은 이런 식의 '내 마음대로' 믿음이 성경을 믿는 것보다 더 선호되고 있으니 안타깝기 그지없다.

---

61 "내가 너로 여자와 원수가 되게 하고 네 후손도 여자의 후손과 원수가 되게 하리니 여자의 후손은 네 머리를 상하게 할 것이요 너는 그의 발꿈치를 상하게 할 것이니라 하시고"(창세기 3장 15절) — 이 구절은 하나님이 뱀 곧 마귀를 여자의 후손인 구원자(즉, 처녀에게서 탄생한 예수 그리스도)를 통해 심판할 것임을 예언한 것이다.

함석헌 · 러셀 · 강원용, 성경보다는 과학

기독교와 타종교를 융합하고자 했던 함석헌은 기독교의 창조 신앙이 미신이라고 생각한 사상가였다. 그는 과학의 발달로 말미암아 물질 불멸의 법칙이 진리로 밝혀졌기 때문에 창조설이 미신이라고 말한다. 그러면서도 그는 성경이 진리인데 그 이유는 성경이 말하는 것이 현상의 세계가 아니라 의미의 세계이기 때문이라는 것이다. 실제로는 창조된 것이 아니지만 성경이 그렇게 말한 것은 다 이유가 있기 때문이라고 자의적 해석을 단다. 그에게 현상은 무한한 변천 과정이기 때문에 성경에서 말하는 현상을 사실로 인식하면 안 된다는 것이다. 성경은 세상이 무한히 변화한다고 말하지 않는다. 기독교의 역사관은 직선사관이다. 시작이 있고, 끝이 있다. 성경은 뜻과 함께 현상이 있음을 말한다. 그는 성경을 믿지 않는다는 것을 교묘하게 돌려 말한다. 함석헌은 선악과는 '뜻' 이전에 '실존'했던 나무라는 것을 인정하지 않는다.

성경이 가르친 진리 중에 이 종말관처럼 비과학적인 것은 없으나, 이것처럼 독특한 사상도 없다. 이것은 참 놀라운 사상이다. 참 담대한 독단이다. 이 세상에 어떤 끝이 오고 만다는 것이다. 그리고 그날에 모든 문제가 해결된다는 것이다. 그리스도의 재림, 죽은 자의 부활, 최후의 대심판 등 놀라운 사실이 일어난다는 것이다. (중략) 이것은 모두 이성으로는 도저히 믿을 수 없는 것들이다. 사실 이것은 현대 사람이 기독교를 믿기 어려운 가장 큰 이유일 것이다. 그러나 이것도 그서는 자리만 바로 하면 이해할 수 있을 뿐만 아니라, 실로 없어서는 안 될 깊은 진리임도 알 수 있을 것이다. 이것 역시 의미의 세계를 말한다. 물론 먼 옛날 사람은 이것을 글자 그대로 믿었을 것이다.[62]

함석헌은 이성과 신앙, 과학과 종교의 통합을 추구하였다. 혹자는 이러한 그의 사상을 과학주의라고 말한다. 자칭 기독교 사상가가 어찌 성경의 종말 신앙을 비과학적이며 독단적이라고 비판할 수 있는지 모르겠다. 예수 재림과 죽은 자의 부활 그리고 최후의 심판이 정말로 일어난 것은 아니지만, 그것이 말하고자 하는 의미가 있기에 성경이 진리라고 말하는 것은 참으로 어불성설(語不成說) 아닌가? 옛날 사람은 과학도 모르고, 이성도 잠들었으니까 믿었겠지만 지금은 어찌 믿겠느냐고 그는 말한다. 그렇다면 성경의 첫 독자인 옛날 사람들은 글자 그대로 믿는 잘못을 범하도록 하나님이 만들었다는 말이 된다. 하나님이 주신 성경은 옛날 사람들이 아닌 이 시대의 사람들만을 위한 것이란 말인가? 함석헌은 과학과 이성을 하나님 말

---

62 함석헌, 『뜻으로 본 한국역사』, 한길사, 57쪽

씀보다 위에 놓는 어리석음을 당당하게 저지르고 있다.

진정으로 하나님을 만나지 못한 상태로 교회를 다니다가, 결국은 교회를 등지는 것은 물론 하나님마저도 완전히 떠나게 되는 경우가 예나 지금이나, 외국이나 우리나라나 비일비재(非一非再)하다. 습관으로 다니든, 억지로 다니든, 재미로 다니든 어쨌거나 아직 성경 말씀을 듣고 배울 기회가 있을 때 반드시 하나님을 만나야 한다. 때가 되면 이단 사설(邪說)과 세상 교훈과 교회의 약점이 계기가 되어 교회와 하나님을 떠나게 될지도 모르기 때문이다. 버트런드 러셀이 바로 이런 경우에 해당된다. 그도 한때는 교회를 다녔고, 성경도 배웠으나 진리는 제대로 알지 못했다.

나는 성경책에 있는 것이면 무엇이나 다 정말이라고 믿도록, 기적이니 지옥이니 하는 것을 믿도록 배우지는 않았다. 다윈의 학설을 아주 자명(自明)한 것으로 받아들였다. (중략) 그러나 14세가 되기까지는 경건한 마음으로 유니테리언 교파의 신앙을 계속 갖고 있었다. (중략) 나는 18세까지는 하느님의 신앙을 지니고 있었다. 태초에 조물주가 있었다는 이론은 내게 논의의 여지가 없는 것처럼 여겨졌기 때문이다. 그렇지만 18세 때 나는 밀의 『자서전』을 읽고 이 이론이 그릇되었음을 알았다. 이리하여 나는 그리스도교의 도그마와[63] 깨끗이 결별해 버렸다.[64]

러셀은 어린 시절, 이단인 유니테리언 기독교를 믿었다.[65] 이 종파는 삼위일체와 예수 신성을 부인한다. 또한 지옥을 부인하고 모든 사람들이 다 구원을 받는다고 믿는다. 이런 이단 종파에 속해 있었기에 러셀은 성경을 엉터리로 배웠던 것이다. 그는 성경보다 오히려 진화론(다윈주의)를 선호했으며, 하나님 말씀보다 사람의 말(밀의 자서전)을 더 신뢰함으로써 기독교와 결별한 것이다. 교회를 다녀도 하나님을 모르는 사람은, 러셀처럼 결국 진리를 알지 못한 채 이단과 접하거나 세상의 합리주의에 물들게 될 것이다.

때로는 목사의 왜곡된 신앙관이 타 종교인에게 하나님을 거부하게 만드는 빌미가 되기도 하는데, 성철 스님의 다음 글을 통해 그런 사례를 볼 수 있다.

강원용 목사라고 하면 종교인협회 회장을 역임한 권위 있는 분으로 알려져 있습니다. 그분이 어느 잡지에 "과학 앞에 사라진 신"이라는 제목의 글을 썼습니다. 그 글에서 그는 "저 푸른 허공을 아무리 쳐다보고 쳐다보아도 거기에는 천당도 없고 하나님도 없다"고 말하였습니다. 그는 하나님을 '노인'

---

63 dogma, 교리, 신조
64 버트런드 러셀 외,『나는 믿는다』, 범우사, 16-17쪽
65 찰스 다윈 역시 어린 시절 유니테리언 교회를 다녔다. 후에 케임브리지 대학교 신학과를 졸업했으나 다윈은 성경을 부인하고 대적하는 세계관의 대명사가 되었다.

이라고 표현하면서 성경에서 말씀한 하나님을 보려고 망원
경을 설치해 놓고 눈을 닦고 보아도 보이지 않더라는 것입
니다. 과학의 발달에 따라 여러 가지 면에서 검토해 본 결과,
'신이 저 허공에는 없다'는 것만은 분명하니 거기에 대해서
는 주장하지 말자고 하였습니다. 또 죽은 송장에게 매달리
듯 사라진 신에 연연해하지 말고 예수교의 나아갈 길을 달
리 모색해야 한다고 말하였습니다. (중략) 강원용 목사는 이
러한 상황에서 하나님을 어디서 찾을 것인가에 대한 해답을
제시했습니다. 그것은 예수가 한평생 남을 위해 살았듯이
남을 위하여 사는 정신이 바로 하나님이라는 것입니다. 그
리하여 남을 위하여 노력하고 살면 그 사람은 바로 하나님
을 믿는 사람이며, 그것이 바로 천당이라고 그는 결론을 내
렸습니다.[66]

망원경으로 아무리 찾아봐도 하나님은 안 보이고, 천당
도 안 보이니 그런 것은 없다는 것이 정말 기독교의 목회자가
할 말인가? 사라진 신이 마치 죽은 송장 같다는 말을 한 것이
정말 우리나라 교계의 어른이 맞는가? 정말 강원용 목사가 이
런 말을 하였다면, 참으로 안타까운 일이 아닐 수 없다. 이것
은 신학을 공부한 사람이 할 수 있는 말이 아니다. 남을 위해

---

66 성철, 『성철스님법어』, 고려문화사, 108-109쪽

사는 정신이 하나님이라고? 그게 천당이라고? 이것은 기독교가 아니다. 불교와 세상이 말하는 것을 목사가 말한다고 해서 그것이 기독교의 가르침이 되는 것은 아니다. 성철 스님은 기독교의 거물 목사가 이런 식으로 말했으니 결국은 하나님은 없는 것이라고 자신 있게 선포한 것이다. 참 하나님을 만나는데, 과학이 장애가 되고, 또한 과학을 성경보다 신봉하는 왜곡된 기독교 신앙이 장애가 된다.

십자가의 도, 미련한 것?

『만들어진 신』이라는 책으로 유명하고, 무신론계의 레전드 (legend, 전설)로까지 불리는 옥스퍼드 대학교의 석좌교수 리처드 도킨스는 학문의 세계에서만이 아니라 사회의 실제 영역에서도 무신론적 신념을 확산하는 데 노력하였다. 그는 영국 런던의 노선버스 외부에 "There's probably no God. Now stop worrying and enjoy your life"라는[67] 문구를 붙여 광고했는데, 그 비용은 그를 지지하는 무신론자들의 모금으로 충당되었다.

한때 대표적인 기독교 국가로 명성을 떨쳤던 영국에서는 최근 '세례취소증명서'가 날개 돋친 듯이 팔리고 있다고 한다.

---

67 "십중팔구 하나님은 없다. 이제 걱정 그만하고 인생을 즐겨라"

영국세속주의협회(National Secular Society, NSS)가 '당신이 절대로 지은 적 없는 원죄로부터 해방시켜라! 세례를 취소하라!'는 캐치프레이즈를 내걸고 2009년부터 발급하고 있는 세례취소증명서는 원하는 사람은 누구나 홈페이지에서 다운받을 수 있다. 지난 5년간 10만 명 이상이 이 증명서를 다운받았다. 이 안티기독교 운동은 스페인, 이탈리아, 아르헨티나, 독일 등의 나라에도 확산되고 있다.

> 십자가의 도가 멸망하는 자들에게는 미련한 것이요 구원을 받는 우리에게는 하나님의 능력이라 기록 된 바 내가 지혜 있는 자들의 지혜를 멸하고 총명한 자들의 총명을 폐하리라 하였으니[68]

세례를 받는다는 것은 하나님의 자녀가 됨을 증명하는 외적인 상징이다. 그 세례를 취소하겠다는 무모한 용기가 어디서 나온 것일까? 십자가의 도를 무시한 것이 합리적으로 보이는 것일까? 십자가의 도는 두 가지로 보인다. 하나는 미련한 것이고, 다른 하나는 하나님의 능력이다. 그것을 미련하게 여기는 자는 영원히 멸망할 자이고, 그것을 하나님의 능력으로 믿는 자는 구원을 받는 자이다. 세상의 지혜는 나름 이성적이고 그럴듯해 보일지 몰라도, 하나님은 오히려 세상 기준으로 봤을 때 미련해 보이는 것을 통해 구원 사역을 이루시기로 작정하셨다. 지금 우리는 어떤 기준으로 성경을 대하고 있는가? 세상의 기준으로 볼 때, 미련함인가 아니면 지혜인가?

제 7 장

방종의 영성

자유주의

무신론적 기독교

예수 그리스도를 믿지 않는 기독교가 있다. 하나님을 믿지 않는 기독교가 있다. 성경을 믿지 않는 기독교가 있다. 한 마디로, 무신론자들이 하는 말과 똑같은 말을 하면서 자신들의 종교가 기독교라고 말하는 자들이 있다. 바로 자유주의 기독교다. 무신론자의 대표 격인 철학자 프리드리히 니체는 이렇게 말했다.

> 현세(現世)의 여자에게 아이를 낳게 하는 신, 더 이상 일도 하지 말고 단지 다가오는 세계 몰락의 조짐을 주시하라고 권고하는 현자(賢者), 죄 없는 자를 대신 제물로 바치는 정의(正義), 제자들에게 자기의 피를 마시라고 명령하는 어떤 사람, 기적의 돌발을 희구하는 기도, 한 신에게 저지른 죄가 다른 신에 의해 속죄된다는 사실, 죽음으로 시작되는 피안(彼岸)에 대한 공포, 십자가의 의미나 불명예를 전혀 모르는 시대에 있어서의 상징으로서의 십자가의 형태, 이러한 모든 것은 마치 과거 태고의 무덤에서 나온 것처럼 우리들을 얼마나 떨게 하는가! 이러한 것이 아직도 믿어지고 있다고 믿어야 할 것인가?[1]

아버지와 어머니가 모두 목사였다는 것이 무색하리만큼

---

1   니체, 『인간적인 너무나 인간적인』, 삼중당, 116쪽

니체는 뼛속까지 무신론자였다. 그는 기독교의 핵심 교리를 제대로 알지 못해 거부했고, 한편으로 정확히 알았기에 싫어했다. 그 자신이 '망치로 철학하는 자'라고 말했는데, 이는 기존 진리와 가치관을 부숴 버리고 새로운 체계를 세우고자 한다는 뜻이다. 물론 그에게 있어 기존 진리와 가치관은 곧 기독교다. 그는 사실 그 누구보다도 하나님을 찾았어야 하는 사람이었다. 그는 평생 각종 질병으로 고생했는데, 시력 악화, 편두통성 발작, 매독, 이질, 노이로제, 약물 중독은 이미 잘 알려진 그의 병명들이다. 이 정도면 자신의 연약함 때문에라도 부모님이 믿는 하나님을 찾았을 법한데 니체는 결코 그렇게 하지 않았다.

니체가 하나님을 찾았어야 했던 이유가 또 있는데, 아마도 이것이 더 큰 이유가 될 것이다. 그는 어렸을 때부터 상당 기간 누이 동생인 엘리자베스와 근친상간을 했다. 나중에 그 사실을 숙모에게 들키기도 했는데, 니체는 이 사실을 자신의 책 『나의 누이와 나』라는 책에서 솔직하게 고백했다. 그는 죄책감과 함께 두려움을 느꼈다. 그러나 결코 하나님 앞에 나오지 않았다. 그 대신 그는 하나님을 부정하고 성경을 무시하는 쪽을 선택했다. 그런데 무신론자인 니체가 주장하는 내용이 자유주의 신앙을 가진 자들이 주장하는 것과 별반 다르지 않다. 엄밀히 말해서, 기독교 자유주의는 보수주의의 관점에서 무신론과 다를 바 없다.

네덜란드의 프로테스탄트 교회 목사인 클라스 헨드릭스는 『존재하지 않는 신을 믿는다는 것』이라는[2] 제목의 책을 출간했다. 저자는 이 책에서 "신이라는 관념은 믿지만, 신의 실체는 존재하지 않는다"라고 주장했다. 이 일을 조사한 위원회는 헨드릭스 목사의 관점이 교단 내 다른 자유주의 목회자들과 유사하다는 결론을 내렸다.[3] 즉, 새로운 일이 아니라는 것이다. 실체가 아닌 관념으로서의 신을 믿는 목사답게 책 제목이 'in God'이 아니라 'in a God'이다. 자유주의 기독교는 확실히 무신론적 기독교며, 비성경적 기독교인 것이다. 이 사람은 무신론자다. 그런데 목사다. 이런 일이 유럽에서는 흔한 일이고, 우리나라에서도 쉽게 찾아볼 수 있다.

리치 교수와 문동환 목사, "성경의 역사성을 믿을 수 없다"

성경의 기적을 거부하는 것은 흔히 있는 일이지만, 어떤 사람들은 성경의 역사성까지 거부한다. 사회인류학자로서 국가로부터 기사 작위까지 받은 에드먼드 리치 교수는[4] 성경은 성(聖)스러운 이야기일 뿐이지 역사적 이야기는 아니라고 주장

---

2   원제 *Believing in a God Who Does not Exist*
3   「크리스채너티 투데이」, 2010년 4월호, 12쪽

한다. 성경에 나타나 있는 이야기는 그것을 추종하는 사람들이 예배 의례 시 사용해 왔기 때문에 가치 있는 것이지 원래 가치가 있어 사용된 것이 아니라고 그는 말한다. 허구로 된 신화는 그 존재를 믿고 있는 자들에게는 '진리'가 될 수 있으나 그것이 곧 '진짜'임을 증명하는 것은 아니라는 것이 리치의 주장이다. 성경은 마치 소설처럼 허구지만, 그 의미가 성스럽다는 점에서 신화가 된다는 것이다.

고전을 전공하는 학자들은 트로이 전쟁이 역사적 사건이었다고는 믿지 않는다. 『일리아드』와 『오디세이』에 묘사되어 있는 그러한 사회들도 역사적으로 실재했다고는 믿지 않는다. 아킬레스, 헥토르, 아가멤논 등과 같은 인물들이 피와 살을 가진 진정한 인간이었다는 것은 상상도 하지 않는다. 그런데 사울과 다윗은 아킬레스, 헥토르, 아가멤논과 같은 시대의 인간으로 되어 있는 것이다. 따라서 성서의 역사성에 관한 한 나는 극단적 회의주의자다.[5]

리치 교수는 성경의 내용이 신화일 뿐이라고 주장하는 것

---

4   Sir Edmund (Ronald) Leach, 영국의 대학자로서 수학과 공학을 전공했으나 말리노프스키의 영향을 받아 인류학으로 전공을 바꾸었다. 영국 케임브리지 학파의 리더다.
5   에드먼드 리치, 『성서의 구조인류학』, 한길사, 62쪽

도 부족해, 성경이 다른 신화의 '구조적 변형'이라고 말한다. 구조적 변형이라는 말은 쉽게 말하면 베껴 만든 가짜라는 뜻이다. 구약의 아브라함 기사, 모세 기사 그리고 신약의 예수 기사 모두가 이집트 신화의 차용(借用)에 불과하다는 것이다. 아브라함은 아기를 갖지 못할 처지에서 아기를 갖고, 모세는 죽어야 할 상황에서 살아나고, 예수는 처녀에게서 태어나고 또 죽은 후 살아난다. 이 모든 것이 신화로서의 자격을 갖추기 위한 '모순'인데, 이 모순으로서의 성경적 신화는 이집트의 오시리스-이시스-호루스 신화의[6] 아류(亞流)일 뿐이라고 그는 주장한다. 자신의 이성과 지성을 과도하게 신봉한 합리주의자의 모습이 여기 있다.

일반인에게 잘 알려져 있지 않은 에드먼드 리치 교수에 비해, 한국에서 잘 알려진 문동환 교수는[7] 성경의 역사성을 믿지 않은 학자로서 친형인 문익환 교수와 더불어 민중신학적[8] 사상 위에 한평생 조국의 민주화와 약자들의 삶을 위해 살아온 목사다. 그러나 그가 지금까지 보여준 위대한 삶의 족적에

---

6 오시리스가 여동생 이시스와 결혼하자 이시스를 사모하던 남동생 세트는 교묘한 말로 형 오시리스를 속인 후 죽여 관에 넣어 나일 강에 던졌다. 이 관은 지중해안의 비블로스까지 흘러갔다. 한편, 이 일을 알게 된 이시스는 관을 찾아 온 세상을 헤맸는데, 결국 비블로스의 궁전 기둥이 된 나무속에 관이 있는 것을 알아내고, 그것을 가지고 이집트로 돌아온다. 그리고 세트에게 찢겨진 시체의 각 부분을 찾아내어 오시리스를 부활시켰다. 이시스와 오시리스의 아들인 호루스는 후에 세트와 싸워 그를 무찔렀고, 오시리스는 사후 세계의 왕이 되어 그곳을 다스린다.

도 불구하고, 문 목사는 성경 특히 모세오경의[9] 역사성을 온전히 믿지 않는 자유주의 신학을 견지(堅持)하고 있다. 가장 최근에 나온 그의 책을 통해 그의 성경관을 살펴보자.

구약의 원역사라고 불리는 신화들은 창세기 2-11장에 걸쳐 기록되어 있다. 이 신화들은 당시 메소포타미아에 유포되고 있는 인류의 시작을 이야기하는 신화들 가운데서 선정한 것들로, J기자는 이 신화들을 사용하여 그의 역사 이해의 신학적 틀로 삼았다.[10]

그러나 이 출애굽기에 있는 이야기는 역사 그대로의 기록이 아니라 주로 J기자가 그들이 전수받은 출애굽에 관한 설화들을 정리해서 기록한 문서다. 대부분의 학자들은 J기자가 이

---

7 1921년 중국 북간도 명동촌에서 태어났다. 어린 시절부터 기독교 신앙을 바탕으로 민족과 나라를 위해 헌신하는 삶을 살았고, 조선신학교(현, 한국신학대학교)를 졸업하고 미국에서 박사학위를 받았다. 민주화 운동으로 수차례 옥고를 치렀으며, 잠시 정치계에 몸담기도 했다.

8 1960-80년대 안병훈, 서남동, 안병무 등에 의해 보급된 한국형 해방(진보)신학이다. 민중을 무지몽매한 계몽이나 사회봉사의 대상이 아닌, 역사의 주체와 사회의 실체로 보는 게 특징이다. 현재는 1990년대 민주화 이후 정체성을 잃었다는 평가를 받고 있다.

9 창세기, 출애굽기, 레위기, 민수기, 신명기를 모세가 썼다고 믿는 것이 정통 기독교의 성경관이다(물론 신명기 마지막 장에 나오는 모세의 죽음에 관한 기록은 모세 자신이 쓴 것이 아니다).

10 문동환, 『바벨탑과 떠돌이』, 삼인, 30쪽

설화들을 기록한 것은 통일왕국, 특히 솔로몬 왕 때라고 주장한다.[11]

문 목사는 창세기와 출애굽기로 대표되는 모세오경이 당시에 퍼져 있던 설화 또는 신화의 편집물에 불과하다는 신념을 가지고 있다. 이것은 성경을 인간의 다른 고전(古典) 정도로만 취급하는 것이다. 당연히 에덴동산 이야기도 그에게는 의미를 주는 신화일 뿐이다. 그는 성경비평 학자들이 신봉하는 4대 문서설을[12] 근거로 자신의 주장을 펼치고 있다. 이러한 성경관은 결국 성경의 원저자가 하나님이 아닌 인간이라고 주장하는 것인데, 이는 기독교의 근본을 부정하는 최악의 사상이 아닐 수 없다. "모든 성경은 하나님의 감동으로 된 것"이라는[13] 성경 말씀은 도대체 그에게 어떤 의미일까?

---

11 앞의 책 29쪽
12 성경비평 학자들이 말하는 성경의 4대 문서는 다음과 같다. (1) J문서(야훼문서): 모세 이전부터 하나님의 이름을 야훼(Juhovah, 여호와)라 부른 것과 이 문서가 유다(Judah) 지역에서 기록된 것으로 추측하여 첫 글자 J를 땄다. (2) E문서(엘로힘문서): 출애굽기 3장에 나오는 시내산 계시 이전에 하나님을 주로 엘로힘(Elohim)이라 부른 것과 이 문서가 북왕국 에브라임(Ephraim)에서 기록된 것으로 추측하여 첫 글자 E를 땄다. (3) D문서(신명기문서): 유다 요시아 왕 시절에 발견된 율법서가 현재 신명기(Deuteronomy)의 중심부가 됐다는 추측으로 첫 글자 D를 땄다. (4) P문서(제사장문서): 모세오경 전체의 골격을 이루는 제사장 의례(Priest Code)가 별도로 존재했음을 추측하여 첫 글자 P를 땄다.
13 디모데후서 3장 16절 앞부분

생각해 보라. 성경이 하나님에게서 온 계시의 책이 아니라면, 하나님에 대한 우리의 믿음은 모두 헛것이며, 무의미한 것이 된다. 그러므로 문 목사 같은 자유주의 신학자들은 하나님 주권에 의한 세상의 구원이 아닌 인간의 노력에 의한 세상의 구원을 주장하는 진보신학에 자연스럽게 빠지는 것이다.

성경의 무오성(무류성)을 믿는 것은 결코 신앙에 대한 맹목적인 태도가 아니다. 예수 자신이 모세의 글을 수차례 인용했다. 자유주의자들은 구약성경의 역사성을 인정하지 않는데, 만약 자유주의자들의 말이 맞다면, 예수까지도 잘못된 생각을 하고 있었다는 뜻이 된다. 구약성경과 신약성경은 모두 역사적 사실을 바탕으로 우리에게 주어진 하나님의 구원 계시다. 이 사실을 아는 것이 기독교 신앙의 시작이다.

자유주의 기독교, 기독교의 옷을 입은 가짜 기독교

문동환 목사의 신학은 완전한 자유주의인데 여기서 그의 사상을 구체적으로 살펴보자. 그는 출애굽 사건 시, 이스라엘 백성이 홍해를 건넌 것이 진짜 바다가 아니라 조그마한 호수였을 것이라고 생각한다. 히브리인들은 거기를 건넜지만, 이집트군은 마차 바퀴가 모래밭에 빠져서 움직이지 못했고 그때 물이 불어나 수장(水葬)된 것이라 해석한다. 그는 이스라엘 백성이 시내 산에서 받은 십계명도 사실은 오랜 세월 후 바벨론이 유다 민족을 멸망시키고 나서야 정리된 것이라고 말한다. 그는 또한 여호수아와 백성들이 가나안 땅에 들어갔을 때는 이미 여리고 성과 아이 성이 폐허가 된 후일 것이라는 고고학자들의 견해를 인용하고, 여호수아가 세겜에서 하나님만 믿기로 언약을 한 것은 가나안의 다른 부족과 평화롭게 공존하겠다는 다짐을 한 것이라며 다르게 해석한다. 이것은 성경의 기적과 역사성을 부인하는 정도가 아니라 사건의 의미를 완전히 뒤엎어 버리는 사상이다.

문 목사는 성경의 기록자들이 의도적으로 사울 왕은 나쁘게, 다윗은 좋게 기술했음이 틀림없다고 확신한다. 그래서 다윗은 하나님의 마음에 맞는 인물이 아니라 오히려 하나님의 이름을 내세워 자신의 정치적 야망과 욕심을 채웠던 불량배에 지나지 않는다고 힐난한다. 그는 또한 다윗의 잘못 가운데 가장 큰 것은 법궤를 예루살렘에 모신 것이라고 주장한다. 그것이야말로 하나님이 가장 싫어하시는 바벨탑을 쌓은 것과 다름없다는 것이다. 다윗은 하나님의 뜻을 가장 크게 거스른 자인데, 후대 왕 가운데 히스기야와 요시야는 그것도 모르고 다윗을 본받아 나라를 다스림으로써 그들 또한 가장 어리석은 왕들이 되었다고 한다. 이런 해석은 자유주의 신학 옹호자들에게는 참신(斬新)하게 여겨질지 모르지만, 보수적인 기독교인들에게는 참람(僭監)하고 말도 되지 않는 억지 주장일 뿐이다.

문 목사는 구약의 사건과 인물만이 아니라 신약의 경우에도 완전한 자유주의적 관점에서 성경을 곡해(曲解)한다. 베드로와 바울은 이 세상에서의 하나님의 나라에는 전혀 관심이 없이 오직 다시 오실 예수만 바라보며 기다리는 대망공동체로서의 교회를 세웠기 때문에, 오늘날의 교회가 하나님의 뜻에서 빗나가게 됐다고 문 목사는 주장한다. 그는 현존하지 않는 추측의 문서 자료인 Q복음서를[14] 주로 인용하고, 비성경적인 영지주의 문서인 도마복음서를 또한 인용한다. 그가 파악한 예수는 집을 나와 인생의 밑바닥을 전전하며 떠돌이의 존명(存命)을 체험하다가 드디어 득도하게 된 선각자다. 예수가 득도한 것은 마치 최제우가[15] 득도한 것과 같다고 문 목사는 말한다. 문 목사에게 예수는 바로 최제우 급이다.

나이 90세가 넘어 저술한 평생의 역작이라는 『바벨탑과

---

14 Q자료 또는 Q문서라고도 불리는 Q복음서는 예수의 어록이라고 생각되는 구절들로 이루어진 가상(假想)의 기독교 문서다. Q라는 명칭은 출처 또는 원천을 말하는 독일어 Quelle에서 유래했다. 공관복음 중 마태복음과 누가복음의 많은 부분이 중복되어 있는데, 예를 들어, 마태복음 3장 7-10절과 누가복음 3장 7-9절까지의 헬라어 판본은 단어 하나와 글자 하나만 다를 뿐 완전히 똑같은 단어와 문장으로 되어 있다. 이런 일치에 대한 문제를 공관복음 문제라고 하는데, 이 둘이 한 출처에서 왔다는 것이 설득력 있으며, 이러한 공통의 출처를 Q복음서로 보는 것이다.

15 조선 말기의 종교사상가로 민족 고유의 경천(敬天) 사상을 바탕으로 유(儒)·불(佛)·선(仙)과 도참사상, 후천개벽사상 등의 민중 사상을 융합하여 동학(東學)을 창시했다.

떠돌이』 거의 끝 부분에서 문 목사는 이렇게 자신의 신앙관을 피력하고 있다.

(325년 니케아 교회 협의회에서) 콘스탄틴 대제의 압력으로 서방 교회가 주장하는 하느님과 예수님은 동질이라는 교리를 채택하게 했다. 동방 교회의 예수 이해는 이와는 아주 달랐다. 주후 30년경에 시리아에서 기록된 것으로 알려지고 있는 Q 문서는 예수를 한 인간으로 본다. 처녀 탄생 설화도 없고, 예수님의 죽으심과 부활에 관한 이야기도 없다. 1945년 이집트 나일 강변에 있는 나그 함마디(Nag Hammadi)에서 발굴된 도마복음서에도 예수님의 탄생 설화나 고난과 부활에 관한 이야기가 없다. (중략) 니케아의 결정은 삼위일체를 강조하는 사도신경이라는 신앙고백으로 이어진다. 이 신앙고백은 예수님이 동정녀 마리아에게서 나신 것을 강조하면서 삼위일체라는 교리로 둔갑한다. 그의 재림을 대망하는 공교회의 권위를 강조한다. 그리고 예수님의 승천, 재림, 부활, 그리고 심판에 관한 신앙을 고백하게 한다. 결국 바울이 주장한 계시록적인 신학이 교회의 신조가 된다. 예수님이 삶과 가르침으로 이룩해 주신 하느님 나라에 이르는 생명의 길은 자취를 감추고 만다.[16]

---

16 문동환, 『바벨탑과 떠돌이』, 삼인, 265-266쪽

지금 정통 기독교가 믿고 있는 사도신경의 내용을 문 목사는 믿지 않는다는 고백이다. 예수 동정녀 탄생, 십자가 죽으심과 부활, 재림 그리고 성부·성자·성령의 삼위일체 신앙을 인정하지 않음을 문 목사는 스스로 밝히고 있다. 그에게는 오직 민중(떠돌이)의 삶 치유와 회복만이 중요하고 가치 있는 일이며, 예수는 바로 그 일을 위해 존재했던 그냥 인간이었을 뿐이라는 것이다. 기성 교회의 전통적인 신앙고백은 잘못된 것이며, 지금의 교회들은 '곁길로 치닫고 있다'고 그는 말한다. 그는 지금 기독교를 통째로 거부하고 있다. 기독교를 거부하는 기독교 목사. 참 해괴망측하지 않은가!

킹과 에머슨, 미국 내 자유주의 확산에 이바지한 목사들

문동환 목사는 성경의 역사성과 이적을 믿지는 않지만, 예수가 고난 받는 자들을 위한 존재라는 확신만큼은 그 누구보다도 확실했다. 그는 행동하는 신앙인이었고, 실천하는 지성인이었다. 감옥에 갇히고 정치적 행보를 취하는 데 주저하지 않았다. 그래서 그가 한평생 일궈낸 업적과 이를 통해 남긴 정신적 유산을 많은 이들이 인정한다. 문 목사처럼 행동하는 신앙으로 세계적인 존경을 받는 인물이 있다. 바로 마틴 루터 킹 주니어[17] 목사다.

미국의 흑인 해방 운동가이자 침례교 목사로서 노벨평화상을 수상하기도 한 킹 목사는 1968년 극우파에 의해 암살되는 순간까지 비폭력 저항운동으로 자신의 믿음을 실천한 투쟁가였다. 현재 미국의 국경일 가운데 특정인의 생일이 국경일로 정해진 사례는[18] 미국의 초대 대통령 조지 워싱턴과 마틴 루터 킹 목사 두 경우밖에 없다. 이렇게 절대적 존경을 받는 킹 목사의 신앙은 과연 어떠했을까?

킹 목사는 크로저 신학교에서 공부하고, 보스턴 대학교 신학부에서 박사학위를 받았다. 그런데 이 학교들은 모세의 홍해 기적을 부정하고 또한 예수의 동정녀 탄생과 신성(神性)을 부인하는 자유주의 신학을 따른다. 킹 목사는 역사적 예수를 믿지 않았으며, 기독교의 근본주의 교리를 인정하지 않았다. 그는 큰 물고기에게 잡아먹힌 선지자 요나의 이야기를 신화로 여겼으며, 예수가 세례 요한에게 세례를 받았다는 성경 기록 역시 인정하지 않았다. 그가 기독교의 핵심 교리를 인정하지 않았다는 사실이 그의 업적을 손상시키지는 않는다. 그러나 적어도 그의 신앙이 기독교 정통 신앙과 거리가 있었다는 사실 만큼은 알고 있어야 한다. 게다가 그는 여성 편력(遍

---

17 Martin Luther King Jr., 이름 끝에 주니어(Jr.)가 붙는 것은 그 아버지의 이름이 또한 동일한 마틴 루터 킹이기 때문이다.

18 킹 목사의 생일(1월 15일)을 기념한 1월 셋째 주 월요일이 Martin Luther King Jr.'s Day로서 공휴일이다.

歷)이 심했고, 표절(剽竊)로 철학박사 학위를 받았으며, 그 유명한 '나에게는 꿈이 있습니다(I Have A Dream)'라는 연설 역시 킹 자신의 완전한 창작물이 아니었다.[19] 킹 목사는 그 유명세와 호감도와는 달리 보수 신앙 관점에서 봤을 때 신앙에 문제가 있는 위인이었다.

19세기 미국은 물론 유럽에서도 널리 알려진 랄프 왈도 에머슨은 개신교 목사이자 초월주의를[20] 주창한 철학자였다. 하버드 대학을 졸업한 그는 보스턴의 유명한 목사가 되었고, 1838년에 하버드 신학대학원 졸업식에서 그 유명한 '신학대

---

19 FBI는 킹이 공산주의자라고 의심하여 도청장치를 여러 곳에 설치했다. J. 에드거 후버 FBI 국장은 수백 시간 감시했는데도 킹이 공산주의자라는 사실을 밝히지 못하자 절망했지만, 킹의 여성 편력이 무척 화려했으며, 인권운동단체에 들어오는 돈을 이용하여 정기적으로 매춘 여성을 찾았다는 상당한 증거도 포착했다. 기자 칼 로원에 따르면, 킹과 그의 절친한 친구 랠프 에이버내시가 섹스 파티를 벌인 호텔을 도청한 후 후버는 이 테이프를 의회 위원회 앞에서 틀었다. 이 테이프에서 킹은 여자 두 명과 섹스하면서 "나는 신을 위하여 이 짓을 한다!" 같은 소리를 질러댔다. 더욱이 1990년 시어도어 파파스라는 연구자는 킹이 자신이 가르친 학생의 논문을 표절하여 박사논문 3분의 1 이상을 베꼈다는 사실을 발견했다. 킹은 그 학생이 실수한 부분까지도 그대로 베꼈다. 킹은 부정으로 박사학위를 받은 후에도 표절을 계속했다. 그의 유명한 인권 연설과 논문 다수는 상당 부분 표절한 것이며, '나에게는 꿈이 있습니다'라는 연설의 감동적인 결말 부분은 아치볼드 케어리라는 흑인 목사가 1950년대에 한 연설을 그대로 베낀 것이다. — 데이비드 사우스웰, 『세계를 속인 200가지 비밀과 거짓말』, 이마고, 353-355쪽

20 초월주의(超越主義, Transcendentalism)는 19세기 초 미국에서 시작된 관념론적 사상 개혁운동이다. 인간 내면의 신성성, 신이나 자연과의 교류, 인간의 무한한 가능성 등을 주장한다. 초절주의(超絕主義)라고도 한다.

학원 축사(Divinity School Address)'를[21] 했다.

> 예수님은 신이 아니다. 단지 우리 인간들이 그를 신으로 만들었을 뿐이다. 예수님은 바로 우리 자신 각자가 갖고 있는 본성, 진리, 지혜다. 인간들이 예수를 신으로 만들어, 즉 우리 자신과 멀리 떨어져 있는 어떤 대상으로 만들어 존경하고 숭배하는 것은 우리의 실수다. 예수님은 이 세상에서 가장 위대한 분이지만, 그는 단지 인간이다. 나와 여러분들처럼, 우리와 똑같은 인간이다.[22]

예수를 단지 우리와 같은 인간으로만 여겼던 에머슨의 사상은 계몽주의와 뉴에이지 그리고 자유주의 사상과 맥을 같이한다. 그의 사상이 이렇게 비성경적이었던 이유는 그가 본래 이단인 유니테리언[23] 목사 출신이었기 때문이다. 그의 연설은 당시로서는 급진적이었다. 그래서 그는 그 후 하버드 신학대학원 출입이 금지되었지만, 그 명성은 오히려 더욱 높아졌다.

---

21 에머슨의 '신학대학원 축사'는 현재 고유명사화되었다.

22 현각, 『만행 하버드에서 화계사까지 1』, 열림원, 135쪽

23 Unitarian, 기독교의 삼위일체(三位一體) 교리를 부정하여, 예수 그리스도의 신성(神性)과 성령의 인격을 부인하고, 성부 하나님만을 인정하는 이단 교파다.

C. S. 루이스, 성경을 골라서 받아들인 기독교 변증가

뜻밖에도 20세기 최고의 기독교 변증가라고 칭송받는 C. S. 루이스도 성경의 무오성을 부정했다. 루이스가 추종한 기독교 신앙은 대다수 정통 기독교인들이 믿고 있는 그것과 동일하지 않은데, 이것은 그의 대표작 『나니아 연대기』에서도 알 수 있다. 기독교 사상을 바탕으로 탄생한 것으로 흔히 알려진 『나니아 연대기』는 그의 사상이 이교(異敎)의 사상과 뒤섞여 있음을 보여주는 증거다. 뿐만 아니라 성경의 역사성에 대한 그의 잘못된 생각을 다음 글을 통해서도 잘 알 수 있다.

> 루이스는 성경에 오류가 있고 왜곡된 생각이 있다고 솔직히 인정했다. 또한 아담과 이브의 이야기를 신화적으로 이해했다. 따라서 오늘날이었다면 그는 '유신론적 진화론자'라고 불렸을 것이다. 한편 천국과 지옥을 믿었지만, 영국 성공회의 유산에 충실한 까닭에 '영혼을 정화시켜 주는 곳'으로서 연옥의 존재를 믿었다. 『고통의 문제』(The Problem of Pain)에서는 동물도 영원히 살 수 있는 생명체일 수 있다는 가능성을 제기한 반면 욥, 요나, 에스더, 룻 등의 역사적 실존성에 의문을 품었다.[24]

루이스는 신약의 역사성은 믿으면서도 구약에 대해서는 그렇지 않았다. 그는 욥, 요나, 에스더, 룻 등에 대해서 그 존재를 의심했다고 하는데, 이것이 무슨 의미인지 아는가? 예를 들어, 룻이 존재하지 않았던 가공의 인물이었다면, 마태복음 1장 예수의 조상 족보에 나오는 그 룻은 가짜인 것이다. 이 말은 예수가 존재하지 않았던 가공의 인물을 조상으로 두고 있다는 말이다. 즉, 예수의 족보 자체가 가짜라는 이야기가 된다. 신약 성경의 첫 장부터 믿을 수 없는 모습으로 등장하는 예수라면 과연 그 존재가 얼마나 신빙성을 얻을 수 있겠는가?

아담과 이브, 그리고 요나를 신화라고 믿으면서 어떻게 예수의 말씀을 온전히 믿는 것이 가능한가?[25] 신약의 설계도 인 구약을 믿지 못하면서 구약의 실체인 신약을 제대로 믿는 것이 가능한가? 연옥을 믿으면서 성경적 내세관과 구원관을 믿는 것이 가능한가? 이런 모습은 모두 자기의 이성으로 수용되는 것만 받아들이는 전형적인 합리주의자의 모습이다. 비록 그의 유명한 책 『스크루테이프의 편지』나 『순전한 기독교』가 전 세계 기독교인들에게 감동을 주는 것은 사실이지만, 그의 사상과 신앙은 영적으로 올바른 상태가 아니다. 구약 성경 의 많은 내용을 믿지 않던 루이스는 비교적 신약 성경에 대해

---

24 페리 브램릿, 『작은 그리스도 C. S. 루이스』, 엔크리스토, 70-71쪽 ─ 이 책의 원 제는 'C. S. Lewis Life at the Center'다. 성경을 온전히 믿지 않던 사람을 '작은 그 리스도'라고 지칭한 것은 너무 심한 것 아닌가?

25 "예수께서 대답하여 이르시되 사람을 지으신 이가 본래 그들을 남자와 여자로 지 으시고"(마태복음 19장 4절) "요나가 밤낮 사흘 동안 큰 물고기 뱃속에 있었던 것같 이 인자도 밤낮 사흘 동안 땅 속에 있으리라"(마태복음 12장 40절)

대해서는 관대했지만 그 역시 완전히 믿었던 것은 아니다.

> 저도 확실히 그리스도께서 육체로 계셨을 때에는 전지하지 않으셨을 것이라고 생각합니다. (중략) 따라서 설령 주님이 오늘날 우리의 지식에 비추어 그릇된 과학적, 역사적 진술을 하셨다 해도, 그분의 신성을 믿는 저의 믿음에는 전혀 방해가 되지 않습니다.[26]

루이스는 예수가 지상에 있을 당시 사람이었으므로 틀린 말을 했을 수가 있는데 그렇더라도 자신은 그것과 상관없이 예수가 하나님이심을 믿는다고 말한다. 이 말은 신약 성경에 나오는 예수의 언행이 지금 기준으로 오류가 있을 수 있다는 말이다. 오류가 있을 수 있지만 예수를 믿겠다는 믿음은 대단한 믿음인가 아니면 어이없는 믿음인가? 성경 전체가 진리는 아니지만 중간 중간 진리가 있으므로 성경을 진리로 받아들이겠다는 이 믿음은 위대한 믿음인가 아니면 자의(自意)적 믿음인가?

루이스의 신앙에 문제가 있다는 것은 그가 진화론을 신봉했다는 점에서도 드러난다.

오랜 세월에 걸쳐 하나님은 자신의 형상과 인간성의 매개체

---

26 C. S. 루이스, 『고통의 문제』, 홍성사, 206쪽

가 될 동물의 형태를 완성시키셨습니다. (중략) 그 피조물은 인간이 되기 전 오랫동안 이런 상태로 존재했을 것입니다. (중략) 이윽고 때가 이르자 하나님은 이 유기체의 심리적, 생리적 기능에 새로운 종류의 의식(意識), 즉 나라고 말할 수 있고, 자기 자신을 대상화할 수 있으며, 하나님을 알고 (중략) 새로운 의식이 임하게 하셨습니다.[27]

루이스가 여기서 말하고 있는 '오랜 세월', '오랫동안', '이윽고 때가 이르자'는 그냥 몇 날, 몇 년 정도가 아니라 진화론적 시간인 수백만 년 혹은 수억 년이다. 그는 '하나님 자신의 형상과 인간성의 매개체', 즉 중간체로서의 동물을 말한다. 이 유기체(동물)에 하나님이 인간 의식을 부여했다고 루이스는 말한다. 다시 말해, 그는 지금 유신론적 진화론을 말하는 것이다. 하나님이 태초에 세상을 창조할 때 물질을 만드셨고, 그 물질이 수십억 년 동안 진화한 결과가 인간이라는 학설이 바로 유신론적 진화론이다. 이 학설에 의하면, 아담과 하와는 그냥 신화로서만 존재하는 것이다. 성경을 자신이 이해하는 만큼만, 그리고 자기 마음대로 골라서 받아들인 루이스는 매우 위험한 기독 사상가다.

---

27 앞의 책 116쪽

슐라이어마허와 불트만, 대속 신앙을 부정한 기독교인 (1)

근본주의 5대 교리는 모두 중요하지만 그 가운데 예수의 대속적[28] 죽음은 핵심 중 핵심이다. 기독교는 자기 스스로의 구원 성취를 부정하고, 구원자에 의한 구원 성취를 믿는 종교다. 즉, 예수가 나의 죄를 대신 감당하시고 그 대가를 다 지셨으므로 나는 그것을 믿기만 하면 구원받고 하나님의 자녀가 된다는 것이 기독교의 예수 대속 신앙이다. 그러므로 이 대속 신앙을 거부하는 것은 곧 예수 신앙 자체를 거부하는 것과 다름 아니다. 그런데 자신을 기독교인이라고 말하는 유명인들 가운데 예수의 대속을 인정하지 않는 자들이 뜻밖에도 적지 않다.

> 나는 자신을 인자, 사람의 아들이라고 부른 그 사람이 진짜 영원한 하나님이라고 도저히 믿을 수가 없습니다. 나는 그 사람의 죽음이 다른 사람들을 위한 대속의 죽음이라고 믿을 수 없습니다. 왜냐하면 그는 자신의 입으로 그런 말을 한 적이 없으니까요. 그리고 나는 그런 대속의 죽음이라는 것이 애초에 전혀 필요하지 않았다고 생각합니다. 왜냐하면 하나님이 인간에게 결코 완전을 요구하실 리가 없지 않겠습니까? 왜냐하면 하나님은 애초에 인간을 전혀 완전하지 않게

---

28 代贖, substitutionary atonement, 대구속신(代口贖身)의 준말로서 타인이 나의 몸값을 대신 치러주는 것

창조하셨으니까요. 물론 인간이 완전을 추구하는 것은 가능하겠지만요. 그러니 인간이 완전함을 달성하지 못했다는 이유로, 하나님이 인간을 영원한 벌에 처하실 리도 없지요.[29]

이 글은 '현대신학의 아버지'라고 불리는 슐라이어마허가 개혁파 목사였던 자신의 아버지에게 보낸 편지다. 현대신학은 19세기에 계몽주의의 영향을 받아 유럽에서 일어난 인간 중심의 신학, 즉 자유주의 신학을 말한다. 이 시대에 널리 퍼져 있는 자유주의 신학의 원조답게 슐라이어마허는 예수의 대속을 믿지 않았다. 이유는 간단하다. 예수를 죄 없으신 하나님의 아들로 믿지 않았기 때문이다. 물론 슐라이어마허는 자신이 열네 살에 회심을 경험했고, 구원도 믿는다고 말했다. 그런데 그가 말한 구원은 사람이 예수의 인격에 감동하여서 죄를 잘 극복하게 되는 것을 말한다. 그는 예수가 하나님이라는 것을 믿지 않았기에 삼위일체 교리도 당연히 거부했다. 그래서 이단인 유니테리언이라고 비난을 받기도 한다.

슐라이어마허가 완전한 자유주의자였다면, 자유주의와 근본주의의 사이에서 교묘한 줄타기를 한 인물이 바로 루돌프 불트만이다. 자유주의처럼 성경의 내용을 극단적으로 부정하지는 않지만, 기존의 정통 신학에 동조하는 것도 아닌 신학을

---

29 옥성호, 『마케팅에 물든 부족한 기독교』, 부흥과개혁사, 131쪽

신정통주의[30] 신학이라고 부르는데, 불트만과 칼 바르트, 라인홀드 니버, 에밀 부르너 같은 학자들이 이 계열에 속한다. 철학자 하이데거의 방법론을 가지고 성경을 연구한 불트만은 성경의 복음서가 예수의 추종자들에 의해서 왜곡, 각색, 변질되었기 때문에 예수의 원래 모습을 알 수 없다고 비판했다. 신약성경에 나타난 표상들은 그 시대의 신화적 산물이고, 오늘날 현대의 과학적 사고와 모순된다고 그는 생각했다. 그는 예수의 부활 역시 객관적인 사실이 아니지만, 그 추종자들이 그렇게 믿는 것은 주관적인 입장에서 의미가 있다고 주장했다. 또한 그는 '비신화화' 작업을 통해 역사적이고 실존적인 예수를 찾고자 했다. 그에게 신학은 곧 '인간학'이었다.

자유주의와는 달리 기독교의 교리적 확신이 (그 실제 여부와는 상관없이) 기독교의 핵심 가치라고 인정하는 신정통주의를 어떤 이들은 우호적으로 대할지도 모르겠다. 그러나 이 역시 복음주의적 관점에서는 비성경적이며 불신앙적이다. 예를 들어, '주는 그리스도시요 살아 계신 하나님의 아들'이라고 베드로가 예수에게 대답한 것으로 유명한 마태복음 16장(마가복음 8장, 누가복음 9장)에서의 예수와 제자들의 대화는 실제로 있었던 것이 아니라, 초대 교회에서 신자들을 위한 신앙 교육 때문에

---

30 新正統主義, Neoorthodoxy, 유럽에서는 위기신학 또는 변증법적 신학이라고 부른다.

편집된 — 즉, 만들어진 — 것이라고 불트만은 보았다. 그뿐 아니라, 불트만은 사복음서에 모두 나오는 오병이어(五餅二魚) 이적역시 문자 그대로 이루어진 사건으로 보지 않았다.[31] 그는 당연히 예수의 십자가 죽으심을 대속 사건으로 인정하지 않았으며, 이것은 그의 예수관과 구원관이 성경적이 아님을 나타내는 것이다. 아무리 의미를 잘 부여하고자 하더라도 성경을 내용 그대로 인정하지 않는 것은 온전한 기독교 신앙이 아니다.[32]

문동환·함석헌·오강남, 대속 신앙을 부정한 기독교인 (2)

성경의 역사성을 부인하며 기독교의 정통 교리를 거부한 자답게 문동환 목사는 예수의 대속 역시 부정한다. 그에게 예수는세상의 잘못된 바벨탑 문화에서 사람들을 탈출시키고자 십자가의 길을 택하신 분이었지, 결코 인류의 죗값을 대신 담당하

---

31 불트만은 이 사건을, 어린 아이가 자기 도시락인 떡 다섯 개와 물고기 두 마리를 예수에게 갖다 드렸는데 이것을 본 군중이 자신의 품속에 숨겨 뒀던 도시락을 다 꺼내어 함께 나누었더니 모두 먹고 열 두 광주리나 남은 사건이라고 말한다. 이런 해석은 자유주의 교회에서는 보편적인 견해다. 우리나라의 천주교 정진경 추기경 역시 이런 해석을 따른다.

32 물론 신정통주의는 자유주의가 만연해 있던 독일과 일본에서는 오히려 긍정적인 영향을 끼쳐 정통 신앙 쪽으로 사람들이 미약하나마 관심을 갖도록 만들기도 했지만, 이미 보수적 신앙이 주도하던 우리나라에 새롭게 도입된 신정통주의는 자유주의와 구별됨 없이 정통 신앙을 허무는 역할만을 했을 뿐이다.

신 성자(聖子) 하나님이 아니었다.

> 우리는 오랫동안 예수님이 십자가를 지신 것은 우리들의 죄
> 를 대속하시기 위한 것이라고 생각을 했었다. 그러나 예수님
> 이 이해하신 하느님은 아버지와 같으신 분으로 우리가 돌아
> 서면 두 팔을 벌리고 안아주시는 분이라고 보셨다. 예수님의
> 피 공로로 죄를 사하시는 옹졸하신 분이라고 생각하지 않으
> 셨다.[33]

문 목사는 예수의 피 값으로 인류를 속죄하시는 하나님
을 옹졸하신 분으로 묘사한다. 예수의 '돌아온 탕자' 비유 중
에 나오는 인자하신 아버지, 과거의 허물과 잘못을 '묻지도 따
지지도 않고' 무조건 받아 주시는 그 아버지가 곧 하나님이라
고 말한다. 성경을 자기 입맛대로 골라서 취하는 것은 자유주
의자들의 공통점이지만, 그는 지금 예수가 심판자로 묘사하
신 하나님에 대해서는 전혀 언급하지 않는다. 이에 문 목사는
후대의 기록자들이 잘못된 관점에서 하나님을 그렇게 무시무
시하게 묘사한 것이라고 말할 것이다. 하나님 아버지는 우리
가 회개하고 돌아오기만 하면 반드시 받아 주시는 분이다. 맞
다. 그런데 아버지께로 돌아오는 것이 무슨 의미인가? 예수 십

---

33 문동환, 『바벨탑과 떠돌이』, 삼인, 242-243쪽

자가 보혈의 죄 씻는 권세를 인정하고 하나님께 오는 것이 아 닌가? 예수의 보혈 없이 어떻게 하나님 앞에 나아간다는 말인 가? 이것은 기독교 신앙의 초보 중의 초보가 아닌가?

문동환 목사처럼 기독교의 정통적인 대속관을 거부한 사 람 중에 함석헌을 빼놓을 수가 없다. 일본의 기독교 사상가 우 치무라 간조에게서[34] 많은 영향을 받은 함석헌은 우치무라의 무교회주의는[35] 수용했지만, 그의 속죄관은 거부했다. 우치무 라는 보수적인 대속 신앙을 가지고 있었으나, 함석헌은 사람 들이 자유인으로서 각자 죄의 문제에 대해 책임을 져야 한다 고 믿었다. 함석헌의 말을 살펴보자.

> 내 자신이 자주적 인격을 가지고 있는 한, 어떻게 역사화된 예수를 내 믿음의 목적으로 삼고 그저 '주님, 주님!' 하고만 부르겠습니까? 어떻게 자주적 인격을 가진 도덕적 인간의 속죄가 이런 식으로 가능하겠습니까?[36]

---

34 『나는 어떻게 기독교인이 되었나』라는 책으로 유명한 근대 일본의 기독교 사상가 다. 복음주의에 입각한 신앙을 견지했으나, 무교회주의를 주장함으로써 비판을 받기도 한다. 일본의 전쟁과 식민지 정책을 반대하였으며, "조선은 하루 속히 일 본을 이기는 기독교 국가가 돼라"고 조선인들을 격려하기도 했다. 김교신, 송두 용, 함석헌은 일본에서 우치무라에게서 배웠고, 귀국 후에 함께「성서조선」이라 는 기독교 월간지를 발행하였다.

35 Non-church movement, 조직화된 교회 안에만 구원이 있다는 이른바 교회주의에 저항하는 신학사상

36 김성수,『함석헌 평전』, 삼인, 169쪽

물론 함석헌은 기독교의 대속 신앙만을 거부한 것이 아니라 예수 그리스도 자체를 부인한 인물이다. 그는 예수를 믿는 것이 아니라 그리스도의 정신을 믿는다고 솔직히 고백했다.

나는 역사적인 예수 그리스도를 믿는 것이 아닙니다. 나는 오히려 그리스도의 정신을 믿습니다. 그리스도의 정신은 영원합니다. 그리스도의 정신은 역사의 예수 안에도 있었고, 나 자신 속에도 살아 있습니다.[37]

결국 함석헌이 받아들인 예수는 성경이 말한 예수가 아니라 박애주의자들과 합리주의자들이 말한 예수였다. 그 예수는 위대하고 존경스러운 인물이기는 하지만 인류를 위해 속죄 사역을 감당하신 구원자는 아니었다.

함석헌처럼, 예수를 경배의 대상으로서가 아닌 닮음의 대상으로서의 예수를 주장한 이로서 오강남 교수가 있다. 재캐나다 종교학자인 오강남은 『예수는 없다』, 『종교, 이제는 깨달음이다』 같은 저서들을 통해 비성경적인 기독교관을 우리나라 전역에 퍼뜨리고 있다. 그에게 예수는 단지 깨달음을 얻은 한 인간일 뿐이다. 즉, 예수는 그냥 또 다른 부처인 것이다. 당연히 그는 복음서의 모든 내용을 부정하며, 자유주의자들이

---

37 앞의 책 171쪽

흔히 주장하는 것처럼 역사적 예수와 신앙의 그리스도를 분리한다.

그는 이렇게 말한다. "예수를 믿지 말고 예수를 따르십시오. 교리에 얽매이지 말고 예수의 정신으로 살아야 합니다." 예수를 구원자로 인정하지 않는 그의 사상은 사실 새삼스러운 것은 아니다. 이미 다른 무신론적 기독교인들이 지난 세기부터 줄기차게 내세운 것이기 때문이다. 그러나 문제는 그가 지금 캐나다와 미국은 물론 우리나라 곳곳에서 강연과 저술 활동을 통해 막대한 영향을 끼친다는 점이다.[38] 이제 이런 식으로 자유주의가 퍼져나가면, 머잖아 그의 용어대로 '성불(成佛)하신 예수님'이 기독론의 핵심이 되지 않으리라고 누가 보장하겠는가?[39]

---

38 예를 들어, 진보적 기독교 매체인 「뉴스앤조이」는 오 교수의 『예수는 없다』를 직간접으로 홍보하는 데 크게 기여했다. 「뉴스앤조이」는 그 책을 읽은 순복음교회 교인 성소은 씨가 결국 불교도로 개종하여 참선을 통해 진정한 안식을 얻었다는 기사를 크게 싣기도 했다. 「뉴스앤조이」는 언론으로서 그 위상이 나날이 높아지고 있으나, 신학적으로는 위험한 선에 다다랐다는 것이 필자의 생각이다. 필자는 「뉴스앤조이」의 대표와 만난 자리에서 이 점을 동일하게 말한 바가 있다.

류상태와 루이스, 대속 신앙을 부정한 기독교인 (3)

2004년 강의석 사태로 유명해진 대광고등학교의 전(前) 교목 류
상태는 성경이 말하는 예수 그리스도를 전혀 믿지 않으면서도
목사 생활을 했던 인물이다. 장로회신학대학원을 졸업하고 통
합 교단에서 목사 안수를 받은 그는 학교 채플에 참석하기를 거
부하던 강 군을 옹호하다가 학교를 떠나게 됐다. 그런데 그 과
정에서 그가 믿고 가르쳤던 기독교 신앙의 실체가 드러났다. 그
가 믿는 기독교와 예수가 무엇인지 그의 글을 통해 살펴보자.

---

39 오강남 교수의 『예수는 없다』를 반박하기 위해 저술된 이국진 목사의 『예수는 있
다』는 오 교수의 논리와 주장이 오류가 많음을 다음과 같이 구체적으로 증명한
다. ─ (1) 오 교수는 논증적 주제를 다루면서 논리를 사용하기보다는 예화를 사용
한다. 이는 논리로써 설명을 하지 못하기 때문이다. (2) 오 교수는 권위에 의한 논
증을 자주 사용한다. 예를 들어, "선진국에서는 더 이상 기적이나 동정녀 탄생, 부
활을 믿지 않는다. 후진국에서나 그런 터무니없는 일들을 믿는다"라는 식이다.
(3) 오 교수는 부재(不在)에 의한 논증을 자주 사용한다. '증거가 없다'(the absence of
evidence)는 것은 '없다는 증거'(the evidence of absence)가 아닌데도 오 교수는 너무도
쉽게 이 논증에 의존하고 있다. (4) 오 교수는 유사(類似)에 의한 동일 논증을 사용
한다. 구약성경에 있는 천사, 부활, 최후 심판, 낙원의 개념이 조로아스터교에도
비슷하게 등장하므로 구약성경이 조로아스터교의 영향을 받았다고 결론 내린다.
비슷한 몇 개의 개념보다 전혀 다른 수백 개의 개념을 더 생각해야 하지 않을까?
그리고 유대교가 더 먼저 아닐까? (5) 오 교수는 21세기의 시대정신에 따라 다원주
의적 태도가 옳고 배타주의적 태도는 옳지 않다고 주장한다. 방법론보다 중요한
것은 전달 내용의 참 거짓 여부 아닌가? (6) 오 교수는 자신의 주장에 불리한 객관
적 자료는 의도적으로 제외한다. 예를 들어, 여리고 성(城)의 고고학적 자료와 신
약성경 사본 자료를 자기에게 유리한 것만 사용한다. ─ 이국진, 『예수는 있다』,
국제제자훈련원, 18, 19, 20, 43, 73, 96쪽 수정, 발췌, 인용

나는 내 주님의 대속을 믿는다. (중략) 나는 또한 본회퍼[40] 목사님의 대속을 믿는다. 그가 불의와 타협하지 않고 죽음을 선택했기에 그 피로 오늘의 내가 구원의 삶을 살고 있다. (중략) 내 구주 예수 그리스도, 그는 진실로 부활하셨으며 지금도 내 마음 가운데 살아 숨 쉬고 계신다. 부처, 노자, 공자, 짜라투스트라,[41] 톨스토이, 슈바이처, 간디, 원효, 류영모, 김교신, 문익환…인류 역사에 찬란하게 빛나는 수많은 성현들이 죽음에서 부활하여 내 마음 가운데 살아 숨 쉬고 계시듯이.[42]

류상태는 자신이 완전히 자유주의 사상을 가진 자라는 것을 잘 보여주고 있다. 그에게 예수의 죽음은 본회퍼의 죽음과 다름없다. 그에게 예수의 부활은 부처, 공자, 톨스토이, 문익환이 그 마음에 살아 있음과 같은 의미다. 목사였지만 그는 예수의 십자가 대속과 육체적 부활을 전혀 믿지 않았다. 그러면서 20년 동안이나 목사를 하면서 학생들에게 기독교를 가르쳤다. 우리나라의 대표적인 미션스쿨인 대광고가[43] 얼마나 허술하

---

40 Dietrich Bonhoeffer, 독일 고백교회의 목사이자 신학자다. 히틀러 정권하에서 반나치 운동을 펼쳤으며, 히틀러 암살 계획이 실패하자 1943년 게슈타포에게 체포되어 강제수용소에서 처형되었다.

41 영어로 조로아스터(Zoroaster), B.C. 7세기 말에서 6세기 초에 페르시아(현재 이란)에 살았으며, 30세경에 아후라 마즈다(神)의 계시를 받고 조로아스터교(배화교, 拜火敎)를 창시하였다고 한다.

42 류상태, 『당신들의 예수』, 삼인, 33-35쪽

게 기독교 신앙을 전수했는지를 잘 보여주는 증거다.

류상태는 예수에 대해서만 정통 신앙과 다른 사상을 가진 것이 아니다. 그는 영혼이 존재할 '가능성이 있다'고 말한다. 영혼의 존재를 확신하지 못하는 목사라면 다른 것은 말해 무엇 하겠는가? 그는 당연히 천국과 지옥을 믿지 않는다. 아니, 정확히 말하자면, 성경적인 내세를 믿지 않는다. 기독교가 말하는 천국과 지옥은 인류의 오랜 소망과 두려움의 반영일 뿐이며, 원시 사회를 윤리적으로 유지시키기 위한 지혜자들의 창작이라고 말한다. (지옥에 대한) 두려움을 통해 사람들의 마음을 얻어내려한 이 종교성은 아인슈타인이나 러셀에 비견된다. 그런데 류상태는 아인슈타인은 물론 러셀보다도 훨씬 예수와 하나님에 대해 반감을 가지고 있다. 도대체 그런 적대감을 가지고 어떻게 목회를 했는지 참으로 궁금하다. 그의 다음 글을 보라.

이제는 그(예수)를 믿기만 하면 죽을 놈도 살 수 있고, 그를 믿지 않는 사람은 아무리 선하고 바르게 살아도 지옥 불에

---

43 대광고는 우리나라의 최고 형님뻘 교회인 영락교회(고 한경직 목사 설립)가 세운 학교로서, 강의석은 영락교회 장학생이었다. 당시 강의석 사태는 재판으로 이어졌는데, 최종 판결은 강 군의 승소였다. 이때 강 군을 재정적, 법리적으로 후원한 단체가 종교자유정책연구원(종자연)이었다. 종자연은 현재도 기독교를 매도하고, 기독교 교육을 없애버리는 것을 목표로 하고 있는 조계종 산하 불교단체다. 그런데 이 개신교 저격 단체가 지금 정부의 후원금을 받아 활동하고 있다.

던져질 수밖에 없다고요? 이순신 장군도 죄인이고, 세종대왕도 죄인이고, 부처님도 죄인이라 예수를 믿지 않으면 구원을 받을 수 없다고요? 이런, 이런. 결국 인간의 죄와 욕심으로 선하게 창조된 세상이 그렇게 일그러지게 된 거로군요. 그러면 그때 전능하신 하느님은 뭐하고 계셨대요? 최초의 인간이 선악과를 따먹은 그때, 하느님은 주무셨나요? 아니라고요? 다 알고 계셨지만 원대한 계획이 있어서 그대로 두셨다고요? 그래요? 그러면 그놈부터 죽입시다. 창조주라는 그놈 말입니다. 지 놈이 창조한 세상이 죄악으로 떨어지는 걸 방관한 그놈을 죽입시다. (중략) 특정 종교만 편애하는 그놈, 이상한 울타리를 만들고 그 울타리 안에 들어와야만 구원을 베풀겠다는 그놈, 그 잡놈을 죽입시다. 신성모독이라고요? 훗날 예수께서 산 자와 죽은 자를 심판하러 다시 오실 거라고요? 그래서 그 요상한 교리를 믿지 않는 나 같은 놈들을 모조리 불지옥에 떨어지게 할 거라고요? 그러면 그놈도 죽여야겠네. 오로지 지 놈을 믿어야만 구원을 주겠다는 그 무지막지한 놈, 그놈도 인류의 이름으로 죽입시다.[44]

기독교에 대해 이런 극단적 적대감을 가진 자가 기독교 학교 교사였다! 하나님을 죽여 버리자고 말한 자가, 예수를 인

류의 이름으로 죽여 버리자고 외친 자가 목사로 수십 년을 살았다. 철학자 니체는 하나님은 죽었다고 말했지만, 류상태는 그보다 한술 더 떠서 하나님을 죽여 버려야 한다고 말했다. 학교를 떠난 후, 그는 여기저기 강사로 다니면서 기독교를 비방하고, 교회를 비웃으며 종자연을 옹호하고, 통일교를 칭송[45]했다.

류상태의 예수 모독에 대해서 한 가지만 더 살펴보자. 그는 예수와 막달라 마리아가 사랑하여 결혼을 했고 — (물론 그러니까 당연히 예수의 십자가 죽음과 부활, 승천 같은 것은 다 엉터리라는 것이 함축되어 있다) — 자녀까지 낳아 살았음을 말하는 댄 브라운의 허황된 소설 『다빈치 코드』가 틀렸다는 객관적 증거가 없는 한 그것을 비판하면 안 된다고 말한다. 예수에게 후손이 있는 것이 뭐 어떠냐는 태도다. 한 마디로 류상태는 기독교에 대한 최소한의 예의도 갖고 있지 않다.

기독교를 대하는 태도는 류상태와 완전히 상반되지만, C. S. 루이스 역시 예수의 대속을 인정하지 않은 대표적인 기독

---

45 통일교 측의 초대를 받아 어떤 모임에 참석한 후 류상태는 이런 글을 썼다. "(통일교 초청 세미나에 참석했을 때) 강의 중에 몇 마디 인상적인 부분이 있어 소개한다. 강사 가운데 한 명은 통일교의 목표를 '종교 없는 사회를 만드는 것'이라고 말했다. 또한 문선명 총재의 종교 철학을 소개하면서 '통일교로 개종할 필요가 없다'고 말하기도 했다. 신실한 기독교인, 신실한 유대인, 신실한 무슬림이 되면 된다는 것이다. 공산당도 무신론을 주장하기 때문에 승공을 말하고 있지만, '하느님 믿는 공산당'을 하면 된다고 말했다. 이웃 종교에 대한 이런 열린 태도는 한국 주류 개신교가 본받아야 할 점이다." —앞의 책 289쪽

교인이다. "C. S. 루이스의 신학"을 주제로 박사학위를 받은 박성일 목사는[46] 『천국과 지옥의 이혼』이라는 책을 해설하면서 루이스의 신학을 이렇게 논했다.

사실 루이스의 신학은 쉽게 분류되지 않습니다. 그의 초자연주의는 복음주의 냄새를 풍기지만 그의 성경관은 그렇지가 않습니다. 그의 구원론은 그리스도의 대속 개념을 내포하고 있지만 전통적인 대속 신앙과는 조금 차이가 있습니다.[47]

루이스는 신약성경의 이적을 믿었다. 그래서 초자연주의적이라고 인정된다. 그러나 성경 전체를 믿지는 않았다. 그의 구원관이 전통적 대속 신앙과 차이를 보인 것은 당연한 결과인데, 그는 사실 인간의 전적 타락을 믿지 않았기 때문이다. 그의 고백을 보라.

저는 전적 타락의 교리를 믿지 않습니다. 왜냐하면 논리적으로 볼 때 우리가 전적으로 타락했다면 스스로 타락했다는 사실 자체를 아예 깨닫지 못할 것이고, 경험적으로 볼 때도 인간의 본성에는 선한 것이 많기 때문입니다.[48]

---

46 미국 필라델피아 기쁨의 교회 담임목사
47 C. S. 루이스, 『천국과 지옥의 이혼』, 홍성사, 182쪽
48 C. S. 루이스, 『고통의 문제』, 홍성사, 100쪽

루이스에게 인간은 그래도 소망이 있는 존재였다. 스스로 하나님을 찾고 믿어 하나님의 인정을 받을 수 있는 가능성이 남아 있다고 여겼다. 이것은 개신교의 구원관과 상충되는 것이다. 그는 자기 나름의 성경관과 구원관을 가졌을 뿐만 아니라 내세관도 가지고 있었다.

신성모독은 하지 말게. 지옥은 심리 상태가 맞네. 자네 입에서 나온 말 중에 그보다 더 참된 말은 없을 게야. 어떤 심리 상태도 그대로 방치해 두면, 즉 피조물이 자기 마음의 감옥 속에 자신을 가두어 고립을 자초하다 보면 결국 지옥이 되는 게야. 하지만 천국은 심리 상태가 아닐세. 천국은 실재 그 자체야.[49]

루이스는 자신의 책에 등장한 죽은 자들의 대화를 통해, 천국은 실제로 존재하지만 지옥은 그냥 심리 상태며 마음의 감옥일 뿐이라고 말한다. 천국은 있지만 지옥은 진짜로 있는 것이 아니라고 믿는 것이 과연 온전한 기독교인의 모습일 수 있는가? 그는 다른 책에서도 천국과 지옥을 말했는데 이것 역시 성경과는 다른 내용이다.

---

49 C. S. 루이스, 『천국과 지옥의 이혼』, 홍성사, 90쪽

우리는 천국에 극기(克己) 비슷한 것이 필요치 않다거나 영원한 삶이란 영원한 죽음을 의미하지 않을 것이라고 추측할 필요가 없습니다. 이런 의미에서 볼 때, 지옥에 쾌락이 있을 수 있듯이(거기에서 우리를 보호해 주시기를), 천국에도 고통과 전혀 다르지 않은 무언가가 있을 수 있습니다(곧 그것을 맛보게 해 주시기를).[50]

정말 어마어마한 궤변이 아닐 수 없다. 천국에서의 영생(永生)이 곧 불사(不死)를 의미하는 것은 아닐 수 있다고 루이스는 말한다. 도대체 그는 성경을 제대로 읽기나 한 것인가? 그는 또한 지옥에 쾌락이 있을 수 있고, 천국에도 고통(과 비슷한 것)이 있을 수 있다고 말한다. 그는 지금 성경이 말하는 천국과 지옥이 아닌 자기의 상상 속에서 나온 천국과 지옥을 말하고 있다.

머리가 좋았던 자답게 그의 상상은 다른 영역으로도 펼쳐진다. 그는 같은 책에서, 아담 이외의 인류가 그 이전이나 같은 시대에 더 만들어졌을지도 모른다는 가정을 제시하기도 했다. 이게 무슨 의미인지 아는가? 인류 가운데는 아담으로부터 시작된 원죄와 상관이 없는 존재가 있을 수 있다는 말이다. 루이스는 사실 원죄에 대한 개념도 제대로 갖추지 않은 인물이

---

50 C. S. 루이스, 『고통의 문제』, 홍성사, 234쪽

었던 것이다. 이렇게 합리주의와 자유주의를 교묘하게 섞어 기독교를 믿었던 루이스였지만, 그 자신은 기독교가 진리라고 확신하였으니 참 대단한 믿음(?) 아닌가!

예수 없는 '예수세미나'

최근 계몽주의와 자유주의를 융합하여 기독교의 전통적 예수 관을 짓밟고 있는 학자들의 모임이 있다. 바로 예수세미나(Jesus Seminar)다. 1985년, 자유주의를 신봉하는 신학자 30명으로 시작된 예수세미나는 현재 200여 명의 연구자들이 함께 하고 있다. 성경비평을 주로 하는 이 세미나는 성경이 말하는 예수가 신화화됐기 때문에, 새로운 방식으로 역사적인 예수를 찾아내야 한다고 주장한다. 그래서 이들이 고안해 낸 방식이 바로 색깔 구슬에 의한 '투표'다. 그들은 복음서에 나타난 예수 언행(言行)의 신빙성을 자신들의 투표로써 결정하는 놀라 자빠질 만한 시도를 하였다. 그들은 예수의 언행이 절대로 아닌 것으로 생각되는 성경 구절에는 검은색 구슬을, 예수의 언행으로 보기에는 어렵지만 예수의 생각을 담고 있다고 생각되는 성경 구절에는 회색 구슬을, 예수의 언행일 확률이 높을 때는 분홍색 구슬을, 그리고 예수의 언행이 거의 확실할 때는 붉은색 구슬을 사용했다.

세미나 참가자들이 이런 식으로 비밀투표를 한 결과, 사복음서와 기타 문서들(도마복음 포함)에 나타난 500개의 예수의 언행 가운데, 검정색 59.1퍼센트, 회색 26.7퍼센트, 분홍색 12.2퍼센트, 빨강색 1.6퍼센트로 분류됐다. 그래서 예수가 가르쳐 주신 주기도문 가운데 예수가 진짜로 가르쳐 준 것이라고 믿을 수 있는 단어는 '아버지' 하나뿐인 것으로 나타났다. 또한 요한복음에는 빨강색과 분홍색이 전혀 없다. 이 말은 예수세미나 참가자들이 사복음서 대부분을 예수의 언행으로 믿지 않는다는 의미다. 이들이 역사적 예수를 찾겠다고 시도한 방법은 불트만의 방법론보다 훨씬 더 급진적이고, 인본주의적이며, 뉴에이지적이다. 1945년 이집트에서 발견된 영지주의 도마복음이 포함된 새로운 신약성경을 번역하여 『다섯 복음서』라는 책으로 출간한 것도 바로 예수세미나다. 그들은 지금 예수 전문가라 하면서 예수 없는 예수세미나를 즐기고 있다.

펑크 · 크로산 · 보그, 예수세미나의 대표적 인물들

예수세미나는 대부분 북미의 백인 남성 학자로 구성됐으며, 전통적인 신학교의 성경학자들은 포함되지 않았다. 구성원 가운데는 한국인 교수와[51] 영화감독도[52] 있는데, 지금도 개인의 종교관과 상관없이 역사적 예수 연구를 할 수 있다고 판단되는 사람은 누구라도 가입이 가능하다. 구성원 가운데 로버트 펑크, 존 도미니크 크로산, 그리고 마커스 보그가 특히 잘 알려져 있다.

첫 번째로, 펑크는 역사적 예수 연구는 예수가 누구였는지, 그가 무엇을 말했는지를 모호하게 만든 기독교적 도금(鍍金)의 혼돈으로부터 갈릴리의 현인(賢人)을 해방시키는 노력이라고 주장한다. 그는 예수세미나의 작업이 예수에 대한 종교(the religion about Jesus)로부터 예수의 종교(the religion of Jesus)를 구별하기 위한 작업이라고 말한다. 두 번째로, 로마 가톨릭 신학자인 크로산은 1세기 예수 운동은 유대 사회에서 주변부 운동이었으며, 예수와 그의 추종자들은 옷 입는 것과 먹는 것이 마치 (예수 당시 로마 황제였던) 아우구스투스 시대의 여피들[53] 가운데 사는 히피들[54] 같았다고 말한다. 세 번째로, 루터교 신자로 성장한 보그는 『처음으로 예수를 다시 만나기』라는[55] 책에서 자신의 배경과는 다른 주장을 한다. 그는 예수가

---

51 클레어몬트 신학대학원의 김찬희 명예교수다. 이 신학교는, 하나님도 발전하는 세계 속에서 진화해가는 과정에 있다는, 과정신학으로 유명하다.

52 로보캅(1987), 토탈 리콜(1990), 원초적 본능(1992), 쇼걸(1995) 등을 연출한 폴 버호벤 감독이다.

53 yuppie, 도시에 사는 젊고 세련된 고소득 전문직 종사자

54 hippie, 서구에서 기성 사회생활 양식을 거부하는 사람, 1960년대에 유행함

55 원제 *Meeting Jesus Again for the First Time*

소크라테스처럼 체제 전복적인 지혜의 교사였으며, 부처같이 깨달은 자였고, 나아가 무당 같은 치료자(shaman)였다고 말한다. 보그의 말을 좀 더 자세히 살펴보자.

예수는 농민이었다. 농민은 예수의 사회 계층을 말해 주는 것이다. 분명히 그는 명석했다. 그가 사용한 언어는 주목할 만하며, 시적이며, 비유와 이야기들로 가득 차 있다. 예수는 은유적인 인물이 아니었다. 그는 금욕주의자가 아니었다. 예수는 세계를 긍정하는 사람, 삶에 대한 열정을 가진 사람이었다. 그에게는 간디나 마틴 루터 킹과 같이 사회 정치적인 열정이 있었고, 당대의 지배 체제에 도전했다. 예수는 종교적 열광주의자이자 유대교적 신비주의자였으며, 원하기만 하면 그에게 하느님은 경험적인 실재였다. 그러한 존재로서, 예수는 치유자였다. 성 프란체스코나 오늘날 달라이 라마에 관해서 보도되는 바와 같이, 그의 주위에는 영적인 존재가 있었던 것 같다.

나는 역사적 인물로서의 예수가 모호한 인물이었다는 점을 제시한다. 여러분이 그에 대해서 경험하는 바, 그리고 예수의 가족이 그렇게 생각했던 것처럼 예수는 제정신이 아닌 사람이거나 아니면 기인(奇人), 또는 위험하고도 위협적인 인물이라는 결론을 내릴 수도 있다. 그렇지 않으면 여러분은 예수가 하느님의 영으로 충만한 사람이었다고 결론을 내릴 수도

있다.[56]

보그는 예수를 간디나 마틴 루터 킹 또는 달라이 라마 같은 존재로 이해한다. 그는 인간적 측면으로도 결코 온전하지 못했던 세상의 위인들 정도로 예수를 취급하면서 그것이 예수를 정확히 파악한 것인 양 확신하는 것이다. 더욱이 보그는 예수가 역사적 인물로서 모호한 측면이 많다고 말하는데, 이것은 그가 복음서를 비롯한 성경에 나오는 예수의 모습을 믿지 않기 때문이다. 예수의 신성을 인정하기 싫으니까 성경을 부인하고, 성경을 부인하니까 성경이 말하는 역사적 인물로서의 예수를 의심하는 것 아니겠는가? 그리고 이러한 의심은 성경 외에 예수에 대한 역사적 문서들이 지금 명백히 남아 있는데도 그것을 거부하는 이유가 된다.

한완상, 예수세미나의 절대 추종자

부총리, 대학 총장, 대한적십자사 총재 등을 역임한 한완상 장로는 우리나라 민주화 운동의 주역 가운데 한 명이다. 그가 쓴 『민중과 지식인』은[57] 과거 대학가의 필독서였으며, 그의 진보

---

56 정승우, 『예수, 역사인가 신화인가』, 책세상, 54-55쪽

적 성향의 기독교 사상은 현재도 대중에게 큰 영향을 끼치고 있다. 기독교 학교인 미국 에모리 대학교에서 박사학위를 받은 한완상은 그곳에서 사신(死神) 신학으로[58] 유명한 토마스 알타이저 교수의 영향을 받아 근본주의 신학에 회의(懷疑)를 갖게 되었다. 서울대학교에서 사회학을 가르칠 때, 그의 마음에는 정치적 해방자로서의 예수 상이 깊게 각인되었다. 그는 또한 재야 민주 운동가 겸 사상가인 함석헌과 교제하면서 민중 사회학과 민중신학에 열정을 갖게 되었다. 그의 진보적 사상은 예수세미나와의 만남을 통해 더욱 견고해졌는데, 그의 고백을 들어보자.

이런 절박한 상황에서 한 시사 주간지를 통해 처음으로 미국의 예수세미나 활동을 알게 되었습니다. 이 세미나에 속한 학자들의 정직하고 용기 있는 역사적 예수 탐구활동을 통해 제 신앙은 더욱 깊어지고, 신학적 시야는 더욱 넓어졌습니다. 역사의 예수를 탐구할수록 신앙은 줄어진다고 생각하기 쉽지만, 저는 다양한 역사의 예수 탐구 속에서 오히려 예수

---

57 이 책의 기조와 내용은 실존주의 철학자 장 폴 사르트르의 『지식인을 위한 변명』과 닮아 있다.

58 The Death of God Theology, 하나님은 죽었다는 주장을 근간으로 한 급진적 자유주의 신학으로서 알타이저와 윌리엄 해밀턴이 함께 저술한 『급진신학과 하나님의 죽음』이라는 책이 유명하다.

사랑은 더 뜨거워지고, 신학 지평은 더 넓어지는 기쁨을 얻게 되었습니다.[59]

근본주의자들이 참된 예수 신앙을 박제(剝製)화해 버렸다고 비판한 한완상은 예수세미나에서 말한 예수가 오히려 참예수라고 확신한다. 우리나라의 보수 기독교가 사회 개혁에 소극적이고, 성공 지향적이며, '예수 천국, 불신 지옥'을 무식하리만큼 외쳐 댄 것에 대한 반감이 작용한 것도 어느 정도 이해가 되고 또 타당한 지적이지만, 예수세미나를 적극 옹호한 것은 그의 신앙이 어떠한지를 잘 보여 주는 것이다. 그는 당연히 성경을 제대로 믿지 않는다. 예수세미나 추종자들이 말한 것처럼, 그는 성경의 의미를 말하지만, 그 내용을 온전하게 인정하지는 않는다. 앞서 언급된, 비교종교학자 오강남 역시 자신의 주장을 펼치는 데 예수세미나를 인용하는데, 그 추종 정도는 한완상이 훨씬 강하다.

한완상은 예수의 부활에 대해서도 예수세미나의 크로산이 주장한 것을 그대로 수용한다. 크로산은 부활 사건의 중요성은 빈 무덤이 아니라 그 '의미'라고 주장하는데,[60] 이것은 예수의 육체적 부활을 부인하는 자유주의자들의 전형적인 태도

59 한완상, 『예수 없는 예수 교회』, 김영사, 38쪽

60 한완상, 『바보 예수』, 삼인, 30쪽 ─ '부활, 그 아름다운 얼굴'

다. 물론 우리나라에서 예수의 육체적 부활을 부인하는 것은 교계의 엄청난 저항을 가져오기에 한완상은 결코 그런 식으로 말하지 않는다. 그 대신 빈 무덤은 성경의 '은유적' 서술이라는 크로산의 말을 은근슬쩍 인용한다. 물론 이것은 자신의 말과 진배없다. 은유란 무엇인가? 실제로는 그렇지 않다는 것이다. 그는 예수의 부활을 말할 때마다 그 사건의 진실성을 말하는 것 대신에 오직 부활이 예수 당시의 제자들과 오늘날의 우리에게 주는 의미만을 강조한다. 당연히 그는 예수의 육체적 부활을 자신이 믿고 있는지를 대중에게 고백하지 않는다.

그는 예수가 제도 교회의 틀 안에서 교리적 숭배의 대상인 그리스도로 변질되었다고 말한다. 다른 자유주의자들이 그렇듯이, 그는 진짜 예수와 그리스도가 분리된 존재라고 인식한다. 또한 진짜 예수는 보수신학과 근본주의가 말하는 그런 구원자(그리스도)가 아니고, 약자와 소외받는 자의 해방자라고 그는 강조한다.

한완상에게 근본주의자는 이라크 전쟁을 일으킨 미국의 부시 대통령으로 대표된다. 부시가 근본주의 신앙을 가졌으니까 그런 제국주의적 폭력을 행사했다는 것이다. 부시의 정책에 대해서는 여러 가지 시각이 있겠지만, 한 가지 확실한 것은, 근본주의 신앙을 가진 자라고 해서 다 부시 같은 세계관을 가진 것은 아니라는 것을 한완상은 인정하지 않는 듯하다. 그는 근본주의자들이 선과 악을 극단적으로 나누어, 자신은 선이고 상대방은 악으로 규정하여, 독선적으로 행동한다고 강한 비판을 한다. 이 시대의 많은 근본주의 신앙을 가진 자들이 진보주의자 한완상처럼 사회 구원에 관심이 많고, 세상 속에서의 정의 구현과 이 땅에서의 하나님 나라 실현을 위해 자기의 위치에서 진지하게 살고 있다는 점을 그는 알지 못한다. 그에게 현대 교회, 특히 우리나라 교회는, 사회개혁가로서의 예수를 강하게 주장하지 않기 때문에 근본주의고, 그래서 근본주의는 나쁜 기독교 신앙인 것이다.

한완상은 기독교의 핵심 교리—특히 삼위일체 교리—가 집대성된 사도신경을 인정하지 않는 듯하다. 그는 사도신경을 앵무새처럼 주절거리지만 실제의 삶은 엉망인 기독교 신자들을 비판하는 것이 아니라, 사도신경 자체를 비판한다. 왜냐하면 거기에는 고난 받는 자와 약자를 위해 일하신 예수에 대한 고백이 없기 때문이다.

거의 모든 세계 기독교 교회가 사도신경을 정통적 신앙고백으로 받아들이고 있는 오늘의 현실을 보면서 예수의 실재성이 실종되어버린 사도신경을 대할 때면, 저의 마음은 여간 불편하지 않습니다. 더욱 불편하고 놀라운 사실은 그 같은 예수의 실종을 조금도 허전해하거나 불편해하거나 놀라워하지 않는 기독교인들의 상투적 평안함과 관례적 암송입니다.[61]

사도신경 속의 예수는 한완상에게 실재하신 예수가 아니다. 그 예수는 진짜 예수가 아니다. 그에게 있어서 진리이신 예수를 아는 교회 여부의 판단 기준은 오직 하나다. 사회개혁자 예수를 최고로 강조하면 예수를 제대로 아는 진리의 교회고, 그렇지 않으면 예수 없는 비진리의 교회인 것이다.

한완상은 또한 다윈이나 프로이트의 이론을 비기독교적이라 해서 배제하지 않는다. 그의 세계관으로는 오히려 다윈과 프로이트 때문에 성경의 유신론적 세계관이 수정돼야 한다. 그는 성경을 절대 가치로 삼지 않는 신앙이므로 과학이나 심리학을 성경과 대등한 위치에 두는 것은 아마도 당연할 것이다.

뉴턴과 링컨, 숨겨진 불신앙

영국의 수학자 겸 물리학자 아이작 뉴턴은 실상 진정한 기독교인이 아니었다. 흔히 알려진 것과는 달리, 뉴턴은 유대 기독교 신비주의인 카발라(Qabalah)는 물론 영지주의적인 연금술에 평생 심취했던 인물이다. 그가 성경을 연구한 것은 사실이지만, 그것은 신비로운 우주의 법칙이나 그리스도의 재림 및 세

---

61   한완상, 『예수 없는 예수 교회』, 김영사, 150쪽

상의 마지막 날짜를 발견하기 위한 연구였다. 그가 결국 찾아
낸 세상의 종말은 2060년이다. 그는 삼위일체를 비롯한 성경
적 믿음을 평생 갖지 않았으나 교회의 탄압이 두려워 그것을
드러내지 못했다. 그러나 마지막 죽는 순간, 그는 예수는 하나
님이 아니라고 고백했다. 어떤 이들은 뉴턴을 이단인 아리우
스주의자였던[62] 것으로 여긴다.

미국인들이 가장 존경하는 대통령인 아브라함 링컨 역시
사실 그렇게 존경스러운 기독교인이 아니었다. 그는 평생 아
내와 가까이 지내지 않았고, 아버지와 사이가 안 좋았으며 심
지어 아버지가 위독할 때도 찾지 않았다. 사람들은 잘 모르지
만, 링컨은 인신보호영장제도(구속적부심제)를 정지시키고, 남북
전쟁(Civil War) 당시 정적 수만 명을 투옥하며, 자신을 반대한
수백 개의 신문을 폐쇄했다. 그는 북부에 소속된 노예들과 북
군이 점령한 남부 영토에 있는 노예도 해방시키지 않았다. 다
만, 전쟁이 불리해지자 남부 내에서 노예 반란을 유발하기 위
한 목적으로 노예 해방을 선언한 것이다. 그가 1858년 9월에
일리노이 주에서 행했던 연설을 보자.

나는 어떤 방법으로든 백인과 흑인이 정치적으로 평등하게
되는 것을 찬성하지 않으며, 찬성했던 적도 없습니다. 그들

---

62 Arianism, 4세기에 예수의 신성을 부인하며, 예수는 하나님의 양자로 선택받은 피
조물이라고 주장한 아리우스를 따르는 사람

이 우리와 함께 머무르고 있는 한 그들이 우리처럼 살 수 없으므로 상층과 하층 계급은 반드시 존재하게 됩니다.[63]

링컨은 평생 기독교 신자였던 적이 없었고, 교회를 출석한 적도 거의 없었다. 그가 대통령에 출마했을 때, 그가 살던 지역의 성직자들은 그를 반대했다. 그는 성경을 열심히 읽은 것으로 알려졌으나, 그것은 그가 성경책을 교재 삼아 읽기 연습을 했기 때문이다. 그가 게티즈버그에서 병사들의 무덤을 둘러본 후 기독교 신자가 됐다는 이야기와 "저는 그때 거기에서 저 자신을 주님께 바쳤습니다. 그렇습니다. 저는 예수를 사랑합니다!"라고 했던 고백도 모두 거짓이다. 후대의 링컨 연구가들은 그가 불가지론자인지, 무신론자인지, 이신론자인지 명확히 알 수는 없지만, 정통적인 기독교인은 절대로 아니었다고 공통적으로 말한다.[64]

내 귀에 들리는 것

사람은 누구나 내면에 영혼의 안테나를 가지고 있다. 그래서

---

63 조병일 · 이종완 · 남수진 공저, 『세계사 오류 사전』, 연암서가, 130-131쪽
64 다음의 책들에서 요약, 수정, 발췌함 (1) 데일 카네기, 『링컨 당신을 존경합니다』, 함께읽는책 (2) 토머스 J. 디로렌조, 『가면을 벗긴 링컨』, 소화

그 안테나로써 주파수를 맞추고 일평생 어떤 소리를 들으며 살고 있다. 어떤 사람은 그 안테나가 하늘로 향해 있다. 그래서 늘 하나님의 소리를 들으며 산다. 어떤 사람은 그 안테나가 세상으로 향해 있다. 그래서 늘 세상의 소리를 들으며 산다. 아마도 어떤 기독교인들은 두 가지 소리를 다 들으며 살고 있을 것이다. 지금 나의 영혼의 귀에 들리는 소리는 곧 내가 어느 쪽으로 안테나를 향해 놓았는지를 알게 해주는 것이다.

> 신은 하나의 억측이다. (중략) 신이란 하나의 사상이다. 그것은 모든 진지한 것을 왜곡시키며, 서 있는 모든 것을 비틀거리게 한다.[65]

지금 혹시 이런 소리가 들리고 있는가? 이 소리는 진리의 소리도, 하늘의 소리도 아니다. 성경의 소리 역시 아니다. 이것은 사람의 소리, 세상의 소리며 마귀의 소리와 다름없다. 지금 우리나라에는 이 소리를 듣고 따르는 자들이 셀 수 없이 많다. 무신론자, 무신론적 종교인, 무신론적 기독교인이 각각 타이틀만 달리 한 채 실질적으로 같은 모습으로 인생을 살고 있다.

흔히 생각하는 것과 달리, 우리나라는 세계적인 무신론

---

65 니체, 『짜라투스트라는 이렇게 말했다』, 청목문화사, 93쪽

국가다. 아일랜드의 여론 조사 기관인 Red C가 세계 57개국 51,927명을 대상으로 종교 성향을 조사한 결과, 한국이 다섯 번째로 무신론자 비율이 높은 나라로 나타났다.[66] 우리는 지금 무신론을 바탕으로 한 가치관과 문화, 사상에 파묻혀 살고 있다. 그래서 들리는 소리가 온통 사람과 세상의 소리다.

> 그들은 세상에 속한 고로 세상에 속한 말을 하매 세상이 그
> 들의 말을 듣느니라 우리는 하나님께 속하였으니 하나님을
> 아는 자는 우리의 말을 듣고 하나님께 속하지 아니한 자는
> 우리의 말을 듣지 아니하나니 진리의 영과 미혹의 영을 이로
> 써 아느니라[67]

당신이 이 말씀을 영혼의 귀로 듣고 수긍하고 있다면, 당신은 지금 진리의 영을 가진 자다. 당신의 귀에 이 소리가 들리지 않는다면, 당신의 안테나는 지금 하나님을 향해 있지 않은 것이다. 하나님께 속한 사람은 하나님의 말씀에 귀를 기울이는 사람이다.

---

66 「국민일보」, 2012년 8월 16일, '미션라이프' — 1위부터 7위까지 중국, 일본, 체코, 프랑스, 한국, 독일, 네덜란드 순으로 나타났다. 가장 종교적인 국가로 1위 가나, 2위 나이지리아, 3위 아르메니아 순으로 나타났다.

67 요한일서 4장 5-6절

제 8 장

오래된 착각

영지주의

영지주의, 기독교 이단의 모체(母體)

영지주의는[1] 하늘로부터 오는 특별한 영적 지식(gnosis)을 가진 자들만이 구원을 얻는다고 주장하는 신비주의 기독교 이단이다. 이 이단은 초대 교회 당시부터 교회 안에서 골칫거리가 되었고, 결국은 공동체에서 추방되었다. 많은 학자들은 이것에 대해 사도 요한(요한1·2서, 요한복음)과 사도 베드로(베드로전·후서), 그리고 사도 바울(고린도전·후서, 골로새서)이 자신의 글에서 언급한 것으로 보고 있다. 영지주의의 폐해는 1세기를 넘어 2세기에도 지속됐는데, 초기의 대표적인 영지주의 이단으로는 케린투스, 마르키온, 발렌티누스 등이 있다. 요한의 제자인 속사도[2] 폴리캅과 그의 제자인 이레니우스, 그리고 많은 교부들이[3] 영지주의와 싸웠고, 특히 이레니우스는 10년에 걸쳐 『이단에 대하여』라는 방대한 분량의 책을 썼다.

　　초기 영지주의는 선한 영의 세계와 악한 육의 세계를 구분 짓는 이원론을 바탕으로, 구원은 그리스도를 믿음으로써 오는 것이 아니라 신비한 지식을 얻음으로써 오는 것이라 주장했다. 그들은 그리스도 역시 악한 물질인 육신을 가진 존재

1　靈智主義, gnosticism

2　예수의 제자(사도)로부터 직접 가르침을 전수받은 사람들

3　教父, 교회의 아버지란 뜻으로, 기독교가 교리적으로 자리 잡는 데 기둥 같은 역할을 한 교회 지도자를 말한다.

였기에 불완전하다고 보았다. 이런 이유 때문에, 영지주의의 한 분파는 육신을 가혹하게 대했는데, 먹고 마시는 것을 최소로 하고, 부부가 성관계도 맺지 않는 등 극단의 금욕주의를 실천했다. 또 다른 분파는 그와 반대로, 육신은 어차피 악한 것이므로 술 취하고 성적으로 방탕하며 아무렇게나 살아도 영혼만 구원받으면 된다는 극단의 방탕주의를 추종했다.

로마 제국이 기독교화되면서 점점 사라진 영지주의는 오랜 세월이 흘러 1945년 이집트의 나그 함마디에서 52개의 영지주의 문서들이 발견되면서 새롭게 조명받기 시작했다. '역사는 승자의 기록'이기 때문에 현재 정통으로 인정받는 기독교 기록(성경)은 단지 다른('틀린'이 아닌 기독교 분파와의 싸움에서 이긴) 하나의 분파였을 뿐이라고 영지주의 옹호자들은 말한다. 쉽게 말해서, 근대에 새롭게 발견된 영지주의 기독교 문서 역시 기존의 교회 정경(正經, cannon)과 동등한 가치를 지닌다는 것이다. 이러한 주장은 상대주의 가치관이 팽배한 포스트모더니즘이 반(反)기독교적으로 반영된 것이다.

영지주의자들이 필독서로 읽는 책 가운데 『성서 밖의 예수』가[4] 있다. 이 책은 도마복음, 유다복음, 빌립복음, 마리아복음 등의 영지주의 문서들을 몇 개의 주제로 분류해 설명해놓

4 　원제 *Gnostic Gospels*, 일레인 페이젤, 정신세계사 ─ 이 책은 1979년에 첫 발간되어 그 해에 미국비평가협회상을 수상했다. 영지복음서에 대한 최초의 권위 있는 연구서로 인정받고 있다.

았다. 사실상 영지주의 문서들은 공통적으로 말하는 핵심 교리가 없다. 다만, 공통적으로 나타나는 현상이 있다면, 예수 그리스도의 부활 등에 대한 정통 기독교의 교리를 다양하게 부정한다는 점이다.

이 책의 목차만 보아도 그 주장한 내용이 어떠한지 파악이 가능하다. 목차를 열거해 보면, '예수의 비밀 가르침과 숨겨진 제자들'(성경에 나오는 가르침과 제자들 말고도 숨겨진 것들이 더 있다는 주장), '예수의 부활은 영적 부활일 뿐인가'(육적 부활은 없고 영적 환상일 뿐이라는 주장), '하느님의 정체는 무엇인가'(하느님은 절대 유일신이 아니라는 주장), '하느님 아버지, 하느님 어머니'(남성 하나님과 여성 하나님이 있다는 주장), '예수는 제자들의 순교를 원했겠는가'(순교는 광신도들의 어리석은 행위라는 주장), '진정한 교회와 가짜 교회'(신비스러운 지혜를 깨달은 교회가 진짜 교회라는 주장), '깨달음의 기독교-영지주의'(영적인 지혜를 얻은 자는 그리스도인 정도가 아니라 그리스도가 된다는 주장), '기독교의 새로운 정립을 위하여'(지금까지의 기독교는 단지 승리자의 모습일 뿐이라는 주장) 등이다.[5]

---

5   괄호 안의 내용은 필자 삽입

도마복음, "깨달음이 곧 구원이다"

예수의 손에 난 못 자국을 보기 전까지는 부활하신 예수를 믿지 않겠다던 사도 도마가 복음서를 썼다고 영지주의 기독교는 보고 있다. 다른 영지주의 문서들보다 도마복음이 특히 학자들의 관심을 끌었는데, 이유는 이 문서가 영지주의의 핵심을 요약해서 보여 주기 때문이다. 물론 모든 영지주의 문서가 다 위작(僞作)이듯이 이 도마복음 역시 진짜로 도마가 쓴 작품이 아니다. 왜냐하면 그 말하는 바가 완전히 복음서를 위배할뿐더러 특히 영적인 깨달음을 통해 구원을 얻는다는 반(反)성경적 주장을 전하고 있기 때문이다.

> 도마가 예수에게 말했다. "선생님 제 입은 당신이 누구와 같은 분인지 말할 수 없습니다." 예수께서 말씀하셨다. "나는 당신의 선생이 아니다. 왜냐하면 당신은 내가 측량하여 떠준 거품이 이는 샘물을 마시고 취했기 때문이다."…예수께서 말씀하셨다. "나의 입에서 나오는 것을 마시는 사람은 나와 같이 될 것이다. 나 자신은 그가 될 것이며, 숨겨진 것들이 그에게 드러날 것이다."[6]

---

6   도마복음 13장 108절

여기서 '숨겨진 것들이 드러나는' 것이 바로 영지(靈智)를 깨닫는 것이다. 도마복음에는 예수의 십자가 고난과 부활 이야기가 없는데, 이것은 도마복음의 저자에게는 죄와 구원이 아닌 영적인 깨달음이 더 소중한 관심이었다는 것을 증명한다. 깨달음에 대한 강조는 도마복음 외의 다른 영지주의 문서에서도 거듭 발견된다. 예를 들어, 한 영지주의 선생은 자신의 제자에게 보내는 서신에서 부활은 곧 깨달음의 순간이라고 말했다.

> 부활은 참으로 존재하는 것의 드러남이며…새로움으로의 이동이다. 깨달은 사람은 누구나 영적으로 생동(生動)하게 된다. 이것은 당신이 지금 곧바로 '죽음으로부터 부활'할 수 있다는 것을 의미하는 것이다.[7]

도마복음의 이러한 가르침은 다분히 불교적이다. 그래서 일부 학자들은 도마복음에 나오는 예수 대신에 부처를 넣어도 아무 문제가 없다고 말한다. 즉, 영지주의는 하나님으로부터 온 지식을 추구한다고 말하지만 실제로는 불교처럼 개인의 깨달음을 진리로 추종하는 사상으로 봐야 하는 것이다. 영지주의가 정통 기독교에서 밀려난 것은 헤게모니 싸움에서 진

---

7   정승우, 『예수, 역사인가 신화인가』, 책세상, 55-56쪽

것이 아니라 잘못된 것이기에 배제된 것이다. 그런데 이 시대에 상대적 진리관이 확장되면서 영지주의의 엉터리 문서들까지도 기독교적인 것이라고 인정받게 된 것이다. 그래서 미국의 예수세미나는 도마복음을 신약정경에 포함시켜 『다섯 복음서』라는 책을 출간하기도 하였다.

신학적 측면에서, 유럽과 일본에서 자유주의가 팽창할 때 우리나라는 이 영향을 크게 받진 않았다. 그런데 미국에서 자유주의 사상이 확장되자 그 영향이 순식간에 우리나라 교회 내부로 들어오고 말았다. 그래서 현재 국내에는 자유주의 신학 노선을 따르고 있는 신학교가 다수 있으며, 예수세미나가 특히 지지하고 있는 도마복음에 긍정적 관심을 보이는 학자들이 꽤 많이 생겼다. 전문 신학자는 아니지만 각종 철학사상에 발을 담그고 있는 도올 김용옥이 그 한 예다.

도마복음은 내게 서구 문명 전통을 새롭게 볼 수 있게 하는 시각을 제공했습니다. 예수가 초월적 하나님에 대한 환상 속에 살지 않았다는 것을 알게 된 거죠. 도마복음은 기독교가 해체돼 예수교로 돌아가야 한다는 결론으로 귀결될 수 있습니다. 예수가 기독자라는[8] 시각에서 벗어나 예수 자체로 돌아가야 한다는 것입니다.[9]

8　基督者, 그리스도, 즉 구원자

김용옥은 도마복음의 핵심을 제대로 파악하였다. 도마복음은 기존의 기독교는 해체돼야 한다고 말한다. 예수는 결코 구원자가 아니며, 그냥 인간이었을 뿐이라는 것이다. 이것이 바로 도마복음이 다른 복음서와 함께 할 수 없는 이유다. 김용옥은 도마복음을 외경(外經)이라고[10] 부르지만, 이것은 사실 외경이 아니라 명백한 위경(僞經)이다.[11] 다른 영지주의 문서들도 모두 위경일 뿐이다.

---

9   「중앙SUNDAY」, 2009년 4월 5일, '도올의 도마복음 이야기' 연재를 다 끝낸 후 했던 인터뷰 기사

10 정경(正經)과 대비돼 외전(外典) 또는 경외경(經外經)으로도 불린다. 일반적으로 B.C. 2세기부터 A.D. 1세기 사이에 기록된 15권의 특별한 책들을 통칭한 용어다. 이에 속한 책들은 다음과 같다. 제1에스드라서, 제2에스드라서, 토비트, 유딧, 에스델, 지혜서, 집회서, 바룩서, 예레미야의 편지, 아자리야의 기도와 세 젊은이의 노래, 수산나, 벨과 뱀, 므낫세의 기도, 마카베오상(上), 마카베오하(下). "예레미야의 편지"를 바룩서의 마지막 장으로 취급하여 두 권을 하나로 묶는 경우, 외경은 총 14권이 된다. 개신교의 외경을 로마 가톨릭에서는 제2경전으로 부르며 정경으로 받아들인다. 즉, 개신교의 성경은 신구약 66권이며, 로마 가톨릭은 80(또는 81)권이다.

11 허위 성경, 즉 가짜 성경을 말한다. 개신교는 영지주의 문서 전체를 위경으로 취급하는 반면에 로마 가톨릭은 외경으로 취급한다. 다시 말하면, 개신교의 외경이 로마 가톨릭의 제2경전이고, 개신교의 위경이 로마 가톨릭의 외경이 된다.

영지주의 에로티시즘

도마복음과 같이 묶어서 발견된 빌립복음은 예수의 동정녀 탄생과 부활 등에 관한 기독교의 정통 신앙이 오해라고 말한다. 이 문서에 나오는 예수는 그냥 사람일 뿐이지 결코 구원자가 아니다. 빌립보서는 예수의 신성을 부인하고 인성만을 강조하는데, 특별히 그와 막달라 마리아 사이의 에로틱한 모습을 드러내는 데 충실하다. 이 문서는 예수가 막달라 마리아를 제자들보다 더 사랑하시고 아끼셔서 그녀에게 키스를 하셨다고 묘사한다.

> (구세주)의 친구(는) 막달라 마리아(이다.) (그러나 그리스도께서는 모든) 제자들보다도 그녀를 더 (사랑하셨으며), 그녀의 (입에 자주) 키스하시곤 했다. 나머지 (제자들은 이것 때문에 감정이 상하였다⋯.) 그들은 예수께 물었다. "왜 당신은 우리보다 그녀를 더 사랑하십니까?" 구세주께서는 그들에게 "왜 (내가) 그녀를 (사랑) 하는 만큼 너희를 사랑하지 않겠느냐?"라고 대답하셨다.[12]

예수와 막달라 마리아의 관계를 연인의 모습으로 표현한

---

12 일레인 페이젤, 『성서 밖의 예수』, 정신세계사, 18쪽 − ( ) 표시는 원문 번역자가 첨가한 부분이다. 이하 동일.

것은 적절치 않은 상상을 불러일으킨다. 빌립 사도가 진짜로 이런 글을 남겼을 리가 만무하지만 적어도 그의 이름을 빙자하여 이런 야릇한 글을 쓴 사람의 후예는 2천년이 지난 지금까지도 실제로 존재한다.

전 세계적으로 히트를 친 뮤지컬 "지저스 크라이스트 슈퍼스타(Jesus Christ Superstar)"에서 막달라 마리아는 청년 예수를 향하여 흠뻑 사랑에 빠진다. 또한, 영화로도 만들어진 소설 『다빈치 코드』에서는 아예 막달라 마리아와 예수가 결혼을 했고, 그 후손이 현재 프랑스 땅에 살고 있다는 내용으로 전개된다. 그러나 이 두 작품보다 더 강렬하게 막달라 마리아와 예수의 관계를 육적으로 표현한 작품이 바로 "그리스도 최후의 유혹"이다. 동명의 소설을[13] 영화화한 이 작품은 예수가 구세주 역할에 회의(懷疑)를 느꼈지만, 가룟 유다의 배신 때문에 십자가에 달린 것으로 묘사한다. 그가 십자가에 매달려 있을 때 천사가 나타나 그를 구해 준다. 그 후 예수는 막달라 마리아와 결혼해 아이들을 낳지만, 마리아의 언니 마르다와 통간을 하기도 하는 보통의 사람으로 산다. 세월이 흐른 후 예수는 그 천사가 사실은 마귀였으며, 이 지상의 행복은 꿈에 불과하다는 사실을 깨닫는다. 꿈에서 깨어난 예수는 여전히 십자가에

---

13 원작자인 니코스 카잔차키스는 기독교 신자였지만 철학자 니체를 신봉했고, 자연을 숭배한 사람이었다.

매달려 있는 자신을 발견하고 숨을 거둔다. 이런 식의 성적인 묘사는 당연히 예수의 거룩한 이미지를 훼손시키는 데 큰 기여를 했다. 그런데 영지주의 문서 가운데는 이보다 훨씬 노골적으로 예수의 인격을 모독하고 그를 변태 성욕자로 묘사하는 글이 포함되어 있다.

예수는 어느 날 (막달라) 마리아를 데리고 산에 올라간다. 그 산꼭대기에서 예수는 자기 옆구리에서 한 여자를 만들어 내어 막달라 마리아가 보는 앞에서 그 여자와 신나게 성교를 벌인다. 그리고 자기 성기에서 흘러나오는 정액을 빨아먹으며 예수는 마리아에게 우리가 함께 생명을 얻으려면 이렇게 해야만 한다고 설교한다. 마리아는 너무도 충격을 받아 땅으로 기절초풍하며 엎드린다. 예수는 마리아를 잡아 올리며 말한다. "왜 너는 나를 의심하느냐? 아, 신앙이 없는 그대여!"[14]

"막달라 마리아의 위대한 의문들"이라는 영지주의 문서에 나오는 이 글은 영지주의가 과연 어떤 영성에 근거한 사상인지 짐작게 만든다. 어떤 학자들은 이 문서가 비록 노골적이긴 하지만 단지 성적인 은유에 불과하다며 이를 옹호한다. 이 괴문서를 발굴해 보급하는 데 앞장 선 사람은 심리학자 칼 융

---

14 김용옥, 『절차탁마대기만성』, 통나무, 118쪽

인데, 그는 평생 영지주의를 믿고 전파하는 데 앞장섰던 인물이다.

유다복음, 뱀(사탄)을 옹호하는 복음서

유다복음은 예수를 은 삼십에 팔아넘긴 가룟 유다를 옹호하는 문서다. 이 글은 유다야말로 진정으로 충성스런 예수의 제자라고 묘사한다. 유다는 비밀스러운 진리를 가장 잘 깨달은 자였기에, 예수가 총애하는 제자 유다에게 비밀스러운 지침을 내려 자신을 팔게 한 것이라고 말한다. 즉, 가룟 유다는 배신자가 아닌 충직한 제자라는 것이다.

　연구가들은 유다복음이 영지주의의 한 분파인 배사교에서[15] 나온 문서라고 추정한다. 배사교는 에덴동산에 나타났던 뱀을 인류를 위해 진짜 신이 보내준 빛의 사자(使者)로 숭배하는 종교다. 뱀을 저주의 대상이 아닌 숭배의 대상으로, 가룟 유다를 저주의 대상이 아닌 칭송의 대상으로 주장하는 것이 바로 배사교의 입장이다.

　배사교의 관점으로 기록된 또 다른 영지주의 문서로 "진리의 참 증언"(*Testimony of Truth*)이 있다. 이 문서 역시 뱀은 인간

15　拜蛇敎, Ophites

과 영적인 지식을 공유하고자 했는데, 주(主)는 그것을 방해하고, 죽음의 위협을 가해 결국은 인간을 낙원에서 쫓아 버리는 존재로 묘사되고 있다. 억지도 이런 억지가 없고, 적반하장도[16] 이런 적반하장이 없다. 선과 악이 뒤집히고, 하나님과 마귀가 뒤바뀌었다. 영지주의의 이러한 모습은 2천 년 전의 경향일 뿐만 아니라 이 시대에도 존재하는 사상이다. 대표적인 영지주의 추종자이면서 유명한 신화(神話)학자인 조셉 캠벨은 그의 책 『신화의 힘』에서 이렇게 말한다.

> 선악을 아는 것이 왜 아담과 이브에게 금지되어야 했던가요? 그것을 모르고 있었더라면 인류는 삶의 조건에 동참하지 못한 채로 아직도 에덴동산에서 멍청한 아이처럼 살고 있을 테지요. 결국 여자가 이 세상에 삶을 일군 겁니다. 이브는 이 속세의 어머니입니다. 인류가 에덴동산에서 살던 꿈 같은 낙원은 시간도 없고, 탄생도 없고, 죽음도 없는 곳입니다. 그 것만 없습니까? 삶도 없어요. 죽어서 부활하고, 허물을 벗음으로써 그 삶을 새롭게 하는 뱀은 시간과 영원히 만나는, 이 세계 중심에 서 있는 세계수(世界樹)입니다. 결국 뱀은 에덴동산의 실질적인 신이었던 겁니다. 시원한 석양의 바람을 쏘이

---

16 賊反荷杖, 도둑이 도리어 매를 든다는 뜻으로, 잘못한 사람이 도리어 잘한 사람을 나무라는 경우에 쓰는 말

다가 그곳에 들른 야훼는[17] 나그네에 지나지 않아요.[18]

영지주의자들은 뱀 곧 마귀를 신이라 부르고, 하나님을 동산의 나그네라고 주장하는 신성모독을 거리낌 없이 행한다. 그러면서도 그것은 정당한 평가며, 종교적 소수의 의미 있는 항변이라고 주장한다. 소위 '강의석 사건'으로[19] 잘 알려진 전(前) 대광고 교목 류상태가 그 대표적인 경우다. 그는 유다복음을 비롯한 다른 외경과 위경을 옹호하며 정경만 인정하는 보수 기독교를 '밥통'이라고 비웃으며, 정경은 단지 역사에서 승리한 자의 선택일 뿐이라는 케케묵은 주장을 하고 있다.

여성성(女性性)에 대한 잡다한 주장들

영지주의는 하나님의 유일성을 부인하여, 남성 하나님과 여성

---

17 여호와, 즉 하나님
18 조셉 캠벨과 빌 모이어스 공저, 『신화의 힘』, 고려원, 106쪽
19 영락교회에서 세운 미션스쿨인 대광고에 재학 중이던 강의석이란 학생이 의무적으로 시행되던 학교 채플(예배)에 참여하지 않을 권리를 주장하며 개인 시위를 벌였는데, 개인 종교의 자유와 학교 설립 취지의 갈등이 결국 재판으로 이어져 강 군이 승소했던 사건이다. 이때 대광고 교목이던 류상태는 학교가 아닌 강 군 편에 섰다. 그런데 이 과정에서 류상태의 신학이 영락교회가 속한 교단(장로교 통합측)이 수용하지 않는 자유주의라는 것이 밝혀져 학교로부터 재임용을 받지 못했다.

하나님을 주장하기도 한다. 요즘 우리나라에서 널리 퍼지고 있는 이단 하나님의교회[20] 역시 아버지(남편) 하나님과 어머니(아내) 하나님을 주장하는데, 이는 사실 새로운 것이 아니다. 구약 성경에 나오는 우상 바알과 아세라가 바로 부부 관계인 하나님인 것이다. 어머니 하나님을 주장하는 것은 성경의 가르침 특히, 예수의 말씀을 정면으로 거스르는 행위다. 예수께서는 '하늘에 계신 우리 아버지'에게 기도하라고 제자들에게 말씀하셨지 단 한 번도 어머니 하나님을 언급한 적이 없다.

어머니 하나님에 대한 영지주의의 주장은 결국 삼위일체 하나님을 성부, 성모, 성자로 묘사하는 지경에 이르렀다. 다시 말하면, 성령의 자리에 성모 즉 신적인 어머니로서의 하나님을 앉혀 놓은 것이다. "비밀서"는 하나님을 다음과 같이 신적인 어머니로 언급한다.

(그녀는)…보이지 않고, 순결하고, 완전한 영의 모습(image)이다…아버지-어머니인(matropater) 그녀는 모든 것들보다 먼저 존재했기 때문에, 그녀는 모든 것의 어머니가 되었다.[21]

또한 도마복음에는 신적인 어머니를 지칭하는 것 같은 구

---

20 안상홍증인회 또는 장길자교라고도 불린다. 안상홍이 아버지 하나님, 장길자가 어머니 하나님이다.
21 일레인 페이젤, 『성서 밖의 예수』, 정신세계사, 108쪽

절이 있다.

> (예수는) "내가 하는 것과 같이 자기 (아버지)와 어머니를 미
> 워하지 않는 사람은 나의 (제자)가 될 자격이 없고, 내가 하는
> 것처럼 자기 (아버지)와 어머니를 사랑하지 않는 사람은 나의
> (제자)가 될 자격이 없소. 왜냐하면 나의 어머니는…그러나
> (나의) 참된 (어머니)는 나에게 생명을 주었기 때문이오"라고
> 말했다.[22]

일레인 페이젤 같은 영지주의 학자는 이 구절을 예수가
자신의 신적 아버지와 신적 어머니를 지상에서의 부모인 요
셉과 마리아에 대비한 것으로 파악한다. 그뿐 아니라 빌립복
음은 성령을 '많은 사람의 어머니'로, "히브리복음"은 예수가
'나의 어머니 성령'을 말한 것으로 기록한다.

영지주의 문서들이 하나님에게 여성성을 부여한 것이 마
치 여성의 권위를 존중하는 가르침으로 보이기도 하는데, 실
상은 전혀 그렇지 않다. 도마복음은 이렇게 끝을 맺고 있다.

> 시몬 베드로가 그들(제자들)에게 "여자들은 생명을 얻을 자격
> 이 없으니 마리아로 하여금 우리를 떠나게 합시다"라고 말

했다. 예수는 "그 여자가 남자들인 여러분과 마찬가지로 살아 있는 영혼이 되게 하기 위해서 내가 지도하여 그 여자를 남자로 만들겠소. 왜냐하면 자기 자신을 남자로 만드는 여자는 누구나 하늘의 왕국에 들어갈 것이기 때문이오"라고 말했다.[23]

예수의 으뜸 제자였던 베드로가 여자들은 생명을 얻을 자격이 없다는 생각을 하고 있다는 내용은 전혀 신빙성이 없는 기록이다. 그런데 예수가 베드로의 말을 인정하고, 마리아를 살아 있는 영혼인 남자가 되게 만들겠다는 내용은 더더욱 말이 되지 않는다. 이것은 수천 년 전 유대인들의 가치관이 반영된 기록일 뿐이다. 이러한 여성 비하(卑下) 내용은 다른 영지주의 저작물에서도 발견된다.

예를 들면, 어린 시절의 예수에 대해서 기록한 문헌들에서는 나병에 걸린 사람들이 아기 예수의 목욕물로 자신의 몸을 씻어 깨끗케 치유되는 기사가 반복해서 나온다. 그런데 이 부정한 병에 걸린 자들은 대개가 여성이다. 또한, 어떤 소녀는 사탄에게 거듭 피를 빨려 송장처럼 되어가다가 예수의 목욕물로 치유되고, 예수의 포대기로 사탄을 물리친다는 내용이 나온다. 여성들은 남성에 비해 훨씬 더 무기력하고, 무능력한 존

---

23   도마복음 114절

재로 묘사되는 것이 영지주의 문헌이다. 앞에서 다루었지만, 예수가 자신이 만들어 낸 여자와 성교하는 모습을 보고 기절한 막달라 마리아에게 "신앙이 없다"고 꾸짖는 내용 역시 이것과 일맥상통한다.

오프라 윈프리와 존 레논, 영지주의와 뉴에이지의 신봉자

토크쇼의 여왕이며, 방송 재벌이기도 한 오프라 윈프리는 불우한 성장 과정을 극복하고 이 시대의 아이콘으로[24] 자리 잡은 입지전적 인물이다. 기독교 신앙으로 모든 어려움을 극복한 것으로 알려진 덕분에 교회 설교에서도 종종 인용되는 윈프리의 영성은 지금 과연 어떠할까?

오프라 윈프리는 현재 영지주의에 심취해서 반(反)기독교 캠페인에 앞장서고 있다. 그녀는 수많은 TV 방송을 통해 자신의 신앙을 대중에게 보여주었는데, 최근에는 자신이 정통 기독교 신앙과는 아무 상관이 없음을 솔직하게 드러냈다. 윈프리는 하나님은 믿는 게 아니라 느끼는 것이며, 깨닫는 것이라 말한다. 이것은 뉴에이지가 말하는 것과 동일한데, 한 마디로,

---

24 icon, 특정한 사상이나 생활 방식의 상징으로 여겨지는 우상, 즉 아이돌(idol)과 비슷하게 쓰이고 있다.

소승불교식[25] 참선을 통해 신을 만난다는 것이다. 깨달음을 통해 각자 하나님을 만날 수 있기에 하나님에게로 가는 방법은 많이 있다고 그녀는 말한다. 예수가 이 세상에 오신 것도 깨달음을 통해 온 인류가 하나님께로 올 수 있음을 알려 주기 위해서라고 말한다. 예수 자신이 깨달음의 샘플이기 때문에 모든 사람이 깨닫기만 하면 또 다른 예수가 될 수 있다고 윈프리는 주장한다.

그녀의 이러한 주장은 세계교회협의회(WCC)의 입장과 유사하며, 특히 자유주의 기독교의 대부(代父)인 슐라이어마허의 가르침과 동일하다. 그는 이렇게 말했다. "구속자는 성도들을 자신의 신의식의 능력으로 끌어들인다. 이것이 구속자의 구속 활동이다." 이것은 예수를 인간이 된 하나님으로 보지 않고, 하나님이 된 인간으로 보는 변질된 신앙이다.

윈프리는 당연히 천국과 지옥도 믿지 않고, 인간이 하나님의 형상대로 만들어진 것이 아니라, 하나님이 인간의 형상대로 만들어진 것이라 말한다. 이것은 모두 에카트 톨리라는 그녀의 영적 멘토에게 배운 것이며, 윈프리는 그와 함께 집단 최면을 정기적으로 수행하고 있다.[26] 인간이 신에게서 비롯된

---

25 소승불교는 자아의 깨달음을 강조하고, 대승불교는 중생과 함께 수행하여 그들을 구제하는 것을 강조한다.

26 유튜브 www.youtube.com/watch?feature=player_detailpage&v=SkmSadlo3UQ 참조

것이 아니라 신이 인간에게서 비롯된 것이라는 사고는 전형적인 뉴에이지 사상이며 영지주의 신앙이다. 도올 김용옥 역시 신이라는 것이 완전한 '존재'가 아닌 사람들의 의식에 나타나는 절대적 '의존 관계'일 뿐이라고 그의 책『절차탁마대기만성』에서 주장한 바가 있는데, 오프라 윈프리의 신앙이 바로 이와 일맥상통하는 것이다.

여기서, 세상에서 최고의 찬사와 부러움을 얻은 유명인으로서 오프라 윈프리처럼 하나님을 무시하고 심지어 대적한 인물로서 존 레논을 빼놓을 수 없다. 그룹이 해체된 지 40년이 지난 지금까지도 수많은 팬을 가지고 있는 비틀즈의[27] 리더였던 존 레논은 자신의 선집(選集) 'Skywriting by Word of Mouth'에서 이렇게 말한 바가 있다.

내게는 유일하고 진실한 크리스천들이란 자기 지식을 믿는, 즉 내면의 그리스도를 추구하며 스스로 그리스도가 되었던 영지주의자들이라고 여겨진다.

참으로 놀랍지 않은가! '자기 지식을 믿음', '내면의 그리스도를 추구함', '스스로 그리스도가 됨' 같은 요소들은 오프

---

27 존 레논, 폴 매카트니, 조지 해리슨, 링고 스타 4인으로 구성된 영국의 전설적인 록 밴드다. "Imagine", "Let It Be", "Yesterday" 등의 히트곡을 남겼고, 20세기 가장 영향력 있는 100인으로 타임지에 의해 선정됐다.

라 윈프리가 주장하는 바와 완전히 일치하고 있는데, 이것이 야말로 영지주의의 핵심 가르침인 것이다. 일레인 페이젤이 밝힌 영지주의의 구원관을 보라.

> 영지주의 교인들은 고통으로부터 벗어날 수 있는 유일할 길은, 우주 안에 있는 인간의 자리(place)와 운명에 관한 진리를 깨닫는 것이라는 확신에 도달했다. 그 유일한 대답은 자신 안에서 찾아져야 하는 것으로 확신하면서, 영지주의 교인들은 강렬하게 개인적인 내면에의 여행을 한다.[28]

기독교가 한창 왕성하던 시절, 영국에서 태어난 존 레논은 안타깝게도 거짓 기독교인 영지주의를 참 기독교라고 믿었던 것이다. 당시 하늘을 찌를 듯한 인기에 취해 있던 존 레논은 "지금 우리의 인기는 최고다. 장차 기독교가 먼저 사라질지 아니면 우리가 먼저 사라질지 나는 모르겠다"라고 거침없이 말하기도 했다. 수많은 팬들에 둘러싸여 오만한 모습으로 기독교를 대하던 존 레논은 아이러니하게도 40세가 되던 해, 어떤 광적인 팬에 의해 권총으로 살해당하고 말았다.

---

28 일레인 페이젤, 『성서 밖의 예수』, 정신세계사, 223쪽

현대로 계승된 고대 종교의 영지주의

영지주의는 정통 기독교의 자리를 흔들고 있다. 앞서 살펴본 바대로, 뉴에이지는 물론 동양사상 그리고 심리학과도 연계가 되어 영지주의는 나날이 그 세력을 더하고 있다. 분석심리학의 새 지평을 연 것으로 평가받는 세계적 심리학자 칼 구스타프 융은 특별히 영지주의와 관련이 깊은 인물이다.

융은 자기 아내가 죽은 후, 신비주의 상징을 새겨 놓은 돌을 쌓고서 죽은 아내가 환생할 것을 기대했다. 그는 자기의 학문적 이론이 하늘에서 온 신비한 깨달음, 즉 영지주의에서 온 것이며, 자신이 죽은 자들과 대화를 하고 귀신들과 교접하는 능력도 가졌음을 고백한 바 있다. 특히 그는 빌레몬이라는 이름을 가진 귀신에게서 도움을 받아 자신의 이론 체계를 정립했다고 밝혔다. 융은 평소에 무속(巫俗)과 고대 신화를 깊이 연구했으며, 그 중에서도 영지주의 신화에 심취되었다.[29]

영지주의는 선(빛)과 악(어둠), 그리고 영과 육이라는 이원론에 매우 충실한데, 이것은 기독교와 비슷한 것 같지만 실제로 동일하지는 않다. 기독교의 이원론은 하나님과 그에 대비되는 것과의 이원론인데 비해, 영지주의의 이원론은 이 세상

---

29 비단 칼 융만이 아니라 지그문트 프로이트 같은 심리학자 역시 고대 문물과 사상에 깊이 매료되어 있었다. 그의 분석진찰실은 그리스, 로마, 이집트, 아시아로부터 온 골동품으로 가득 차 있었다.

안에서의 이원론이다. 즉, 영지주의는 하나님의 존재와 상관없이 선과 악이 있다고 믿지만, 기독교는 하나님을 떠난 것은 선이 될 수 없다고 믿는다. 그래서 기독교는 성선설이 아닌 성악설을 말하는 것이다.[30] 또한, 영지주의는 플라톤주의의 영향을 받아 영은 선하고, 물질(육)은 악하다는 이원론을 견지하는 데 비해, 기독교는 영과 육을 분리하지 않는 영육일원론을 따르고 있다.

영지주의는 기독교의 시작과 더불어 시작됐지만, 그 사상적 근원은 이미 이전 고대로부터 존재했다. 기독교보다 5세기 앞서 탄생한 조로아스터교는[31] 물론 2세기 후에 나타난 마니교도[32] 사실은 영지주의와 계보를 같이 한다. 이에 대해 도올 김용옥은[33] 다음과 같이 말하고 있다.

조로아스터교를 우리가 영지주의의 할아버지라고 한다면 영지주의의 서자가 기독교 징도에 해당될 것이고, 그 적자가 되는 것이 바로 마니캐이즘이다. 마니캐이즘은 중국 역사에

---

30 즉, 인간은 태어날 때부터 이미 악하게 태어난다는 의미다.
31 Zoroaster, 페르시아(현, 이란)의 조로아스터가 창시한 종교로서 해, 불, 별 따위를 신성시한다.
32 Manichaeism, '빛의 사도'로 알려진 마니가 페르시아에서 창시한 이원론적 종교
33 대학교수이자 학자이며 철학자, 언론인, 한의사, 방송인이다. 고려대 철학과(학사), 대만국립대학원(석사), 일본동경대학원(석사), 미국하버드대학원(박사) 등에서 수학하였다.

서는 마니교(摩尼敎)로 알려져 우리 동양학도에게는 매우 친숙한 이름이다. (중략) 그는 그 자신을 아담으로 시작해 조로아스터, 석가모니, 예수로 이어지는 하늘의 사자의 마지막 계승자로 간주했다. 그의 이론은 영지주의의 어둠-빛의 사상의 이원론을 철저히 한 것이다.[34]

영지주의가 기독교에서 변질되어 나온 사상임에도 불구하고 기독교를 오히려 영지주의의 서자(庶子)라고 말하는 것은 기독교 이전부터 영지주의와 같은 영적 토대를 가진 종교가 존재했음을 말하는 것이다. 비단 영지주의 자체만이 아니라 세상에 존재하는 사상과 종교 대부분이 이런 식의 이원론적 이론을 가지고 있다. 기독교와 비슷한 듯하지만 사실은 그렇지 않은 이원론이 바로 영지주의다.

자의적 각색과 엉터리 해석의 종교

지금까지 살펴봤듯이, 영지주의는 그 자체로 또 다른 기독교가 아니라 오리지널 기독교를 변질시킨 '가리지널' 기독교다. 자기만의 독자적인 교리와 가르침을 주장하는 종교가 아닌 자

---

34   김용옥, 『절차탁마대기만성』, 통나무, 140-141쪽

의적 각색과 엉터리 해석으로 기독교의 본질을 왜곡함으로써만 존재하는 짝퉁 기독교가 바로 영지주의인 것이다. 이것은 비록 정통 기독교에서 시작했으나 곧 형제가[35] 아닌 적그리스도(anti-Christ)로 자리를 잡았고, 사도 요한은 이에 대해 강하게 경고한 바 있다.

아이들아 지금은 마지막 때라 적그리스도가 오리라는 말을 너희가 들은 것과 같이 지금도 많은 적그리스도가 일어났으니 그러므로 우리가 마지막 때인 줄 아노라 그들이 우리에게서 나갔으나 우리에게 속하지 아니하였나니 만일 우리에게 속하였더라면 우리와 함께 거하였으려니와 그들이 나간 것은 다 우리에게 속하지 아니함을 나타내려 함이니라[36]

진정한 종교가 다 그렇겠지만, 신앙은 무엇보다도 무엇을 믿느냐가 가장 중요하다. 그리고 그것을 어떻게 믿느냐가 또한 중요하다. 믿음은 당연히 앎(지식)과 함께 가는 것이지만, 굳이 믿음과 앎 둘 중에 먼저 필요한 것을 고르자면 믿음이다. 제대로 믿으면 잘 알게 된다. 잘 알면 더 제대로 믿게 된다. 이

35　로마 가톨릭(천주교), 정교회(Orthodox Church), 그리고 개신교(Protestant Church)가 3대 정통 기독교며, 일반적으로 상호 간에 형제 교회로 인정을 한다. 물론 상호 인정하지 않는 성직자들도 꽤 존재한다.

36　요한일서 2장 18-19절

것이 신앙의 선(善) 순환이다.

그리스의 철학자 아리스토텔레스는 『형이상학』(*Metaphysics*) 첫 구절에서 "모든 인간은 본성적으로 알기를 원한다"고 말했다. 지정의(知情意)가 인간의 본성일진대 이것은 매우 타당한 고찰이다. 그런데 인간은 이미 타락한 상태에서 세상에 태어나기 때문에 온전한 것을 올바로 알 수 있는 능력이 없다. 그래서 죄와 상관없이 온전한 존재이신 예수가 오신 것이고 그분을 받아들일 때 (즉, 믿을 때) 하나님과 자아, 세상에 대한 온전한 지식을 알게 된다. 이것이 기독교 진리다. 기독교에서 깨달음이 필요하다면, 성경에서 말하는 그 예수가 바로 진리라는 것을 깨닫는 깨달음 외에는 아무 것도 없다. 나머지는 믿고 따라가는 것이다.

제 9 장

미혹의 그늘

신비주의

기독교적 신비(神祕)와 비기독교적 신비주의(神祕主義)

기독교는 하나님의 내재성과 초월성이 함께 있는 종교이므로 당연히 그 속성 가운데 신(神)적인 신비로움이 존재한다. 신구약 성경에서 보여주듯이 수많은 이적은 물론 꿈과 환상 가운데서도 하나님은 자신을 계시하셨다. 신비로운 현상은 과거에만 있었던 일이 아니라 이 시대에도 일어나는 일이다.

우리나라가 아직 일제 식민지로 있던 1939년에 이런 일이 있었다. (후에 한국의 엘리야라는 별명을 얻은) 의사 박관준 장로는 나라를 위해 기도하던 중 하나님에게서 장차 있을 일에 대한 말씀을 받고 지체하지 않고 순종하였다. 박 장로는 (후에 살아 있는 순교자로 칭송받은) 교사 출신 안이숙과 함께 일본으로 건너가 제국의회 회의장에서 "여호와 하나님의 대사명이다. 회개하지 않으면 일본에 유황불이 떨어질 것이다!"라는 하나님의 메시지를 선포하였다.[1] 결국 이들의 경고는 정말로 이루어졌는데, 6년 후 일본의 두 도시에 원자폭탄이 떨어진 것이다. 박 장로는 살아생전, 1945년 8월에 나라가 해방될 것이라고도 예언했는데, 본인은 그날을 보지 못했다. 하나님이 장차 나라에 발생할 주요한 사건들을 한 개인에게 특별히 알려 주신 것

---

1   물론 이 사건으로 두 사람은 옥고(獄苦)를 치렀다. 그 후 박 장로는 신사참배 반대 운동으로 다시 투옥돼 해방 5개월 전에 옥사(獄死)를 했고, 안 여사는 사형 집행 하루 전에 해방과 함께 출옥했다.

을 비기독교인은 물론 기독교인도 믿기가 쉽지 않을 것이다. 그런데 이렇게 신비한 일이 고(故) 김대중 대통령에게도 일어난 바가 있다.

1973년 어느 날, 당시 박정희 정권에 눈엣가시처럼 여겨지던 야당 지도자인 김대중이 일본 도쿄에서 납치되었다. 그는 괴한들에 의해서 현해탄 바다 한가운데서 수장(水葬)될 위기에 처했는데, 바로 그때 예수가 그의 앞에 나타났다. 이에 그는 예수의 소매를 붙잡고 살려달라고 간절히 호소했다. 그 직후 하늘에서는 갑자기 비행기가 나타났고, 이 괴한들은 김대중을 바다에 던지려던 계획을 포기할 수밖에 없었다.[2] 너무나 급박한 순간이었기에 그가 헛것을 본 것이라고 여기는 사람들이 물론 있을 것이다. 그러나 과연 그렇게 신비한 일이 이 세상에는 절대로 일어날 수 없는 것일까? 또한 성경에 나온 신비로운 일들 외에 더 이상의 신비로운 일은 이 시대에 일어날 수 없는 것일까?

---

2 이 내용은 김대중 자서전에 나와 있다. 또한 김대중 자신이 2007년 CBS TV 개국 5주년 특별 대담에서 이렇게 고백했다. "밧줄을 뜯을 수가 없나 손에 힘도 줘 봤어요. 그때 예수님이 옆에 서시더라고요. 그래서 예수님 소매를 붙잡고 '예수님 저를 살려 주십시오. 제가 국민들에게 할 일도 많습니다'라고 기도했죠. 그때 그 순간 펑 소리가 나요. 펑 소리가 나니까 나를 묶었던 정보부원들이 '비행기다' 하면서 뛰어나가요. 그래서 거기서 예수님을 실제로 뵈었는데, 그 순간이 내가 산 순간이었어요. 그때 조금 늦었으면 바다에 던져져 못 산 거거든요. 우연의 일치로 됐는데 나는 확실히 그분이 예수님이란 걸 믿어요."·

필자는 이 시대에도 신비로운 일이 개인적으로 또는 공동체적으로 일어날 수 있다고 믿는다. 이러한 믿음은 물론 본인 혼자만의 믿음은 아닐 것이다. 이 시대는 이적을 부인하며, 배척하는 분위기가 강하다. 합리성의 시대이기 때문이다. 그런데 한편으로는, 이 시대에는 기독교의 신비를 인정하는 정도가 아니라 오히려 신비로움을 지나치게 남발하여 기독교가 마치 신비주의를 추종하는 종교인 것처럼 왜곡시키는 경향이 있음도 사실이다. 기독교는 신비로운 종교이지만, 결코 신비주의는 아니다. 신비주의는 명백히 비기독교적이다.

아프리카의 많은 나라들이 유럽 식민 통치의 영향으로 현재까지도 기독교를 믿고 있다. 그런데 이 기독교가 아프리카의 토착 종교와 혼합되어 내용이 변질된 경우가 종종 있다. 예를 들어, 어떤 교회는 세례식을 거행할 때 물로 세례를 주는 것이 아니라 우유로 세례를 주고 있다. 그들은 물세례보다도 우유세례가 더 가치 있는 의식(儀式)이라고 믿는다. 이것은 물세례의 신학적 의미를 전혀 모르는 것이다. 순진할지는 모르지만, 모르기 때문에 전혀 성경적이지 않은 모습이 됐다.

MBC에서 인기리에 방송된 "김혜수의 W"라는 시사교양 프로그램이 있었다. 언젠가 이 방송이 아프리카의 콩고와 남아프리카공화국 같은 국가들에서 유행하는 악령 퇴치에 대해 다룬 적이 있다. 이들 나라의 일부 신부들과 목사들이 순박한 성도들을 대상으로 영적인 사기를 치며 부(富)를 축적했다. 아이들에게 악령이 들어가 그 집에 재앙이 있는 것이라며 기독교를 빙자한 주술(呪術)을 했고, 그 방법이 잔인하여 아이들에게 커다란 고통까지 주었다. 아이들 영혼에 깃든 악령을 눈으로 뽑아 낸다며 어린 아이들의 눈을 마구 후비고 쑤셨던 것이다. 또한 이 기독교 주술자들은 교묘히 눈속임을 하여 맹목적 종교심에 물들어있는 사람들을 현혹했다. 그곳에서 하나님은 인간의 탐욕과 거짓, 어리석음을 위해 사용되는 도구에 불과해 보였다.

나타나는 양상(樣相)과 그 정도의 차이는 있지만, 사실 하나님의 신비로움을 빙자(憑藉)하여 세속적 잇속을 차리는 종교인은 세상 어디에나 존재한다. 물론 그런 종교는 참 종교가 아니다. 그래서 프랑스의 철학자이자 정신분석가인 롤랑 달비에는 종교가 입증하기 어려운 환상에 불과한 것이라고 말한다.

종교 문제를 개인적으로 어떻게 해결하든 간에, 종교가 환상이라는 것을 어떻게 입증할 수 있는지는 분명치 않다. 환상이란 단순히 잘못된 믿음일 뿐만 아니라 돌이킬 수 없을 만큼 명백히 잘못된 믿음을 뜻하는 개념이기 때문이다.[3]

신비로움을 인정하면서도 신비주의로는 넘어가지 않는

3　데이비드 스태포드 클라크,『한 권으로 읽는 프로이트』, 푸른숲, 260쪽

균형 잡힌 영성이 이 시대에는 필요하지만 현실은 전혀 그렇지 못하다. 신비로움을 전혀 인정하지 않거나 비성경적인 신비주의에 몰입하는 경우가 비일비재(非一非再)하다.

문선명과 이만희의 영성, 혹세무민의 전형(典型)

통일교를 창설한 문선명은 자신이 어렸을 때부터 신통력이 있었다고 말한다. 그의 자서전『평화를 사랑하는 세계인으로』에는 마치 산신령같이 자신을 묘사한 부분이 많이 나온다. 이 책에 의하면, 그는 어려서부터 비가 올 것을 미리 알아맞혔고, 윗동네 아무개 할아버지가 아픈지, 안 아픈지도 집 안에 앉은 채로 알아맞혔다. 남녀 사진 두 장만 있으면 장차 그들의 결혼생활이 좋을지 나쁠지도 알 정도였다. 그는 어떤 마을에 들어가 논밭의 곡식이 자신에게 말하는 것을 듣고는 그 마을 사람들의 됨됨이를 파악했고, 감옥에 갇혔을 때는 벌레들과 대화까지 할 정도였다. 문선명의 영험(靈驗)은 심지어 그가 먹다 남긴 밥을 먹은 사람의 위장병이 나아서, 수많은 사람들이 그가 먹다 남긴 밥을 먹고 싶어 할 정도였다고 한다.

이 정도면 문선명은 점쟁이나 무당 중에서도 진짜 용한 축에 들 것이다. 통일교 사람들은 자신의 교주가 이런 영성을 가졌다는 것을 믿고 자랑스러워할 것이다. 그러나 이것은 믿지 못한 소리일 뿐더러 혹시 그 주장이 사실이더라도 하나님의 영성과는 아무 상관이 없는 것이다. 생각해 보라. 성경에 나오는 선지자나 사도 특히 예수의 이적 중에서 문선명의 그것과 유사한 것이 과연 있는가? 성경에서 보여주는 영성은 모두 하나님의 살아 계심과 예수의 신적 권능을 나타내는데 사용된 영성이었다. 문선명이 주장한 영성과는 근본적으로 질이 다르다.

물론 문선명도 예수와 관련해서 신비로운 체험을 했다고 주장한다.

열여섯 되던 해 부활절 전야였습니다.[4] 그날도 어김없이 마을 뒤에 있는 묘두산에 올라가 밤새 기도하며 하나님께 눈물로 매달렸습니다. (중략) 기도로 꼬박 밤을 새우고 난 부활절 새벽에 예수님이 내 앞에 나타나셨습니다. 바람처럼 홀연히 나타난 예수님은 "고통 받는 인류 때문에 하나님이 너무 슬퍼하고 계시니라. 지상에서 하늘의 역사에 대한 특별한 사명을 맡아라!" 하고 말씀하셨습니다. 그날 나는 슬픈 얼굴의 예수님을 확실히 보았습니다. 그리고 그 음성을 분명히 들었습

---

4   다른 글에서 문선명은 이 날을 1936년 4월 17일 부활절이라고 밝히고 있다. 문선명은 1920년생이므로 이때는 열일곱 살이 된다. 세계적으로 유명한 기독교 이단 가운데 공교롭게도 열일곱 살에 초월적인 경험을 통해 영적인 지도자로 부름을 받았다고 주장하는 이들이 많다. 문선명 외에 찰스 테즈 러셀(여호와의증인), 라이먼 와이트(제칠일안식교), 그리고 요셉 스미스(몰몬교)가 바로 그러하다.

니다. 예수님을 현현한 내 몸이 사시나무 떨리듯 심하게 떨렸습니다.[5]

기독교 이단 종파의 특징 가운데 하나가 바로 교주가 하늘로부터 특별한 계시를 받았다는 것이다. 그 계시는 일회적이고 국지적인 사건을 위한 것이 아니라 지속적이며 전 세계에 걸쳐 영향을 끼칠 정도라고 주장하는 것이 이들의 공통점이다. 문선명 역시 그런 식으로 이단 교주 자리를 꿰찬 인물이다.

그는 자신이 정성껏 기도할 때마다 예수가 꼭 나타나셔서 특별한 말씀을 전해 주셨다고 말한다. 광복 직후 양식이 떨어져 그가 쌀을 구하러 집을 나섰는데, 그 길에서 "38선을 넘어가라! 북쪽에 있는 하나님의 사람들을 찾으라!"는 계시를 받았다고 한다. 그래서 첫 아들이 태어난 지 한 달밖에 되지 않았지만 아내에게 연락도 하지 못하고 그대로 북으로 넘어갔다고 한다. 아내와 아들을 그렇게 버린 문선명은 그 후 한국전쟁 때 아내와 아들이 천신만고 끝에 자신을 찾아왔지만 하나님의 일을 위해 그들을 그냥 돌려보냈다고 말한다. 결국 그의 본부인은 남편을 기다리다 못해 이혼을 요청했고, 그는 수락했다. 그 후 문선명은 마흔이 넘어 교세가 커지자 당시 고등학생이던 지금의 부인과 혼인을 올렸다.

---

5 문선명,『평화를 사랑하는 세계인으로』, 김영사, 62쪽

문선명의 영성은 전형적인 혹세무민이지만[6] 동시에 자신을 메시아로 내세우는 마귀의 영성이기도 하다. 그의 다음 고백을 보라.

이혼의 아픔과 이단으로 손가락질당하는 서러움을 겪었지만 나는 조금도 굴하지 않았습니다. 그것은 아담과 하와가 지은 원죄를 속죄하고, 하나님의 나라를 향해 가는 내가 감당해야만 할 일들이었습니다.[7]

문선명은 자신이 대속자라고 말하고 있다. 인류의 조상이 지은 원죄를 예수가 감당하지 못하고 중간에 실패했기 때문에 (즉, 뜻하지 않게 십자가에서 죽었기 때문에) 하나님이 다시 자신을 대속자로 보내셨다는 것이다. 자기가 낳은 자식과 죄 없는 아내를 매정하게 내버린 인간이 자신이야말로 인류의 죄를 해결할 속죄자라고 스스로 주장하고 있으니 참으로 어이가 없지 않은가?

자신이 신비로운 존재라고 말하는 이단 교주로 신천지의[8] 이만희 역시 빼놓을 수 없다. 그는 자신을 '이긴 자'[9] 또는 '보혜사'라 하며[10] 스스로를 신성시한다. 그의 추종자들은 자기들의 교주가 신약성경이 약속한 목자이며, 육신이 죽지 않는 존

---

6   惑世誣民, 세상 사람들을 속여 정신을 홀리고 세상을 어지럽힘
7   앞의 책 156쪽

재라고 믿는다. 자기는 죽지 않는다고 말하는 사람이나 그 말을 믿고 따르는 사람이나 별반 차이가 없겠지만, 이들의 정신 세계가 참으로 궁금하다.[11]

이만희는 어느 날 하늘에서 큰 별이 내려오는 것을 보았고, 그 별의 인도로 천인(天人)을 만났다고 한다. 그 후 그는 산에서 혈서로 하나님 앞에 충성을 맹세하고, 일곱 별의 '장막성전'에[12] 입교했다. 그는 그곳에서 요한계시록의 사건들을 보고 들었으며, 이렇게 들은 계시를 예수의 지시로 오늘날 증거하고 있다고 주장한다. 다른 기독교 이단들처럼 이만희 역시 신비주의, 직통계시, 독자적인 교리책 등과 같은 요소들을 모두 가지고 있다. 현재 이런 이단에 속아 넘어가는 자가 계속 늘고

---

8 신천지는 '신천지예수교증거장막성전'의 약칭으로, 2000년대 우리나라 최고의 트러블메이커 이단이다. 신천지는 삼위일체 하나님을 부정한다. 기성 교회는 모두 가짜고, 자신들의 교회만이 진짜라고 주장한다. 다른 교회에 신분을 속이고 들어가 기존 성도들을 미혹해서 신천지로 데려가거나 침투한 교회 자체를 신천지 교회로 만드는 등 이 시대 우리나라의 가장 강력한 마귀의 도구다.

9 요한계시록 2장 11절과 26절, 3장 5절과 12절, 21장 7절에 나오는 '이기는 자'에서 인용한 것이다.

10 保惠師, counselor, 변호하고 중재하거나 위로하는 존재로서 기독교에서는 신적인 권위자를 지칭하는데, 특히 성령 하나님으로 인식돼 있다.

11 현재 고령인 이만희는 종종 병원 신세를 지고 있다. 자기가 죽을 날이 얼마 남지 않았다는 것을 스스로 잘 알고 있기에 그는 지금 후계자를 선정하여 자기의 죽음을 정당화할 새로운 주장을 만들어 내는 중이라 한다.

12 장막성전은 교주 유재열이 1966년 과천에 설립한 이단 교회인데, 신천지는 이 장막성전을 계승한 것이다. 유재열은 전 세계적으로 히트한 '강남스타일'과 '젠틀맨'의 가수 싸이(PSY, 본명 박재상)의 장인이다.

있다고 하니, 이는 우리나라의 영적인 상태가 어떠한지를 보여주는 것이다.

헬렌 켈러가 믿은 '창녀촌이 있는 지옥'

인간 승리의 모델로서 손색이 없는 헬렌 켈러는 부모의 정통 기독교 신앙을 물려받지 않았다. 아버지의 장로교 신앙도, 어머니의 성공회 신앙도 헬렌의 마음을 사로잡지 못했다. 그녀는 자신의 영적인 길잡이로 18세기 신비주의자였던 에마누엘 스베덴보리를 선택했다. 스베덴보리는 27년간 영계(靈界)를 수시로 드나들며 천국과 지옥을 체험했던 자로, 스웨덴의 유명한 과학자이기도 하다. 그는 과학계에서 천재로 알려졌지만 후에는 오직 신비로운 영의 세계만을 추구하며 살았다. 그의 가르침을 쫓는 교회를 새교회(New Church)라고[13] 하며 지금도 유럽과 미국에 남아 있다.

스베덴보리에 의하면, 영계는 위에서부터 차례대로, 제3천국(천적 왕국)-제2천국(영적 왕국)-제1천국(영적·자연적 왕국)-중간 영계(사후 최초로 가는 곳)-제1지옥(제일 가벼운 지옥)-제2지옥(중간 지옥)-제3지옥(최악의 지옥)으로 구성된다.

---

13 세간에 이슈가 되었던 전병욱 목사의 홍대새교회와는 상관이 없다.

천적 왕국은 살아생전 사랑을 실천한 자들이 가는 천국이라 사랑의 왕국이라 불리며, 영적 왕국은 살아생전 진리를 따르던 자들이 가는 천국이라 진리의 왕국이라 불린다. 그리고 영적·자연적 왕국은 지상에서 종교와 상관없이 양심과 도덕을 지키고 산 사람들이 가는 천국이라 도덕의 왕국이라 불린다. 이곳은 지상 세계와 비슷한 곳이지만 물질적 세계는 아니다. 지옥도 죄의 경중(輕重)에 따라, 천국처럼 세 단계로[14] 구성된다. 스베덴보리가 말한 지옥의 모습 중에 특이한 것은 지옥에 창녀촌이 있다는 것이다.

거기(지옥)에 창녀촌이 있었습니다. 창녀들이 요염한 교태로 지나가는 지옥 영들을 유인하고 있었습니다. 이곳저곳에서 남녀의 괴성이 들리고 이리 쫓고 저리 쫓는 영들이 서로에게 가하는 성적인 폭행! 서로 물고, 뜯고, 할퀴고, 뒹굴고, 밟고…. 이곳은 글자 그대로 지옥 중의 지옥이었습니다. 누추한 인분 위에 뒹구는 악마상! 그들은 성적 욕망에 이성을 잃

---

14 사도 바울은 고린도후서 12장 2절에서 '셋째 하늘'을 말했다. "내가 그리스도 안에 있는 한 사람을 아노니 그는 십사 년 전에 셋째 하늘에 이끌려 간 자라 (그가 몸 안에 있었는지 몸 밖에 있었는지 나는 모르거니와 하나님은 아시느니라)" 여기서 말하는 그 사람은 사도 바울 자신이다. 그리고 셋째 하늘은 천국이 3단계로 돼 있다는 의미가 아니다. 당시 유대인의 우주관은 지상에 잇닿아 있는 공간을 첫째 하늘, 해달별이 있는 우주를 둘째 하늘, 그리고 보이지 않는 천국을 셋째 하늘이라고 믿었다. 즉, 바울이 말한 셋째 하늘은 천국이다.

고 광적으로 날뛰고 있었습니다.[15]

스베덴보리가 묘사한 천국과 지옥은 당연히 비성경적이다. 성경과 전혀 다른 것을 말하기 때문이다. 특히 지옥에도 창녀촌이 있다는 주장은 참으로 어이없고 황당하다. 그는 사랑을 실천한 자는 예수와 상관없이 천국, 그것도 최상의 천국에 간다고 말한다. 또한 예수가 아닌 다른(가짜) 진리를 따르는 자도 천국에 가고, 윤리적으로만 살아도 천국은 보장된다고 말한다. 이것은 완전히 인본주의에 물든 주장이며, 마귀의 메시지일 뿐이다.

스베덴보리가 비성경적인 주장을 편 것은 내세에 대한 것만이 아니다. 예를 들면, 그는 천사가 사람이 완전체로 변한 모습이라고 그는 주장한다. 성경적 근거를 전혀 갖지 못한 이런 억지 주장을 이 시대에도 추종하는 사람들이 있는데, 이는 하나님이 아닌 사람을 따르는 것이며, 성령의 음성이 아닌 자신의 소리를 듣는 것이다.

헬렌 켈러는 성경이 말한 천국 지옥보다 스베덴보리가 말한 천국 지옥이 더 그럴듯하다고 생각했던 것 같다. 그러나 이런 식의 경험에 의한 내세 주장은 성경과 다른 것이므로 모두 가짜며 거짓이다. 이것은 구약성경이 말하는 하나님을 믿

---

15 스베덴보리, 박보희 편역, 『천상의 증언』, 청어, 80-81쪽

는다고 주장하는 이슬람교에서 말하는 천국을 보아서도 알 수 있다.

무슬림(이슬람교 신도)들은 천국에 가면 8만 명의 하인을 부리게 되고, 72명의 처녀를 부여받는다고 믿는다. 그중 70명은 천국에서 직접 공급되며, 두 명은 지상에서 자기가 골라 데려올 수 있다. 이 처녀들은 모두 눈이 크고 아름다우며, 가슴은 볼록하고, 비단 금실로 수놓은 옷을 입고는 침상에 누워 기다린다. 이슬람교의 최후·최고·최상의 예언자인 모하메드는 그 처녀들을 매일 상대하기 위해 천국에서는 일백 명 분의 정력이 부여된다고 말했다. 이슬람교의 천국은 오직 남자들만을 위한 곳이다. 물론 이런 내용은 성경이 아닌 코란에[16] 나오는 가르침일 뿐이다.

스베덴보리처럼 모하메드 역시 천사를 만나서 내세를 알게 됐다고 한다. 앞서 나온 문선명이나 이만희 그리고 다른 이단 종교 지도자들도 신비한 영적 체험을 통해 영계의 비밀을 알게 됐다고 말한다. 과연 그럴까? 답은 둘 중 하나다. 그들이 거짓말로 대중을 속인 것이든지, 아니면 빛의 천사를 가장한 마귀(귀신)에게 속아 넘어간 것이다. 어떤 것이든 성경적으로 완전히 틀린 것을 전하기에 그것들은 신비를 내세운 가짜 진리일 뿐이다.

신성종 목사의 '내가 본 지옥과 천국'

국내 초대형 장로교회의 담임목사이자 대표적인 신학대학교 대학원장을 지내기도 했던 신성종 목사가 천국과 지옥에 대한 자신의 체험을 책으로 내서 화제가 됐다. 그는 자신이 본 환상에다 상상력을 동원해서 글을 썼다고 밝힌다. 그래서 그의 글은 체험과 상상이 구분이 안 된다. 먼저 그는 스베덴보리의 글을 읽고 감명을 받았다고 말한다.

> 놀라운 것은 18세기 스웨덴의 천재 과학자인 에마누엘 스베덴보리의 천상 여행기는 (내게) 많은 영향을 주고 있다. 그는 뉴튼과 같은 최고의 과학자 반열에 있었지만 57세에 아주 특별한 체험을 통해 영계를 왕래하며 30년간을 산 것은 내게 큰 감명을 주었다[17].

앞서 살펴본 대로, 스베덴보리는 완전히 이단적 사상을 가진 자다. 그가 주장하는 천국과 지옥은 틀림없이 비성경적이다. 그런데 신학박사로서 신학교 교수를 역임한 분이 그의 글에 큰 감명을 받았다고 고백한 것은 충격이 아닐 수 없다.

그뿐 아니라 신 목사는 성경이 말하고 있지 않거나 검증

---

17 신성종, 『신성종의 내가 본 지옥과 천국』, 크리스챤서적, 6쪽

되지 않는 내용을 여러 곳에서 말하고 있다. 그는 지옥에서 가장 많이 본 사람들이 바로 유아세례 받지 못한 어린아이들이었다고 말한다. 하나님의 명령으로 자신을 지옥에서 안내해 준 자가 강양욱 목사였는데,[18] 그가 이렇게 말했다고 한다. "부모가 믿으면 스스로 판단할 능력이 없는 아이들도 부모의 언약에 따라 구원을 받지만 부모가 믿지 않으면 구원을 받지 못하고 지옥에 온다네."

과연 유아세례가 구원과 직결되는 문제일까? 로마 가톨릭에서는 세례가 구원 자체와 관련을 맺고 있지만, 개신교는 그렇지 않다. 게다가 로마 가톨릭을 비롯해 장로교, 감리교, 성공회, 루터교는 유아세례를 시행하지만, 침례교와 오순절교단(순복음), 그리고 성결교는 시행하지 않는다.[19] 똑같이 부모가 진실한 기독교인이라도 교단에 따라서 자녀에게 유아세례를 주기도 하고 않기도 하는데, 그것에 따라서 (안타깝게도 어린 시절에 죽는) 아이들의 천국행과 지옥행이 결정된다는 것은 설득력

---

18 북한의 공산정권은 1946년 2월 8일 '북조선임시인민위원회'로부터 시작했다. 위원장은 김일성, 서기는 강양욱(1904~1983)이었다. 강양욱은 김일성의 외삼촌으로 1943년 3월 평양신학교를 38회로 졸업한 목사였다. 해방 전까지는 목회에 종사했으나, 1945년 11월 3일 조만식이 창당한 조선민주당에서 상무위원을 맡으면서 정치활동을 시작했다. 곧 김일성을 도와 인민위원회에 가담하였고, 후일 기독교 탄압에 앞장서게 된다. ―「국민일보」, 2012년 5월 20일 '이상규의 새롭게 읽는 한국교회사'

19 유아세례를 시행하지 않는 교파는 교회에 따라서 헌아식(獻兒式)을 시행하기도 한다.

이 약하다.

신 목사는 지옥이 상층·중층·하층으로 돼 있고, 각각 동서남북 네 방으로 나뉘었다고 말한다. 밑으로 갈수록 고통이 심한데, 유아세례를 받지 못해 지옥에 간 아이들은 큰 고통이 없는 지옥의 가장자리에 머무른다고 말한다. 이것은 명백히 천주교에서 말한 림보를 암시한다. 도대체 큰 고통이 없는 지옥이란 것이 어떤 의미인가? 성경은 큰 고통이 없는 지옥의 어떤 부분에 대해서 말한 바가 없다.

신 목사는 천국에 대해서도 말한다. 천국은 하나님 보좌를 중심으로 12단계의 원형 계단으로 돼 있다고 한다. 계단 첫째 줄에는 예수의 사도들과 주기철 목사[20] 그리고 로버트 토마스 선교사[21] 같은 순교자들이 있고, 둘째 줄에는 찰스 스펄전 목사나[22] 허드슨 테일러 선교사[23]같이 전도를 많이 한 사람들이 있다. 성경에 하나님의 사람이라고 묘사된 모세는 이 둘째 줄에 있다. 왜냐하면 순교하지 못했기 때문이다.

그런데 이런 기준이라면 모세만이 아니라 아브라함, 여호

---

20 한국의 장로교 목사이자 독립 운동가다. 일제 강점기에 신사참배 강요를 거부하고 반대운동을 하여 일제로부터 10년 형을 선고받아 복역 중 순교했다.
21 1866년 미국의 상선 제너럴 셔먼호에 탑승하여 평양 대동강까지 와서 성경을 전하다 죽음을 당한 영국의 목사로서 우리나라 개신교 최초의 순교자다.
22 19세기 말 영국의 영적 부흥을 주도했던 목사로서 설교의 황태자란 별명을 가졌다.
23 중국 선교의 아버지로서 중국인처럼 살며 전도했던 것으로 유명하다. 중국내지선교회(현, OMF선교회)를 창립했다.

수아, 룻, 한나, 사무엘, 엘리야, 다윗, 예수의 모친 마리아, 사도 요한 같은 이들도 모두 둘째 줄에 있어야 한다. 죽임 당한 게 아니라 자연사(自然死)했으니 말이다(엘리야는 아예 죽지도 않았다). '살아 있는 순교자'라고 불렸던 안이숙 여사는 사형집행 하루 전에 풀려나와 순교하지 못했으니 이분도 천국에서 첫째 줄에 들지 못한다. 과연 천국이 그렇게 순교를 기계적으로 적용해서 상급을 정하는 곳일까? 천국은 아무리 충성해도 죽음으로 헌신하지 못하면 최고의 인정과 칭찬을 받지 못하는 곳일까?

신 목사는 테레사 수녀가 네 번째 줄에, 슈바이처 박사가 다섯 번째 줄에 있는 것을 보았다고 한다. 그리고 십자가에 달리신 예수 옆에서 낙원을 허락받았던 그 강도를 열두 번째 줄에서 보았다고 한다. 이미 살펴본 것처럼, 슈바이처는 예수를 하나님으로 인정하지 않고 성경도 믿지 않던 사람이었다. 테레사 수녀 역시 신학적으로 문제가 많은 신앙을 가진 사람이었다. 그런데 이들을 천국에서 보았다는 것은 신 목사의 환상이 신빙성이 낮음을 증명한다. 물론 신 목사 스스로도 자신의 신비한 경험이 확실하게 보장할 수 있는 내용은 아니라고 인정한다.

내가 본 것이 비몽사몽간에 본 것인지 아니면 단순히 꿈인지는 알 수 없지만, 한 가지 확실한 것은 지옥과 천국은 반드시 있다는 것이다. (중략) 나는 지금도 눈을 감으면 모든 것이 또렷하게 보인다. 사실 나처럼 의심이 많은 사람에게 이런 환상과 꿈이 없었다면 나는 지옥과 천국을 분명하게 믿기가 힘들었을 것이다. (중략) 다만 지옥과 천국이 있다는 진리를 내가 확신하게 된 것만으로 족할 뿐이다.[24]

신 목사는 정말로 자신의 환상과 꿈을 통해서야 비로소 천국과 지옥을 확신하게 된 것일까? 그는 성경을 통해 하나님께서 말씀하신 천국과 지옥을 온전히 믿지 못하면서 목회를 했다는 말인가? 만약 그렇다면 이것은 비극이 아닐 수 없다. 그처럼 한평생 목회를 하면서 크게 사용된 사람이 자신의 환상과 꿈을 성경보다 더 확신하는 모습은 서글프기까지 하다.[25]

펄시 콜레, 엉터리 천국 간증과 왜곡된 휴거 열풍의 근원

2000년대 들어 천국과 지옥을 체험했다는 기독교 간증서가 봇물을 이루었는데,[26] 1980년대에 선풍적인 인기를 끌었던 펄시 콜레 박사의 『내가 본 천국』만큼 크게 주목받은 경우는 아직 없는 듯하다. 펄시 콜레는 아마존에서 선교 사역을 하던 성

---

24 앞의 책 186-188쪽

공회 사제였다. 그는 어느 날 자신을 방문한 천사의 안내를 받아 6일 동안 천국을 구경했는데, 그 경험을 책으로 냈다. 그의 책은 특히 우리나라에서 선풍적인 인기를 끌었고, 그 책 내용을 마치 성경처럼 그대로 받아들이는 사람들이 대단히 많았다. 그런데 그가 쓴 책을 살펴보면, 그 내용은 성경적으로 틀린 것이고 신뢰할 수 없는 것들이다. 그는 천국을 이렇게 묘사한다.

천국은 지구의 80배나 되는 실제로 존재하는 거대한 혹성이

25 그(신성종 목사)는 '입신'이나 '천국과 지옥을 갔다 왔다'는 표현은 싫어한다고 말했다. 신학적으로도 거부한다고 덧붙였다. 대신 천국과 지옥을 '보았다'고 했다. 2008년 초 어느 날, 그의 장모가 이런 질문을 했다고 한다. "여보게, 천국이 정말 있나? 내가 죽으면 천국에 갈 수 있어?" 신학적, 성경적으로는 알고, 가르쳤는데 마음의 확신이 없었다. 정확하게 대답할 수 없었다. 그래서 그 해 매일 한 끼씩 금식하면서 간절히 기도했다. "하나님, 제게 천국을 보여주세요." 그러던 어느 날 환상 가운데 천국과 지옥이 실재하며 그곳에 누가 있는지를 보았다. 환상은 8일간 지속되었다. (중략) 소설가인 그의 아내는 "당신이 경험한 내용이 참 귀하니 모두 기록해 두세요"라고 권했다. 그 기록을 장모에게 보여줬고, 장모는 그 내용을 보고 천국에 대한 확신을 갖게 됐다며 기뻐했다. (중략) 분명 이 땅에는 우리가 경험하지 못한, 그래서 보지 못하는 것들이 '더 있을' 것이다. 나는 신성종 목사가 이전과는 다른 것을 보았다고 믿는다. 저널리스트로서 나는 그의 경험을 일반화할 수는 없다(그의 책에는 솔직히 황당무계한 이야기도 많다). 그러나 그는 분명 뭔가를 보았다. 나는 책 내용의 신빙성보다는 '그가 보았다는 그 사실'을 믿는다. — 이태형, 『더 있다』, 규장, 19-23쪽

26 『미리 가 본 천국』(데일 블랙·캔 가이어, 터치북스), 『천국에서 돌아온 소년』(케빈 말라키·알렉스 말라키, 크리스천석세스), 『3분』(토드 부포, 크리스천석세스) 등이 최근 잘 알려진 책들이다.

지만, 움직이지 않으며, 또 이 우주를 총괄하는 사령부입니다. (중략) (천국의 첫째 문과 둘째 문 사이에 있는) 변두리에는 수백, 수천만의 영혼들이 거하면서 하나님 아버지의 보좌 앞에 나아가기 위해 완벽한 영적 훈련을 받으며 대기하고 있습니다. 그러나 일단 지상에서 정화되고 또 성숙되지 못하면, 이곳에서 천년 혹은 천오백 년의 영적 훈련을 받아야 보좌 앞에 나아갈 수 있다고 합니다.[27]

천국의 변두리에서 자격이 부족한 자들이 천년 이상 훈련받은 후 하나님 보좌 앞에 나간다? 성경은 이런 내용을 증명한 바 없다. 정화되는 장소로서 '천국의 변두리'라는 개념은 로마 가톨릭의 연옥과 다를 바 없다.[28] 이곳에서 '불완전한 구원'을 받은 이들이 영적 훈련을 받는데, 콜레 박사는 여기서 존 에프 케네디 전(前) 미국 대통령을 보았다고 한다. 그는 엘리야처럼 죽지 않고 천국으로 올라온 사람들 150여 명을 보았으며, 예수가 부활하실 때 부활한 세례 요한도 보았다고 한다. 목이 잘린 세례 요한이 예수 당시에 부활했다고 하니 그 목이 다시 붙었다는 의미인가? 물론 그는 요한이 신령한 몸으로 부활한 것이라고 말한다. 만약 그렇다면 복음서 기자(記者)들이

---

27 펄시 콜레, 『내가 본 천국』, 율곡문화사, 42-43쪽
28 연옥은 로마 가톨릭 교리지만, 성공회 가톨릭과 신도들 가운데도 연옥을 믿는 자들이 있다.

그 사실을 기록하지 않았겠는가? 그것만큼 성도의 부활을 확실하게 보여주는 증거가 어디 있겠는가? 그러나 성경에는 그런 기록이 없다.

콜레 박사가 증거한 천국에서는, 구원받은 가족들이 영원히 함께 살며, 어린 영혼들은 어른으로 성장하지 않는다. 천국은 낙원과 다른데, 낙원은 구약 시대 성도들이 예수 부활 때까지 대기하는 장소라고 한다. 천국에는 복음선교 회의실이 있고, 여기서 예수와 아브라함, 모세, 예수의 어머니 마리아와 모든 예언자들이 함께 모여 회의를 한다.

그가 말하는 바, 예수가 구원 사역을 위해 성경의 위대한 인물들과 함께 논의를 한다는 것은 과도한 주장이 아닐 수 없다. 낙원과 천국이 다른 것이라고 말하는 것도, 지상에서의 가족이 천국에서도 그대로 가족으로 산다는 가르침도 신학적으로 옳은 것이 아니다.

콜레 박사의 주장 가운데 특히 눈에 띄는 것이 '휴거'다. 예수께서 자신에게 직접 말씀해 주셨다고 한 휴거의 비밀은 이렇다. 휴거가 있기 한 달 전부터 천사들이 지구를 향해 매일 나팔을 불어 때가 가까워졌음을 알린다. 휴거 날에는 화려하게 장식된 정방형 도시인 새 예루살렘 성이 내려와 지구와 천국 중간에 머무른다. 이곳은 휴거를 위한 임시 본부다. 예수는 지상까지 내려오지 않고, 이미 죽었거나 살아 있는 성도들을 공중으로 데려가신다. 이렇게 발생한 휴거가 첫 번째 예수의 재림이다. 공중 재림은 예수를 믿은 사람만 데려가는 것이다. 이때, 들림 받지 못한 자들 가운데 대 환란을 통해 뒤늦게 예수를 믿게 되는 사람들이 있는데 이들을 위해 예수가 지상으로 다시 오신다. 이것이 예수의 두 번째 재림이다.

이것은 세대주의자들이[29] 주장하는 전형적인 종말론이다. 성경은 세대주의자들이 말하는 의미의 휴거를 말하지 않는다. 그들의 주장은 결국 예수가 공중 재림한 후 다시 지상 재림을 한다는 것인데, 성경은 예수의 재림이 두 번에 걸쳐 일어난다고 말하지 않는다. 이렇게 왜곡된 종말론과 내세관이 사람들의 흥미를 끄는 데는 성공했지만, 사람의 신비한 경험 또는 거짓말을 성경보다 더 신뢰하게 만드는 부작용을 가져왔다. 그리고 그 대가는 영적인 혼란과 파탄이었다.

이초석과 이장림, 펄시 콜레 부작용

콜레 박사의 천국 체험은 비성경적이지만, 그는 우리나라 전

---

29 세대주의(Dispensationalism)는 1830년경 영국과 아일랜드에서 시작됐다. 대표적인 지도자는 다비(J. N. Darby)였고, 그들의 사상을 전파한 매체는 스코필드 관주성경이었다. 그들은 성경의 문자적 해석을 고집하고, 구약의 이스라엘과 신약의 교회의 무관계성을 주장했으며, 전천년왕국설을 주장했고, 시대를 일곱 세대로 구분했다. 시대주의 또는 천계적 사관이라고도 한다.

역에서 천국 체험 간증집회를 열었고, 수많은 사람들을 현혹시켰다. 그런데 그가 우리나라에서 활동하는 데 결정적인 역할을 한 이가 바로 이초석 목사다.[30] 이 목사는 김기동 목사와[31] 더불어 이단 사상인 베뢰아 신학을 우리나라에 퍼뜨린 대표 주자라 할 수 있다. 비성경적 귀신론으로[32] 유명한 베뢰아 신학은 '양태론적 삼위일체론'과[33] '하나님의 의도론'이라는[34] 잘못된 신학으로 국내 주요 교단으로부터 이단 판정을 받았으며, 2012년에는 침례교세계연맹(BWA) 가입도 불허된 국제적 이단이다. 그런데 자신을 초청해 준 것이 고마웠는지 필시 콜레는 이초석 목사를 하나님이 귀히 쓰신다며 기회가 있을 때마다 그를 높여 줬다.

필시 콜레가 영향을 준 또 다른 이단이 있는데 바로 다미선교회의 이장림 목사다. 다미선교회는 이 목사가 쓴 『다가올

30　서울 강서구 화곡 6동에 위치한 예수중심교회(구, 한국예루살렘교회) 담임목사

31　서울 영등포구 신길 3동에 위치한 서울성락교회 담임목사

32　베뢰아 신학은 두 종류의 귀신을 주장한다. 하나는, 성경과 전통 신학이 말하는 것처럼, 타락한 천사인 귀신이다. 또 다른 하나는, 성경에는 없는 주장인데, 수명을 다 채우지 못하고 죽어 이승을 떠도는 사람의 영혼이다. 귀신론이 베뢰아 신학의 핵심이기 때문에 귀신을 쫓아내는 능력이 없는 자는 아직 제대로 된 믿음이 없는 것으로 여겨진다.

33　예를 들어, 성부·성자·성령 삼위일체 하나님이 물이 고체, 액체, 기체로 존재하는 것 또는 동일한 사람이 아들이자 아버지자 남편이 되는 것과 비슷한 것이라고 설명하는 이론이다.

34　간단히 말해, 인간이 죄를 짓든, 안 짓든 상관없이 성자 예수는 인간으로 오시기로 하나님이 영원 전에 이미 의도해 놓으셨다는 이론이다.

미래를 대비하라』시리즈에서[35] 이름을 따온 선교회로서 순결한 어린 아이들이 천사를 통해 종말의 계시를 받았다고 주장했다.

한국에는 영계를 보는 아이들이 많이 있다. (중략) 그 순간에 (철야 기도를 하다가) 하늘 문이 열리면서 불칼 든 천사가 나타나고, 시중드는 천사들이 보였다. (중략) 하나님은 그들에게 음악 선교단이 되어 7년 대환난 때 전 3년 반까지 음악으로 선교하다가 다른 사명자들과 함께 하늘로 올라가게 된다고 말씀해 주셨다. (중략) 어쨌든 하나님의 말씀이니 그 어떤 종말론 이론보다 정확하다고 할 수 있다. 사실 나는 아이들의 이야기를 듣고 내 생각을 바꾸어야 할 시점에 이르렀다. 나는 예수 믿는 성도가 모두 휴거되는 줄 알았으나 지난 번 책이 나온 후 어느 감리교 목사님이 자기들은 사명을 받고 환난 시대에 남는다고 전화해 주었다. 그때는 그분의 말씀이 잘 이해가 되지 않아 '그럴 리 없을 텐데' 하고 의아하게 생각했으나 아이들에게 하나님이 이렇게 직접 말씀해 주시니 믿지 않을 수가 없다.[36]

---

35 이 책과 관련된 책들로 『하늘 문이 열린다』와 『경고의 나팔』이 있다.
36 이장림, 『하늘 문이 열린다』, 다미선교회 출판부, 21-23쪽

이 목사는 이 밖에도 "어떤 아이는 단두대에서 순교할 것이라고 하나님이 말씀하셨다"는 등 소위 직통 계시를 받은 아이들의 이야기를 다양하게 소개했다. 그러면서 그는 이 모든 것이 하나님에게서 온 것이라고 확신했다. 목사라 하는 자가 성경이 말하는 것과 전혀 다른 주장을 하나님의 계시라고 주장했던 것이다. 그가 말한 휴거 사건과 종말의 시기는 명백히 비성경적이었다.

이 목사는 필시 콜레의 책을 읽고 휴거에 대해 관심을 갖게 됐다고 밝혔다. 그는 1992년 10월 28일이 바로 휴거 날이라며 성도들을 현혹시켰고, 재산을 헌납받았다. 그에게 미혹된 사람들 가운데는 휴거 시 몸이 가벼워야 한다며 낙태를 한 여인도 있고, 휴거를 앞두고 세상이 싫다며 자살을 한 여인도 있었다. 결국 사회적 물의가 크게 일자 경찰이 수사에 나서 이 목사를 구속했다. 그럼에도 불구하고 예고된 휴거 시각인 28일 자정이 다가오자 다미선교회 본부에서 기다리던 1,500명과 전국 지부에 모여 있던 6,500명이 모여 울부짖으며 휴거를 고대했다.

그날, 물론 아무 일도 일어나지 않았다. 조사 결과, 이 목사가 수십억 원을 은닉한 사실이 밝혀졌고, 그는 외환거래법 위반과 사기죄로 1년의 징역을 살았다.[37] TV로 생중계되기도 한 다미선교회의 휴거 소동은 필시 콜레 열풍의 한 단면이었는데, 지금도 그 영향이 남아 예수 재림과 휴거를 예언하는 자들이 툭하면 나타나고 있다. 성경이 말하는 바를 모르거나 애써 부인하는 이러한 신비주의 경도(硬度) 현상은 올바른 영적 지식이 왜 필요한지를 역설적으로 말해 주고 있다.

조용기 목사가 추천한 토마스 주남의 '신부 신비주의'

조용기 목사가 번역하고 추천했다고 해서 베스트셀러가 된 『천국은 확실히 있다』라는 책이 있다. 그런데 이 책은 진짜 뜻밖에도 비성경적인 내용으로 가득차 있다. 한 마디로, 마치 펄시 콜레의 『내가 본 천국』과 이장림의 『다가올 미래를 대비하라』를 합쳐 놓은 느낌이다. 세계 최대의 교회를 일군 목회자가 추천한 것이라고 도저히 믿을 수 없는 위험한 영성이 이 책 전반에 흐르고 있으니, 이것을 어떻게 판단해야 할지 모르겠다.

이 책은 무엇보다도 한국계 미국인 저자인 토마스 주남의 신부(新婦) 신비주의(bride mysticism)를 강하게 나타내고 있다. 신부 신비주의는 신자가 하나님(예수)의 신부로서 사랑을 체험하는 법을 강조한 신비주의의 한 형태다. 이미 고대부터 기독교의 비주류 영성으로 전해 내려온 신부 신비주의는 오리겐, 끌

---

37 이장림 목사는 현재 이름을 '이답게'로 바꾸고, 서울 마포구 서교동에 위치한 새 하늘교회를 담임하고 있다.

레르보의 베르나르, 그리고 잔느 귀용 부인에게서도 발견되고 있다. 이 영성은 좋게 보아 신(神)과의 합일(合一)을 추구하는 것 같지만, 그보다는 에로티시즘이 혼합된 왜곡된 이미지가 강하다. 그래서 이미 앞에서 살펴본 바와 같이, 영지주의 같은 기독교 신비주의 이단은 에로티시즘이 짙은 저작물을 다수 만들어 낸 것이다. 이러한 신비주의는 현대에 이르러 마이크 비클 목사[38] 같은 이를 통해 계승됐는데, 그는 예수를 연인으로 대할 것을 강조한다. 비클 목사의 이러한 주장을 가장 확실히 받아들인 자가 바로 토마스 주남이다.

토마스 주남은 과거 7년 동안 천국을 열일곱 번이나 다녀왔다고 한다. 특히 그녀는 환상이 아닌 현실에서 자신과 예수가 장기간 아주 깊이 만나왔다고 말한다. 그녀가 말한 만남은 육체적인 스킨십이다.

우리는 서로 끌어안았고, 주님은 "딸아, 사랑한다!"라고 말씀하셨습니다. "저도 주님을 사랑해요"[39]

그녀는 비단 예수와만 포옹한 것이 아니라 심지어 어떤 천사와도 포옹을 했다고 말한다.

---

38 최근 논란이 되고 있는 신사도운동의 주축 인물 가운데 한 명으로 미국 IHOP(International House of Prayer, 국제기도의집)을 설립했다.

39 토마스 주남(조용기 옮김), 『천국은 확실히 있다!』, 서울문화사, 266쪽

옷을 갈아입는 방에서 한 주님의 천사가 나를 끌어안았습니다. (중략) 내가 옷을 갈아입는 방에서 나왔을 때, 그 천사는 다시 한 번 나를 끌어안았습니다.[40]

토마스 주남은 미가엘 천사도 보았는데, 그의 신장은 2미터가 넘고 몸무게는 135킬로그램이며, 푸른 눈과 흰 피부 그리고 금발을 가진 미남이라고 묘사한다. 그녀를 끌어안은 예수와 천사가 과연 진짜일까? 미가엘 천사가 정말로 백인 영화배우처럼 생겼을까? 다음의 글을 보면 그녀가 말하는 영적 체험의 정체를 파악할 수 있다.

잠자리에 들려고 할 때, 내 몸이 매일 저녁 8시쯤 되면 주님의 권능으로 인해 진동을 시작한다는 것을 나는 알았습니다. (중략) 그런 다음에 침대에 누우면 5분 내지 10분 동안 나의 몸은 아주 격렬하게 진동했습니다. 이 과정에서 나의 위장은 조여들고, 복부에 경련이 일어나곤 했습니다. 이 모든 일들은 매일 저녁 주님이 나를 찾아오시기 전에 일어납니다. (중략) 이 일들이 처음 시작되었을 때, 나는 내 방 곳곳에서 귀신들의 얼굴을 볼 수 있었습니다. 이 귀신들은 크고 위협적이었지만, 나는 그것들을 두려워하지 않았습니다. 나는 그 귀

---

40   앞의 책 244쪽

신들이 주님의 머리 뒤로 날아다니는 것을 보았으나, 내가 꾸짖자 즉시 사라져 버렸습니다.[41]

이러한 일이 진행되는 동안 주님은 내 몸을 들어 올렸다, 내렸다 했습니다. 내 몸은 주님의 권능에 순종하여 일어서기도 하고 뒹굴기도 했습니다. 말씀드린 대로 초자연적인 환상들은 종종 내 몸을 준비시키는 '몸 사역'과 함께 보여졌습니다. (중략) 그리고 성령의 지시로 내 몸 또한 십자가 형태로 되었습니다. 실제로 팔다리가 너무 심하게 당겨졌기 때문에 나는 큰 고통을 느꼈습니다. 내 몸의 사지가 적어도 10분 동안 그 상태로 있어야 했기에 나는 주님이 내게 벌을 주시는 것이라고 생각했습니다. 나는 잊을 수 없는 이 체험 동안 내내 울었습니다. (중략) 하룻밤에 마흔아홉 번이나 내 몸을 들어 올렸다 내렸다 하신 적도 아주 여러 번 있었습니다.[42]

여기에 나오는 토마스 주남의 체험은 결코 성경에 나오는 거룩한 모습의 성령 체험이 아니다. 주님이 매일 밤마다 찾아와서 해괴하고 망측한 모습으로 괴롭혀서 그녀는 심한 고통을 받고 눈물을 흘렸다고 하는데, 도대체 이게 어떻게 주님과의

---

41 앞의 책 320-321쪽
42 앞의 책 328쪽

교제란 말인가? 종종 하룻밤에 마흔아홉 번이나 그 몸을 주님이 들었다 놨다 했다는데, 그것은 성령의 역사(役事)가 아닌 악령의 역사일 뿐이다. 진동과 경련 그리고 공중부양(空中浮揚)이 강조된 영적 체험은 악령과의 접신 때 주로 나타나는 현상이다. 그녀는 이 때 자신의 목소리는 겁에 질렸고, 숨쉬기도 어려웠다고 말한다. 또한 이런 일에 앞서 내면 깊은 곳에서 범상치 않는 영적 음성이 나온다고 고백했다. 이것은 결코 정상적인 하나님의 임재라고 볼 수 없다.

토마스 주남의 예수 체험이 악령에 의한 것이라는 증거는 이것 말고도 더 있다. 그녀는 자신이 천국을 들락날락하면서부터, 그 전까지 알던 모든 사람들과의 교제를 주님이 다 없애버렸다고 말한다. 성도와의 교제를 끊어 버리는 주님? 이것은 정상적인 모습이 아니다. 그녀는 자신이 성령 충만하여 주일 예배 시간에 그 지시하심을 따라 회중 앞에 나가 천국 노래를 부르며 춤을 추었다고 한다. 예배 중에 이상한 짓을 한 것이다. 당연히 그 교회 목사님이 제지(制止)했는데, 이것을 두고 목사가 사탄의 충동질을 받아 주님의 마음을 아프게 한 것이라고 말한다. 주님이 그 교회를 다시 나가지 말라고 말씀하셨단다. 그녀는 또한 예배 중 강단 위에 앉아서 '거룩한 웃음'을 멈추지 않았다고 말하면서 그것이 주님의 지시하심이라고 말한다. 이런 현상은 빈야드운동에서도[43] 나타나는 모습으로, 이 운동은 비성경적 요소로 인해 이미 교계에서 정죄를 받은 바

바 있다. 그녀는 지금 질서의 하나님을 전혀 알지 못하고, 예배의 훼방꾼으로 사용되면서도 그것을 자랑하고 있다.

말세의 여선지자이자 엄청난 부자?

토마스 주남은 실체적으로 그 영이 잘못됐을 뿐만 아니라 신학적으로도 잘못된 주장을 한다. 물론 그녀 자신은 자기의 체험과 주장이 지극히 성경적이라고 말하지만 그것은 착각일 뿐이다. 그녀는 예수가 장차 있을 휴거를 보여주셨다고 하는데, 이 휴거는 주님의 자녀들이 먼저 천국에 올라오고, 남은 자들이 환난을 겪은 후에 있을 것이라고 말씀하셨다고 한다. 앞서 살펴본 것처럼, 이것은 예수가 두 번 재림한다고 주장한 세대주의자들의 잘못된 신학에 근거한 믿음이다. 또한 그녀는 주님께서 이제 곧 있을 마지막 때를 준비하기 위해 자신에게 이렇게 말씀하셨다고 한다.

내 딸아, 너는 말세의 여선지자다. (중략) 내가 너에게 성직을

---

43 존 윔버와 존 아노트가 시작한 비성경적 영성 운동이다. 권능주의와 감정주의에 입각한 성령 체험을 강조하면서, 떨림, 쓰러짐, 거룩한 웃음, 심지어 괴기한 짐승 소리 등을 성령의 임재라고 주장한다. '제3의 물결운동', '토론토 축복'이라고도 불린다.

주노라. (중략) 너는 이제 완벽하게 만들어진 그릇이다.[44]

이 시대의 사도직을 주장한 마이크 비클 목사와 같은 계통의 영성을 가진 자답게 토마스 주남은 자신이 말세의 여선지자로 세움 받았다고 주장한다. 자기에게 그러한 권위가 있음을 증명하는 것 중의 하나가 바로 『천국은 확실히 있다』라는 그의 책이다. 주님은 자기에게 사도 요한처럼 책을 쓰라고 명령하셨다고 한다. 그래서 이 책을 썼는데, 그녀는 환상 가운데, 주님이 자신이 쓴 책을 양손에 들고 있었고, 수많은 사람들이 그 책을 얻기 위해 주님께 달려드는 모습을 보았다. 또한 지상에 있는 사람들이 공중에 날아다니는 자신의 책을 잡기 위해 혈안이 되어 손을 뻗어 뛰어오르는 장면을 보았다고 한다. 더욱이 그녀는 주님께서 자기에게 기적을 일으키는 황금열쇠를 주었다고 말한다. 착각도 이 정도면 그녀는 이제 이단 교주로 나아가는 일만 남은 듯하다. 자기 자신을 스스로 높이는 이런 모습이야말로 이단 교주들의 공통점 아니던가!

토마스 주남의 잘못된 영성은 이것 말고도 많지만 하나만 더 짚어 보겠다. 그녀는 주님께 부자가 될 약속을 수차례 받았다고 한다. 그것도 그냥 부자가 아니라 '엄청난' 부자란다. 그러면서 주님이 자신에게 보여주신 환상을 묘사한다. 흰색 울

---

44 앞의 책 341쪽

타리의 이층집, 바위 정원, 무성한 화초, 빨간색 고급 승용차, 크림색 양탄자, 넓은 거실과 침실, 버찌 색 화장대, 탁자, 옷장, 금색 커버가 있는 킹사이즈 침대, 바비큐 화덕… 이런 것들이 주님이 약속하신 축복이라고 한다. 부자로 만들어 주겠다는 약속을 주님께 받았을 때 그녀는 너무 감격하여 울음을 터뜨렸단다. 그러면서도 그녀는 자신이 부자가 될 마음은 없지만 주님을 위해 부자가 되고 싶다고 말한다.

그녀는 특히 십일조에 대해 강하게 주장한다. 십일조를 내지 않는 것은 주님보다 돈을 더 사랑하기 때문인데, 그런 사람들은 천국에 올 수 없다고 주님이 말씀하셨단다. 구원 여부가 십일조 여부에 달려 있다는 것이다. 도대체 이 사람은 어떤 예수를 만났던 것일까? 말세의 여선지자로 부름 받았다고 하면서 동시에 자기는 엄청난 부자가 될 것이라고 확신하고 있고, 더욱이 십일조를 내지 않으면 지옥 간다고 말하는 이 사람을 조용기 목사는 정말 진심으로 추천하고 싶었을까?

변승우 목사, 신(新)율법주의에 빠진 자

이렇게 말도 안 되는 영성을 가진 가짜 선지자 토마스 주남을 높이 대우하며 추종하는 국내의 목회자가 있으니 바로 큰믿음교회의 변승우 목사다. 변 목사는 이미 구원받은 자도 그 구원이 취소될 수 있다고 주장하여 이단 판정을 받은 자다.[45] 그는 『진짜 구원받은 사람도 진짜 버림받을 수 있다』, 『지옥에 가는 크리스천들』 같은 저술로써 자신의 사상을 주장한다. 그가 말하는 것은 '교회를 다녀도 지옥 갈 수 있다', '크리스천이라는 이름을 가져도 지옥 갈 수 있다' 또는 '구원의 확신이 있어도 지옥 갈 수 있다' 같은 것이 아니다. 그가 말하는 것은 하나님이 구원하신 사람이라도 그 구원이 취소되어 지옥에 갈 수 있다는 것이다. 이 주장은 신학적으로 커다란 물의를 일으킨다.

물론 그는 예수 그리스도의 공로를 인정한다. 그러나 그는 동시에 자기 의(義)가 있어야 구원이 취소되지 않음도 주장한다. 그래서 신학자 권성수 목사는[46] 변 목사를 신(新)율법주의자라고 지칭한다. 변 목사는 진짜 구원받은 자라면 죄를 거의(?) 짓지 않아야 한다고 말한다. 반복되는 죄가 있거나 종종 죄를 지으면서도 자기가 천국갈 수 있다고 확신하는 것은 잘못된 모습이라는 것이다. 변 목사는 천국행 구원 티켓이 취소되는 죄가 아닌 조그만 죄는 어쩔 수 없이 짓겠지만 구원이 취소될 만한 죄는 짓지 않아야 그게 진짜 크리스천이라고 말한다.[47] 얼핏 듣기에 그럴듯한 주장이지만, 이것은 의의 기준을

---

45 변승우 목사는 우리나라에서 통합, 백석, 기하성 등의 교단에서 이단으로 공표됐다. 또한 합동, 합신, 고신, 기성, 예성 등의 교단에서는 이단성으로 인한 교류 금지 결정을 받았다.
46 대구동신교회 담임목사

자기 자신에 두는 위험한 발상이다. 도대체 구원이 취소될 만한 죄와 그렇지 않은 죄의 경계선이 무엇인가? 모든 죄는 하나님 앞에서 구원에 이르지 못하게 만드는 커다란 죄 아닌가?

그는 자신의 주장을 지지한 인물로서 토마스 주남을 제시한다. 자기가 토마스 주남과 전화 통화를 하면서 한 번 구원받은 사람이 버림받을 수 있는지 없는지를 물어보았더니 그녀는 즉각 있다고 대답했다고 한다. 그것을 어떻게 아느냐고 물었더니 예수께 직접 물어보면 알 수 있다는 대답을 했다고 한다. 자신의 잘못된 주장을 옹호하기 위해 변 목사가 동원한 지지자가 악령에 사로잡힌 토마스 주남이었던 것이다. 참으로 가재는 게 편이다.

자신의 왜곡된 신학이 여러 곳에서 반대와 비난을 받자 그는 자신의 추종자를 인용해 영적으로 협박하기도 한다. 자신을 이단 취급한 어떤 목회자에 대해서 그는 이렇게 말한다.

예언사역팀에 소속되어 있는 박OO 집사님이 환상을 보았습니다. 그리고 고민하다가 주일날 저에게 말해 주었습니다. 환상의 내용은 아주 간단합니다. 그 부교역자(반대자)를 위해 기도하는데 환상 중에 계속 지옥 유황불이 보이더라는 것입

---

47 변 목사는 '우발적인 죄'를 범죄, '반복되는 죄'를 타락으로 구분한다. 이것은 조잡한 말장난이다. 아담과 하와는 우발적이고 난회적인 범죄로 타락에 이르렀다.

니다. (중략) 저는 그가 진심으로 회개하지 않으면 주님의 심판대에서 그 영혼에 대한 피 값을 지불해야 할 것이라고 믿습니다.[48]

변 목사는 자신을 이단시한 목회자가 지옥에 갈 것이라고 말한다. 자신을 추종하는 자의 환상을 확신하며 지옥행을 선포한 그 영성은 가히 이단만이 할 수 있는 영성이 아닐 수 없다. 자신을 반대한 자는 결국 지옥에 갈 것이라고 선포하는 것이 과연 성경이 말한 진짜 예언의 역할인가?

변 목사는 자신과 동일한 사상을 가진 신앙 인물로 영지주의자며, 신비주의자인 릭 조이너를 인용한다. 변 목사는 그를 성령이 택하신 사도라고 믿는다. 변 목사 교회의 예언자학교에서 사용하는 교재가 바로 릭 조이너의 책이다. 그런데 릭 조이너는 바티칸(로마 가톨릭)의 사주(지시)를 받는 말타기사단(Order of Malta)의 기사(騎士)다. 그의 영성은 개신교적이지 않다. 그는 자기가 사도 바울과 대화를 했는데, 바울이 자기를 보고 놀라워했다고 한다. 그는 위경인[49] 에녹서의 저자가 에녹이 맞다고 말한다. 노아의 증조 할아버지자 죽지 않고 승천한 그 에녹이 책을 썼다는 것이다. 릭 조이너는 자기가 매우 특별한 영

---

48 변승우, 『진짜 구원받은 사람도 진짜 버림받을 수 있다』, 은혜출판사, 92-93쪽
49 僞經, 허위 성경이다. 개신교의 위경을 로마 가톨릭에서는 외경(外經)이라고 부른다. 개신교의 외경은 로마 가톨릭의 제2정경이다.

성을 가진 자라는 것을 주저 없이 드러낸다.

변 목사는 또한 신비주의자인 썬다 씽을 인용하는데, 극적인 회심과 헌신으로 유명한 씽은 실은 비성경적 영성을 가진 자였다. 씽은 천사만이 아니라 의롭게 살다가 죽은 자들도 이 세상에서 하나님의 자녀들을 돕고 있다고 가르쳤다. 그는 지옥이 하나님이 아닌 인간 스스로가 자기 마음에 만든 것이며, 천국과 지옥은 선악에 따라 결정된다고 가르쳤다. 이것은 불교다. 썬다 씽은 이처럼 기독교와 불교를 자기 나름대로 혼합해서 믿은 신비주의자였다. 변승우 목사가 내세운 자들은 이같이 성경적으로 수용하기 힘든 자들뿐이다.

케네스 해긴과 '믿음의 말'

사실 변 목사가 자신의 주장의 근거로 가장 확실히 제시한 인물은 케네스 해긴이라는 목사다.[50] 그런데 이 해긴 목사가 이미 문제가 다분히 많은 목사라는 것을 변 목사는 무시한다.

해긴 목사는 자신의 책 『나는 환상을 믿는다』를 통해 구원받은 사람도 버림받을 수 있다는 주장을 하고 있다. 해긴 목

---

50 케네스 해긴은 오순절파의 목사로서 침례교 목사인 에섹 케년의 신학과 주장을 그대로 답습하였다.

사는 예수의 육적 죽음이 아닌 영적 죽음과 지옥에서의 사탄과의 투쟁을 통해 인류의 죄가 제거됐다고 말한다. 이것은 예수가 십자가에서 '다 이루었다'고 선포하신 것을 무시한 것이다. 또한 사탄이 지옥에 떨어지는 것은 종말적 사건이라는 성경 말씀을 간과한 것이며, 사탄은 감히 예수와 싸울 자격이 있는 존재가 아니라는 것을 모르는 주장이다.

해긴은 또한 이 시대에도 사도와 선지자가 존재한다고 주장한다. 물론 자기도 그 가운데 한 명이다. 그 증거로서 그는 예수와 천사들이 수차례 나타나서 자기를 직접 가르쳤다고 말한다. 그는 천국과 지옥을 다녀왔다고 말하며, 자신의 능력으로 사람을 공중에 뜨게 하기도 했다고 한다. 해긴이 신학적으로 잘못됐음을 보여주는 결정적인 증거는 '신자(信者)가 곧 그리스도'라는 가르침에 나타난다. 그는 신자가 예수 그리스도와 마찬가지로 하나님의 성육신이라고 말한다. 이것은 창조주인 예수 그리스도와 피조물인 인간이 동일하다는 주장이다. 그는 또한 예수가 지상에 계실 때는 하나님이 아니었다는 주장을 한다. 이런 주장은 명백히 이단적이다. 바로 이러한 해긴 목사가 쓴 책을 토대로 변승우 목사는 자신의 주장을 펼치고 있는 것이다.

해긴 목사가 미국에서 커다란 영향을 끼친 사역으로 '믿음의 말'(Word of Faith) 사역이 있다. 조엘 오스틴 목사의[51] 아버지 존 오스틴 목사를 비롯한 케네스 코플랜드 등의 은사주의 목사들이 주축이 된 이 운동은 노골적으로 직접적인 물질의 축복을 추구하는 비성경적 운동이다. 이들은 신자들이 선포한 그대로 건강과 재물이 주어진다고 말한다. 하나님을 향한 성도의 기도는 주술 행위가 되고, 하나님은 그 소원을 들어주는 램프의 지니가[52] 된다. 긍정적으로 간절히 구하기만 하면 다 응답된다는 이 반(反)성경적 가르침은 한때 베스트셀러였던『시크릿』이[53] 주장한 것과 동일한 것이다.

신사도운동, 검증되지 않는 영성

변승우 목사와 케네스 해긴 목사가 추종하는 영성 운동이 바로 신사도운동이다. 이 시대에도 사도와 선지가가 있다고 주장하는 이 새로운 운동은 한때 세계적인 교회성장학 교수였던 피터 와그너가 그 원조다. 미국에서는 존 윔버,[54] 신디 제이콥스, 채 안,[55] 밥 존스, 하이디 베이커, 마이크 비클, 릭 조이너,

---

51 미국 최대 교회인 레이크우드 교회의 담임목사로서『긍정의 힘』시리즈의 저자
52 genie, 정령, 요정
53 원제 *Secret*, 론다 번, 살림Biz
54 신학적으로 많은 문제를 야기했던 빈야드운동의 창시자다. 본래 재즈음악 밴드 리더였다.
55 미국 캘리포니아 소재 추수반석교회 담임목사로서 한인 2세다. 존 윔버의 소위 기름부음을 전수받았다.

폴 카인 등의 사역자들이 주도하고 있다. 이들은 16세기 종교개혁을 통해 목사와 교사 직분이 다시 회복됐고, 21세기에 사도와 선지자 직분이 회복됐다고 말한다.[56]

케네스 해긴은 사도가 다 같은 사도가 아니라 서열이 있다고 가르친다. 사도의 첫 번째 서열은 예수 그리스도 자신이다. 두 번째 서열은 맛디아를 포함한 예수의 열 두 제자들이다. 세 번째 서열은 사도 바울 같은 이들이다. 그리고 네 번째 서열은 오늘날의 사도들이다. 해긴 목사와 변 목사는 자기들도 이 네 번째 서열에 드는 사도라고 믿고 있으며, 자신들이 특별한 계시를 받고 있다고 주장한다. 변 목사의 다음 주장을 보라.

영동제일교회[57] 집회 때, 저의 친구이며 세계적 선지자인 샨볼츠가 하늘에서 내려온 천사들을 보고 다음과 같은 놀라운 예언을 했습니다. "이 시간 기록을 담당하고 있는 천사 중 높고 강력한 천사가 변승우 목사님 곁에 와 있습니다. 바울이 서신서들을 저술할 때에 바울과 함께 있었던 바로 그 천사입니다. (중략) 변 목사님, 이제 이 천사가 하나님의 마음을 변 목사님에게 밝히 보여서 그러한 종류의 것들(교회를 향한 하나님의 마음을 밝히는 책들)을 쓰도록 할 것입니다."[58]

---

56 여기에 열거된 자칭 사도들의 구체적인 사역 활동에 대해서는 다음의 책을 참조하라. 행크 해너그라프, 『빈야드와 신사도의 가짜 부흥운동』, 부흥과개혁사

57 김혜자 목사가 담임하고 있는 교회로서 신사도운동에 동참하고 있다.

변 목사는 자칭 선지자 샨 볼츠의[59] 허무맹랑한 말을 곧 이곧대로 믿고 바울과 자신이 동급이라고 자랑하고 있다. 그는 밥 존스를 불러 집회를 갖기도 했는데, 밥 존스 부부 역시 변 목사가 모세처럼 직통 계시를 받아 하나님 나라의 신비들을 풀어놓게 될 것이라고 예언해 줬다.[60] 변 목사는 그것 역시 자랑스럽게 만인에게 공개했다. 변 목사의 자뻑(?) 기질은 매우 확고해서 사실 이 정도는 아무 것도 아니다. 그는 자기가 만약 이단이면 예수도 이단이라고 망발(妄發)을 한 사람이다.

변승우, 릭 조이너, 샨 볼츠, 밥 존스, 케네스 헤긴, 토마스 주남 같은 이들은 서로를 높여 주고, 세워 주면서 자기들이 같은 영성을 지니고 있음을 피차 증거하고 있다. 신사도운동의 실제적 내용을 보면, 성경적 근거가 없거나 심지어 반(反)성경적인 모습이 많이 나타나고 있다. 신사도운동은 영적으로 그

<hr>

58 변승우, 『다림줄』, 큰믿음출판사, 25-26쪽

59 IHOP(국제기도의집)에서 예언과 기도를 가르치고 있다. 천국을 수차례 방문했다고 하며 우리나라에서 여러 번 집회를 가졌다. 2004년에는 10년 이내로 우리나라가 남북통일이 될 것이라고 예언하였다.

60 어니 그루엔 리포트를 찾아보면 최고의 선지자 밥 존스 역시 얼마나 많은 거짓과 예언을 늘어놓았는지를 알 수 있다. 요사이에만 틀린 것이 아니다. 밥 존스는 이미 1983년 초 마이크 비클를 만나 둘이서 영적 신혼기를 만들어 갈 때부터 수없는 거짓 예언들을 남발했다. 밥 존스는 타드 벤틀리를 양아들로 맞았다. 타드 벤틀리가 플로리다에서 부흥 집회를 인도할 때에 밥 존스는 그의 부흥 운동이 장차 온 세상을 뒤덮을 것이라고 예언했다. 그러나 1년도 지나지 않아 타드 벤틀리는 여비서와의 염문을 뿌리고 순식간에 침몰하고 말았다. ─정이철, 『신사도 운동에 빠진 교회』, 새물결플러스, 193쪽

안정성이 아직 입증되지 않은 위험한 영성 운동이다.

손기철 장로의 치유집회, 신사도운동의 그림자

박사이자 대학교수인 손기철 장로는[61] 최근 10년 동안 최고의 치유부흥집회 강사로 이름을 날리고 있다. 그의 집회는 치유와 능력 전이가 주로 강조된다. 실제로 병이 낫고 있다고 주장하는 손 장로 집회가 신사도운동의 영성과 비슷한 모습을 나타내고 있음은 이미 주요 교단에서 공통적으로 지적하고 있다. 손 장로의 집회를 신사도운동과 연결시켜 생각하는 이유는, 무엇보다도 그가 지금의 영성을 가지는 데 결정적인 역할을 한 인물들이 바로 신사도운동가들이기 때문이다.[62]

그의 대표적인 책 『고맙습니다 성령님』과 다른 곳에서 손 장로는 자신이 존 윔버, 릭 조이너, 랜디 클락, 베니 힌, 로드니 하워드 등으로부터 직간접적으로 깊은 영향을 받았음을 고백하였는데, 이들은 모두 공통적으로 빈야드운동과 신사도운동 지도자들이다. 예를 들어, 베니 힌과 로드니 하워드는 소위 임파테이션(impartation, 능력 전이)을 하는 부흥사로서 사람을 쓰러

---

61 HTM(Heavenly Touch Ministry) 대표, 온누리교회 장로, 건국대학교 부총장(역임)
62 이하 내용 http://cafe.daum.net/anyguestions/Rnnj/100에서 수정, 발췌, 인용

뜨리는 일을 주로 하는 사역자들이다. 손 장로는 집회 중 "성령님, 임하시옵소서!"와 "더! 더! 더!"라는 멘트를 반복하는데, 이는 임파테이션 사역자들의 공통점이다.

손 장로는 특히 방언과 방언 찬양을 강조한다. 그에게서 안수 기도를 받으면 방언이 터지는 경우가 많고, 다시 그 사람을 통해 소위 기름부음이 흘러가 더 많은 방언이 터지게 된다고 한다. 이런 모습은 빈야드운동의 전형적인 모습이다. 빈야드운동과 신사도운동은 그 근본적 혈통이 동일하다.[63]

이들 영성운동은 신비주의와 인본주의를 교묘하게 뒤섞어 놓은 것이다. 방언과 예언 그리고 치유를 인간이 인위적으로 특정 장소와 시간에, 특정 인물에게 행하고, 나눠 주며 전달할 수 있다는 생각 자체가 성경적이지 않다. 성령의 은사가 어찌 인간의 계획과 의도, 바람에 따라 반복적으로 주어진다는 말인가? 물론 손 장로의 집회에 특이한 현상이 나타난 것은 사실이지만 이것은 힌두교에서도 찾아볼 수 있는 이교적 현상임을 한 전문가는 주장한다.

사람과 사람 사이에서 직접적으로 개인의 의도를 따라 성령의 능력과 성령의 은사가 전이되는 현상은 절대로 성경적인

---

63 빈야드운동과 신사도운동은 모두 오순절파 성령 운동인 늦은비 부흥운동(Latter Rain Revival)에서 파생됐다.

지지를 받을 수 없다. 이미 많은 연구를 통하여 이러한 현상이 힌두교의 쿤달리니[64] 현상이라는 것이 밝혀졌다. 쿤달리니 각성을 일찍 경험하여 신통력 있는 힌두교의 구루(Guru, 선생)들이 다른 수련자들의 이마에 손을 대는 등의 행위를 할 때에 지금 신사도 운동가들이 일으키는 일들이 그대로 나타난다는 것이 확인되었다. 신사도 운동가들은 그것을 성령의 기름 부으심이라고 왜곡하였고, 또한 임파테이션이라고 하는 성경에 없는 이론으로 포장하였다.[65]

이교적 쿤달리니 현상 말고도, 손 장로의 주장과 가르침에는 논쟁이 될 만한 요소가 적지 않다. 예를 들면, 그는 성령의 은사 중 지식의 말씀은 타인의 비밀을 알아내는 능력이라 말한다. 그는 귀신의 정체를 정확히 알아야 치유와 회복이 제대로 일어난다고 말한다. 그는 자신에게 기름 부으심이 임할 때에 마치 강한 전류가 통하는 듯한 느낌이 동반된다고 말한다. 이런 주장은 모두 신사도운동가들의 주장과 동일한 것이기에 그는 자신이 인정하지 않더라도 신사도운동가의 범주에 포함될 수밖에 없다.[66]

---

64 힌두교의 분파 중 하나인 요가에서는 쿤달리니(Kundalini)가 척추 기저(基底)에 따리(coiling)를 틀고 있는 뱀으로 묘사되고 있다.

65 정이철, 『신사도 운동에 빠진 교회』, 새물결플러스, 263-264쪽

금이빨과 금가루

빈야드와 신사도의 부흥 운동을 주도했던 자들 가운데는 자신들의 기도와 영적 능력으로 집회에 참여한 사람들이 금이빨을 갖게 되고 금가루가 떨어지는 것을 경험한다고 말하는 자들이 많다. 모르겠다. 그들이 진짜 그런 능력을 가지고 있는지…. 그런데 한 가지 의문이 든다. 왜 그래야 하는가? 성경에 나오는 이적들은 그런 식으로 나타나지 않는데, 왜 새로운 부흥 운동가들이 행하는 이적은 금이빨과 금가루가 나타나야 하는가? 금을 보고 사람들이 좋아하니까 하나님이 특별히 선물을 주시는 걸까? 일단의 조사에 따르면, 적지 않은 '금이빨·금가루' 사건이 조작이거나 거짓 보고로 판명되었다.[67]

모든 신비로운 현상은 성경적 근거와 목적이 확실히 검증되어야 한다. 단순히 신비로움 자체에 빠져서 하나님을 체험하고자 하는 것은 불신과 다를 바 없는 맹신일 뿐이다. 신비주의를 추구하는 자는 성경주의를 무시할 위험성이 많다. 성경

---

66   그러나 이러한 위험 요소에도 불구하고, 손 장로의 사역을 신사도운동에 포함시키기에는 맞지 않는 요소들도 사실 있다. 무엇보다도, 손 장로는 함부로 예언하지 않는다. 자신의 사도적 권위 역시 주장하지 않는다. 돈을 강조하지 않고 성경 말씀을 소중히 여긴다. 그래서 군이 손기철 장로의 치유집회의 영적인 성격을 정의하자면, 신사도운동을 구현하기보다는 그 그림자가 짙게 드리워진 영성이라고 하겠다.

67   행크 해너그라프, 『빈야드와 신사도의 가짜 부흥운동』, 부흥과개혁사, 19-23쪽을 보라.

은 심지어 말세에 나타날 짐승(Beast)들까지도[68] 신비롭고 놀라운 이적을 행하게 될 것을 말하고 있다.

> 내가 보매 또 다른 짐승이 땅에서 올라오니 어린 양같이 두 뿔이 있고 용처럼 말을 하더라 그가 먼저 나온 짐승의 모든 권세를 그 앞에서 행하고 땅과 땅에 사는 자들을 처음 짐승에게 경배하게 하니 곧 죽게 되었던 상처가 나은 자니라 큰 이적을 행하되 심지어 사람들 앞에서 불이 하늘로부터 땅에 내려오게 하고 짐승 앞에서 받은바 이적을 행함으로 땅에 거하는 자들을 미혹하며 땅에 거하는 자들에게 이르기를 칼에 상하였다가 살아난 짐승을 위하여 우상을 만들라 하더라 그가 권세를 받아 그 짐승의 우상에게 생기를 주어 그 짐승의 우상으로 말하게 하고 또 짐승의 우상에게 경배하지 아니하는 자는 몇이든지 다 죽이게 하더라[69]

장차 바다와 땅에서 올라올 짐승은 이적을 행하고, 하늘로부터 불이 내려오게 할 것이다. 그들은 자신의 우상에게 생기를 주어 그 우상이 말을 하게 만드는 능력까지 가지고 있으니 세상 사람들이 주목하며 경배하는 것도 당연할 것이다. 그러나

---

68 하나님을 대적하고, 교회를 박해하며 사람들을 미혹하는 존재로서, 요한계시록에는 두 짐승과 더불어 적그리스도(antichrist)와 거짓 선지자가 등장한다.

69 요한계시록 13장 11-15절

진짜 교회는 거기에 현혹되지 않는다. 왜냐하면 아무리 신비로운 현상이 나타나더라도 그것은 하나님에게 속한 신비가 아니란 것을 알고 있기 때문이다. 결국은 이것이다. 신비로움 속에서 하나님을 찾는 것보다 성경 말씀 속에서 하나님을 찾는 것이 진짜 교회답고, 진짜 그리스도인다운 신앙이며 지혜다.

제 10 장

흔들리는 정체성

신학해체

해체주의의 발흥

흔히 20세기의 마지막 사상이라고 불리는 해체주의는[1] 프랑스의 철학자이자 비평가인 자크 데리다에 의해서 1960년대에 창시된 포스트모더니즘의 일종이다. 처음 철학과 문학에서 시작된 이 사상은 곧 건축과 예술 분야로 확장됐고, 이후 모든 사상과 문화로까지 퍼져나갔다. 기존 사회에 자리 잡고 있던 정형화된 질서와 절대적 개념을 타파하고, 불확실성과 상대성을 존중하는 해체주의는 결국 신학에까지 결정적 영향을 끼치게 됐다.

전통 신학은 성경이 말하는 하나님이 어떤 분이고, 하나님을 믿는다는 것이 인간에게 어떤 의미인지를 주로 다루었다면, 해체주의 신학은 오늘 나에게 하나님은 어떤 가치인지를 주로 다룬다. 해체주의 신학은 '오늘'을 강조하기에 성경이 말하는 '과거'의 진리는 별 의미가 없다. 해체주의 신학은 '나'를 강조하기에 하나님을 '내가' 경험하지 못하면 그는 '나'에게 아무 의미가 없다. 그래서 탄생한 것이 자기 생각대로 성경을 재구성하는 자유주의(현대주의) 신학이고, 하나님이 죽었다는 사신(死神) 신학이며, 진리는 변화한다는 과정(過程) 신학이다.

기독교를 하나님의 계시(성경)에서 시작하지 않고, 개인의

---

1 解體主義, Deconstructivism

경험에서 시작한 것이 이 시대의 신학이다. 혹자는 이것을 신학 실종(상실)이라고 표현하지만, 이것은 신학이 실종된 정도가 아니다. 아예 신학이 조각조각 파편화돼 사라진(즉, 해체된) 수준이다. 실종된 것은 되찾을 가능성이라도 있지만, 해체된 것은 어디서 어떻게 찾아야 할지 그리고 어떻게 복구해야 할지도 모르는 상태인 것이다. 이 시대는 절대적인 것을 갈기갈기 찢어 개인으로 하여금 각자 나름대로 그것을 요리하게 만들었다.

절대적 가치 기준이 사라진 이 시대는 당연히 그 절대 가치의 자리에 다양한 대체물을 놓고자 하는 새로운 종교성이 나타났다. 그래서 성공, 자기만족, 치유, 회복을 주는 것이라면 그것이 무엇이든 정당하고 가치 있는 것으로, 즉 진리처럼 여기게 됐다. 개인의 마음을 채워 주고, 행복감도 높여 주는 것이 진짜라고 여기는 실용주의적 사고(思考)는 고대 성경 시대나 현대 이성 시대나 변함이 없는 듯하다. 이 시대는 기독교 안에, 온전한 신학이 사라지고, 성경이 말하는 하나님도 보이지 않는 희한한 시대다.

이렇게 실종된(해체된) 신학은 결국 '개념'을 상실한 기독인을 양산했다. 자신이 믿어야 하는 대상이 무엇이고, 어떤 존재인지를 묻지도 배우지도 않고, 자기 주관대로 옷을 입혀서 추종하고 추구하는 기독교인이 나날이 더 많아지고 있다. 현대 기독교인들은 교리적으로 개념을 상실했으면서도 결코 돌이키지 않는다. 이들은 실제 삶의 모습이 교리나 신학보다 더 중요하므로 그것은 별 문제가 아니라고 믿고 있다.[2]

신학적 교리보다 개인의 삶?

최근 교회가 욕을 먹는 이유 중 하나가 바로 온전한 삶으로 표현되지 못하는 기독교인들의 미흡한 신앙 때문이다. 이것은 21세기의 바리새 신앙이라고도 할 수 있다. 교리적으로는 제법 하나님을 잘 알고 있지만, 실제 생활에서는 하나님을 제대로 드러내지 못하는 실천적 무신론자가 바로 바리새인 아니던가? 보수적인 신앙을 자랑하면서도 정작 삶 가운데 희생, 정결, 정직, 겸손, 온유, 섬김, 자비 같은 예수 십자가의 영성이 없다면, 이것은 비판받을 만한 일이다. 틀림없이 진정한 신앙의 열매와 증거는 삶 속에서 나타난다. 그러나 신앙에서 삶이 중요하다는 의미가 곧 신앙에서 교리를 소홀히 여겨도 된다는 의미는 결코 아니다.

흔히 교리라고 하면 딱딱하고, 진부하며 별 내용은 없이

---

2   개념 없는 기독교인의 모습은 물론 교리의 상실에서만 오는 것이 아니다. 교리를 따른다고 하면서 삶이 엉망인 기독교인들이 적지 않은데, 이런 자들 역시 개념 없는 기독교인이다. 기독교의 진짜 '개념'은 이론과 실천 모두에서 찾아야 하는 것이다.

형식에만 집착하는 밥통 같은 가르침이라고 생각한다. 그런데 그것은 완전한 오해다. 교리는 기독교 신앙의 핵심 체계며, 성경의 중심 가르침이다. 교리는 마치 몸의 뼈대와 같은 것으로 교회를 지탱해 주는 골격이다. 기독교 교리는 옛날 예수 시대에 살던 유대교 율법 교사들이 주장한 종교적 굴레와는 전혀 다른 것이다.

독일의 자유주의 신학자인 아돌프 폰 하르낙은 교리적 기독교를 거부하고, 개인의 신앙 고백과 역사의식을 기독교의 핵심으로 대체해야 한다고 주장했다. 어디서 많이 듣던 말이 아닌가? 함석헌과 류영모 그리고 한완상과 문동환이 주장한 바가 바로 이것이다. 이들은 인간학과 윤리학, 그리고 심리학으로 신학의 자리를 대신하고자 노력했다.

물론 신학은 인간을 품어야 한다. 그러나 인간학이 돼서는 안 된다. 신학은 윤리를 확립해야 한다. 그러나 윤리학이 돼서는 안 된다. 신학은 마음(감정)을 다루어야 한다. 그러나 심리학이 돼서는 안 된다. 성경이 말하는 하나님이 아니라 자기가 경험한 하나님이 중심이 되면—혹시 인간을 더 잘 이해할 수 있고, 더 윤리적이 될 수 있고, 자기 마음을 더 잘 다스릴 수 있을지 모르지만—그것은 올바른 것이 아니다. 진리는 주관적 인식의 문제가 아니라 객관적 사실의 문제다. 이 점에 대해서 데이비드 웰스가[3] 잘 지적하였다.

초대 그리스도인들은 자신이 **경험한** 그리스도를 전파한 것이 아니다. 만일 그랬다면 다른 많은 종교와 똑같은 종교를 전파했을 것이다. 오히려 그들은 그리스도가 경험하신 것을 전파했다. 그들은 내적으로 흥미로웠던 바를 전파하지 않고, 외적으로 사실인 것을 설교했다. 하나님은 죽은 자 가운데서 그리스도를 부활시키셨다. 이것은 역사에 속하는 일이지, 그저 내면의 인식에 속하는 일이 아니었다. 죄와 사망과 마귀를 정복하신 하나님의 승리에 대한 축하의 종소리와 함께 경쟁적인 모든 종교 사상은 심판대 앞에 서게 되었다. 이 사건은 고대 세계에서 절대성을 가장한 모든 허세를 무효화시켰다. 이 점은 현대 세계에서도 마찬가지다.[4]

기독교가 각자의 종교 경험을 토대로 신앙생활을 하는 종교라면, 이는 다른 종교와 다를 것이 없다. 그러나 기독교는 개인적인 신앙 고백 이전에 예수의 행적을 따라가는 종교다. 그러므로 기독교인의 삶은 예수의 삶의 궤적에 맞춰져야 한다. 성경이 말하는 예수의 행적과 다른 것을 말하거나 따르는 것은, 개인의 경험이 아무리 특이하고 영적이라 하더라도, 진정한 기독교인의 자세가 아니다. 기독교인으로서 개인의 삶을

---

3   고든콘웰 신학교의 조직신학 및 역사신학 교수
4   데이비드 웰스, 『신학실종』, 부흥과개혁사, 430쪽 ―강조는 원저자의 것

신앙인답게 영위해야 함은 지극히 당연한 일이다. 그러나 '어떻게' 믿느냐를 강조하기 위해 '무엇을' 믿느냐를 희생시켜서는 안 된다. 개인의 내면과 경험을 소중히 여길 수 있으나, 그것으로 성경적이고 객관적인 사실을 대체해서는 안 된다.

교리 따로, 신앙 따로

2012년 한목협과 글로벌리서치가 공동으로 일반 시민을 대상으로 종교 교리에 대한 인식을 조사한 적이 있다.[5] 이 조사는 기독교 교리에 대해, 상대적으로 강한 믿음을 가진 것으로 인식되고 있는 개신교인조차도 실제로는 교리를 온전히 믿지 않고 있는 경우가 점차 증가되고 있음을 보여 주고 있다.

우선, 기독교 교리 중, '이 세상의 신은 오직 하나다'라는 항목에 개신교인 67.2퍼센트가 "그렇다"고 답했는데, 이것은 2004년 조사에 비해 11.2퍼센트가 줄어든 수치다.

'사람이 죽으면 동물이나 사람으로 다시 태어난다'는 항목에 개신교인 19.5퍼센트가 "그렇다"고 답했는데, 이것은 2004년의 9.6퍼센트에 비해 두 배 이상 증가한 것이다. 개신교

5　"한국인의 종교생활과 의식조사"는 전국 7대 도시의 만 18세 이상 성인 남녀 2,000명을 대상으로 일대일 개별 면접 방식으로 조사된 것이다.

를 믿는 기독교인 열 명 중 두 명은 불교의 핵심 교리인 윤회설을 믿고 있다는 것이다. 이는 이 시대가 문화의 퓨전을 넘어 종교의 퓨전을 추구하는 시대가 됐음을 보여준다.

'극락과 천국은 저 세상에 있는 것이 아니라 이 세상에 있다'는 항목에 개신교인 40.4퍼센트가 "그렇다"고 답했는데, 이는 2004년보다 2.4퍼센트 증가한 것이다. 현세에서 그 마음 상태에 따라 천국과 지옥을 미리 맛보며 사는 자들이 있다는 것은 이해할 수 있지만, 기독교는 죽은 후 천국 아니면 지옥에 가는 것을 믿는 종교다. 내세의 천국과 지옥을 믿지 않는 기독교인이 열 중 넷이라니, 이것이 과연 이해되는 현상인가?

'특정 종교뿐만 아니라 여러 종교에도 구원이 있다'는 항목에 개신교인 30.2퍼센트가 "그렇다"고 답했는데, 이것은 8년 전 조사 때보다 4.8퍼센트 증가한 것이다. 종교다원주의적인 신앙이 개신교 안에도 이미 깊숙히 들어와 있음을 알 수 있다.[6] 전체적으로 기독교의 핵심 교리에 대한 의식은 아직까지는 개신교인이 천주교인보다 더 확고하다. 그러나 개신교 역시 천주교처럼 종교 통합 또는 불교화의 길을 걷고 있는 것이 전반적 흐름이다.

이번 조사가 보여주는 것은 교리를 불확실하게 인식하면서 신앙생활하는 기독교인들이 상당수에 이른다는 점이다. 여기에 속한 이들은 자신이 속한 종교의 교리와는 별도로 자기 나름의 신앙을 가지고 그 종교를 수용하고 있는 것이다. 이것은 한 마디로, '교리 따로, 신앙 따로'인 기독교다.

타협과 편협

현대 기독교의 본질이 심각하게 왜곡된 주요 원인 가운데 하나는 다른 종교와의 관계 때문이다. 우리 사회에 있는 다양한 종교는 각기 존중받아야 하고 평화롭게 공존해야 한다. 그런데 요즘은 이 정도가 아니라 모든 종교가 서로 화학적으로 혼합돼야 한다는 인식이 매우 강하다. 그래서 모든 종교가 다 진리고, 구원이며, 생명이라고 인정해야 일반 대중에게 상식적이고 포용력 있는 사람으로 통한다. 오직 기독교, 좀 더 정확히는, 오직 예수 안에만 진리가 있다는 것이 기독교인들의 전통적인 확신이었는데, 이제 이런 확신은 점점 더 설 자리를 잃

---

6 그 밖에 이번 조사가 보여주는 개신교인들의 교리와 신앙에 대한 인식은 다음과 같다. '앞으로 이 세상에 종말이 온다'는 항목에 55.7퍼센트(2004년, 61.0퍼센트)가 "그렇다"고 답했다. '명절이나 조상이 돌아가신 날에는 음식을 장만하여 조상에 대한 제사를 지내야 한다'는 항목에 20.6퍼센트(2004년, 24.5퍼센트)가 "그렇다"고 답했다. '궁합이 아주 나쁘면 결혼하지 않는 것이 좋다'는 항목에 29.5퍼센트(2004년, 15.4퍼센트)가 "그렇다"고 답했다. '명당에 묏자리(묘지)를 쓰면 자손이 잘된다'는 항목에 29.5퍼센트(2004년, 15.9퍼센트)가 "그렇다"고 답했다. '동성연애자도 우리 사회에서 인정되어야 한다'는 항목에 17.5퍼센트(2004년, 17.8퍼센트)가 "그렇다"고 답했다. '생명복제는 신의 영역이므로 인간의 기술이 발전하더라도 시도해서는 안 된다'는 항목에 54.6퍼센트 (2004년, 67.7퍼센트)가 "그렇다"고 답했다.

고 있다. 다른 종교는 진리가 아니고, 구원이 없으며, 생명을 주지 못한다고 여기는 대신, 다른 종교는 기독교를 해석해 주고, 기독교의 진정한 가치를 깨닫게 해 주는 동반자로 여긴다.

한국 개신교 복음주의가 그 전통적 가치를 잃고 있음을 앞에서 이미 보았다. 그러나 이런 현상은 서구 복음주의의 마지막 보루라고 할 수 있는 미국에서 이미 벌어졌다. 이는 다음과 같은 통계 자료로도 입증된다.[7]

> "당신과 신앙이 다를지라도 선한 사람은 천국에 갈 수 있다"라는 설문에 대해 '그렇다'는 응답을 보인 비율; 모르몬교도 98퍼센트, 주류 개신교인 96퍼센트, 유대교인 95퍼센트, 가톨릭 신자 93퍼센트, 흑인 개신교도 90퍼센트, 기타 종교 신자 90퍼센트, 무종교인 87퍼센트, 복음주의 개신교도 83퍼센트

이 수치는 미국의 국민들이 자신이 속해 있는 종교의 가르침과 상관없이 천국은 착하게 살면 가는 곳이라고 사실상 믿고 있다는 것을 보여 준다. 이런 의미에서 미국 역시 종교적 공존 단계를 지나 종교 통합의 길로 나아가고 있음을 알

---

7 "신앙문제조사" 미국 국제커뮤니케이션 리서치가 2007년 18세 이상의 성인 1,927명을 대상으로 시행한 전화 설문 결과다. ─로버트 D. 퍼트넘과 데이비드 E. 캠벨 공저, 『아메리칸 그레이스』, 페이퍼로드, 641쪽

수 있다.

이 시대는 바야흐로 성경을 그대로 믿고 있다는 복음주의조차도 온갖 사상과 혼합돼 존재하는 시대다. 그래서 슈바이처, 함석헌, 조엘 오스틴, 헨리 나우웬, C. S. 루이스, 문동환도 복음적이라고 인정받는다. 그래서 현대 사상에 물든 복음주의가 변절이 아닌 적응으로 칭송된다. 이러한 현상을 데이비스 웰스는 이렇게 표현했다.

복음주의는 바리케이드를 낮추고 세상을 향해 문을 열었다. 근본주의의 최대 죄악이 타협하는 것이라고 한다면, 복음주의 권에서 최대 죄악은 편협함이라고 할 수 있다.[8]

과거 복음주의 기독교는 이방 사상과의 타협을 가장 큰 죄악으로 여길 정도로 꽉 막힌(?) 신앙이었다. 그런데 이제 복음주의라고 스스로 여기는 현대 신앙은 이방 사상과 타협하지 않는 편협함을 가장 큰 죄악으로 여긴다. 이것은 비극이다. 다른(즉, 틀린) 신학과의 혼합을 수용하는 것은 타협이라는 성숙함의 모습이고, 다른 신학과의 혼합을 거절한 것은 편협이라는 미성숙의 모습이라고 흔히들 생각한다. 편협하지 않은 이들이 선택한 신학은 인간의 마음을 위로하고, 평안케 해 주며,

---

8   데이비드 웰스, 『신학실종』, 부흥과개혁사 210쪽

치유해 주는 것을 가장 큰 덕목으로 여긴다. 그래서 이 시대의 다른 신학은 치유 신학이며, 이 새로운 신학은 심리학과 떨어질 수가 없게 됐다.

심리학의 도움을 구하는 신학, 새로운 기독교 트렌드세터[9]

독일의 철학자인 포이에르바하는 인간학으로서의 신학을 주장한 유물론자다. 잠시 신학 공부를 하기도 했던 그는 성경은 고전(古典)으로서의 가치를 가질 뿐이고 하나님은 환상이라며 다음과 같이 말했다. "하나님은 없다. 그러나 많은 사람들이 하나님을 믿는다. 왜인가? 위로를 원하기 때문이다. 그래서 사람들은 자신의 갈망을 '투사' 하거나 '대상화' 하고, 이것을 '하나님'이라고 부른다. 이 존재하지 않는 하나님은 그저 인간적 갈망의 투사일 뿐이다."

포이에르바하의 이러한 하나님 인식은 카를 마르크스와[10] 프리드리히 니체에게 영향을 미쳤다. 뿐만 아니라 정신분석학의 창시자인 지그문트 프로이트에게도 커다란 영향을 미쳤다. 흔히 현대 문명에 가장 큰 영향을 끼친 세 사람으로 마르크스,

---

9   trendsetter, 어떤 유행이나 사고(思考) 패턴을 주도하는 존재
10   Karl Heinrich Marx, 공산주의 혁명가, 역사학자, 경제학자, 철학자

프로이트, 다윈을 손꼽는데, 이들이 각각 주창한 공산주의와 정신분석, 진화론은 기독교를 무장 해제시키는 데 최고의 공헌을 하였다.

자신을 무신론자라고 말하지는 않았지만 틀림없이 무신론자였던 프로이트는 평생 종교를 연구했다. 그는 기독교의 원죄를 생물학적 관점에서 설명하고자 했던 반면에 일반 종교는 인간 심리 상태의 반영으로 보았다.

> 나 자신도 이 이상으로 좀 더 높이 평가하고 있는 것은 종교 심리학에의 기여다. 이것은 1907년에 강박행위와 종교적 관습(예배의식)과의 사이에 놀랄 정도로 유사성이 있는 것을 확인한 것이 동기가 되어 시작한 것이었다. 아직 너무 깊은 관련은 알지 못한 채로 나는 강박 노이로제를 왜곡된 개인 종교라고 하고, 종교를 말하자면 세계적인 강박 노이로제라고 했던 것이다.[11]

프로이트가 말한 종교는 주로 기독교며, 그에게 기독교는 집단 정신질환에 불과했다. 이 말은 결국 기독교로 대표되는 종교는 차라리 없는 것이 인간에게 유익하다는 생각을 그가 가졌음을 보여준다. 프로이트는 이처럼 종교(기독교)가 유해

---

11   프로이트, 『프로이트 심리학 연구』, 청목서적, 225-226쪽

하다고 주장했건만, 기독교는 프로이트 심리학을 빌어 신학을 보완하고 있다. 프로이트는 평생 영적 세계를 부정한 자인데, 영적 세계를 다루고 설명하는 목회자들이 세속적 상담과 정신분석의 기법을 목회 방법으로 유용하게 사용하고 있으니 참 아이러니한 현상이 아닐 수 없다.

심리학 분야에서는 프로이트가 가장 지명도가 높지만, 사실 신학이나 목회학과 관련해서는 카를 구스타프 융이 더 깊게 연관돼 있다. 분석심리학을 주창한 융은 MBTI라는[12] 성격유형검사의 이론적 토대를 제공한 사람으로도 유명하다.

융은 목사의 아들로 태어나 성장했지만 뜻밖에도 하나님이 아닌 악신(악령)과 밀접한 교류를 나누었던 사람이었다. 융은 어린 시절부터 특이한 꿈을 꾸고 독특한 영적 경험을 하였다. 그러나 별로 건강하지 못했던 가족 관계 때문에 누구에게도 그런 것에 대해 말하지 않았다. 그가 기독교의 어떤 개념에 대해 진지한 질문을 혹 하더라도 돌아오는 대답은 언제나 '무조건 믿어라'였다. 청소년기 무렵 그는 철학에 심취하게 됐고, 그중에서도 쇼펜하우어를 좋아했다. 그는 한평생 어떤 중요한

12　The Myers-Briggs Type Indicator, 융의 심리유형론을 근거로 하는 심리검사다. 브릭스와 마이어스 모녀가 개발했다. 성격 유형은 모두 16개며 외향형과 내향형, 감각형과 직관형, 사고형과 감정형, 판단형과 인식형 등 네 가지의 분리된 선호경향으로 구성된다. 선호경향은 교육이나 환경의 영향을 받기 이전에 잠재되어 있는 선천적 심리경향을 말하며, 각 개인은 기질과 성향에 따라 각각 네 가지의 한쪽 성향을 띠게 된다.

결정을 할 때마다 초심리적 현상을 체험했는데, 이것은 그가 빌레몬이라고 불렀던 자신 안의 어떤 영적 존재와의 접촉을 말한 것이다. 이 빌레몬이야말로 융이 만났던 '신'이다.

융은 1960년 1월 21일 BBC방송을 통해 다음과 같이 자신의 신(神) 관념을 밝혔다.[13]

(전략) 우리가 종교적 경험의 문에 들어설 때 고대적 혹은 중세적 사고방식을 계속 유지할 수는 없습니다. 방송에서 나는 '신이 있다'고 말한 것이 아니라 '나는 신을 믿을 필요가 없습니다. 신을 알기 때문이죠'라고 말했습니다. 이 말은 내가 특정한 신(제우스, 야훼, 알라, 삼위일체의 신 등)을 안다는 뜻이 아니라 내가 어떤 미지의 요소에 직면해 있다는 뜻입니다. 이것을 가리켜 나는 '신'이라고 부른 것입니다. 나는 신의 이름을 불러 불안과 공포를 극복할 때마다, 그리고 부지불식간에 '오, 하느님' 할 때마다 신을 기억하고, 그 신에 의지합니다. 그런 현상은 내가 나보다 더 힘센 누구 또는 무엇을 만날 때 일어납니다. 신이란 나 자신의 정신 체계 내에서 내 의식적 의지를 억누르고, 나 자신에 대한 통제권도 행사하는 모든 압도적인 정서를 지칭하기 위한 적절한 이름입니다. 나는

---

13 이 글은 원래 1959년 BBC방송에서 융이 "나는 신을 믿을 필요가 없다. 신을 알기 때문이다"라고 말한 것에 대해 수많은 사람들이 편지를 보내오자 자신이 신에 대해 언급한 것을 좀 더 상세히 풀어 설명한 것이다.

내 의지가 나아가는 길을 난폭하고도 무참하게 가로막는 모든 것, 내 주관적 견해·계획·의도를 무너뜨리고 내 인생의 경로를 더 좋게 혹은 더 나쁘게 변화시키는 모든 것을 신의 이름으로 부릅니다. 전통에 따라 나는 이렇게 긍정적인 면과 부정적인 면을 모두 가지고 있으며, 나의 통제력 바깥에 근원을 두고 있는 이 운명의 힘을 '신'이라고 부릅니다. 내 운명은 곧 내게 커다란 의미를 지니기에 그 신은 또한 나의 '사적인 신'이기도 합니다. (후략)[14]

융은 종교와 신을 전통적 방식으로 인식하기를 거부한다. 그에게 신은 단지 미지의 존재일 뿐이다. 이러한 신이 자신의 의지, 견해, 계획, 의도를 변화시킨다고 융은 말한다. 그가 말하는 의지와 의도는 그의 학문 용어로 '그림자'라고[15] 한다. 그는 모든 사람의 내면에 깃들어 있는 이 그림자를 종교성이 억압할 때 비참한 결과를 가져오기도 한다고 주장한다. 기독교 국가들의 전쟁이 역사상 가장 피비린내 났던 이유가 바로 여기에 있다고 그는 말한다. 그림자를 억압하는 기독교의 가르침은 그래서 위험하다는 분석이 나온다. 기독교가 인간의 죄성을 억제하므로 그것이 좋지 않다는 시각은 결국 프로이트가

---

14 에드워드 암스트롱 베넷, 『한 권으로 읽는 융』, 푸른숲, 224쪽
15 그림자(The Shadow)는 인간의 내면에 숨겨진 가장 강력하고 가장 위험한 유전적 본능을 일컫는 융의 용어로서, 인간의 악한 본성 또는 기독교의 죄성과 비슷한 것이다.

종교를 강박 노이로제라고 말한 것과 같은 것이다.

『소유냐 존재냐』, 『사랑의 기술』, 『자유로부터의 도피』 같은 저서들로 인해 기독교 저술가로 오해받기도 하는 에리히 프롬은 개인의 심리는 물론 일반 대중의 심리를 연구한 사회심리학자 겸 정신분석가다. 프롬은 선(善)을 가장 신(神)적인 요소로 여겼으며, 무집착과 무소유야말로 예수, 부처, 에크하르트, 마르크스같이 위대한 인생의 교사들이 공통적으로 추구한 가치라고 주장했다. 또한 그는 개인 심리 분석이 사람들의 신 개념을 이해하는 데 필요하다고 생각했는데, 이는 사람마다 신 개념이 각각 다를 수 있다고 보았기 때문이다. 프롬이 이해한 신은 성경이 말한 '절대 신'과는 아무 상관이 없다.

모든 유신론적 종교에서, 그것이 다신론(多神論)이든 일신론(一神論)이든, 신의 최고의 가치는 가장 바람직한 선(善)이다. 그러므로 신에 대한 특별한 의미는 한 사람에게 가장 바람직한 선이 무엇인가에 달려 있다. 그러므로 신 개념의 이해는 신을 숭배하는 사람의 성격구조(性格構造) 분석으로부터 시작되어야 한다.[16]

지그문트 프로이트, 카를 융, 에리히 프롬 같은 이들은 자신들이 정신적 아노미를[17] 겪고 있는 사람들을 치유하고, 그들에게 삶의 방향을 제시하는 종교적 역할을 감당했다고 자부한다. 이들은 사람들의 심리를 안정시키는 것이 종교의 최고 목표라고 여겼는데, 이들과 똑같은 생각을 하는 목회자들이 오늘날 적지 않게 존재한다.[18]

안셀름 그륀, 어긋난 영성으로 마음을 치유하는 신부

현대 기독교에서 각광받고 있는 영성 전문가 가운데 안셀름 그륀이라는 독일인 신부가 있다. 현재 그의 영향은 국내에도 크게 미쳐서 주요한 영성 훈련 전문가와 내적 치유 전문가들이 그의 이론을 적극적으로 활용하고 있는 실정이다. 그는 1990년대 큰 인기를 얻었던 헨리 나우웬보다 더 적극적으로 인간의 내면 치유에 앞장서고 있다.

그륀은 두려움과 우울증이 현대인들의 공통적인 정신 질환이라고 보고, 이 문제를 해결하는 것이 행복의 필수 조건이라고 말한다. 그는 철학과 심리학 전문가인데 특히 카를 융 이론을 적용하는 데 탁월하다. 그런데 그가 내세운 영성 치료란

---

16   에리히 프롬, 『사랑의기술』, 문예출판사, 77쪽
17   anomie, 가치관이 붕괴되고 목적 의식이나 이상이 상실됨에 따라 사회나 개인에게 나타나는 불안정 상태
18   성공주의 목회를 평생 추구한 로버트 슐러 같은 목사가 바로 그렇다. 그는 기독교가 전통적인 전도와 개종 같은 가치 대신 상처를 치유하고 희망을 제시하는 종교가 되어야 한다고 말했다.

것이 실상은 성경이 아닌 심리분석학적 이론을 토대로 한 자기 내면 치료다. 그는 불교적 선(禪) 묵상을 하고 있으며, 그와 비슷한 관상(觀想)기도를[19] 기독교에 퍼뜨리고 있다. 그의 이론과 주장은 명백히 뉴에이지기 때문에 로마 가톨릭 안에서도 그의 사상을 위험한 것으로 간주하고 있다.

그는 특히 성령이 세상 모든 사람에게 보편적으로 현존하고 있기 때문에 인간은 자기의 영성으로 스스로 하나님을 찾을 수 있다는 '아래로부터의 영성'을 주장한다. 그의 이러한 과격하고 비성경적인 주장은 로마 가톨릭 안에서 이단시되고 있는데, 이는 그의 이론대로라면, 성령의 보편적 현존은 보편적 구원과 연결되기 때문이다.

안셀름 그륀이 이렇게 어긋난 영성을 가르침에도 불구하고 그의 인기는 여전히 최고다. 목사의 설교로 말하자면, 그는 '들리는' 설교를 할 줄 안다. 그의 글들은 마치 법정 스님의 그것과 같이, 사색적이며, 인간적이고, 실생활에 적용 가능한 소재를 주로 다룬다. 그의 책 제목만 보아도 그가 얼마나 실용적 주제를 잘 다루는지 알 수 있다. 『황혼의 미학』,『우울증 벗어나기』,『다시 찾은 마음의 평안』,『내 안의 기적을 만나라』,『자기 자신 잘 대하기』,『참 소중한 나』,『내 나이 마흔』 등. 그의 가르침은 매우 단순하고 설득력이 있다. 그러나 그의 사상은

---

19 묵상기도를 좀 더 깊이 있게, 사물의 이치와 원리를 찾아내는 마음으로 하는 기도

성경에서 나온 것이 아니다. 다음의 글을 보라.

> 불쑥 떠오르는 생각이 불쾌하고 부당하며 이기적이고 잔인하더라도, 그런 생각에 놀라지 마십시오. 타인의 죽음을 소망하는 자신을 발견했을 때조차 불안해해서는 안 됩니다. 미움과 시기, 질투와 증오를 품었다고 해서 질책하거나 자신이 악하다고 생각할 필요도 없습니다. 그건 단지 우리를 불안과 자책으로 몰고 갈 뿐입니다. 가장 좋은 반응은 시인하는 것입니다. "그래, 내 마음은 그런 생각을 하고 있어. 나는 그의 죽음을 원해. 다른 사람을 때려눕히고 싶은 욕망을 느껴." 이처럼 마음속의 생각을 허락하세요. 생각을 행동으로 옮기지는 않는 한 우리는 그 생각과 싸울 뿐입니다.[20]

그륀은 나쁜 생각 자체는 잘못된 것이 아니라는 듯이 말하고 있다. 어쩔 수 없이 나쁜 생각이 들더라도 그것을 행동으로 옮기지 않으면 괜찮다는 주장이다. 이것이 과연 성경적 가르침인가? 예수는 음욕을 품고 여자를 바라보는 것은 마음으로 간음한 것이라고 말씀하셨다. 실제 행위를 하기 전에 그 동기와 근본부터 하나님은 다 따지신다. 하나님은 행동 이전에 먼저 중심 곧 마음을 살펴보시는 분이기 때문이다. 그런데 그

---

20 안셀름 그륀, 『머물지 말고 흘러라』, 21세기북스, 125쪽

륀은 그런 악한 생각이 들 때 자책하지 말라고 한다. 그것이 아직 악에 도달한 것은 아니라는 것이다.

물론 너무 과도한 죄책감은 사람을 억압하는 게 사실이다. 그러나 우리는 행위로 죄악이 나오기 전에 자신의 마음속에 그런 죄성과 악심이 있음을 인정하고 회개하며 하나님의 도우심을 구해야 한다. 마음으로만 짓는 악한 생각은 어쩔 수 없다는 주장은 건강한 죄 의식마저 무시하는 과도한 주장이다. 이런 면에서 그륀의 주장은 당연히 인본주의적이고, 무(無)신학적이다.

그의 생각은 종교를 강박 노이로제라고 여긴 프로이트와 비슷한 것이며, 인간의 악한 본성을 너무 억압하면 부작용이 발생한다는 융과 동일한 것이다. 그륀은 사람의 마음을 편하게 해주는 영성을 가지고 있지만, 그것은 올바른 영성이 아니다.

자기 사랑, 돈 사랑, 쾌락 사랑

도시 문화가 발달하면 종교는 사라지게 될 것이라고 내다보았던 사회학자들이 있었다. 그런데 이들의 예상은 보기 좋게 틀렸다. 매년 전 세계적으로 도시화율은 높아지고 있지만[21] 종교와 종교인은 줄어들지 않고 있다. 어찌 보면 이런 현상은 당연한 것이다. 현대인은 종교까지도 자신의 행복을 추구하는 수단으로 삼는 데 익숙하기 때문이다. 이러한 자기중심적 신앙 행태에 대해 유진 피터슨이[22] 정확하게 지적한 바가 있다.

북미의 신앙은 근본적으로 소비자 중심의 신앙이다. 미국인들은 하나님을 하나의 생산품 정도로 여긴다. 자신들의 생활을 윤택하게 하고 더 잘 살 수 있도록 돕는 그런 존재 정도로 생각한다. 그러한 시각을 가지고 있으므로, 미국인들은 마치 소비자처럼 가장 좋은 제품을 찾기 위해 쇼핑을 한다. 목회자들은 자신들이 무슨 일을 하고 있는지 거의 인식하지도 못한 채 거래를 시작하고, 최대한 사람들의 마음을 끌 수 있는 외관으로 하나님이란 상품을 포장한다.[23]

기독교 국가의 대표 격인 미국은 동시에 자본주의의 대표기도 하다. 그래서 미국은 이 두 가지가 교묘하게 혼합된 영성을 가지고 있다. 어떤 이는 자본주의 기업을 상징하는 맥도날드를 빗대어 미국에서의 교회를 맥처치라 부르기도 한다. 참으로 이 시대에는 종교의 수단화와 기독교의 상품화가 노골

---

21 유엔 도시전망 보고서에 따르면, 도시화율은 앞으로도 지속적으로 높아져서 2050년이면 세계 도시화율이 70퍼센트에 이를 것이라 한다.

22 목사, 신학자, 문학가, 영성 전문가로서 국내 목회자들이 가장 좋아하는 기독교 저술가 가운데 한 명이다.

23 유진 H. 피터슨, 『성공주의 목회 신화를 포기하라』, 좋은씨앗, 56쪽

적으로 이뤄지고 있다. 진리를 찾고, 절대자를 따르며, 자신을 희생하는 것이 아니라, 자기만족을 구하고, 더 많은 돈을 추구하며, 거기에 세속적 쾌락까지도 함께 갖고 싶어 한다. 그래서 기독교든 뭐든 아무 종교라도 내 마음을 편하게 해주고, 원하는 것을 갖게 해주면서도, 내 삶을 억압하지 않는 것이라면, 그것이 최고 인기 있는 종교가 된다. 이런 일이 있을 것을 성경은 이미 오래 전부터 예견하였다.

> 너는 이것을 알라 말세에 고통 하는 때가 이르러 사람들이 자기를 사랑하며 돈을 사랑하며 자랑하며 교만하며 비방하며 부모를 거역하며 감사하지 아니하며 거룩하지 아니하며 무정하며 원통함을 풀지 아니하며 모함하며 절제하지 못하며 사나우며 선한 것을 좋아하지 아니하며 배신하며 조급하며 자만하며 쾌락을 사랑하기를 하나님 사랑하는 것보다 더 하며 경건의 모양은 있으나 경건의 능력은 부인하니 이 같은 자들에게서 네가 돌아서라[24]

하나님을 사랑하는 것보다 자기와 돈과 쾌락을 더 사랑하는 이 시대의 영성에 함몰되지 않는 것은 쉽지 않다. 많은 목회자들이 성공 지향적 목회, 혼합 영성 목회, 영성을 빙자한

---

24 디모데후서 3장 1-5절

심리 치유 목회를 추구하고 있고, 성도들은 그런 목회자를 환영하고 있기 때문이다. 그러나 이런 모습은 하나님이 아닌 인간을 높이고, 성경주의가 아닌 인본주의를 따르는 길이다. 우리는 지금 어떤 길을 선택하고 있는가?

목회 초년 시절, 나는 교회에서 외국인 근로자들을 전도하고 섬기는 사역을 담당하였다. 중앙아시아와 동남아시아의 여러 나라에서 들어온 나그네들은 불교, 시크교, 힌두교, 이슬람교, 러시아정교 등의 다양한 종교를 믿고 있었다. 나는 이들 가운데 특히 인도인 선교에 주력했는데, 그들이 한국 땅에 들어오기 위해 돈과 시간을 얼마나 써야 하는지를 잘 알고 있었다.

어느 날, 한 인도 형제의 요청을 받았다. 자기 친척이 주일에 인도에서 한국으로 들어오는데 그를 공항에서 픽업해 교회까지 데려와 달라는 부탁이었다. 내가 직접 갈 형편이 되지 않아 어떤 집사님에게 부탁드렸다. 그런데 몇 시간 후 뜻밖의 전화가 걸려왔다. "전도사님, 공항에 왔는데요. 그 인도 사람이 나오지 않아 알아봤더니, 글쎄, 죽었답니다. 입국 심사를 받을 때 서류가 제대로 준비되지 않아 '리젝트'(reject, 거부) 도장을 받았는데, 그 사람이 그것을 보자마자 그만 심장마비로 죽었답니다. 이거 어떻게 하죠?" 정말 당혹스런 일이 아닐 수 없었다. 결론적으로 말하자면, 그 인도인은 한국에서 화장돼 유골만 인도로 보내졌다. 가족 위로금과 제반 경비는 교회에서 담당했다. 이 사건은 나에게 평생 잊지 못할 사건으로 각인되었다.

일가친척에게서 한국행 경비를 도움 받아 가문의 대표로 코리안 드림을 안고 한국 땅을 밟았던 그가 입국 자리에서 거절을 당했으니 얼마나 상심이 컸겠는가? 정말 놀라서 죽을 만한 일이었을 것이다. 그런데 이와 유사한 일이 저 천국 입국 심사대에서 틀림없이 벌어질 것이다. 천국 문 앞에서 당연히 통과될 줄 알고 지상에서 자신 있게 마련해 온 천국 비자를 내밀었는데, 거기서 리젝트 판결이 나오는 경우가 속출할 것이다. 이유는 '가짜 비자!' 진짜인 줄 알고 받아 온 비자가 가짜인 것으로 판명될 때, 우리는 과연 어떻게 되겠는가? 지금 이 세상에는 그렇게 가짜, 짝퉁, 유사품, 잡탕, 그리고 눈먼 '예수 신앙'이 판을 치고 있다. 정신 차리지 않으면 누구라도 가짜에 속을 수 있다. 천국 비자는 오직 '예수 그리스도'밖에 없다. 성경이 말하는 예수 그리스도와 다른 것을 섞어 놓은 것은 모두 가짜다. 함량 미달이기 때문이다.

그러면 어떻게 진짜와 가짜를 구별할 것인가? 간단하다. 진짜의 절대 기준인 성경을 제대로 아는 것이다. 가짜를 많이 연구해서 진짜를 찾는 것이 아니라 진짜를 많이 연구하면 가짜를 알게 된다.

한국은행에서 평생 동안 위폐를 감별하는 일에 종사해 온 어떤 전문가를 언젠가 TV에서 본적이 있다. 이 사람은 종이 화폐를 보고, 만지며, 냄새를 맡으면서 기계와 컴퓨터보다도 더 정교하게 가짜 돈을 찾아내는 달인이었다. 미국연방수사국(FBI)에게도 한 수 가르쳐 줬다니, 그는 세계 최고의 위폐 감별사임에 틀림없다. 이 사람에게 인터뷰어가 물었다. "얼마나 많은 가짜 돈을 경험했기에 그렇게 정확하게 위폐를 구별해 내시는 겁니까?" 이 질문을 받은 그 전문가는 뜻밖에도 이렇게 대답했다. "가짜 돈을 많이 경험해서 가짜를 찾는 게 아닙니다. 나는 평소에 늘 진짜 돈을 끊임없이 보고 또 만지고 있습니다. 그러다가 위폐 판별을 요청받으면 쉽게 판단할 수 있습니다. 가짜는 진짜와 다르니까요."

이것은 우리에게도 해당되는 진리다. 이단, 사이비, 가짜를 많이 연구해서 구별하는 것이 아니라 늘 진짜와 함께 하면서 진짜에 참으로 익숙해지면 가짜를 알아낼 수 있는 것이다. 우리에게 꼭 필요한 영성은, 무엇보다도 성경을 제대로 믿고 아는 것으로부터 시작한다. 복음이 말하는 그 예수와 동행하는 자만이 진짜 영성을 가질 수 있다. 그러나 이 시대는 참 예수와 동행하는 참 복음이 아닌 다른 예수의 영을 받아들인 다른 복음이 득세하고 있다. 그리고 안타깝지만, 앞으로 이런 현상은 나날이 더 심각해질 것이다. 그래서 진짜 예수의 뒤를 따르는 것은 넓은 문이 아닌 좁은 문으로 들어가는 것이리라.

뱀이 그 간계로 하와를 미혹한 것 같이 너희 마음이 그리스도를 향하는 진실함과 깨끗함에서 떠나 부패할까 두려워하노라 만일 누가 가서 우리가 전파하지 아니한 다른 예수를 전파하거나 혹은 너희가 받지 아니한 다른 영을 받게 하거나 혹은 너희가 받지 아니한 다른 복음을 받게 할 때에는 너희가 잘 용납하는구나[1]

1   고린도후서 11장 3-4절

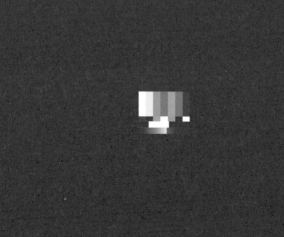

국제제자훈련원은 건강한 교회를 꿈꾸는 목회의 동반자로서 제자 삼는 사역을 중심으로 성경적 목회 모델을 제시함으로 세계 교회를 섬기는 전문 사역 기관입니다.

눈먼 기독교

초판 1쇄 발행 2013년 8월 25일
초판 4쇄 발행 2014년 7월 10일

지은이 박태양

펴낸이 박주성
펴낸곳 국제제자훈련원
등록번호 제2013-000170호(2013년 9월 25일)
주소 서울시 서초구 효령로68길 98 (서초동)
전화 02-3489-4300 **팩스** 02-3489-4329
E-mail dmipress@sarang.org

ISBN 978-89-5731-634-4 03230

* 책값은 뒤표지에 있습니다. 잘못된 책은 구입하신 곳에서 교환해 드립니다.